重印说明

2022年10月，党的二十大报告指出，“增强文化自信，围绕举旗帜、聚民心、育新人、兴文化、展形象建设社会主义文化强国”“必须坚持科技是第一生产力、人才是第一资源、创新是第一动力，深入实施科教兴国战略、人才强国战略、创新驱动发展战略”“坚持教育优先发展，加快建设教育强国”，要求“加快建设高质量教育体系，发展素质教育”“培养造就大批德才兼备的高素质人才”。在数字化时代，数字素养是高素质人才必备的核心素养之一。2021年11月5日，中央网络安全与信息化领导委员会发布的《提升全民数字素养与技能行动纲要》指出，“数字素养与技能是数字社会公民学习工作生活应具备的数字获取、制作、使用、评价、交互、分享、创新、安全保障、伦理道德等一系列素质与能力的集合”，并提出了“高端数字人才队伍明显扩大”“高端数字人才引领作用凸显”的中长期发展目标。可见，多重国家战略均对大学生数字素养提出了更高的要求。

教材是教育教学的关键要素、立德树人的基本载体，近年来受到党和国家高度重视。2016年5月17日，习近平总书记在哲学社会科学工作座谈会重要讲话中提出，“要抓好教材体系建设，形成适应中国特色社会主义发展要求、立足国际学术前沿、门类齐全的哲学社会科学教材体系”。2020年1月，国家教材委员会印发的《全国大中小学教材建设规划(2019—2022年)》提出，“到2022年，教材建设全面加强，教材管理体制基本健全、体系基本完备、质量显著提升，更加适应中国特色社会主义发展要求，更具中国特色和国际视野，育人功能显著增强，开创教材建设新局面”。2022年10月，党的二十大报告提出，“加强教材建设和管理”。

教材是教学资源的核心、是教学内容的主要载体。党的二十大报告明确指出：“培养什么人、怎样培养人、为谁培养人是教育的根本问题。育人的根本在于立德。全面贯彻党的教育方针，落实立德树人根本任务，培养德智体美劳全面发展的社会主义建设者和接班人。”本教材系《信息检索》第三版第7次修订重印版，对党的二十大精神的领会与回应主要体现在以下三个方面：

一是突出立德之本。尤其是党的二十大报告、习近平新时代中国特色社会主义思想对增强文化自信、培养德才兼备的高素质人才的指导作用。在教材之首新增一章“导引”，系统梳理教育部历来相关文件、尤其是多重国家战略对信息检索课程的要求，新增第四章“我国免费的综合信息检索系统”，分别辟专节介绍中国特色哲学社会科学自主知识体系数字创新平台——学术世界、国家哲学社会科学期刊数据库、国家自然科学基金大数据知识管理服务门户和国家科技图书文献中心等14个“国字号”信息资源获取平台；在第十章新增两节“AIGC背景下批判性思维的培养”“网络信息利用的伦理与法律法规”；删除了原“附录1 信息检索有关的国外网络资源”。

二是注重学生解决问题与创新能力的培养。按照党的二十大报告提出的“人才是第一资源、创新是第一动力”的要求，更新与丰富教材的内容，注重培养学生解决问题的能力与终身学习能力，在“信息检索的主要应用”一章新增两节“信息检索解决问题的流程”“信息检索在大学生学习与科研中的应用”；增加了新的数字化工具与平台，在“中国知网”一节新增华知大模型，在“网络信息检索与利用的重要工具”一节新增文心一言等大模型。

三是关注建设网络强国与数字中国、高等教育数字化转型等国家战略需求。以党的二十大报告提出的“加快建设网络强国、数字中国”要求为依据，结合全球与我国高等教育数字化转型的需要，重点做了六个方面的工作：(1)以二维码的方式链接了中央网信办发布的《提升全民数字素养与技能行动纲要》《“十四五”国家信息化规划》等关于数字素养教育的重要文献和国家关于网络信息利用与服务的相关法律法规；(2)每章新增课件与导学视频、并以二维码方式实现纸本教材与数字化教学资源之间的关联，使之成为真正的立体化教材，亦可方便同行备课与学生拓展学习；(3)实现纸本教材与国家智慧教育平台“信息检索”慕课的关联，实现了优质数字素养教育资源随处能见、随手可得，学生随时可学、随地能学，也方便广大的社会学习者自学，以助力实现党的二十大报告提出的“建设全民终身学习的学习型社会、学习型大国”的目标；(4)结合《国家标准化发展纲要》提出的“标准化更加有效推动国家综合竞争力提升，促进经济社会高质量发展，在构建新发展格局中发挥更大作用”发展目标，在“专类信息检索”一章新增第六节“标准信息的检索”；(5)新增“附录3　2017年以来获国家级奖励的在线信息素养类课程”，以实现《提升全民数字素养与技能行动纲要》提出的“丰富优质数字资源供给”；(6)新增“附录4　国家级四大平台与人工智能相关的慕课”，以服务国务院《新一代人工智能发展规划》(国发〔2017〕35号)促进人工智能发展的需求。

本教材立足国际学术前沿。聚焦于2018年联合国教科文组织(UNESCO)提出的《数字素养全球框架》七个素养领域之二"信息和数据素养",旨在从信息检索的基本概念、原理出发,阐述信息检索的基本理论、方法与技术,介绍国内外重要的综合性与专业性信息检索系统,阐述专利、商标、学位论文、会议论文、科技报告、标准、开放数据等专类信息检索的技巧以及信息资源选择与评价的方法,分析信息检索与利用中的相关问题,总结信息检索解决问题的流程,论述信息检索的多种应用场景。

本教材先后入选"十一五""十二五"国家级规划教材。其第一版《网络信息检索与利用》(武汉大学出版社,2002年4月)自2002年出版至2010年已重印9次;第二版《信息检索》(武汉大学出版社,2010年5月)出版后已重印15次;第三版(武汉大学出版社,2019年9月)自2019年出版以来已重印6次,本次是第7次重印。该教材被100余所兄弟院系作为本科生教材或硕士生入学考试指定参考书;被30余所大学和省级图书馆作为培训、职称考试和业务竞赛的教材或指定用书;于2021年获武汉大学首届优秀教材奖特等奖。

本次重印版在前6次重印版基础上做了比较大的调整。黄如花负责本次修订重印的策划、提出大纲,胡永生、李白杨参与策划讨论并对大纲提出修改建议。教材撰写的具体分工为:导引、第一章,第二章的第一节,第六章第一节的WOS和JCR、第二节SDOL、第五节OCLC FirstSearch,第八章第一至五节,第十一章第一节、第三节,附录1-2,黄如花撰写;第四章,第五章,第七章之第一、二、四节和第六至九节,第八章第六节,第十章第五节,胡永生;第十章第一节与第四节的内容变化非常大,李白杨重新撰写,新增的第八章第七节,第十章第六节,第十一章第二节,李白杨;第九章,吴丹;第二章第二节,第六章第一节的InCites和ESI、第三节Scopus、第四节Scival、第七节ProQuest,韩丽;第三章和第十章的第二、三节,徐轩;第七章第三、五节,陈振英;第七章第十节,吴文辉;第十一章第四节之一、二,杨眉,第十一章第四节之三,耿哲。李白杨制作了各章的课件与导学视频、并实现与教材文本之间的二维码关联。博士研究生吴应强、石乐怡、赵洋分别在黄如花指导下制作课程知识体系图、附录3、附录4。博士研究生黄平平搜集了部分资料。全书由黄如花审稿和统稿,胡永生、李白杨协助修改部分内容、新增了多章的思考题。

针对信息检索技术的发展和用户获取信息的变化,也得益于广大读者提出的宝贵意见，与第二版相比，第三版有以下几个主要变化：第一，更加突出教材的针对性与应用性。去掉了对本科生难度较大、且发展很快的多媒体信息检索，根据检索手段和信息检索应用的变化，新增了“移动搜索”一章和“信息检索在学科前沿分析中的应用”一节；第二，及时反映检索系统的变化、数据库公司之间的合并及图书情报机构的使用现状。鉴于 Dialog 和 CSA 都并入了 ProQuest，去掉了原第二版“第五章国外综合性信息检索系统”中的“世界上最大的联机检索系统 Dialog”，而在“国外综合性信息检索系统”新增了 Incites、ESI、Scopus 和 Scival 这四个在国内使用逐渐增多的重要的学术信息检索系统，对“国内重要的综合性信息检索系统”“国外重要的综合性信息检索系统”和“国外专业性书目信息检索系统”这三章进行了大幅修改；第三，参考国家标准《科技查新技术规范》(GB/T32003—2015)，更新了科技查新相关术语、程序的相关内容，并增加附录“查新合同的格式”和“查新报告的格式”；第四，力图更好地与信息检索实践和文献检索课程的需要相结合，特邀上海交通大学、复旦大学、浙江大学、武汉大学、北京师范大学、中南财经政法大学和武汉理工大学等多所高校从事学科服务或文献检索课程教学的同行参编；第五，更好地服务于信息素养教育领域的教学改革。为了便于文献检索课教学的广大同行备课或者开展翻转课堂教学，本书主编全程独立主讲的“信息检索”MOOC 在中宣部“学习强国”和教育部主管的国家高等教育智慧教育平台(https：//higher. smartedu. cn/course/64f65f22374ed23bd755e5c0)上线，提供大量与本教材相关的授课视频、思考题、最新资料等，使之成为真正的立体化教材。

本书在写作过程中借鉴了国内外大量相关研究成果，在此，谨向这些文献的作者致以诚挚的谢意！本书多个版本的出版均得到武汉大学出版社的支持，责任编辑詹蜜副编审为本书的出版付出了辛勤劳动，提出了许多宝贵的修改意见，在此谨表谢忱！

信息检索技术和检索工具日新月异，加之编著者学识、水平有限，书中疏漏和不妥乃至错误之处在所难免，敬祈专家学者和读者批评指正，以便今后的修订和补充。

黄如花

2024 年 8 月 16 日于武昌珞珈山

目　录

图 目 录

表 目 录

导引 信息检索课程概述

党的二十大报告为信息检索课程建设指明了方向。2022 年 10 月，党的二十大报告明确指出，“到二〇三五年，建成教育强国”“推进教育、科技、人才‘三位一体’统筹发展”“推进教育数字化，建设全民终身学习的学习型社会、学习型大国”。建设教育强国，龙头是高等教育。因此，党的二十大报告明确了教育强国建设的时间节点，对高等学校人才培养提出了更高的要求，为旨在培养大学生信息素养与终身学习能力的信息检索课程建设指明了方向——助力培养教育强国建设所需的信息素养水平高、学习能力强的高素质人才。

一、信息检索课程的重要性

信息检索一直是图书馆学专业本科生的核心、必修课程，也是一门实践性、操作性、应用性很强的课程。其主要目的在于提升学生的信息素养，即培养学生的信息意识与信息伦理，增强学生从多种来源渠道获取所需多模态信息的能力、有效评价与分析信息的能力，利用信息解决学习、生活、工作相关问题的能力以及终身学习能力。作为中国图书馆学教育发源地的武汉大学图书馆学系一直重视培养学生利用文献资源的能力，课程名称从最初的书目指导与利用，到后来的中文工具书、西文工具书、科技文献检索、社科文献检索、情报检索、计算机检索等，发展到现在的信息检索。2018 年始，信息检索成为武汉大学信息管理学院 6 个本科专业共同必修的平台课程，包括图书馆学、信息管理与信息系统、档案学、编辑出版学、电子商务、大数据管理与应用。

信息检索课程名称几经变化，一直是教育部要求高校图书馆面向全校本科生开设的课程。1981 年，教育部颁发的《中华人民共和国高等学校图书馆工作条例》提出高等学校图书馆的九个任务，其中，任务(三)和(五)分别为

“根据教学、科学研究和课外阅读的需要，开展流通阅览和读者辅导工作”“开展查阅文献方法的教育和辅导工作”①。这是国家主管部门首次将文献查阅与利用的教育与辅导工作作为高等学校图书馆的职能。1984年，教育部印发《关于在高等学校开设〈文献检索与利用〉课的意见》的通知（(84)教高一字004号文件），这是教育部发布的首个专门针对文献检索与利用课程的文件，用语为“文献检索与利用”。该通知指出，《文献检索与利用》“是一门很有意义的课”“在高校开设《文献检索与利用》课程很有必要。各高等学校（包括社会科学和理工农医各专业院校）应当积极创造条件，开设《文献检索与利用》课。有条件的学校可作为必修课，不具备条件的学校可作为选修课或先开设专题讲座，然后逐步发展完善。研究生更应该补上这一课。”“由于教学中必须使用各种文献检索工具，一般应当以图书馆作为教学基地和协调中心。为此，图书馆必须建立检索实习室，充实检索和参考工具书。”“为便于研究和组织教学，图书馆可以成立《文献检索与利用》课教学组。”该通知还对《文献检索与利用》课程的主要内容、学时、讲授与实习的课时比例提出了建议。1985年，原国家教育委员会（教育部1985年至1998年称作国家教育委员会，以下简称国家教委）印发《改进和发展高校文献检索课教学的几点意见》（(85)教高一司字065号），提出“各高等院校教务处应当为文献检索课安排必要的时间，……要和其他课程一样安排教师进修、教材编写印刷，并尽可能在运用现代化教学手段上予以协助”，该意见的用语为“文献检索课”，明确提出了教材编写的要求。此后，许多高校开设文献检索课，初步取得一些成就。国家教委1987年7月25日发布《普通高等学校图书馆规程》（[87]教材图字009号），指出高校图书馆的七个主要任务，其中，任务（三）为“开展用户教育，培养师生的情报意识和利用文献情报的技能”。1992年，国家教委印发《文献检索课教学基本要求》（高教司[1992]44号）②，指出文献检索课的性质，即“文献检索课是培养学生掌握利用图书文献、情报检索，不断提高自学能力和科研能力的一门科学方法课；本课程教学工作的宏观管理归口在高教司，教学大纲、教材的组织编写、审定等工作仍委托全国高校图书情报工作委员会具体负责”，简要说明了课程的任务、教学内容、基本要求，要求各学校、各专业按照本文件以及上文1984

① 中华人民共和国高等学校图书馆工作条例[J]. 中国图书馆学报，1981(4)：13-16.

② 国家教委颁发《文献检索课教学基本要求》[J]. 大学图书馆学报，1992(4)：3-4.

年和1985年的文件要求制定教学大纲。1993年，高教司成立了“文献检索课教学指导小组”，负责文献检索课的教学指导、教学大纲及教材的组织编写和审订工作①，进一步规范了文献检索课的教学工作。2002年，取代上文1987版《普通高等学校图书馆规程》的《普通高等学校图书馆规程(修订)》(教高〔2002〕3号)发布，提出高等学校图书馆的五项主要任务，其中，第三项为“开展信息素质教育，培养读者的信息意识和获取、利用文献信息的能力”，同时，第十七条提出“通过开设文献信息检索与利用课程以及其他多种手段，进行信息素质教育。”此时课程名称从“文献检索课”变成了“文献信息检索与利用”“信息素质教育”，这是一个非常大的变化。根据该修订版规程第三十九条的规定，为加强对高等学校图书馆建设的指导和检查，教育部高等学校图书情报工作指导委员会组织拟订了《普通高等学校图书馆评估指标》(初稿)(以下简称“评估指标”)。其中，在“D读者服务”下设“D3信息素质教育”二级指标，包括读者入门教育、信息素质教育(年听课人数、通过考试人数、使用专门教材)、校园文化建设和学生参与服务4个三级指标。2015年，教育部关于印发《普通高等学校图书馆规程》的通知(教高〔2015〕14号)之第三十一条要求“图书馆应重视开展信息素质教育，采用现代教育技术，加强信息素质课程体系建设，完善和创新新生培训、专题讲座的形式和内容”。该文件用语为“信息素质教育”。2021年3月，为推动信息技术与教育教学深度融合，教育部印发《高等学校数字校园建设规范(试行)》(教科信函〔2021〕14号)，指出信息素养的组成要素有：信息意识、信息知识、信息应用能力、信息伦理与安全，在“7.3信息素养培养方式”提出的总体要求为“高等学校应积极开展信息素养培养，融合线上与线下教育方式，不断拓展教育内容，开展以学分课程为主、嵌入式教学和培训讲座为辅、形式多样的信息素养教育活动，帮助用户不断提升利用信息及信息技术开展学习、研究和工作的能力”；对学生信息素养教育的要求有2个：“高等学校应推进学生信息素养教育的普及与深化，系统性、有针对性地提升学生的综合信息素养水平”“高等学校应鼓励教师积极开展信息素养嵌入式教学，促进信息素养知识与专业课或通识课教学内容有机融合，提升学生的专业素质。信息素养课程教师与专业课或通识课教师密切合作，协同完成课程教学(可选)”。此时的用语改为了“信息素养培养”“信息素养教育”。

信息检索课程的与时俱进是多重国家战略叠加的需求。2021年11月5日，中央网信办发布《提升全民数字素养与技能行动纲要》，这是我国历史

① 李晓明．图工委的第二个十年．大学图书馆学报，2022(1)：41.

上首次以单独的文件高规格谋划数字素养教育的中长期发展，更将全民数字素养与技能提升上升到建设网络强国和数字中国的必由之路的高度，指出“数字素养与技能是数字社会公民学习工作生活应具备的数字获取、制作、使用、评价、交互、分享、创新、安全保障、伦理道德等一系列素质与能力的集合。”，目标是：到 2025 年“高端数字人才队伍明显扩大”，2035 年“高端数字人才引领作用凸显”，要求“激发全民建设网络强国和数字中国的积极性、主动性、创造性，提升全民数字化适应力、胜任力、创造力”“着力拓展全民数字生活、数字学习、数字工作、数字创新四大场景”“增强中小学、职业院校和普通高校专业教师的教学能力，持续壮大高水平数字技能师资力量”。可见，“数字素养与技能”的内涵与外延比信息素养丰富得多。同年 12 月，《“十四五”国家信息化规划》将“全民数字素养与技能提升行动”列为十大优先行动之首，明确要求“在大中小学设置常态化、场景化数字技能课程，激发数字创新潜能。”2024 年 2 月，中央网信办、教育部、工业和信息化部、人力资源社会保障部联合印发《2024 年提升全民数字素养与技能工作要点》，部署了 6 个方面 17 项重点任务，其中，位居六大方面之首的便是“培育高水平复合型数字人才，包括全面提升师生数字素养与技能、提高领导干部和公务员数字化履职能力、培育高水平数字工匠、培育乡村数字人才、壮大行业数字人才队伍”。2024 年 4 月 30 日，教育部办公厅印发《国家教育数字化战略行动 2024 年工作要点》，要求，上线“科研第一课”“大师话科普”“数字素养与技能提升”等专题资源。上述国家战略采用的提法为“提升数字素养与技能”“数字素养与技能提升”，其对象则从大学生拓展至师生、全民。

扫码看《提升全民数字素养与技能行动纲要》

扫码看《“十四五”国家信息化规划》

综上所述，关于信息检索课程的提法，在教育部和中央网信办等机构的文件中经历了“文献检索与利用”“文献检索”“文献信息检索与利用”“信息素质教育”“信息素养教育”“信息素养培养”“数字素养与技能提升”等变化，名称的变化意味着信息检索课程的教学内容、重点等方面不断被赋予新的内涵，说明信息检索课程是一门与时俱进，与时代发展联系十分紧密的课程，更从另一个侧面有力说明了信息检索课程日益引起更大范围、更高层面的关注。

二、信息检索课程的先导与后续课程

信息检索课程的先导课程有：图书馆学基础、信息资源管理基础、信息资源建设，以及信息组织类课程(包括文献分类学、信息描述、元数据等)；需掌握计算机操作与上网的基本知识；能使用常用的文献阅读软件、音频与视频播放软件。

后续课程有：信息服务、参考咨询、用户研究、知识产权保护等。

三、本课程配套的在线课程

本课程可通过以下四个在线平台提供免费学习。

◆国家智慧教育平台　信息检索(黄如花)

https：//higher. smartedu. cn/course/62354d139906eace048ecee9

◆学习强国　信息检索(黄如花) https：//www. xuexi. cn/014cccedea5f5f3649173a174153f334/9b0f04ec6509904be734f5f609a3604a. html

◆中国大学 MOOC 信息检索(黄如花) https：//www. icourse163. org/course/WHU-29001

◆珞珈在线　信息检索(黄如花)

http：//mooc1. mooc. whu. edu. cn/course/201914880. html

四、课程主要内容及其逻辑关系

信息检索课程的主要教学任务有：要求学生了解信息检索的基本概念与原理，熟悉网络信息检索的基本方法，掌握重要的中英文搜索引擎与信息检索系统，如中国搜索、中国知网、Web of Science，ScienceDirect Online，Google Scholar 等检索方法，学会利用各种免费信息资源以及多途径获取所需信息，掌握信息选择与分析的基本方法，并将信息检索的技能用于解决学习、工作与生活中的问题，以及遵守信息检索与利用中的伦理与法律。重点掌握信息检索的基本方法及其在各类型信息检索工具中的灵活应用，以及科技查新的技巧。

为完成上述教学任务，信息检索课程对知识模块的安排遵循“总—分—总”的逻辑顺序，在内容程度上则由易到难。开头的“总”的部分包括：信息检索的概念、发展历史、原理、技术与方法。“分”的检索工具讲授中，先讲授学生较为熟悉的搜索引擎与大语言模型；其次讲授各种综合性的商业数据库，在商业数据库中，又把检索功能多、对检索能力要求高的国外信息检索系统 Web of Science 和 Scopus 安排在中国知网等中文商业数据库的后面；再次，讲授不同专业的商业性数据库；然后，讲授不同行业或类别信息的检索与利用。最后的“总”的部分包括：如何多途径获取所需信息，对从不同渠道检索到的信息进行选择与评价，对筛选出的信息进行计量分析与可视化展示，了解信息检索解决问题的流程，信息检索与利用中的费用问题、知识产权保护问题、批判性思维、伦理与法律问题，以及信息检索在大学生学习与科研、科研人员或图书馆开展的科技查新、学科前沿分析等方面的应用，以体现该课程应用性与实践性强以及适用于多场景的特点。

五、课程的知识体系

本课程主要教学内容的知识体系展示如下 4 张图所示。其中，图 0-1 为课程的“总—分—总”整体架构，图 0-2 为课程第一个“总”的内容，图 0-3 为课程“分”的内容，图 0-4 为课程第二个“总”的内容。

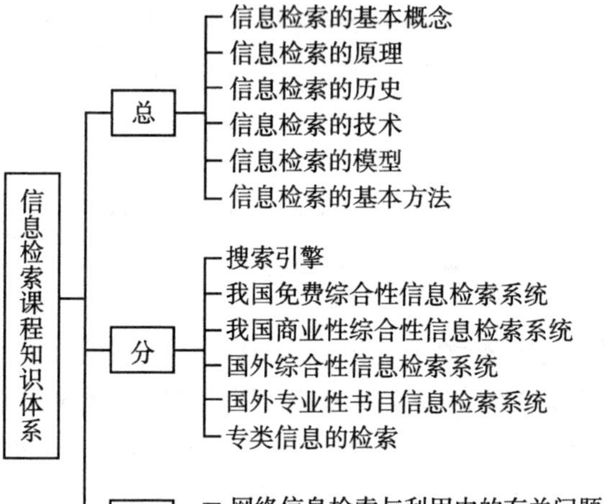

图 0-1　课程的“总—分—总”整体架构

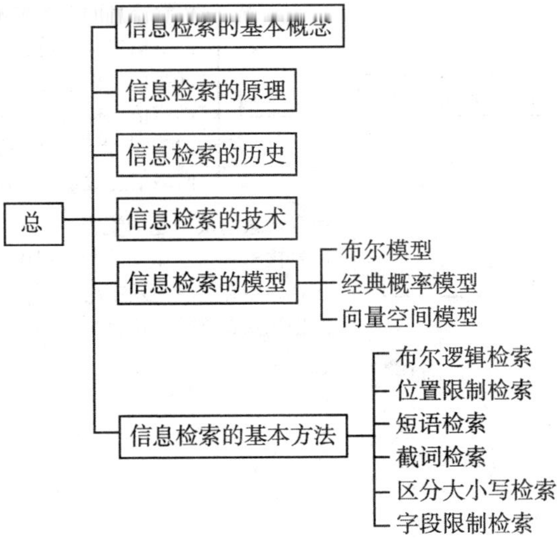

图 0-2 课程第一个"总"的内容

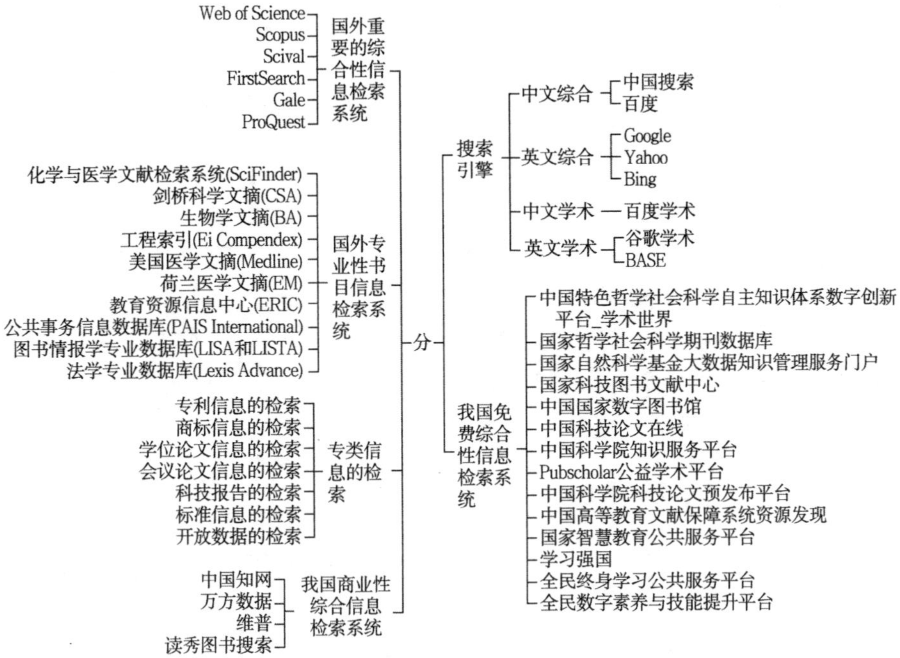

图 0-3 课程"分"的内容

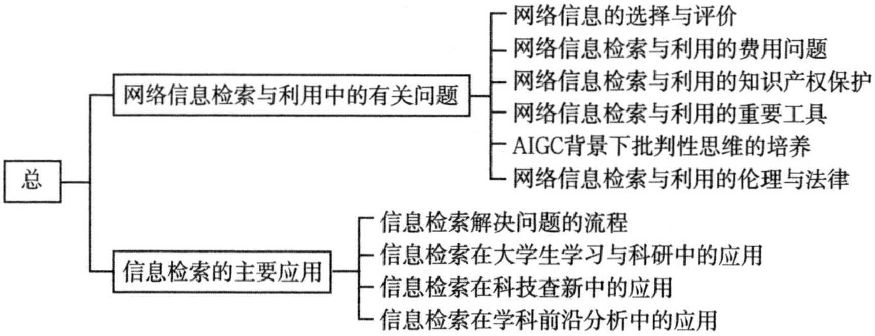

图 0-4　课程第二个“总”的内容

第一章 信息检索概述

第一章导学视频　　第一章授课 PPT

第一节　信息检索的基本概念

一、信息检索的含义

信息检索作为一种实践活动由来已久。但作为一个比较规范、正式的学术术语，信息检索(Information Retrieval，简称 IR)这个术语 1950 年由美国信息科学的先锋 Calvin Northrup Mooers(1919—1994)首先提出，这也是他 1978 年获得美国信息科学协会荣誉奖(American Society for Information Science's Award of Merit)的原因之一①。

广义的信息检索是指将信息按一定的方式组织和存储起来，并根据信息用户的需要找出有关信息的过程。所以，它的全称又叫信息存储与检索(information storage and retrieval)，即包括信息的“存”与“取”两个环节。广义信息检索的其他表述有：信息检索是对信息项(information items)进行表示

---

① Calvin Northrup Mooers[EB/OL].[2024-07-25]. https：/www. asist. org/pioneers/calvin-northrup-mooers/.

(representation)、存储(storage)、组织(organization)和存取(access)①。

狭义的信息检索则仅指该过程的后半部分，即从信息集合中找出所需信息的过程，相当于“信息查询”或“信息查找”(information search)。“信息检索的含义很广，但作为一个学术研究领域，可界定为：信息检索是从文档集合(通常存储在计算机中)查找满足某种信息需求的具有非结构化性质(通常指文本)的资料(通常是文献)。”②可见，这也是从狭义的角度界定的。在通常情况下，人们讲“信息检索”是从狭义的角度而言的。

信息检索与文献检索的主要区别在于：文献检索是以获取文献信息为目的的检索，信息检索则收集、组织、存储一定范畴的信息，并可供用户按需要查询文献中的信息或知识单元，比文献检索更深入。

二、信息检索的种类

根据检索手段的不同，信息检索可分为手工检索、光盘检索、联机检索和网络检索类型。网络检索是当前信息检索的主流和发展方向，因而本书以网络检索为主。

根据检索对象形式的不同，信息检索又可分为：

文献型信息检索(document retrieval)：是以文献(包括题录、文摘和全文)为检索对象的检索等类别。凡是查找某一主题、时代、地区、著者、文种等字段有关文献，以及这些文献的出处和收藏处所等，都属于文献型信息检索的范畴。完成文献型信息检索主要借助于各种书目数据库和全文数据库。

数值型信息检索(data retrieval)：是以数值或数据为对象的一种检索，包括文献中的某一数据、公式、图表，以及某一物质的化学分子式等，数据检索分为数值型与非数值型。完成数值型信息检索主要借助于各种数值数据库和统计数据库。

事实型信息检索(fact retrieval)：是以某一客观事实为检索对象，查找某一事物发生的时间、地点及过程的检索，其检索结果主要是客观事实或为说明事实而提供的相关资料。完成事实型信息检索主要借助于各种指南数据库、新闻数据库或互联网档案等。

---

① Ricardo Barza Yates, Berthier Ribeiro Neto, et al. Modern Information Retrieval[M]. Boston: Addison Wesley Longman Publishing Co. Inc., 1999: 1.

② Christopher D. Manning, Prabhakar Raghavan, Hinrich Schütze. An Introduction to Information Retrieval(Online Edition)[M]. Cambridge: Cambridge University Press, 2009: 1.

关于从检索对象的角度对信息检索类型的划分，出现了一种新的三分方法，即文本检索、数值检索、音频与视频检索。相对于早期对信息检索概念的细分方法，新的三分法比较全面地反映了信息检索概念的基本内涵和最新发展①。随着网络信息资源的数量和种类越来越多，信息检索的对象也越来越丰富，例如社交媒体检索、代码检索、人工智能检索等不断出现。

三、信息检索的原理

信息检索的基本原理是：通过对大量的、分散无序的文献信息进行搜集、加工、组织、存储，建立各种各样的检索系统，并通过一定的方法和手段使存储与检索这两个过程所采用的特征标识达到一致，以便有效地获得和利用信息源。其中，存储是检索的基础，检索是存储的目的。文献信息的存储和检索的全过程可用图 1-1 表示。要完成这种匹配与选择，需做好 3 个方面的工作。

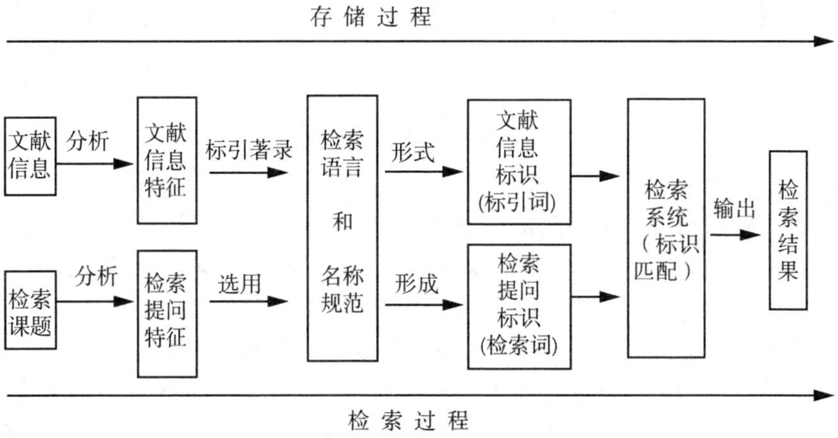

图 1-1　信息检索的基本原理

1. 文献替代

将表示文献资源特征的元数据替代它指代的资源，文献替代过程实际上是对原始文献的外部特征(包括题名、著者、出处等)和内容特征(包括分类号、主题词、摘要等)进行描述的过程，这项工作通常称为著录，著录的结

① 赵丹群编著．现代信息检索：原理、方法与技术[M]．北京：北京大学出版社，2008：2.

果是将原始文献制作成它的替代文献——二次文献。

2. 文献整序

文献整序就是对替代文献进行标引，给出文献标识(如分类号、主题词等)，将所有替代文献按其标识进行有规律的组织排列，形成可检索的信息资源集合。

3. 文献特征标识与检索提问标识的匹配

检索者在查找所需文献时，只要以该系统所用的标识作为提问标识，与系统中的文献特征标识进行比较，并将文献特征标识与提问标识一致的文献线索从检索系统中检出，检出的部分就是检索的结果。

四、信息检索语言

为了使检索的过程，即文献标识和信息提问者的对比进行得顺利，两者都需要用一定的语言(即检索语言)来表达。检索语言的主要目的就是把信息的存储与检索联系起来，把标引人员与用户联系起来，以便取得共同理解、实现交流。信息检索语言是人们在加工、存储和检索信息时用来描述信息内容和信息需求的词汇或符号及其使用规则构成的供标引和检索的工具。

第二节　信息检索的历史

最早的信息检索主要是依靠信息分类。早在2000多年前，我国汉代就有简单的图书分类法，如刘歆、刘向父子编制的《别录》、《七略》，虽非现代意义上的信息检索系统，但体现了中华民族对信息整理、分类和传承的重视。随着社会的发展，信息量越来越大，简单的分类已不能完全解决快速查找有用信息的问题，特别是随着科技期刊的大量出现，对于大多数人来说，已没有时间将所有期刊上的所有文献都阅读或浏览一遍，而且就一个读者来说，一本期刊中也不可能每篇文献都有阅读价值，因而出现了文献索引，读者可以根据自己的需要查找相关文献。书目、索引、文摘、目录等检索工具也不断出现。这些印刷版的工具主要根据文献的内外部特征，从题名、著者、主题词等途径提供手工检索。

信息检索技术经过先组式索引检索、穿孔卡片检索、缩微胶卷检索、脱机批处理检索发展到联机检索、光盘检索、网络检索，其发展经历了由低级到高级的过程，检索技术也从传统的线性检索向超文本支持的非线性检索发展。现在是手工检索、联机检索、光盘检索、网络检索并存，但以网络检索为主，网络检索也最具发展前景。

一、手工检索（1876—1945）

信息检索起源于参考咨询工作。读者被要求独立使用图书馆提供的书目和索引工具，查询所需的文献和情报，这时“信息检索”作为一项行为已经出现，只是具有分散性和非专业性特征，而且缺乏必要的重视和研究，未能形成专业化的情报检索系统。正规的参考咨询工作由美国的公共图书馆和大专院校图书馆于19世纪下半叶首先发展起来。20世纪初，多数图书馆成立了参考咨询部门，主要利用图书馆的书目工具来帮助读者查找图书、期刊或现成答案。索引成为独立的检索工具，书目、文摘开始编制并用于专题文献检索。“信息检索”从此成为一项独立的用户服务工作，并逐渐从单纯的经验工作向科学化方向发展。

手工检索操作简单、费用低廉、查准率高，但检索效率很低，查全率不能保证。随着科学技术的发展，文献信息在不断增加。传统的利用印刷型文献进行手工检索的方式已不能适应信息的急剧增长，更跟不上时代发展的步伐。

二、机械信息检索（1945—1954）

机械信息检索系统是20世纪50年代开始的用各种机械装置进行情报检索的机械系统，是手工检索向计算机信息检索的过渡阶段。1954年，现代情报学创始人美国的万尼瓦尔·布什(V Bush)博士在“As we may think”一文中首次提出利用机械、电子技术实现情报检索的设想。他描述了一种叫做“Memex”的机器，用于非线性检索。他与美国农业部图书馆馆员拉尔夫·肖共同制造了一台快速检索机——布什·肖检索机。它利用光电原理，对复制在胶卷上的文档进行检索。胶卷的边缘上有黑白点作编码，当遇到检索内容时就停下来。

机械信息检索系统利用当时先进的机械装置改进了信息的存储和检索方式，通过控制机械动作，借助机械信息处理机的数据识别功能代替部分人脑，促进了信息检索的自动化。但它并没有发展信息检索语言，只是采用单一的方法对固定的存贮形式进行检索的工具，而且过分依赖于设备，检索复杂，成本较高，检索效率和质量都不理想。机械信息检索系统很快被迅速发展的计算机情报检索系统取代。

三、脱机批处理检索（1954—1965）

自1946年第一台计算机问世不久，信息工作者就将这一新的技术与信息工作相结合，逐步建立了一种崭新的以计算机为核心的现代化信息系统。将计算机用于书目信息检索最早是在20世纪50年代提出来的①，1954年美国海军军械实验中心利用IBM701机将有关海军军械的4000篇技术报告进行了计算机存储与检索的试验，建立了世界上第一个计算机文献信息检索系统。

脱机信息检索系统是计算机检索初期使用的一种检索系统。它是利用单台计算机的输入输出装置进行检索，用磁带作存储介质的系统。使用该系统查找文献时，计算机只能顺序检索磁带上记录的信息，每检索一次都必须从头到尾读一遍磁带，很费时间。因此，不得不以批处理方式来实施检索。亦即由系统工作人员集中一批用户的信息要求，预先制定好检索策略，以机读形式存储在检索系统的计算机存贮器中，定期地检索数据库新增加的内容，然后把命中的文献信息分发给用户。由于在检索过程中用户不直接与计算机接触，因此称为脱机检索或定题检索，所用的系统称为脱机检索系统。

脱机批处理信息检索存在三点不足：一是地理上的障碍，用户与检索人员距离较远时，不便于检索要求的表达和检索结果的获取；二是时间上的迟滞，检索人员定期检索，用户不能及时获取所需信息；三是封闭式的检索，检索策略一经检索人员输入系统就不能更改，更不能依据机检应答来修改检索式。

四、联机检索(1965—1991)

联机检索系统是脱机检索系统的进一步发展，进入20世纪60年代后，随着计算机磁盘存储介质的出现，以及通信、操作系统等技术的发展，人们可以在磁盘上建立起可以直接存取的随机文件，建立了一台主机通过通信线路带动多个终端的联机检索系统，检索者借助检索程序通过终端以“即问即答”的方式与计算机对话，查找所需的信息。在检索过程中，用户还可以浏览有关信息，随时修改提问，直至得到满意结果。这种系统具有分时的操作能力，能够使许多相互独立的终端同时进行检索。联机检索系统主要由用户终端、通信网络、计算机及数据库组成。

20世纪60年代中后期，对联机信息检索进行研究开发试验。1965年，美国系统发展公司(SDC)研制成功联机信息检索软件——书目信息分时联机

---

① Charles P Bourne. On-line Systems: History, Technology and Economics[J]. *Journal of the American Society for Information Science*, 1980, Vol. 31, No. 3: 155-160.

检索(Online Retrieval of Bibliographic Information Time Shared, ORB IT), 标志着联机信息检索系统阶段的开始。1966 年, 美国洛克希德导弹与宇航公司(Lockheed Missile & Space Company Inc.)研制了第一个"人—机"对话的信息检索系统, 即著名的 Dialog 系统, 正式开展文献检索。

1969 年欧洲空间研究组织(European Space Research Organization, ESRO)建立了 ESA-IRS 系统。

进入 20 世纪 70 年代后, 联机检索基本上结束了自己的内部实验性应用, 开始投入商业化运营, 面向社会公众提供服务。

20 世纪 80 年代以后, 随着空间技术的发展, 信息检索进入了一个信息—卫星通信—计算机三位一体的新阶段, 即国际联机检索阶段, 也有人称为网络时期。1983 年, 美国、德国和日本共同开发创建了国际科技信息网络(The Scientific and Technical Information Network, STN)。国际联机信息检索使信息检索超出了一个地区、一个国家的范围而进入了国际信息领域, 促进了全球信息资源的共享。Dialog 系统在 1980 年就已经向 40 多个国家的 1000 多个用户终端提供 100 多个数据库的国际联机信息检索服务。

国际联机信息检索是指商业性的计算机数据库检索服务机构(亦称联机卖主)通过国际(卫星)通信网络, 为世界各地的用户终端提供人机对话式的检索的服务方式; 用户则利用终端设备, 通过国际(卫星)通信网络, 与世界上任何国家的大型计算机检索系统的主机联结, 从而检索世界各国存储在计算机数据库中的信息资料。

国际联机检索的优点有: 检索速度快, 效率高; 检索范围广泛、全面; 检索途径多, 方便、灵活; 检索内容新, 实时性强; 检索辅助功能完善(人机对话、检索结果输出方式灵活, 输出格式多样等)。其缺点有: 检索费用高; 对检索系统及其文档(数据库)的收录、标引、特点等问题较难了解、熟悉; 检索技术和技巧不易掌握。

其间, 由于国际联机信息检索费用高, 出现了光盘检索(1980)。光盘即高密度光盘(Compact Disc), 是不同于磁性载体的光学存储介质, 用聚焦的氢离子激光束处理记录介质的方法存储和再生信息, 又称激光光盘。光盘按功能可分为 3 类: 只读式光盘(Compact Disc-Read Only Memory, CD-ROM)、写读光盘(Write Once Read Memory, WORM)和可擦写光盘(Optical Random Access Memory, ORAM)。

光盘数据库的检索软件及数据都装在盘片上, 任何一台安装有光驱的 PC 机, 只要装上光盘数据库, 即可成为光盘数据库检索系统。光盘检索系统简单易学，投资低，并且不需支付通信费，因此，虽然它比联机检索系统的出现晚十余年，但目前在我国的普及率要大大高于联机检索。但光盘数据库更新速度慢，因此，还不能完全代替国际联机检索。

光盘检索的优点有：光盘存储容量大而体积微小；使用方便，不须通信联系，不受时间限制；使用方便、易于操作；价格低(一次购买，无限次检索，也不需要昂贵的联机检索通信费用)；使用寿命长，用户易接受；机房无特别要求，投资少，要求设备简单，可随地安装。光盘检索的缺点表现在：信息获得比国际联机慢(回溯检索须多次换盘)；信息更新不及时。

我国于1966年引进法国布尔(Bull)计算机，着手情报检索的试验和研发。1974年8月在国务院直接领导下，国家748工程(汉字信息处理系统工程)全面启动，“汉字信息处理情报检索系统”则由中情所、国防科委情报所、四机部情报所、北京图书馆等联合组织攻关。《汉语主题词表》编制和“机器翻译”研究工作由此开始；1975年10月我国正式加入世界科学情报系统(UNISIST)；1983年在联合国教科文组织资助下中情所进行检索系统的研发，同年建立起全国第一个国际联机检索终端并开始服务。1985年我国政府正式申请加入联合国技术信息促进系统(TIPS)。1990年完成了CDS/ISIS大型情报检索软件的汉化工作，首次实现了大型IBM计算机对中文资料的检索处理。VAXⅡ/750系统利用我国汉化的TRIP软件建立起科技成果、公司企业与产品、专利、标准的中文数据。检索语言的研究以及《中国图书馆图书分类法》《中国图书资料分类法》及其简本、《汉语主题词表》和《国防科技叙词表》等检索工具研制取得突破性进展①。在利用Dialog等国际联机检索系统进行国际联机检索服务的基础上，我国开发研制出了自己的信息检索系统，如北京文献服务处联机信息检索系统(Beijing Document Service Information Retrieval System，BDSIRS)、机电部情报所的机电联机信息检索系统(Ministry of Machinery & Electronic Industry Information Retrieval System，MEIRS)系统，化工部的化工联机信息检索系统(Chemical Online Information Center，CHOICE)等，并开始对外报务。

五、网络信息检索(1991—)

进入20世纪90年代，随着卫星通信、公共数据通信、光纤通信技术以及信息高速公路在全世界的迅猛发展，计算机信息检索走向了全球大联网。

① 关家麟，张超．我国科技信息事业发展的回顾与展望[J]．情报科学，2007(1)：3.

网络信息检索是在国际联机检索和光盘检索之后发展起来的、通过 Internet 对远程计算机上的信息进行检索。与国际联机检索相比，其最大优点在于经济；与光盘检索相比，其最大优点在于内容更新快。网络信息检索与国际联机检索和光盘检索有许多相同之处，如需要数据库，要制定检索策略等。在网络信息检索系统中，客户和服务器是同等关系，只要遵守共同协议，一个服务器可被多个用户访问，一个客户可访问多个服务器。

网络信息检索系统阶段实际上是计算机情报检索系统的延续。将 1991 年作为网络信息检索系统的开端，主要是因为这一年思维机公司推出了 WAIS，允许用户检索整个因特网网上文本信息资源；明尼苏达大学推出了 Gopher，使用户能十分容易地存取因特网上的信息资源；特别是在这一年 WWW 首次在因特网上露面，并获得了极大的成功。随之而来的因特网情报检索系统包括针对 FTP 资源的 Archie，针对 Gopher 资源的 Veronica 和 Jughead，以及 WAIS 的进一步发展，传统的联机检索向因特网上迁移①。1992 年，因特网向社会开放。

在因特网发展初期，网站相对较少，信息查找比较容易。然而伴随因特网爆炸性的发展，普通网络用户想找到所需的资料简直如同大海捞针，1994 年 4 月，为了帮助用户全面、经济、快速地获取所需信息，斯坦福大学的两名博士生——David Filo 和美籍华人杨致远(Gerry Yang)共同创办了网络资源目录 Yahoo!；同年 7 月，最早现代意义上的搜索引擎——Lycos 诞生，并成功地使搜索引擎的概念深入人心。从此搜索引擎进入了高速发展时期。百度公司创始人李彦宏于 1997 年 2 月申请的“超链分析”专利和 Google 公司联合创始人拉里·佩奇于 1998 年 1 月申请的“PageRank”专利成为现代搜索引擎的技术基石，并深刻改变了网络信息资源存储与检索应用，自此人们拥有了使用自然语言从海量网络信息中进行准确检索、获取和利用的能力。2022 年，美国开放人工智能(Open AI)公司推出了划时代的交互式 AI 工具 ChatGPT，该工具使用深度学习模型 Transformer 作为基础、开发了千亿级大语言模型(Large Language Model，LLM)，结合思维链(Chain of Thought，CoT)和人类反馈强化学习(Reinforcement Learning from Human Feedback，RLHF)使信息检索迈入智能化时代。虽然人工智能信息检索仍存在“幻觉”、“虚假信息”等问题，但人机交互与智能检索已成为重要的发展方向。

与此同时，一些著名的联机检索系统也纷纷推出基于网络的检索界面。

---

① 丁蔚，倪波，成颖．情报检索的发展：情报学世纪回眸之一[J]．情报科学，2001(1)：81-86.

上述五个信息检索阶段中，后三者统称为计算机信息检索。与手工检索相比，计算机信息检索特点表现在：速度快、效率高，仅几分钟就可以从成千上万条记录中找出所需信息；检索范围广，可以迅速而方便地浏览相关学科或主题的所有数据库中的记录，在网络中，几乎每一台个人计算机都可以成为信息源；检索不受时空的限制，只要拥有相应的软件和硬件设备，就可以在任何地方借助光盘和通信网络查询所需信息。

随着网络信息的海量增长，网络安全已成为一个至关重要的议题。中国在积极推动信息检索技术发展的同时，高度重视网络安全问题，并制定了一系列旨在加强网络安全的法律法规，保护公民个人信息，维护网络空间的安全。中国政府还推动信息技术普及，尤其是在农村和边远地区，通过"信息进村入户"等项目，让亿万农民也能享受到互联网带来的便利，缩小数字鸿沟，促进社会公平正义。

第三节　信息检索的模型

信息检索的模型，就是运用数学的语言和工具，对信息检索系统中的信息及其处理过程加以翻译和抽象，表述为某种数学公式，再经过演绎、推断、解释和实际校验，反过来指导信息检索实践。1957 年，Y. Bar-Hillel 最先探讨了布尔逻辑应用于计算机检索的可能性，10 年后，布尔逻辑模型正式被大型文献检索系统所采用，并逐渐成为各种大型联机检索系统甚至是网络搜索引擎的典型、标准检索模式。为弥补布尔逻辑模型的不足，相继出现了向量空间模型、概率检索模型、模糊集合模型、扩展布尔模型等①。1998 年，基于语言模型的 IR 模型提出。后来，提出了基于本体的检索模型、跨语言信息检索模型等。

信息检索的三个经典模型是：布尔模型(Boolean Model)、向量空间模型(Vector Space Model，简称 VSM)和概率模型(Probabilistic Model)。在布尔模型中，文献和查询用标引词集合来表示，因此，称该模型是集合论(Set Theoretic)模型；在向量模型中，文献和查询用 t 维空间的向量来表示，则称该模型是代数（Algebraic）模型；在概率模型中，用于构建文献和查询模型的机制是基于概率论的，则称该模型是概率(Probabilistic)模型②。

① 叶鹰主编. 信息检索：理论与方法[M]. 北京：高等教育出版社，2004：6.

② Ricardo Barza Yates，Berthier Ribeiro Neto 等著. 现代信息检索[M]. 王知津，等译. 北京：机械工业出版社，2005：15.

通常依照不同的表示方式和相关性函数，将信息检索模型分为：布尔模型、向量空间模型、概率模型、语言模型。当然可以对这些模型作改进、扩展、混合，以进一步提高检索性能①。信息检索模型的基本类型见表 1-1。本书仅讨论 3 个经典模型。

表 1-1　　**信息检索的模型②**

<table>
<tr><td>浏览型（Browsing）模型</td><td colspan="4">检索型（Retrieval）模型</td></tr>
<tr><td rowspan="4">扁平式（Flat）模型</td><td>结构化模型</td><td colspan="3">基于内容的检索模型</td></tr>
<tr><td rowspan="5">非重叠链表模型（Non-Overlapping Lists）</td><td rowspan="3">集合论（Set Theoretic）模型</td><td>经典模型</td><td>布尔模型（Boolean Model）</td></tr>
<tr><td rowspan="2">经典模型的改进模型</td><td>模糊集合论模型（Fuzzy Set Model）</td></tr>
<tr><td>扩展布尔模型（Extended Boolean Model）</td></tr>
<tr><td rowspan="3">结构导向（Structure Guided）模型</td><td rowspan="4">代数论（Algebraic）模型</td><td>经典模型</td><td>向量空间模型（Vector Space Model）</td></tr>
<tr><td rowspan="3">经典模型的改进模型</td><td>广义向量模型（Generalized Vector Model）</td></tr>
<tr><td rowspan="5">邻近节点（Proximal Nodes）</td><td>潜语义标引模型（Latent Semantic Index Model）</td></tr>
<tr><td rowspan="4">超文本（Hypertext）模型</td><td>神经网络模型（Neural Network Model）</td></tr>
<tr><td rowspan="3">概率论（Probabilistic）模型</td><td>经典模型</td><td>经典概率模型（Classic Probabilistic ）</td></tr>
<tr><td rowspan="2">经典模型的改进模型</td><td>推理网络模型（Inference Network Model）</td></tr>
<tr><td>信念网络模型（Belief Network Model）</td></tr>
</table>

① 王修力，马利平．文本信息检索的代数模型综述[J]．吉林大学学报(信息科学版)，2007(5)：571.

② 笔者整理．资料来源：Ricardo Barza Yates，Berthier Ribeiro Neto 等著．现代信息检索[M]．王知津，等译．北京：机械工业出版社，2005：16.

一、布尔模型

布尔模型是基于集合理论和布尔代数的一种简单的检索模型。由于集合的概念非常直观，所以布尔模型为信息检索系统的普通用户提供了一种易于掌握的框架。

布尔模型的主要优点在于形式简洁、结构简单；主要不足之处在于：只是判断文献要么相关，要么不相关，无法描述与查询条件部分匹配的情况，可能导致检出的文献过多或过少。

如今，人们普遍认为给标引词加权能极大地改善检索效果。从对标引词加权中引出了向量模型①。

二、向量空间模型

向量空间模型通过对检出文献按相似度降序排列的方式来实现文献与查询的部分匹配。这样做最明显的效果就是结果集(answer set)内的文献排列顺序比通过布尔模型得到的结果集要合理得多，从某种意义上说，能更好地匹配用户信息需求。

向量空间模型的主要优点在于：标引词加权改进了检索效果；其部分匹配策略运行检出与查询条件接近的文献；余弦公式根据文献与查询之间的相似度对文献进行排序。从理论上说，向量模型也存在不足：标引词被认为彼此之间相互独立②。近年来基于大语言模型的智能检索出现变革式发展，其实质仍然是在向量空间进行上下文关联和索引。为了解决大语言模型的信息检索"幻觉"问题，人们使用检索增强生成(Retrieval-Augmented Generation, RAG)技术将用户输入的查询数据进行向量化表达，然后针对索引执行该查询向量在模型中对应的文本块，进而生成准确的查询结果。

三、经典概率模型

经典概率模型于1976年由Roberstone和Sparck Jones提出。概率模型试图在一个概率的框架下解决信息检索问题，其基本思想是：给定用户一个查询，存在一个文献集合，该集合只包括完全相关的文献而不包括其他不相关

① Ricardo Barza Yates，Berthier Ribeiro Neto等著．现代信息检索[M]．王知津，等译．北京：机械工业出版社，2005：20.

② Ricardo Barza Yates，Berthier Ribeiro Neto等著．现代信息检索[M]．王知津，等译．北京：机械工业出版社，2005：22.

的文献，我们把这个文献集合称为理想结果集。因此，可以把构造查询的过程看成详细描述理想结果集属性的过程，这个属性在查询时是未知的，那么在初始时就要努力猜测这些属性是什么。这个初始的猜测允许我们形成一个初步的对理想结果集的概率描述，用于检索出初始的文献集。

概率模型的主要优点在于：从理论上讲，文献根据它们相关的概率按递减的顺序排列。其缺点是：需要最初把文献分成相关的集合和不相关的集合；这种方法并不考虑标引词在文献中出现的频率；假设标引词相互独立。然而，如同向量空间模型一样，并不能明确标引词的独立性在实际情况中是否是一个不利的假设。①

信息检索模型是信息检索的核心。近几年来国外对于布尔模型的研究主要表现在对布尔模型的改进及对扩展布尔模型的进一步优化。对向量空间模型的研究，主要集中在对向量空间模型的扩展研究及对向量空间模型的应用方面。概率模型的发展主要集中在继续对概率模型进一步的研究，其与其他信息检索模型的结合，以及语言模型的研究和发展。近年来对于新兴的基于本体的信息检索模型的研究，主要集中在对基于本体的信息检索模型理论的研究，与其他检索模型的融合，以及基于本体检索模型的应用②。

第四节　信息检索系统的结构与评价

一、信息检索系统的含义与类型

信息检索系统是具有信息存储和信息查询功能的一类信息服务设施(或工具)。

按照信息存储与检索操作所使用的设备划分，历史上常见的检索系统可以分为：书本式检索系统、卡片式检索系统、穿孔卡片系统(机械化检索系统)、缩微式检索系统、计算机化检索系统和网络检索系统③。

根据检索功能划分，美国著名信息检索专家G. 萨尔顿认为，以计算机

① Ricardo Barza Yates，Berthier Ribeiro Neto 等著．现代信息检索[M]．王知津，等译．北京：机械工业出版社，2005：24.

② 孙坦，周静怡．近几年来国外信息检索模型研究进展[J]．图书馆建设，2008(3)：82-85.

③ 赵丹群编著．现代信息检索：原理、技术与方法[M]．北京：北京大学出版社，2008：50-52.

为基础的广义信息检索系统主要包括 5 种不同的类型：文献检索系统(Document Retrieval System，简称 DRS)、数据库管理系统(Data Base Management System，简称 DBMS)、自动问答系统(Question Answering System，简称 QAS)、管理信息系统(Management Information System，简称 MIS)和决策支持系统(Decision Support System，简称 DSS)①。

二、信息检索系统的结构

1. 信息检索系统的物理结构

信息检索系统是信息检索所用的硬件资源(如计算机、网络)、系统软件(如 Windows 系列软件)以及信息资源集合(数据库)的总和。

(1)计算机硬件

系统中采用的各种硬件设备的总称，包括具有一定性能的计算机主机、外围设备以及与数据处理或数据传输有关的其他设备。主机是计算机检索系统的中枢；外围设备包括外部存储器，输入输出设备如键盘、光笔、鼠标、光学字符识别装置，显示终端、打印机等。

(2)软件

系统中有关的程序和各种文件资料的总称，包括系统软件(如操作系统、输入输出控制程序)和应用软件。

(3)数据库

根据 ISO/DIS5127 号标准《文献与情报工作术语》，数据库是“至少由一个文档组成，并能满足某一特定目的或某一特定数据处理系统需要的一种数据集合”。通俗地说，数据库就是在计算机存储设备上按一定方式存储的相互关联的数据集合。数据库是计算机技术与信息检索技术相结合的产物，是现代重要的信息资源，也是信息检索的重要资料来源。

数据库由字段(Field)、记录(Record)和文档(File)构成。①字段是组成记录的基本信息单元，是一条完整记录中的每一个著录事项，由字段标识符(identifier)+字段值(attribute)构成。每一字段都描述记录文献的某一方面的特征，如书名字段、著者字段、文摘字段、出版项字段等就成为记录。字段的检索功能对提高文献的查找效率有很大的作用。②记录是组成数据库的基本单元，是各字段的组合。一条记录是对某一实体的完整描述，如一本书、一本刊、一篇文章的外表特征或内容等，都可以称为一条记录。记录越多，

---

① 赵丹群编著．现代信息检索：原理、技术与方法[M]．北京：北京大学出版社，2008：52-53.

数据库的容量越大。③文档。根据记录在文档内的组织方式和存取方法，可将文档分为顺排文档(也称主档)和倒排文档，分别相当于检索工具的正文部分和检索工具中根据需要而编制的各种索引。顺排文档是按记录的编号顺序线性排列的文档；倒排文档是将数据库记录中反映文献特征标识(即属性)的某些字段值(如分类、主题词、书名、著者、刊名等)按某种顺序重新组织构成的文档。倒排文档中的每一个文献特征标识后列出含有该标识的存取号以及与该标识匹配的文献数。在检索过程中，不是由记录号查属性，而是由属性查记录号，与顺序文档检索功能正好相反，故称为倒排文档。计算机系统通过倒排文档，只能根据文献的特征标识检索到相关文献记录的存取号和篇数，如果要输出文献的题录及文摘，还须访问主文档，即通过记录的编号调取文献记录。

数据库的种类很多。根据载体的不同，数据库可分为：联机数据库(online database)、光盘数据库(CD-ROM database)和网络数据库(networked database)三种。本书以网络数据库为主。

根据数据库的内容与功能可划分为：

① 指南数据库(directory database)：是存储有关某些客体(如机构、人物等)的一般指示性描述的一类参考数据库，其主要用途是供用户查询有关某一客体的基本信息或简要情况，主要包括各种名录数据库、传记数据库等。

② 交易(执行)数据库(transactional database)：是指各种用于交易的数据库，如股票、房地产交易数据库、中国科技成果交易数据库。

③ 全文数据库(full text database)：是存储文献全文或其中的主要部分的源数据库。全文数据库由若干个文库(libraries)组成，每个库划分为若干个文档(files)，文档由若干文献(documents)构成，文献又细分为若干片段(segments)。中国自主建设了多个大型全文数据库，如中国知网、万方数据知识平台、维普资讯网等，为信息检索提供了丰富的数据资源。这些数据库涵盖了期刊、会议论文、学位论文、专利、标准、科技成果等多个领域，满足了用户多样化的信息需求。

④ 书目数据库(bibliographic database)：是以文档的形式组织起来的、提供书目信息的数据库，包括各种目录、文摘与索引数据库。目前，已有许多书目数据库开始提供全文链接或者全文文献的传递服务。

⑤ 字(词)典数据库(dictionary database)：也称术语数据库(terminological bank)，计算机化的术语词典或词库，俗称电子词典或机读词典。

⑥ 数值数据库(numeric database)与统计数据库(statistical database)：是以自然数值形式表示的、计算机可读的数据集合。数值数据库的结构既可以是单元形式，也可以是表册形式。

⑦ 图像数据库(image database，graphic database)：是提供人们存储和检索图像或图形信息及其文字说明资料的一种源数据库。数据库中以图像、图形为记录单位。

对科研人员来说，书目数据库和全文库的使用频率最高。

2. *信息检索系统的逻辑结构*

信息检索系统的逻辑结构是指系统所包括的功能模块或子系统及其相互关系。包括信息资源选择与采集子系统、信息标引子系统、词表管理子系统、数据库创建与维护子系统、提问处理子系统和用户检索接口子系统 6 个子系统①。其构成如图 1-2 所示。

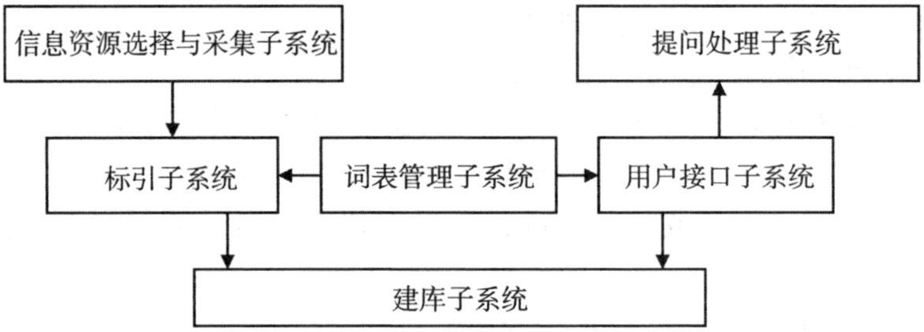

图 1-2　计算机检索系统的逻辑结构

三、信息检索系统的评价

1968 年，美国著名情报检索专家 F. Wilfred Lancaster 在其著作《信息检索系统：特点、测试与评价》列出 6 项衡量信息检索系统的评价指标，即覆盖范围(Coverage)、查全率(Recall Ratio)、查准率(Precision Ratio)、响应时间(Response Time)、用户负担(User Effort)和检索结果输出格式(Format Output)②，该书获得当年美国信息科学协会的最佳图书奖。

信息检索系统评价的核心是检索性能评价(retrieval performance

① 唐开主编．信息检索[M]．北京：煤炭工业出版社，2013：26.

② F. Wilfred Lancaster. Information Retrieval Systems Characteristics，Testing and Evaluation[M]. New York：John Wiley & Sons，Inc.，1968.

evaluation)。检索性能评价是根据一定的评价指标对实施信息检索活动所取得的成果进行客观科学评价、以进一步完善检索工作的过程。评价检索效果的指标主要有：查全率(recall ratio，简写为 R)、查准率(precision ratio，简写为 P)、漏检率(omission factor)、误检率(也叫检索噪音，noise factor)以及新颖率、检索速度等。其中，最主要的指标是查全率和查准率。

查全率是指检出文献中合乎需要的文献数量占数据库中存在的合乎该需要的所有文献的比例。查全率高说明相关的记录被检中的比例高，但对于数量巨大的数据库而言，要达到100%的查全率是不可能的，在网络条件下尤其如此。

查准率是指检出文献中合乎需要的文献数量占检出文献全部数量的比例。查准率高说明检出的记录的相关度高。一般来说，很少能达到100%的查准率。

在“查全”与“查准”两个方面，一般难以两全，为了获得尽可能多的检中结果(又称检索结果集，是数据库中符合检索条件的那些记录的集合)，即达到高的查全率、低的漏检率，需要较少的限制检索条件，但这样检出的不相关的结果就会很多，造成查准率不高而误检率高。反之亦然。

◎ 思考题

1. 什么是信息检索？
2. 叙述信息检索的基本原理。
3. 信息检索有哪些类型？
4. 试解释信息检索的 3 个经典模型。
5. 叙述信息检索系统的物理结构与逻辑结构。
6. 信息检索系统评价的指标有哪些？分别是什么含义？

第二章 信息检索的方法与技术

第二章导学视频　　第二章授课 PPT

信息检索的主要目的是在最短的时间内获得最满意的检索结果，而要达到这一目的，必须掌握信息检索的方法与技术。

第一节　网络信息检索的基本方法

信息检索技术经过先组式索引检索、穿孔卡片检索、缩微胶卷检索、脱机批处理检索，发展到了今天的联机检索、光盘检索与网络检索并存，检索方法也不断丰富。下面介绍网络信息检索的基本方法。

一、布尔逻辑检索(boolean logic)

逻辑检索是一种比较成熟、较为流行的检索技术，逻辑检索的基础是逻辑运算，绝大部分计算机信息检索系统都支持布尔逻辑检索。主要的布尔逻辑运算符(boolean logic operator)有：

(1) 逻辑“与”

逻辑“与”用 AND(或 *) 表示。检索词 A、B 若用逻辑“与”相连，即 A　AND　B(A * B)，则表示同时含有这两个检索词才能被命中。用文氏图(Venn Diagram)表示如图 2-1 所示。

例如，要检索“人工智能与教育”的文献，检索逻辑式可表示为：AI

AND education。

(2) 逻辑“或”

逻辑“或”用 OR(或+，或 |)表示。检索词 A、B 若用逻辑“或”相连，即 A OR B(A+B)，则表示只要含有其中一个检索词或同时含有这两个检索词的文献都将被命中。用文氏图表示如图 2-2 所示。

例如，要检索“计算机”或“机器人”方面的文献，检索逻辑式可表示为：computer OR robot。

(3) 逻辑“非”

逻辑“非”用 NOT(AND NOT，BUT NOT)(或-)表示。

检索词 A、B 若用逻辑“非”相连，即 A NOT B(A-B)，则表示被检索文献在含有检索词 A 而不含有检索词 B 时才能被命中。用文氏图表示如图 2-3 所示。

例如，要检索有关“能源”方面的文献，但涉及“核能”方面的文献不要，检索逻辑式可表示为：energy NOT nuclear，或者 energy-nuclear。

NOT 可以缩小检索范围，但必须慎用，只有当确信要从检索结果中排除一个术语或短语时才用它，否则，会将有用的资料排除在外。

布尔逻辑运算符的运算次序为：逻辑“非”→逻辑“与”→逻辑“或”；若有括号，则括号优先，这同算术运算中的四则运算相似。

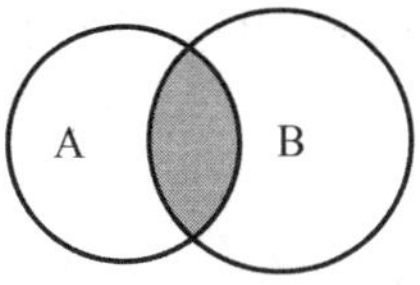

图 2-1　文氏图：逻辑“与”

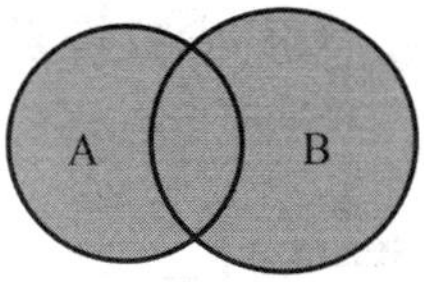

图 2-2　文氏图：逻辑“或”

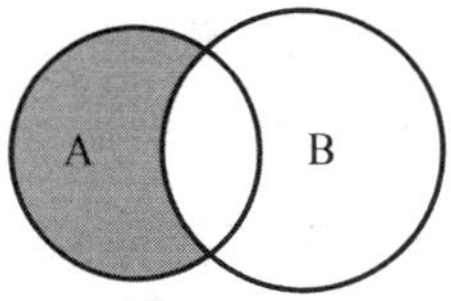

图 2-3　文氏图：逻辑“非”

大多数网络信息检索工具都支持布尔逻辑运算，但各自采用的表现形式不尽相同：有的用 AND，OR，NOT(有的工具要求用大写，有的要求用小写，有的则大、小写均可)，有的以符号+、-、* 代替，有的可支持“&”“|”“!”符号操作；有的直接把布尔逻辑运算符隐含在菜单中，如 Lycos；Google 的默认运算符是布尔逻辑“与”。

二、位置限制检索(proximity search)

位置限制检索有时又被称为临近检索，是用一些特定的算符(位置算符)来表达检索词与检索词之间的顺序和词间距的检索。其依据是：文献记录中词语的相对次序或位置不同，所表达的意思可能不同，而同样一个检索表达式中词语的相对次序不同，其表达的检索意图也不一样。布尔逻辑运算符有时难以表达某些检索课题的确切提问要求，如检索词之间的位置关系。字段限制检索虽能通过限定检索词所处的字段使检索结果在一定程度上进一步满足提问要求，但无法对检索词之间的相对位置进行限制。

不同检索系统支持的位置限制检索不同，如 ScienceDirect Online 用 W/nn表示两个单词之间最多可插入 nn 个单词，顺序不限，其作用类似于 Dialog Solutions(该系列数据库已并入 ProQuest 系统)的 NEAR/#或 N/#；而用 PRE/nn 表示两个单词之间最多可插入 nn 个单词，顺序不能改变，其作用类似于 Dialog Solution 的 PRE/#或 P/#。Westlaw 用/p 表示两个检索词须在同一个段落(paragraph)中，用/s 表示两个检索词须在同一个句子(sentence)中，用+s 表示两词必须在同一句出现、且第一个词须在第二词之前；用+p 表示两词必须在同一段出现、且第一个词须在第二词之前；用/n 表示两词相距不超过“ n ”个字词，用+n 表示两词相距不超过“ n ”个字词、且第一个词须在第二个词之前。

同一种检索运算在不同系统默认的值不同，(N)在有的系统中允许其连接的两个词之间可以插入 10 个词。

有时候，可用英文单词表示位置限制的语法。如用 BEFORE 指定该运算符左边的词必须出现在右边的词之前，AFTER 指定该运算符左边的词必须出现在右边的词之后。不过，只有少数检索工具支持 BEFORE、AFTER 运算。

三、短语检索(phrase search)

短语用“ ”表示，检索出与“ ”内形式完全相同的短语，以提高检索的精度和准确度，因而也有人称为“精确检索”(exact search)。如信息检索“information retrieval”。

四、截词检索(truncation/wildcats)

对于词干相同而词尾不同的词，如 library，libraries，librarian，librarianship…和一些英美不同拼法的词，如 defence，defense，如果检索时将这类词全部输进去，会增加检索时间，采用截词法可解决这一问题。

所谓截词检索，是指在检索标识中保留相同的部分，用相应的截词符代替可变化部分。检索中，计算机会将所有含有相同部分标识的记录全部检索出来。截词符大多用“?”或“ * ”表示，在一般情况下，“?”代表 0 至 1 个字符，“＊”代表1至多个字符。但有的检索系统用其他的符号或刚好与此相反，如著名的法律检索系统 Westlaw 用“！”代表任意多个字符，用“＊”代表1个字符。

根据截词符在检索词中的位置，可分为前截词、中间截词和后截词。

（1）前截词（词首截词）

即截词符在检索词的开头，如输入“＊ology”，可检索出 biology，geology，physiology，sociology，archaeology…等所有的以 ology 结尾的单词及其构成的短语。

（2）中间截词

wom？n，“？”只代表一个字符，该例可检索出 woman，women 和 womyn。

（3）后截词（词尾截词）

①词尾的有限截词。这种用法不多见，主要是用在 Dialog Solutions 系统中。

在截词符＊后面加一个数字，限定可以有几个字符的变化，如 econom[＊2]表示后面可以有2个字符的变化，即可以检索出 economy 和 economic，但不能检索出 economist。

②词尾的无限截词。绝大多数检索工具用“＊”表示词尾的无限截词，如 cat＊ 允许 cat 后面有1至任意个字符的变化，可检索出 cat，cats，catalog，catalogue，category 等词语。

再如，输入 econom＊，可检索出 economy，economic，economics，economical，economist 和 economize 等所有以 econom 这6个字母开头的单词及其构成的短语。

但是，对于同一种检索运算、检索工具之间采用不同符号的情况确实存在，有的检索工具用“$”表示词尾的无限截词，而不是使用“＊”。

数据库检索中常用的截词法有前截词、中间截词和后截词这3种截词方式。

中文检索在扩大检索范围时也可采用截断技术，如在只知作者姓而其名不详时，可在表示其姓的字后加问号做姓氏截断，如“黄?”表示检索所有黄姓作者的文献，而不管该作者的名中有几个字或者这几个字是什么。

五、字段限制检索（field limiting）

如前所述，组成数据库的最小单位是记录，一条完整记录中的每一个著录事项为字段。

在信息检索过程中，为了提高查全率或查准率，需要将检索范围限制在特定的字段中，即字段限制检索。

一般而言，一篇记录中主要用来表达文献内容特征的字段称为基本索引字段(basic index fields)，如篇名、文摘、叙词、自由词，叙词和自由词都是代表文献主题内容的语词，但前者选自各个数据库的专用词表，属规范化用语；后者则选自原始文献，属不规范的自然语言。在数据库基本索引字段中，叙词和自由词包括单词和词组，联机检索主要就是通过基本索引字段中的单词和词组来检索有关文献记录。常用的基本索引字段及其代码如表 2-1 所示。在进行计算机检索时，一般将基本索引字段代码附于所选定的检索词之后，计算机系统即在指定的字段中进行检索，如果检索词前后未指定字段，则系统将自动检索所有基本索引字段。不过不同的计算机检索系统所用的字段标识符和标识符放置位置不尽相同。

表达文献外部特征的字段称为辅助索引字段(additional index fields)，如著者、机构名称、语种、刊名、来源、出版年等。常用的辅助索引字段及其代码如表 2-1 所示。

不同的联机检索系统，对基本索引字段与辅助索引字段采取不同的限定检索方法。Dialog Solutions 系统基本索引字段的限定由“/”与一个基本索引字段符组成，又称为后缀限定；辅助索引字段由字段符“=”组成，一般将辅助索引字段代码置于检索词前，称为前缀，常与基本索引字段配合使用，起着进一步限定检索范围的作用。

如“? S AU=Wang li AND (CA=Wuhan Univ.)”，表示检索出著者是 Wang li，著者单位是 Wuhan University 的记录，即要查找“武汉大学”姓名为“Wang li”的作者的文献。

又如，“? S life (N) insurance AND PY=2019”，即要查找“2019 年”出版的关于“人寿保险”的资料。

表 2-1 **常用字段名及其代码**

字段名	字段代码	中译名
Abstract	AB	文摘
Descriptor	DE	叙词
Identifier	ID	自由词
Keyword	KW	关键词
Title	TI	篇名

续表

字段名	字段代码	中译名
Author Affiliation	AA	著者单位
Application Country	AC	专利申请国
Application Date	AD	专利申请日
Abstract Number，Accession Number，Application Number	AN	文摘号、登记号或存取号，专利申请号
Author，Inventor	AU	著者，发明者
Class Code，Country Code	CC	分类号，国别代码
Conference Location，Patent Classification	CL	会议地点，专利分类号
Contract Number，Country Name	CN	合同号，国别
Company Name	CO	公司名称
Country of Publications	CP	出版国
Corporate Author	CA	团体著者
Conference Title	CT	会议名称
Conference Year	CY	会议年份
Designated Country	DC	指定国
Document Type	DT	文献类型
International Patent Classification	IPC	国际专利分类号
Journal Title	JN	期刊名
Language	LA	语种
Patent Assignee	PA	专利代理人
Patent Country，Product Code	PC	专利国别，产品代码
Patent Date，Publication Date	PD	专利公布、出版日期
Patent Number，Product Name	PN	专利号，产品名称
Publisher	PU	出版者
Publication Year	PY	出版年

不同的数据库，甚至同一个数据库在不同的国际联机检索系统中，其著录格式、字段代码和字段数目也不完全相同。有的数据库记录只有 4~5 个

字段，而有的数据库却有90多个字段。因此，在检索数据库之前，必须先查阅该库的说明，详细了解其可检字段的设置情况，以便确定合适的检索途径。ProQuest Dialog Prosheets① 对 Dialog Solutions 的每个数据库提供了非常详细的介绍，包括可检索段及其代码、定义与实例等。

文献书目型数据库的记录基本包括下列字段：存取号、篇(题)名、文摘、叙词、自由词、著者、著者机构、刊名、出版年、语种、分类号。

尽管网上信息实际上不分字段，但大多数网络检索工具都具有类似于字段限制检索的功能，依据此功能，可将检索限制在特定的范围中，如标题(title)、图像(image)、文本(text)、主机名(host)、域名(domain)、链接(link)、统一资源地址(URL)、新闻组(newsgroup)、电子邮件(E-mail)等。

六、括号检索(parentheses)

用于改变运算的先后次序，括号内的运算优先进行。

七、自然语言检索(natural language search)

即直接采用自然语言中的字、词、句进行提问式检索，同一般口语一样。如 Who is George W. Bush? What is Artificial Intelligence? 这种基于自然语言的检索方式又被称为“智能检索”(intelligent search)，特别适合不太熟悉网络信息检索技术的用户使用。支持自然语言检索的有 Excite，Ask Jeeves 等。

八、多语种检索(multilingual search)

提供多种语言的检索环境供用户选择，系统按用户选定的语种进行检索并反馈结果，支持多语种检索的如中文天网，英文 AltaVista、Google 等。

九、模糊检索(fuzzy search)

又称概念检索，是指使用某一检索词进行检索时，能同时对该词的同义词、近义词、上位词、下位词进行检索，以达到扩大检索范围、避免漏检的目的。例如，输入“计算机”一词进行检索时，检索结果不仅包括“计算机”的内容，还包含“电脑”“手提”“笔记本”“台式机”等与“计算机”含义相近或相关的记录。

---

① Dialog Solutions：Database Information [EB/OL]. [2019-07-25]. https://proquest.libguides.com/proquestdialog/databases.

十、区分大小写的检索(case sensitive)

对于具有区分大小写检索功能的工具而言，如果用户输入的检索式用小写字母表示，搜索工具既匹配大写又匹配小写，如输入“china”，将检索出china(瓷器)，China(中国)；但如果用大写字母表示，搜索工具认为用户指定了只要大写，就只会查找那些与用户键入的输入形式完全相同的结果，如输入 China，则只检索出 China。AltaVista 等搜索引擎支持区分大小写的检索。

其他的检索方法还有：加权检索(term weighting)、音形一致的检索(phonetic search)、词根检索(stemming，如输入 fly，可检索出 flies，flying 等同根词)等。

在实际检索中，往往将上述多种检索方法综合使用，如要查找“标题中含有网络营销”的资料，可以利用布尔逻辑运算符 AND、OR 和截词检索、区分大小写检索，并将检索结果限制在题名字段。

第二节　信息检索的主要技术

随着计算机技术的发展和网络的普及，网络信息系统出现了很大的改变，越来越多的全文数据、事实数据、图像数据、音频、视频数据等多媒体信息资源遍布网络，给人们带来获取信息方便的同时，也带来信息检索的困难，在这种情况下，信息检索技术也要求随之发展。

一、全文检索技术

全文检索技术最早出现于 20 世纪 50 年代，1959 年，美国匹兹堡大学卫生法律中心建成的法律情报检索系统是世界上第一个全文检索系统。1973 年，美国米德公司面向公众查询的收录有大量以法律、新闻、商业经济、政府出版物等内容为主的大型全文数据库 Lexis 的投入使用，标志着全文检索领域的诞生①。经过几十年的发展，特别是随着计算机技术的发展和应用，全文检索已从最初的字符串匹配演进到能对超大文本、图像、音频、视频等非结构化数据进行综合管理的复合技术。由于内涵和外延的深刻变化，全文检索系统已成为新一代管理信息系统的代名词，衡量全文检索系统的基本指

① Yue-Shan Chang, Min-Huang Ho, Shyan-Ming Yuan. A Unified Interface for Integrating Information Retrieval[J]. Computer Standards & Interfaces, 2001(23): 325-340.

标和全文检索的内涵也发生了巨大变化①。全文检索技术的新颖之处在于：它可以使用原文中任何一个有实际意义的词作为检索入口，而且得到的检索结果是源文献而不是文献线索。

全文检索系统必须具有一个全文数据库，全文数据库是将一个完整的信息源的全部内容转化为计算机可以识别、处理的信息单元而形成的数据集合②。全文数据库的特点在于：信息量大，其包含的信息基本上是未经加工的详尽的、客观的原始信息；信息检索的灵活性和适应性，文本中任何字符或字符串都可以作为检索入口点，且能处理结构化和非结构化等各类文本数据；检索语言的自然性，不做人工标引，可使用自然语言进行检索；数据相对稳定等。因此，与传统的检索系统比较，全文检索系统具有查全率较高、计算机自动标引、检索功能强大、灵活性强等特点。

同时，全文检索系统也存在一些问题：如查准率较低。一方面，全文检索系统在检索过程中可能对同一页面重复检索，即同一检索词检索出的多条检索结果可能是同一个地址，影响查准率；另一方面，由于全文检索技术的全词匹配和语词本身的特点，只要检索词出现在文本中就能被检出，会导致查准率不高。例如，需要检索关于“香格里拉”的历史地理方面的资料，以“香格里拉”为检索词，“香格里拉酒店”也会被认为是检索结果，从而降低了查准率。查准率较低会带来检索结果过多，使得用户很难从海量的检索结果中去甄选质量较高的信息。

从检索技术本身来看，如何更好地解决语词的切分问题以及语义理解、句法理解问题，提高全文检索系统的检索性能，乃至实现具有学习、分析、理解、推理机制的智能化和基于知识库推理机制的信息检索系统，才是未来全文信息检索系统发展的主要趋势。如今，无论是各类专业数据库，还是搜索引擎或人工智能对话系统，基本都具备了全文检索的能力。

二、多媒体信息检索技术

音频信息的检索方法分为以下三种：语音检索——以语音为中心的检索，采用语音识别等处理技术，例如电台节目、电话交谈、会议录音等；音乐检索——以音乐为中心的检索，利用音乐的音符和旋律等音乐特性来检索，例如检索乐器、声乐作品等；音频检索——以波形声音为对象的检索，这里的音频可以是汽车发动机声、雨声、鸟叫等各种声音，也可以是语音和

① 焦玉英．信息检索进展[M]．北京：科学出版社，2003：181.

② 焦玉英，符绍宏，何绍华．信息检索[M]．武汉：武汉大学出版社，2001：64.

音乐等，这些音频都统一用声学特征来检索。

对于视频信息的检索，主要有视频分割、关键帧提取、场景变换探测以及故事情节重构等问题。视频是一组图像按时间有序连续的表示，它与图像序列、时间关系有关。视频数据可用暮景、场景、镜头、帧等描述。其检索方法主要有：基于关键帧的检索，用户可以用目标特征说明的直接查询、可视实例的查询和指定的特征集查询等多种方法，在数据库中直接检索；基于运动的检索，即基于镜头和视频对象的时间特征进行检索；浏览，一般采用分层结构和集束分类技术。

基于关键词的检索与基于内容的检索可以有机地结合起来，从而提高多媒体信息的检索效率。多媒体检索技术是一个开放性的研究课题，诸如高层概念与低层特征的关联、多媒体的同步技术以及按多相似性特征为基础的索引、时序媒体的内容结构化、数据模型等问题都有待进一步研究。需要注意的是，多媒体检索与时下流行的概念"多模态检索"(Multimodal Retrieval)有所不同，不同媒体可通过不同的模态表达出来，但多模态除了文本、视觉、听觉外，还有传感器信号、生物特征数据等数据类型，二者不可混为一谈。

三、超文本及超媒体检索技术

超文本及超媒体检索技术是 20 世纪 80 年代末期发展起来的一门新兴技术。超文本检索，更准确地说，不是一种检索技术，而是信息的组织方法与手段。它是一种信息管理技术，或者说是一种电子文献形式，其特点之一，是一反传统文本对信息的线性与顺序记录方式，而是模仿人类联想式的记忆思维，将相互关联的信息以网状的结构加以存储和记录。超文本检索就是把有关的信息或资源通过超链接联系起来，检索时可以借助超链接实现相关信息的阅读。

超媒体是基于超文本支持的多媒体。超媒体检索不但注重所要管理的信息，而且更注重信息之间关系的建立与表示。

超文本/超媒体检索技术还存在一些缺陷：信息以超文本方式链接，用户检索的主动性变为被动性，导致检索过程中含有极大的盲目性和偶然性；在链接的过程中，容易偏离检索目标，导致检索“迷航”。

因此，超文本与超媒体检索技术还处在发展完善中，从当前的情况看，其发展趋势表现为：

由超文本向超媒体发展。这是检索技术发展的进步，也是技术发展的必然。超文本向超媒体的转变不仅是将文本媒体扩展到其他媒体，而且还要使系统能自动判断媒体类型，并执行相应的操作。

由超媒体向智能超媒体发展。现有超媒体系统仍是一种被动的信息存储与检索系统，它具有定义、存储、浏览的功能，但不具有推理机制和学习机制。如能结合人工智能方法，建立超媒体系统的智能机制，这样就能打破常规超媒体文献内部和它们之间严格的链的限制，在超媒体的链和节点中嵌入知识或规则，允许链进行计算和推理，使得多媒体信息的表现具有智能化，给用户的检索提供主动的帮助和多层次的有针对性的导航。

由超媒体向开放超媒体发展。当前对于超媒体系统的研究大多限于封闭的和特定的应用领域，开放性已成为超媒体领域最重要的研究方向。实现开放性的重要基础是超媒体的结构信息和内容信息的分离。

四、智能信息检索技术

全文检索解决了一般非结构化文字信息内容的查询问题，有效解决了数据库管理系统不能很好查询非结构化信息的问题。但是全文检索仍然存在很多问题，需要进一步发展，以提高其检索的准确度。智能检索技术就是其发展的方向之一。

智能检索技术就是采用人工智能进行信息检索的技术。它可以模拟人脑的思维方式，分析用户以自然语言表达的检索请求，自动形成检索策略进行智能、快速、高效的信息检索。① 智能检索技术主要体现在语义理解、知识管理和知识检索 3 个方面。它利用语义分析模块自动智能分词，进行用户请求和知识库"数据"的语义理解，最终把知识库中匹配的信息筛选、整序后提供给用户。

与传统信息检索相比，智能信息检索的最大特点就是在检索过程中引入了资源对象的语义处理②。

可以说，智能化是网络信息检索未来发展的主要方向，随着网络用户对检索的精度、效率要求的不断提高，网络信息检索必须重视提高其在检索功能和服务上的智能化程度。

五、可视化信息检索技术

可视化信息检索是将信息资源、用户提问、信息检索模型、检索过程以

---

① 龚蛟腾．网络信息检索技术现状、瓶颈及趋势分析［J］．情报杂志，2004(5)：75-77.

② 邹景华．语义万维网在智能信息检索中的应用研究［D］．重庆：重庆大学，2005.

及检索结果中各种不可见的内部语义关系转换成图形，显示在一个二维、三维或多维的可视化空间中，帮助用户理解检索结果、把握检索方向，以提高信息检索的效率与性能。它是可视化技术在信息检索领域的应用。①

信息检索可视化的基础是计算机图形学和认知心理学，认知心理学揭示了人类感知和认识世界的方式，为信息检索提供可视化理论指导，计算机图形学提供了可视化实现工具。可视化技术不仅在揭示信息资源的广度与深度上有很大的优势，而且它能够将隐藏在信息资源内部的、复杂的、抽象的语义以直观的图形方式呈现给读者。可视化检索认为，用户的需求并非一开始就是明确、清晰的，检索的过程中用户有可能获得新的知识、非预期的检索方向，并随时调整自己的检索需求与策略，经过反复检索最终获得所需的文献。

六、跨语言信息检索技术

近年来，网络的普及使人们不受时空限制方便快捷地获取各种信息，但是，语言的多样性却使人们在利用各种信息时受到了限制，针对这一情况，跨语言信息检索(Cross Language Information Retrieval，CLIR)技术被提出来，即允许用户使用其熟悉的某一种语言来构造检索式，以此检索出另外一种或集中语言表达的信息，也就是一种跨越语言限制进行检索的技术。

跨语言信息检索早在20世纪70年代初期就已提出，G. Salton利用手工编制的叙词表实现了受控语言的跨语言信息检索。② 现在，国际上有一些重要的会议关注跨语言信息检索的研究热点和趋势，如文本检索会议(Text Retrieval Conference，简称TREC)③、跨语言评价论坛(Cross Language Evaluation Forum，简称CLEF)④、日本国家科学信息系统中心信息检索系统测试集会议(NII Test Collection For IR System，简称NTCIR)⑤等。

跨语言信息检索技术实现的核心问题是“翻译”。从当前的研究来看，跨语言信息检索是信息检索领域的一个新的课题，随着网络应用的普及和互联网上各种语言数据的迅猛增长，人们对跨语言信息检索的需要也日益迫

---

① 李春旺．信息检索可视化技术[J]．现代图书情报技术，2003(6)：44-46.

② Gerard Salton. Automatic Processing of Foreign Language Documents [J]. Journal of the American Society for Information Science，1970，21(21)：187-194.

③ Text Retrieval Conference[EB/OL]．[2019-07-25]．https：//trec. nist. gov/.

④ Cross Language Evaluation Forum [EB/OL]．[2019-07-25]．http：//www. clef-campaign. org/.

⑤ NTCIR[EB/OL]．[2019-07-25]．http：//research. nii. ac. jp/ntcir/index-en. html.

切，由于跨语言信息检索是正处于研究的新兴技术，因此当前跨语言信息检索的查准率低，检索效果并不是很理想，还有很多亟待开发研究的领域和需要解决的问题，其研究重点主要集中在翻译所需语言资源、翻译歧义性消除等几个方面，而跨语言信息检索多种实现方法的融合是未来的发展趋势。相信随着网络技术的发展，跨语言信息检索的功能会更强大，支持的语种更加丰富，翻译和检索的效果更加完美。

七、文本聚类技术

分类是人类认识事物的一种方法，但是对于一批没有提供先验知识的样本，应如何分类？一种最简单直观的方法是按照它们之间的相似性，即它们在对应的特征空间的亲疏远近来决定其类别①。这种方法就是聚类。

快速和高质量的文本聚类可以将大量信息组织成若干个有意义的簇，要求同一簇内文档内容的相似度尽可能地大，而不同簇间的相似度尽可能地小，从而改善检索性能。自动聚类技术用来分析被聚类对象的特征，再根据一定的聚类算法将这些对象分成不同的簇，其过程主要包括特征选择、文本表示和聚类处理，常用的聚类算法有：层次聚类法(分为合成聚类法和分解聚类法)、平面划分法、密度聚类法、网格聚类法、模型聚类法等。

综上所述，国内外对信息检索技术的研究是在不断发展的，目前很多重要的信息检索技术和信息检索系统都还处在探索之中，未来的信息检索技术将在理念、技术、人性化、个性化、智能化等方面继续发展，使人们能够快速、便捷、全面、准确地获得自己所需的信息。

◎ 思考题

1. 主要的信息检索技术有哪些？各自有什么特点？
2. 网络信息检索的基本方法有哪些？常用的布尔逻辑运算符有哪些？各代表什么含义？
3. 布尔逻辑检索、位置限制检索与短语检索之间的区别何在？
4. 什么是截词检索？有哪些常用的截词检索方法？
5. 什么是文本聚类？有哪些常用的文本聚类技术？

---

① 黄振华，吴诚一．模式识别原理[M]．杭州：浙江大学出版社，1991：40.

第三章 搜索引擎

第三章导学视频　　第三章授课 PPT

第一节　搜索引擎概述

一、搜索引擎的概念

搜索引擎(Search Engine)是一种 Web 上应用的软件系统，它以一定的策略在 Web 上搜集和发现信息，在对信息进行处理和组织后，为用户提供 Web 信息查询服务。从使用者的角度看，这种软件系统提供一个网页界面，让它通过浏览器提交一个词语或者短语，然后很快返回一个可能和用户输入内容相关的信息列表①。随着搜索引擎技术的发展，系统可以处理的范围从单一的文本向语音、图片甚至视频等转变。随着互联网的普及和网络技术的飞速发展，网上信息资源的数量和种类激增，搜索引擎成为人们在茫茫网海中快捷准确地找出所需信息的重要工具。

---

① 李晓明，闫宏飞，王继民著．搜索引擎——原理、技术与系统[M]．北京：科学出版社，2004：2.

二、搜索引擎的发展简史

早在Web出现之前，互联网上就已经存在许多供人们共享的信息资源。它们以计算机文件的形式存在，文字材料的编码通常是PostScript或者纯文本，主要存在于各种允许匿名访问的FTP站点(anonymous ftp)，内容以学术技术报告、研究性软件居多。为了便于人们在分散的FTP资源中找到所需的资源，1990年加拿大麦吉尔大学(University of McGill)计算机学院的师生开发了Archie软件。它通过定期搜集并分析FTP系统中存在的文件名信息，提供查找分布在各个FTP主机中文件的服务。Archie被人们公认为现代搜索引擎的鼻祖①。

1994年4月，美国斯坦福大学两名博士生杨致远和大卫费罗共同创办了Yahoo!。

1995年7月，美国华盛顿大学学生Eric Selbery和教师Oren Etzioni研究并开发出Metacrawler，这是互联网上出现的第一个元搜索引擎。

1995年12月，DEC公司推出第一个支持自然语言和实现高级搜索的搜索引擎AltaVista。

1997年10月29日，北大天网正式在CERNET上提供服务②。

1997年8月，Northernlight公司正式推出第一个支持对搜索结果进行简单自动分类的搜索引擎。

1998年9月，斯坦福大学博士生Larry Page和Sergey Brin创建Google，它是目前最具影响的搜索引擎。2006年，Google确定其全球中文名字为谷歌，并进入中国市场。2010年，谷歌退出中国大陆市场。

2000年1月，李彦宏和徐勇创建了百度。百度现成为全球最大的中文搜索引擎。

2006年9月，美国微软公司发布正式的Live Search搜索引擎。2009年6月，微软Live Search搜索引擎改名为Bing(必应)。同年7月，Yahoo!公司与微软达成历史性协议，放弃自身的搜索技术，开始使用Bing搜索数据。

2012年8月，360搜索引擎上线。

搜索引擎领域发展迅速，图片搜索、学术搜索、地图服务、移动搜索等服务层出不穷。搜索引擎呈现出移动化、智能化的发展趋势，移动搜索发展迅速。

---

① 搜索引擎发展史[EB/OL].[2019-07-30].http://www.douban.com/group/topic/4548626/.

② 王军.搜索引擎的过去时、现在时和将来时[J].兰台世界，2008(6)：65.

三、搜索引擎的发展阶段

根据搜索引擎的特点，可将搜索引擎的发展分为四个阶段①。

第一阶段为分类目录时代。即以 Yahoo! 为代表的，通过目录的方式、分类组织网站，用户在特定的分类目录中检索所需内容。

第二阶段为文本检索阶段。搜索引擎将用户所输入的检索关键词提交给服务器并查找相关度较高的网页返回给用户。Alta Vista 等为这一阶段搜索引擎的代表。

第三阶段，以 Google 和百度为代表，通过外部链接评价网站，并结合网页内容，智能地将相关信息进行整合，为用户返回的是与输入的关键词相关的多维度的相关信息，改善了搜索引擎的信息质量和用户体验。

第四阶段是以用户为中心，通过大数据对用户的使用行为进行分析，返回的是用户可能感兴趣的个性化的检索结果。人工智能在搜索引擎领域的应用更是不断推动搜索引擎智能化的发展。移动搜索亦是搜索引擎快速发展的新领域。

四、搜索引擎的工作原理

搜索引擎有三个功能模块，或称为三个子系统：即网页搜集、预处理和查询服务②。

1. 网页搜集

搜索引擎通过程序爬虫(Spider)，扫描特定网站的所有网页并将相关信息存入数据库。

2. 预处理

主要包括 4 个方面：关键词的提取，重复网页(或称镜像网页，即内容相同未加任何修改的网页)或转载网页(near-replicas，又称为近似复本网页，即主题内容基本相同但有一些额外的编辑信息的网页)的消除，超链接分析和网页重要程度的计算③。通过预处理建立索引数据库，保存搜集到的信

---

① 岳鹏飞．搜索引擎的发展历程[EB/OL]．[2019-07-30]．http：//www.wm23.com/wiki/42181.htm.

② 李晓明，闫宏飞，王继民著．搜索引擎——原理、技术与系统[M]．北京：科学出版社，2004：17.

③ 李晓明，闫宏飞，王继民著．搜索引擎——原理、技术与系统[M]．北京：科学出版社，2004：22.

息，将它们按照一定的规则进行编排。

3. 查询服务

搜索引擎接受用户提交的查询请求后，按照用户的要求检索索引数据库，找到用户所需要的资源，并返回给用户，列表显示摘要结果。目前，搜索引擎返回主要是以网页链接的形式提供的，通过这些链接指向用户所需网页。

4. 搜索引擎的分类

从不同的角度，可将搜索引擎划分为不同的类型。

(一)按信息内容的组织方式划分

按信息内容的组织方式，搜索引擎可划分为目录式搜索引擎和机器人搜索引擎。

1. 目录式搜索引擎

目录式搜索引擎(Directory)是以人工方式或半自动方式搜集信息，由搜索引擎的编辑员查看信息之后，依据一定的标准对网络资源进行选择、评价，人工形成信息摘要，并将信息置于事先确定的分类框架中而形成的主题目录。其收录的网络资源经过人工(多为专家)的挑选和评论，因此具有信息准确、信息质量较高的优点，同时存在收录网络资源规模有限、维护量大、信息更新不及时等不足。目录式搜索引擎有助于全面了解某一主题包含哪些高质量网络资源。而对于检索专指性高的课题，可能查询效果不甚理想。

Yahoo！曾是最流行的目录式搜索引擎，其目录由专业人士进行甄选和编制而成。2014 年底目录服务(Yahoo Directory)下线。与 Yahoo！不同，开放目录项目(Open Directory Project，ODP)①是由来自世界各地的志愿者共同维护与建设的全球网页资源目录，是互联网上规模最大、内容最广泛的人工目录。

2. 机器人搜索引擎

机器人搜索引擎(狭义的 Search Engine)不依靠人工发现和甄别信息，是由一个被称作“蜘蛛”的计算机程序依据一定的网络协议以某种策略自动地在互联网中搜集和发现信息，由索引器为搜集到的信息建立索引，由检索器根据用户的查询输入检索索引库，并将查询结果返回给用户。其优点是信息量大、更新速度快；缺点是返回信息过多、冗余信息较多，用户必须从结果中进行筛选。主要代表是 Google、百度、Bing（必应）、Ask.com、

---

① http：//www.odp.org/[EB/OL].［2019-07-25］.

AltaVista、搜狗搜索引擎等。

(二)按专业范畴划分

按专业范畴，可将搜索引擎划分为综合性搜索引擎和专业性搜索引擎。

1. 综合性搜索引擎

综合性搜索引擎内容涵盖各个学科和生产生活的各个领域，可检索图片、音频、视频等多种资源类型，适用对象广泛，如 Google、百度、Bing 等。

2. 专业性搜索引擎

专业性搜索引擎包括：收录某一个或几个学科资源的搜索引擎，如法律专业搜索引擎 Lawcrawler、临床医学英文资源的搜索引擎 Medical matrix、化学搜索引擎 ChemGuide 等；具有专门搜索功能的搜索引擎，如专门搜索专利信息的中国的 SooPAT 搜索，专门的视频搜索引擎 Blinkx；面向特定用户的搜索引擎，如面向少年儿童的搜索引擎腾讯儿童搜索。

(三)按检索功能划分

按检索功能，可将搜索引擎划分为独立搜索引擎和元搜索引擎。

1. 独立搜索引擎

独立搜索引擎，又名单一搜索引擎或常规搜索引擎，其特点是建立独立的数据库，通常只在该数据库中进行搜索，并返回查询结果。Google、百度等均属此类。

2. 元搜索引擎

元搜索引擎(Meta Search Engine)，又称多元搜索引擎或集成式搜索引擎(Multiple Search Engine)，是多个独立搜索引擎的集合，通过一个统一的用户界面，可同时对多个搜索引擎进行检索操作，即用户只需一次输入检索式，便可检索一个或多个独立搜索引擎。例如，WebCrawler、Dogpile 等元搜索引擎可实现对 Google、Yahoo！等多个搜索引擎的检索。部分元搜索引擎支持检索结果去重功能，具有扩大检索范围、避免多次访问不同搜索引擎、提高检索效率等优点。

独立搜索引擎与元搜索引擎的主要区别在于：前者拥有独立的网络资源采集标引机制和相应的数据库；后者一般没有独立数据库，多提供统一链接界面(或进一步提供统一检索方式和结果整理功能)，形成一个由多个具备独立功能的分布式搜索引擎构成的虚拟平台。用户通过元搜索引擎实现对多个独立搜索引擎的数据查询、结果显示等操作。

(四)搜索运营方式划分

按运营方式划分，可将搜索引擎分为通用搜索引擎和垂直搜索引擎。

1. 通用搜索引擎

通用搜索引擎，如百度、Google 等提供综合性的搜索服务的搜索引擎，特点是面向所有用户，不特别针对某一行业或领域，具有信息量大，对于特定领域的查询不准确、深度不够等问题。

2. 垂直搜索引擎

垂直搜索引擎(Vertical Search Engine)，是针对某一个行业某一领域的专业搜索，具有"专、精、深"的特点，是对 Web 中某个特定主题信息的整合，可以满足用户个性化的检索需要。如 CALIS 学科导航可视为一个学术型垂直搜索引擎，而中文"去哪儿"网为旅游主题的搜索引擎。

五、搜索引擎的选择与评价

研究人员以及搜索引擎优化比较网站等都提出了搜索引擎的评价指标体系。如王静疆比较了国内外 7 位学者关于搜索引擎的评价指标体系①，国内学者苏君华提出从内容、技术、界面、用户、服务和环境六个方面进行搜索引擎评价②，陈弄祺提出搜索引擎评价的指标为：浏览量、浏览程度、访问量、链接数量、索引构成、检索效果、检索结果、用户忠诚度、交互功能等指标③。

不同类型的搜索引擎在信息组织和检索方面各具特色，评价标准也不尽相同。例如，能否全面收录某一主题范围的信息资源、是否采用本专业的主题词表，是评价专业性搜索引擎的重要指标；而能否将用户的检索式"翻译"成各成员搜索引擎可以理解的表达式，以及能否对不同引擎搜索到的结果进行整理与去重，则是评价元搜索引擎时应重点考虑的因素。由于目前使用最普遍的是综合性独立型的搜索引擎，且它们是元搜索引擎的重要组成部分，下面仅以这一类搜索引擎的评价标准为讨论对象。综合性搜索引擎评价指标主要有：

1. 收录范围

即搜索引擎收录的范围是否完备充分。搜索引擎的收录范围包括学科(专业)范围、地域范围、语言范围、资源类型范围等。

---

① 王静疆．搜索引擎评价指标体系比较研究[J]．图书情报工作，2008(10)：136-138，116.

② 苏君华．搜索引擎评价研究综述[J]．情报杂志，2011(4)：28-33，65.

③ 陈弄祺．国内互联网搜索引擎评价研究[J]．统计与决策，2017(3)：63-66.

2. 检索功能与效果

评价搜索引擎的检索功能主要考虑的因素有：

完善的检索手段。既能满足一般用户的浏览检索(简单检索)，又能满足专业用户的专指检索(高级检索或专家检索)。具备多种检索功能，如布尔逻辑检索功能(支持 AND，OR，NOT)、截词检索、短语检索、自然语言检索、进阶检索、范围限制功能、自动搜索同义词、容错检索功能等。中文搜索引擎还应考察其是否具有自动识别中英文及进行转换、自动内码转换、自动中文分词等功能。

检索效果，包括查准率(Precision)、查全率(Recall)、搜索条件频率(Term Frequency，TF，指一个搜索条件在某个文档中出现的次数)、响应速度等。

3. 对检索结果的处理

检索结果处理与显示是影响搜索引擎使用效果的重要因素之一。结果的内容组织、排序方式、返回结果描述的详细程度、相关信息的完备程度(文件格式、大小、日期、内容摘要或评价等)等因素，都将影响用户对检索结果的判断。

为满足用户对检索结果的不同需求，搜索引擎应提供多种输出方式，包括多样化的显示格式、结果的详简程度和结果排序方式(如相关度、URL、域名、字顺、信息类型、语种等)。

此外，检索结果聚类、保存并修改检索式、在结果中进行二次检索等因素也很重要。

4. 外链程度

外链程度即通过搜索引擎被其他网站链接的数量和广度来评价网站。如百度采用超链分析，Google 采用 PageRank 等。这一指标已经被广泛用于网页的评价，这同样适用于搜索引擎。

5. 用户体验

用户体验在搜索引擎评价中的重要性日渐突出，这也体现了搜索引擎的个性化发展趋势。特别值得注意的是，百度等搜索引擎采用竞价排名的方式，使得商业性信息更易在检索首页显示。这一规则对用户的检索体验有重要影响。是否可智能化地识别用户的检索需求，分析用户检索习惯和使用行为，并在检索结果中去除多余信息有针对性地推送检索结果，也是影响搜索引擎用户体验的重要方面。人工智能在搜索引擎领域的应用将大大提升用户的体验。如微软人工智能虚拟机器人“微软小冰”和必应搜索进行整合，探索通过自然语言模式下的交互方式进行搜索的新方式。

第二节　综合性搜索引擎选介

搜索引擎发展迅速，数量众多，重要的中英文综合性搜索引擎见表 3-1。

表 3-1　　重要的中英文综合性搜索引擎

搜索引擎名称	网址
中国搜索	https：//m. chinaso. com
百度	http：//www. baidu. com
搜狗	http：// www. sogou. com
Google	http：//www. google. com
Yahoo	http：//www. yahoo. com
Bing	http：//www. bing. com
ASK	http：//www. ask. com
Yandex	http：//www. yandex. com
Gigablast	http：//www. gigablast. com
Lycos	http：//www. lycos. com

第 53 次《中国互联网络发展状况统计报告》显示，截至 2023 年 12 月，中国网民人数已达 10. 92 亿。其中，搜索引擎用户规模达 8. 27 亿，使用率为 75. 7%。全球范围内用户最多的搜索引擎为 Google、Bing 和百度。

一、中国搜索

中国搜索(https：//m. chinaso. com)于 2014 年 3 月正式上线，被称为“国家权威搜索引擎”，是由人民日报、新华社、中央电视台、光明日报、经济日报、中国日报和中新社等机构推出的国家搜索平台，致力于以中国观点、中国算法，重组服务于中国式现代化的数据和信息。中国搜索积极开展搜索引擎、大数据、人工智能等数字技术的研发和集成，形成了庞大的数据资源体系。中国搜索提供新闻、图片、视频等丰富内容。

中国搜索既可以浏览最新信息，也可以采用一框式检索。如在检索框中输入检索词“数字中国”，就能展示相关的新闻、图片、视频等内容。检索出来的新闻可以按照时间、地域、媒体类型进行筛选，还可以按相关度或按时间进行排序。

此外，中国搜索推出国搜 APP。

二、百度

百度由李彦宏和徐勇于 2000 年 1 月在北京中关村正式创立，是目前全球最大的中文搜索引擎和重要的中文信息检索与传递技术供应商。其产品与服务项目涵盖搜索服务(如百度翻译、地图、网页搜索、新闻搜索、桌面搜索、学术搜索、百度传课、百度文库等)、导航服务(如网站导航、百度口碑)、社区服务(如百度贴吧、百度知道、百度百科等)、移动服务(如百度糯米、百度翻译 APP 等)、游戏娱乐(如百度游戏)，并提供百度人工智能开放平台、搜索开放平台等平台，百度云等开发者服务，同时提供百度输入法等多种软件工具等，现为我国网民最常用的搜索引擎。由此可见，百度以中文搜索服务为基础，并将搜索引擎应用到互联网，推出了百度人工智能秘书度秘、生成式人工智能文心一言、智能驾驶系统 Apollo、人工智能开放平台——百度大脑，在人工智能领域不断深入。

就搜索服务而言，百度支持布尔逻辑检索、字段限制检索、短语检索、在检索结果中精练检索、相关搜索、拼音提示、繁简中文查询等，提供丰富的专项搜索，包括百度学术搜索、百度传课(百度在线教育平台)、法律搜索、百度文库等资源搜索；MP3 搜索、视频搜索、图片搜索、百度识图等多类型资源检索。

检索结果依据相关度进行排序。通过超链接分析技术、词频统计和竞价排名相结合的方式对网页进行相关度评价。

三、Google

Google 由斯坦福大学博士生 Larry Page 与 Sergey Brin 于 1998 年 9 月创建，并于 1999 年创立公司。现为全球使用最广泛的搜索引擎，其中文名为“谷歌”。其产品与服务有：网页搜索、学术搜索、Google 地图、Google 翻译、桌面搜索、手机搜索等，提供 Google Play 音乐、Google Play 影视、YouTube 等视听服务，并提供 Daydream View 虚拟现实工具、Google Allo 职能及时聊天工具，Google Duo 视频通话应用，云端硬盘、输入法、浏览器、照片管理软件、工具条、日历等工具。近年来，Google 投入巨资研发和部署人工智能业务，开发了著名的深度学习模型 Transformer、专攻科学领域的人工智能 DeepMind 以及生成式人工智能服务 Gemini 等，这些技术和应用在人工智能检索领域产生了重要影响。

Google 支持布尔逻辑检索、字段限制检索、短语检索、文件类型限定检索、容错检索、拼音自动转换、模糊拼音搜索、简繁中文转换功能等。

Google 的检索结果按相关性排序，相关性的评判以网页评级为基础，在全面考察检索词的频率、位置、网页内容(以及该网页所链接的内容)的基础上，评定该网页与用户需求的匹配程度，并确定排序优先级，将其独创的网页评级系统(PageRank)作为网络搜索的基础。

四、Yahoo!

Yahoo! 由斯坦福大学博士生杨致远和 David Filo 于 1994 年 4 月共同创办，提供一个由专家筛选加工而成的主题分类索引体系。1999 年 9 月，Yahoo! 开通中文网站——雅虎中国，提供网页、图片、音频、视频、新闻、类目搜索、本地搜索等多种服务。Yahoo! 曾经是目录型搜索引擎的代表，分类目录分为 14 个大类，每个大类下又分小类，最深可达 6 级，并支持逐级浏览和检索。2014 年 12 月底雅虎目录服务(Yahoo Directoty)关闭。

2006 年开始，Yahoo! 使用微软公司 Bing 的搜索技术。

五、Bing

2009 年 5 月 28 日，微软公司推出了 Bing(中文名：必应)，取代 Live Search。Bing 搜索界面简洁，未采用竞价排名等商业模式，且与微软的其他产品深度融合。

Bing 的检索界面分为国内版和国际版，提供网页搜索、图片搜索、词典、学术搜索、翻译、地图、缤纷桌面等工具与服务，并可方便地链接微软的其他产品。网站支持简单检索和高级检索，可同时返回中英文双语检索结果，方便易用。

第三节　中外文学术搜索引擎选介

一、谷歌学术搜索

作为 Google 公司专门为科研人员开发的搜索引擎，谷歌学术搜索(Google Scholar)为全球用户提供丰富的学术资源搜索服务，囊括来自学术出版商、专业学会、高等院校、图书馆以及其他学术机构的涉及各学科领域的图书、同行评议的期刊论文、学位论文、论文预印本、技术报告等学术资源。信息来源可靠，学术性强。

谷歌学术搜索的特色有：可显示被引用信息（揭示文献之间的引用与被引用关系）、显示图书馆链接（用户可以搜索参加这一计划的图书馆馆藏资源目录，查看可供访问的资源链接，国家图书馆等多家图书馆参与了该项计划）、使用偏好设置（用户可以对界面语言、搜索语言、图书馆链接、结果显示数量和方式以及文献管理软件等项目进行个性化定制）。

谷歌学术搜索的高级检索支持按主题、作者、出版物、日期等进行搜索。检索规则同 Google。

检索结果按照相关度排序，最有价值的信息优先显示。相关度排序综合考虑每篇文章的内容、作者、出版物以及被引用情况等因素。检索结果页面提供“最新文章”和热点作者的链接等。

每一条期刊论文记录显示标题、作者、期刊名、出版社、出版年份、来源数据库商、简要文摘信息以及“被引次数”“相关文章”“网页搜索”“图书馆链接”等。

谷歌学术搜索的个性化服务有：我的个人学术档案、我的图书馆。

二、百度学术

百度学术（http：//xueshu. baidu. com）于 2014 年 6 月上线，并通过互联网开展学术资源免费的搜索服务，涵盖了学术期刊、会议论文等学术资源，并提供文献搜索、文献下载、文献引用、中英互译、论文查重、文献互助、学术订阅、学者主页、文献购买等服务。

百度学术支持主题和关键词检索、标题检索、DOI 检索、参考文献串检索等基础检索，同时提供高级检索。

百度学术的检索结果排序综合考虑文献的相关性、权威度和时效性等多维度指标。检索结果可以按相关性、被引量和时间降序排序，支持按照发表时间、研究领域、核心数据库收录情况、关键词、文献类型、作者、发表期刊、机构等 8 种方式对结果进行筛选，同时可以提取出多个研究点进行深度分析并查看可视化分析结果。每篇文献提供“免费下载”“批量引用”“引用”“收藏”等功能选项。

百度学术提供期刊检索和学者检索，用户可以管理自己的主页，发布自己的学术成果。其中，在学者主页，百度学术使用 ScholarID 作为学者唯一标识符，区分重名的学者。

三、微软学术（Bing 学术）

微软学术搜索是微软研究院开发的内置于 Bing（必应）的学术搜索引擎，与传统的自然语言搜索引擎相比，微软学术引入了知识图谱技术，能够聚合式地提供论文、国际会议、期刊、作者、研究机构、研究领域等信息。

微软学术搜索不仅继承了 Bing 搜索引擎的简洁界面与高效性能，还深度融合了微软在人工智能与大数据领域的先进技术，为用户提供了一个全面、精准且深度挖掘学术资源的平台。例如微软学术搜索利用知识图谱技术，将论文、作者、研究机构、研究领域等学术元素以图形化的方式展现，帮助用户直观理解学术生态中的复杂关系网络。用户可以通过点击不同节点，轻松跳转到相关论文、作者主页或机构介绍，实现信息的深度探索。然后，除了基本的关键词检索外，微软学术还支持按照作者、期刊、年份、引用次数、研究领域等多维度进行筛选和排序。这种灵活的检索方式，使得用户能够根据自己的需求，快速定位到最具价值的学术资源。此外，基于用户的搜索历史和兴趣偏好，微软学术搜索能够智能推荐相关论文、学者和研究方向，帮助用户发现潜在的学术伙伴和研究热点。这种个性化的推荐服务，极大地提升了用户的学术探索效率。

四、BASE 学术搜索

BASE 是德国 Bielefeld 大学图书馆开发的综合性学术搜索引擎，其特色在于深度整合了全球范围内的学术资源，涵盖了广泛的学科领域。BASE 不仅提供传统的文献检索服务，如期刊论文、会议论文、学位论文等，还注重对灰色文献（如技术报告、工作论文等）的收录，这使得它在某些特定研究领域内具有独特优势。

BASE 学术搜索的界面设计直观且用户友好，支持多语言检索，能够满足来自不同国家和地区的研究者的需求。其检索结果不仅包含了文献的基本信息，如标题、作者、出版年份等，还提供了摘要、关键词以及引用信息，帮助用户快速评估文献的价值和相关性。

此外，BASE 学术搜索还具备强大的高级检索功能，允许用户根据具体需求定制检索策略，如按照作者、出版年份、关键词、文献类型等多种条件进行筛选。同时，它还支持布尔逻辑运算符的使用，使得用户能够构建更为复杂的检索表达式，以获取更为精确的检索结果。

除了基本的文献检索服务外，BASE 学术搜索还提供了丰富的附加功能，如文献导出、引文追踪、学术趋势分析等。这些功能不仅能够帮助用户高效地管理和利用文献资源，还能够引导他们发现新的研究方向和热点话题。

◎ 思考题

1. 什么是搜索引擎？请谈谈其工作原理。

2. 搜索引擎有哪些种类？各有什么特点？

3. 对搜索引擎的选择与评价主要考虑哪些因素？

4. 分别利用百度、必应、谷歌学术搜索、百度学术和BASE学术搜索对中国高等教育数字化转型发展现状的有关文献进行检索，并比较检索结果。

5. 请谈你利用国家权威搜索引擎的体会。

第四章 我国免费的综合信息检索系统

第四章导学视频　　第四章授课 PPT

随着知识共享与开放获取理念的深入人心，众多免费的综合性信息检索系统极大地丰富了学术信息资源的来源与内容，且前所未有地重塑了知识的传播途径和学习模式。这些信息检索系统，如“学术世界”“国家哲学社会科学文献中心”“国家自然科学基金大数据知识管理服务门户”“国家科技图书文献中心”“国家智慧教育平台”“学习强国”“全民终身学习平台”“全民数字素养与技能提升平台”等等，各自以独特的定位和丰富的资源，提供了文献、课程、科研项目等信息的查找，构建了全方位、多层次、立体化的学术与信息服务体系，打造了便捷且高效的信息服务平台。

第一节　中国特色哲学社会科学自主知识体系数字创新平台——学术世界

“学术世界”是由中国人民大学牵头建设的中国特色哲学社会科学自主知识体系数字创新平台，2024 年 4 月 25 日在中国人民大学正式上线。“学术世界”是一个融学术资源、学术交流、学术传播、学术创新于一体的开放性、数智化的学术服务平台。该平台包含以下两个子平台①。

一、哲学社会科学主文献平台

哲学社会科学主文献平台（https：//zszwx. cn）构建了一个全学科覆盖、动态更新的学术资源精品库，是高效研读学术精品的指南，也是辅助学习、教学、科研的工具。为筛选各学科经典、主流、权威的文献，从2013—2022年公开发表的约400万篇哲学社会科学学术论文中，遴选出2万余篇，涵盖哲学社会科学100余个学科。此外，还提供中国原创学术概念示例、热门专题、学术热词等特色信息资源与知识服务。该平台将学科领域划分为哲学、理论经济学、应用经济学、法学等25个领域，提供搜索功能。以搜索“中华民族共同体意识”为例，该库的检索示例及检索结果界面见图4-1。

图4-1　哲学社会科学主文献平台的检索示例及检索结果界面

二、哲学社会科学预印本平台

哲学社会科学预印本平台（https：//zsyyb. cn）是国内哲学社会科学领域首家全学科覆盖的预印本平台，具有成果审核、预印发布、开放评阅、荐稿选稿、复印转载等多种服务功能。作者提交的稿件可通过此平台审核后以预印本形式首先发布，各期刊再从平台中挑选优质稿件，通过同行审稿等再正

---

①　中国特色哲学社会科学自主知识体系数字创新平台在京上线[EB/OL].[2024-08-12]. http：//www. bj. news. cn/20240426/80433872c5be40c986bb8c4403855a70/c. html.

式发表。该平台可以进行论文浏览和检索。以搜索“数字人文”为例，检索示例及结果界面见图 4-2。

图 4-2　哲学社会科学预印本平台的检索示例及检索结果界面

第二节　国家哲学社会科学文献中心

国家哲学社会科学文献中心(https：//www. ncpssd. cn/)提供中文期刊、外文期刊、古籍、集刊等资源的检索，收录哲学社会科学相关领域文献超过 2000 万条，还收录国内外哲学社会科学领域重要的政府机构、高等院校、学术机构以及数据库的链接。

该网站提供快速检索和高级检索方式；以在快速检索方式下，在“题名/关键词”字段检索“共同富裕”为例，图 4-3 是检索示例及检索结果界面。目前的检索结果有 13714 条，检索结果较多。

图 4-3　国家哲学社会科学文献中心的检索示例及检索结果界面

检索结果可以按文献类型、期刊、作者，年份等进行筛选。如果检索结果较多，还可以在现有结果中继续按限定条件实施检索。针对前面检索结果有 13714 条，检索结果太多的情形，可继续限定检索条件，例如进一步在题名中检索“实现路径”，其检索示例及检索结果界面见图 4-4。得到的检索结果可以在线阅读和下载全文。

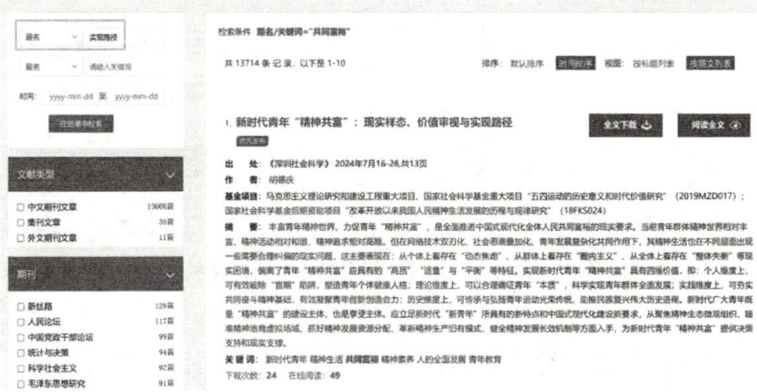

图 4-4　国家哲学社会科学文献中心在结果中检索的检索示例

第三节　国家自然科学基金大数据知识管理服务门户

国家自然科学基金大数据知识管理服务门户（https：//kd. nsfc. cn/）是面向基金委工作人员、科研管理部门、科研人员及公众的服务系统，提供包括科学基金资助项目、结题项目、项目成果的检索和统计，项目结题报告全文和项目成果全文的浏览，相关知识发现和学术关系检索等服务。平台功能包括基于网络的简单数据检索，如对科研项目、科研成果、科研人员、科研单位的检索；基于关系的关联检索，如论文引用、项目合作等关联检索；基于知识网络的知识发现，如人员合作网络分析、单位合作网络分析、科研人员关联路径发现等；基于多维数据的统计分析，如基金资助项目申请与资助情况多维统计分析、结题项目成果产出情况多维统计分析；基于知识网络关系数据的分析挖掘，如项目和成果的影响分析①。

---

① 关于国家自然科学基金大数据知识管理服务门户［EB/OL］.［2024-08-12］. https：//kd. nsfc. cn/aboutUs.

该网站对项目提供快速检索和高级检索。例如，图 4-5 是用快速检索方式检索“深度学习”及其结果界面。

图 4-5　国家自然科学基金大数据知识管理服务门户的快速检索示例及检索结果界面

该网站还提供数据统计功能，可分别统计资助项目，结题项目，成果产出。图 4-6 是成果产出统计的结果。

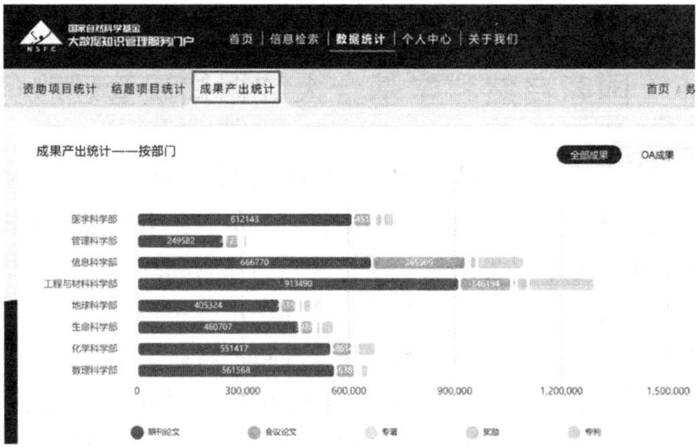

图 4-6　国家自然科学基金大数据知识管理服务门户的成果产出统计结果

第四节　国家科技图书文献中心

国家科技书文献中心（National Science and Technology Library，简称

NSTL)是根据国务院的批示于2000年6月组建的一个虚拟的科技文献信息服务机构，成员单位包括中国科学院文献情报中心、中国科学技术信息研究所、机械工业信息研究院、冶金工业信息标准研究院、中国化工信息中心、中国农业科学院农业信息研究所、中国医学科学院医学信息研究所、中国标准化研究院标准馆和中国计量科学研究院文献馆九个文献信息机构。中心设办公室，负责科技文献信息资源共建共享工作的组织、协调与管理。NSTL的建设宗旨是：根据国家科技发展需要，按照“统一采购、规范加工、联合上网、资源共享”的原则，采集、收藏和开发理、工、农、医各学科领域的科技文献资源，面向全国开展科技文献信息服务。其发展目标是建成国家科技文献信息资源的保障基地、集成枢纽和支持中心。NSTL是目前中国最大的科技文献资源收藏实体，外文印本科技文献品种数、外文文献文摘加工量和回溯数据库居全国首位。

一、NSTL的科技文献资源

作为国家科技文献信息资源的保障基地，NSTL拥有丰富的科技文献信息资源，数据库既包括目次、文摘、引文等二次文献数据库，也包括网络版全文期刊、专著与工具书(含现刊数据库和过刊数据库)，学科以理、工、农、医各专业领域为主，兼顾经济学、管理学和图书情报科学。

外文科技类期刊是NSTL收藏文献资源保障服务的主体，收藏外文科技期刊2万余种，NSTL收藏的国外学协会及出版机构等出版的会议录文献总量近20万册。此外还有学位论文、科技报告、中外文专利等文献。

二、NSTL提供的信息服务

NSTL网络服务系统①提供的主要信息服务有：

1. 文献浏览

可浏览期刊、会议、报告、文集汇编、图书、学位论文、专利、标准、计量规程等文献类型。

2. 文献检索

可对期刊论文、会议文献、学位论文、科技报告、专利文献、计量规程等进行检索。利用NSTL的文献检索必须先选择要检索的文献类型，可

---

① NSTL网络服务系统[EB/OL]. [2024-08-12]. http：//www. nstl. gov. cn.

选择某一个文献类型，也可选择多个文献类型或全部文献类型进行跨库检索。

NSTL 的文献检索包括一框式检索、高级检索、AI 检索共三种检索方式。

一框式检索界面见图 4-7。可将期刊、会议文献、学位论文、专利、报告、文集、标准文献、计量规程等集成在一起进行检索，也可单独对这些文献类型进行检索，检索较快捷。

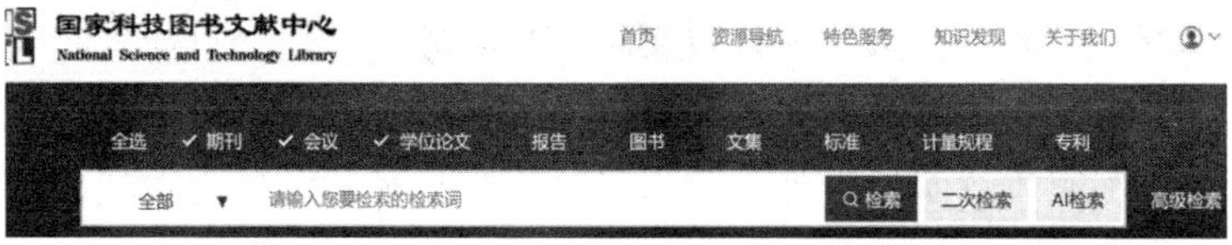

图 4-7　NSTL 的一框式检索界面

高级检索方式，同一框式检索一样，可以选择一种或多种文献类型进行检索。用户可以按字段和逻辑运算符进行组合检索，在筛选条件中，还可以选择语种、馆藏、查询范围(全部记录、是否含有文摘、是否含有引文、是否提供全文记录)、查询方式(模糊匹配与精确匹配)等。高级检索界面见图 4-8。

图 4-8　NSTL 的高级检索界面

AI 检索是目前创新的检索方式，可以实现自然语言提问。以检索“5G 发展趋势和未来前景”为例，AI 检索的界面见图 4-9。

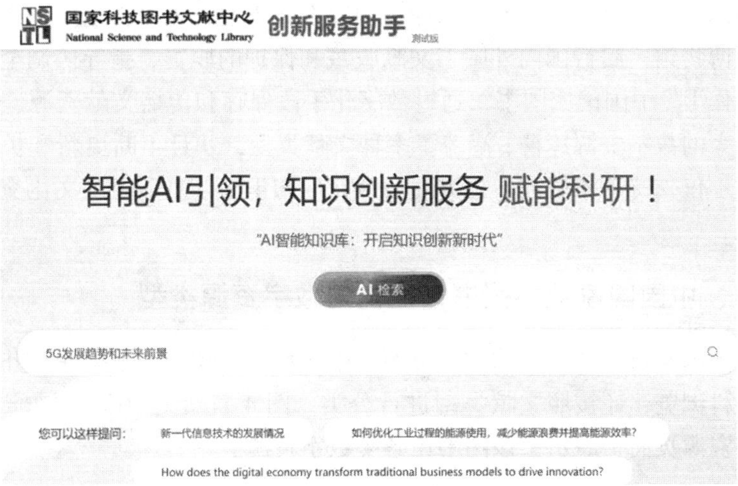

图 4-9　NSTL 的 AI 检索示例

该库的检索结果可以展示研究趋势，按文献类型，出处，年份、语种等进行选择。还可以选择与 AI 对话。图 4-10 是 NSTL 的检索结果界面。

图 4-10　NSTL 的检索结果界面

第五节　中国国家数字图书馆

中国国家图书馆是国家总书库，国家书目中心，国家古籍保护中心，国家典籍博物馆，履行国内外图书文献收藏和保护的职责，指导协调全国文献保护工作①。中国国家图书馆通过数字化手段保存和传播文献资源，形成了一个庞大的数字资源库群，涵盖了多种文献类型，并且不断更新和扩充。这些资源不仅支持学术研究，也方便公众获取知识和信息，促进文化交流和社会发展。

一、中国国家数字图书馆提供的数字资源类型

中国国家数字图书馆的数字资源含中文数据库和外文数据库，并可按字顺和学科浏览，还按照文献类型进行分类。图 4-11 是中国国家数字图书馆的数字资源页面，展示了该图书馆各类数字资源。

图 4-11　中国国家数字图书馆数字资源页面

中国国家数字图书馆可供公众使用的数字资源按文献类型分为：电子图书、全文期刊、电子报纸、学位/会议论文、专利/标准、数值事实、索引/

① 国图概况[EB/OL].[2024-08-10].https://www.nlc.cn/web/dsb_footer/gygt/lsyg/index.shtml

文摘、工具书、音视频资源、特色资源。

1. 电子图书：提供各种类型的电子书和古籍供读者在线阅读。包含中国历史文献总库·红色文献数据库、中国社会科学文库、科学文库等数据库。

2. 全文期刊：涵盖国内外的各类学术期刊和专业杂志。包含中国历史文献总库·近代期刊数据库、晚清期刊全文数据库、中国学术期刊网络出版总库(清华同方知网)、万方数字化期刊、维普中文科技期刊等数据库。

3. 电子报纸：可检索中国历史文献总库·近代报纸数据库、申报、中国重要报纸全文数据库(清华同方知网)、参考消息、经济日报、人民日报图文数据库等。

4. 学位/会议论文：涵盖博士、硕士等学位论文以及学术会议论文。如中国优秀博/硕士论文数据库(清华同方知网)、万方学位论文数据库、国家图书馆馆藏博士论文与博士后研究报告数字化资源库、中国重要会议论文全文数据库(清华同方知网)、万方的中国学术会议论文全文数据库-中文版等数据库。

5. 专利/标准：涵盖专利检索及分析系统、国家标准全文数据库(清华同方知网)、中国专利全文数据库(清华同方知网)、中国行业标准全文数据库(清华同方知网)、中国标准在线服务网等数据库。

6. 数值事实：提供各种统计数据和数值信息。可检索的数据库包括：国家知识产权公共服务网、中国历史人物传记资源数据库、“一带一路”数据库、国别区域与全球治理数据平台、中宏形势分析支持系统，等等。

7. 索引/文摘：涵盖中国生物医学文献服务系统、中国古籍影印丛书查询数据库、中国引文数据库、中国科学引文数据库(web of science 版)、中文社会科学引文索引，等等。

8. 工具书：辞典、百科全书等。例如，商务印书馆精品工具书数据库、中国大百科全书数据库、中国工具书网络出版总库(清华同方知网)、中国年鉴全文数据库(清华同方知网)，等等。

9. 音视频资源：涵盖音频讲座、视频课程、影像档案等。如库客数字音乐图书馆、龙源期刊有声阅览室、新东方多媒体学习库、知识视界视频图书馆等数据库。

10. 特色资源。涵盖地方馆民国文献、地方馆非物质文化遗产资源、中华古籍资源库、敦煌遗珍数字化资源库等数据库。

二、中国国家数字图书馆的数字资源门户

中国国家数字图书馆的数字资源门户提供整合检索、数据库查找、期刊查找、原文查找等功能。其中整合检索分为简单检索和高级检索。例如以高级检索的方式，在主题字段检索“生态文明”，图 4-12 是中国国家数字图书馆数字资源门户的整合检索界面。

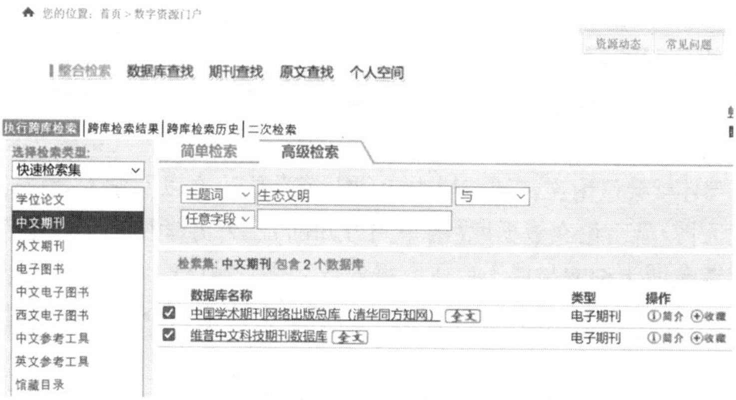

图 4-12　中国国家数字图书馆数字资源门户的整合检索界面

第六节　中国科技论文在线

中国科技论文在线(https：//www. paper. edu. cn/)是经教育部批准，由教育部科技发展中心主办的科技论文网站。中国科技论文在线免去传统的评审、修改、编辑、印刷等程序，供科研人员及时发表成果和新观点，使新成果及时推广，科研创新思想及时交流。

该平台提供期刊、学者等的浏览与检索，以及论文的检索。图 4-13 为期刊浏览的界面。

期刊检索分为一框式检索和高级检索。

一框式检索可检索期刊名称和论文题目。图 4-14 是一框式检索期刊名称为“数码设计”的界面及结果。检索结果可以进一步按类别或学科领域筛选。

高级检索提供更多检索字段。图 4-15 是中国科技论文在线的高级检索界面。

图 4-13　中国科技论文在线的期刊浏览界面

图 4-14　中国科技论文在线的一框式检索示例

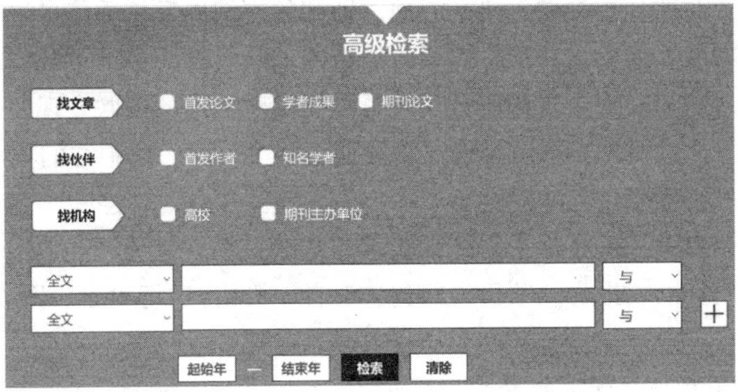

图 4-15　中国科技论文在线的高级检索界面

第七节 中国科学院知识服务平台

中国科学院知识服务平台，由中国科学院文献情报中心运营。中国科学院文献情报中心立足中国科学院、面向全国，主要为自然科学、边缘交叉科学和高技术领域的科技自主创新提供文献信息保障、战略情报研究服务、公共信息服务平台支撑和科学交流与传播服务，同时通过国家科技文献平台和开展共建共享为国家创新体系其他领域的科研机构提供信息服务①。

一、中国科学院知识服务平台的数据资源

中国科学院文献情报中心从基础数据库、领域知识库与知识图谱 3 大层次创建了支撑科技创新的“科技大数据知识资源中心”(https：//scholareye.cn/)，为精准服务、知识图谱、智能计算、智能情报提供不同阶段及不同层次的数据支撑。建成了各类实体数据，领域专题数据，人才数据，机构数据，地区项目数据，知识图谱关系数据等。

二、中国科学院知识服务平台的信息检索

中国科学院的“科技大数据知识资源中心”围绕大数据与文献情报智能服务，提供知识发现丰富化和多维度化：提供多维度分面展示，快速发现知识；利用 STKOS 语义支持相关搜索词分析与规范；提供对专利的关联发现，辅助了解当前关注方向的专利产出，辅助寻求科研合作关系；提供对期刊的关联发现，对期刊按领域、研究方向、期刊的主编以及编委信息进行了规范与加工，辅助人才发现；提供对科研项目的关联发现，辅助了解当前关注方向的发展现状和辅助寻求科研合作关系；提供对机构的关联发现，辅助了解当前关注方向的机构布局和辅助寻求科研合作关系②。该中心的检索界面见图 4-16。

该平台提供一框式检索和高级检索方式。一框式检索可以选择类型(论文、专利、资讯、报告、项目、期刊、学者、机构)进行检索。图 4-17 是一

① 中国科学院文献情报中心介绍[EB/OL].[2024-08-12].https：//www.las.ac.cn/front/aboutUs.

② 科技大数据知识发现平台介绍[EB/OL].[2024-08-12].https：//scholareye.cn/.

图 4-16　科技大数据知识资源中心的检索界面

框式检索方式检索“中国高铁”相关专利的示例。

图 4-17　科技大数据知识资源中心的一框式检索示例

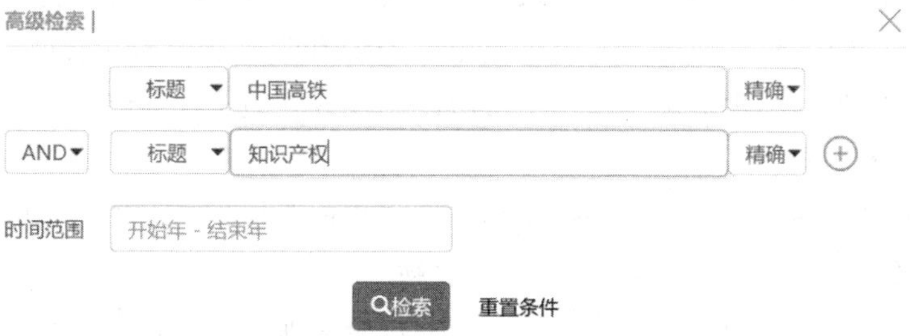

图 4-18　科技大数据知识资源中心的高级检索示例

高级检索可进行组配检索。图 4-18 是在题名中检索“中国高铁”和“知识产权”相关项目的示例。图 4-19 是检索结果页面。检索结果可以按相关度、开始时间、项目名称排序。

图 4-19　科技大数据知识资源中心的检索结果页面

第八节　Pubscholar 公益学术平台

PubScholar 公益学术平台（https：//pubscholar.cn/）是中国科学院为满足全国科技界和全社会科技创新的学术资源基础保障需求，建设的提供公益性学术资源的检索发现、内容获取和交流共享等服务的平台。平台整合集成了中国科学院的科技成果资源、科技出版资源和学术交流资源；OA 环境下允许集成服务的学术资源；以及通过协议授权或其他合作共建模式获得授权许可的学术资源。

该平台包括科技论文、科技专利、科学数据等信息，可免费获取的全文资源量超过 8000 万篇，平台资源每日更新。

平台提供快速检索、高级检索、专业检索功能。例如在高级检索中查找机构为“中国科学院”，题名中含有“生态环境保护”的文献，高级检索界面及示例见图 4-20，检索结果见图 4-21。

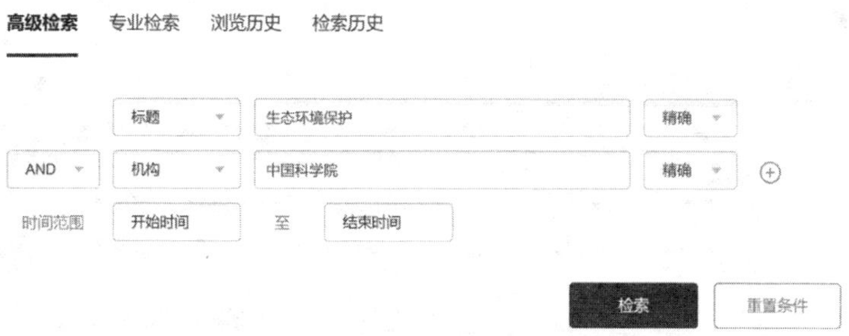

图 4-20 PubScholar 公益学术平台的高级检索界面及示例

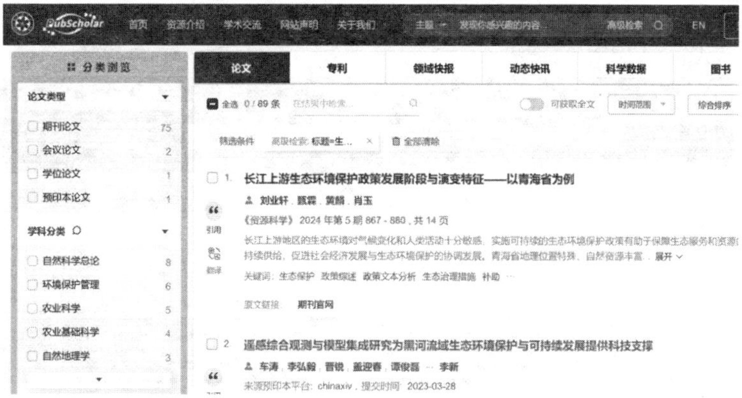

图 4-21 PubScholar 公益学术平台的检索结果界面

第九节 中国科学院科技论文预发布平台

中国科学院科技论文预发布平台(简称 ChinaXiv)(https://chinaxiv.org/)是按照中国科学院部署，2016 年由中国科学院文献情报中心建设、按国际通行规范运营的预印本交流平台。ChinaXiv 以“学界主导，公益服务，高效交流，开放传播”为宗旨，助力传统科技期刊面向开放科学服务模式转型发展。

该平台支持论文提交、论文浏览、论文检索。图 4-22 是在标题字段检索“量子力学”的界面，图 4-23 是其结果界面。

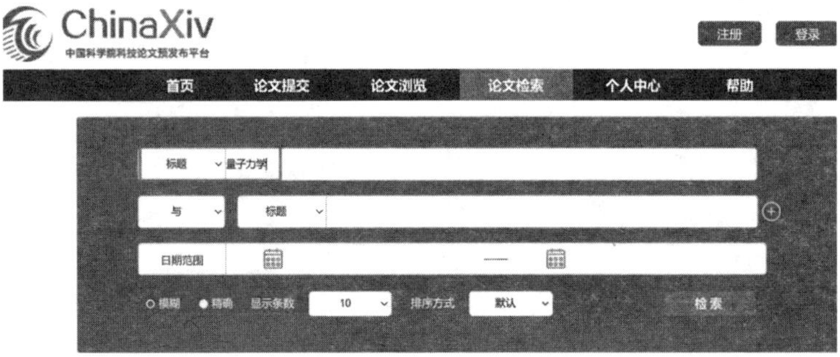

图 4-22　ChinaXiv 检索界面

图 4-23　ChinaXiv 检索结果界面

第十节　中国高等教育文献保障系统资源发现

高等教育文献保障系统"（China Academic Library & Information System，简称 CALIS）是教育部"九五""十五"和"三期""211 工程"中投资建设的面向所有高校图书馆的公共服务基础设施，也是我国文献资源保障体系的重要组成部分，于 1998 年正式启动。CALIS 项目秉承"共建、共知、共享"的理念，以"全面支撑、多源融合、协同创新、价值引领"为指导方针，面向不同层次成员馆、不同类型用户的差异化需求，提出并践行"普遍服务"理念，构建的三级服务保障体系以 4 大全国中心、7 个地区中心、31 个省中心为骨干脉络，覆盖全国 31 个省（自治区、直辖市）和港澳地区，服务 1800 多家成员馆，是全球规模最大的高校图书馆联盟之一。已建成资源丰富、服务多元、协同共建的分布式高等教育数字图书馆，引领高等教育资源共建共享，为高等教育的教学科研提供了有力的保障①。

一、CALIS 的资源发现

（一）e 读学术搜索服务

e 读学术搜索引擎整合全国高校纸本资源和电子资源，揭示资源收藏与服务情况，通过一站式检索从海量资源中快速发现与获取有用的信息，为读者提供全新的用户体验。e 读的特点如下②：

1. 海量数据：包括期刊、学位论文、普通图书、工具书、年鉴、报纸等资源，目前已逾 3 亿；

2. 良好的用户体验：本馆纸本资源可直接链接至图书馆 OPAC 查阅在架状态，电子资源可直接在线阅读，提供章节试读；本馆没有馆藏的资源可通过文献传递获取；

3. 知识服务：在海量数字资源揭示基础上，建立全领域的知识脉络。通过知识图谱、关联图、领域细分等功能帮助读者挖掘知识节点背后的隐含信息。

（二）CALIS 外文期刊网③

外文期刊综合服务平台全面覆盖了高校纸本期刊和电子期刊，为用户提供一站式期刊论文检索及获取全文服务。

CALIS 外文期刊网包含的资源有：10 万多种纸本期刊和电子期刊；4 万多现刊篇名目次每周更新；近 1 亿条期刊论文目次数据；160 多个全文数据库链接及 OA 全文链接；30 个文摘数据库链接；300 个图书馆提供纸本期刊馆藏信息；530 多个图书馆提供电子期刊信息。

CALIS 外文期刊网全面揭示高校纸本期刊和电子期刊，为用户提供一站式期刊和文章检索及全文链接服务。服务内容包含：期刊导航；期刊论文检索；与图书馆购买的数据库无缝链接；图书馆未购买的期刊论文，可通过 CALIS 馆

① CALIS 简介[EB/OL].［2024-08-12］. http：//www.calis.edu.cn/pages/list.html?id=6e1b4169-ddf5-4c3a-841f-e74cea0579a0.

② e 读学术搜索[EB/OL].［2024-08-12］. http：//www.calis.edu.cn/pages/list.html？id=12f95c90-3ca2-4f49-bdae-195693a5e118.

③ CALIS 外文期刊网[EB/OL].［2024-08-12］. http：//www.calis.edu.cn/pages/list.html？id=a09ebf4c-e04e-4bbf-b050-9da35071f841.

际互借与文献传递服务网获得全文；期刊分析和管理；数据库对比等。

此外，资源发现还提供："学苑汲古"高校古文献资源库(http：//rbsc.calis.edu.cn：8086/)、学位论文数据库(http：//etd.calis.edu.cn)等。

二、CALIS 资源发现的检索功能

以 e 读学术搜索服务说明 CALIS 资源发现的检索功能。

1. *检索方法*

e 读为一框式检索，见图 4-24，可输入检索词，也可以输入检索式进行检索。检索结果界面见图 4-25，检索结果可以按出版年、语种、文献类型、学科、收录数据库(如 SCI \ INSPEC \ EI 等)、收录馆等进行限定。

图 4-24　e 读学术搜索检索界面

图 4-25　e 读学术搜索检索结果

2. 检索结果的处理

检索结果如果能获取全文的，则直接下载电子全文。如果不能获取全文，则通过文献传递获取全文。

第十一节　国家智慧教育公共服务平台

国家智慧教育公共服务平台（Smart Education of China，https：//www. smartedu. cn/）是国家教育公共服务的综合集成平台，针对不同群体的需要，开发国家中小学智慧教育平台、国家职业教育智慧教育平台、国家高等教育智慧教育平台。通过整合各级各类教育平台入口，汇聚政府、学校和社会的优质资源、服务和应用，聚焦学生学习、教师教学、学校治理、赋能社会、教育创新等五大核心功能，谋划基础教育、职业教育、高等教育三大基础板块，全面覆盖德育、智育、体育、美育、劳动教育，为师生、家长和社会学习者提供“一站式”服务①。

以国家高等教育智慧教育平台为例，提供了课程、教材、虚拟仿真实验、教师教研、研究生教育、创课平台、课外成长等板块。图 4-26 是国家高等教育智慧教育平台的检索界面，图 4-27 是平台中“敦煌的艺术”课程展示。

图 4-26　国家高等教育智慧教育平台的检索界面

① 国家智慧教育公共服务平台帮助中心［EB/OL］.［2024-08-09］. https：//www. smartedu. cn/special/helpcenter

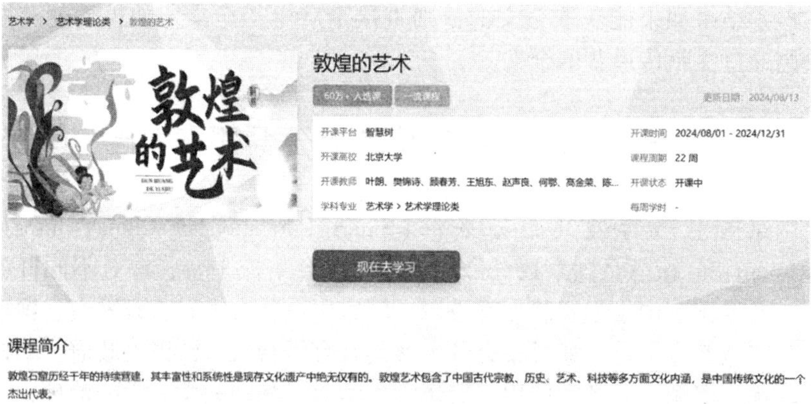

图 4-27 国家高等教育智慧教育平台中“敦煌的艺术”课程展示

第十二节 学习强国

“学习强国”平台是一个集学习、宣传、服务于一体的综合性学习平台，旨在通过构建网上学习组织架构，实现有组织、有指导的学习，引领带动学习型社会、学习大国建设。学习强国有电脑端(https：//www.xuexi.cn/)和手机客户端(手机下载“学习强国 APP”可访问)两种访问方式。“学习强国”平台上的学习资源大多来自官方渠道或权威机构，保证了内容的准确性和权威性。

一、“学习强国”平台功能与特色

(一)丰富的学习资源

资源领域广泛，涵盖了政治、经济、文化、军事、外交以及文艺、哲学、历史、法律、科技等各个领域的学习资源。

学习内容形式多样，包括期刊、古籍、公开课、歌曲、戏曲、影视、图书等，满足用户多样化的学习需求。

(二)注重职业发展与技能提升

高校课程：与全国各大高校合作，提供在线课程学习，包含理学、工学、农学、医学、历史、哲学、经济学、法学、艺术学等各学科课程，课程质量高，分类多样。

职业课堂：包含 PS、Excel、WPS、PPT、编程、数据分析等职场技能课程，以及各类职业资格考试的课程，助力用户职业发展。

(三)全方位幼小衔接教育资源

亲子课堂：为学龄前儿童提供启蒙知识、故事绘本等资源，帮助家长进行家庭教育。

中小学课堂：提供与学校同步的课程资源，以及声乐、舞蹈、乐器、绘画、书法、棋类等多样化的课外学习内容。

(四)多样化的生活休闲资源

旅游探索：汇集旅游目的地介绍、旅游攻略等内容，让用户足不出户就能感受世界各地的风土人情，规划心仪的旅行路线。还可以通过 VR 天地与云上展馆，足不出户实现各地旅游、参观看展，丰富学习体验。

健康养生：提供健康知识、心理辅导等栏目；引入健康讲座、运动教程等内容，鼓励用户积极参与体育锻炼，保持身心健康。

视频娱乐：提供丰富多样的视频娱乐资源，包括电影、电视剧、纪录片、动画片、小视频等，满足不同用户的观看需求。推出原创视频内容，涵盖文化、科技、教育等多个领域，提升用户的文化素养和审美水平。

(五)个性化学习体验

智能推荐：根据用户的兴趣和需求，提供个性化的学习资源推荐，帮助用户更高效地找到所需内容。

订阅功能：用户可以根据自己的兴趣订阅相关栏目或内容，实现定制化的学习体验。

以上内容均供用户根据自己的需求免费学习。平台会定期更新学习资源，确保用户能够获取到最新的知识和信息。

二、“学习强国”平台的使用

以“学习强国”手机客户端为例介绍平台的使用方法。“学习强国”APP 提供浏览和检索两种方式。根据该 APP 提供的“要闻、综合、国际、经济、科技、教育、慕课、旅游”等近四十个频道内容，先选择相应频道后，就可以浏览相关的新闻资讯、观看课程或视频等内容；也可以通过“学习强国”APP 的搜索框直接搜索相关主题，例如搜索“二十大”，可直接搜索到“二十大”相关的新闻、视频、音频、慕课等内容，图 4-28 是搜索“二十大”的结果展示。

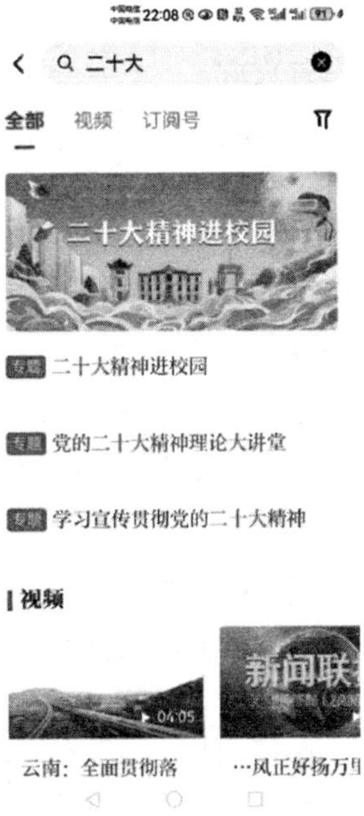

图 4-28 “学习强国”APP 的搜索示例及搜索结果

第十三节 全民终身学习公共服务平台

全民终身学习公共服务平台(www. goschool. org. cn)是由教育部主管、中国成人教育协会主办，以深入贯彻落实党的十八大精神，教育部等七部委《关于推进学习型城市建设的意见》和构建学习型社会为宗旨，以政府和教育主管部门、教育培训机构、机关企事业单位、学习者为服务对象；以互联网及移动互联网为依托，集在线学习、培训实施与管理、交流互动、资讯发布、培训资源展示和选用、信息管理等功能于一体的一站式综合服务平台①。

全民终身学习公共服务平台的服务对象主要为各地教育主管部门、培训机构、授课教师、培训专家、机关、企事业单位以及各类学习者等六类用

① 全民终身学习公共服务平台[EB/OL]. [2024-08-09]. https：//cj. btbu. edu. cn/qmzsxx/128095. htm

户，根据每类用户的服务需求提供针对性的服务内容，并进行相应的功能设计。该平台提供时事大讲堂、职业教育、社区教育、家庭教育、老年教育、学习公社等版块。平台可进行浏览和检索。图 4-29 是全民终身学习公共服务平台首页。

图 4-29　全民终身学习公共服务平台首页

用户可选择对应的版块，如党建思政、职工教育、社区教育、家庭教育、老年教育、学习公社等获取相关资讯和学习资料。

第十四节　全民数字素养与技能提升平台

为贯彻落实《提升全民数字素养与技能行动纲要》等文件精神，“全民数字素养与技能提升平台”（https：//www. chinadata. cn/）于 2022 年 7 月启动上线，平台由中央网信办、中央党校（国家行政学院）共同指导。平台围绕数字生活、数字学习、数字工作、数字创新等方面开发了许多高质量实用性强的免费课程资源，对提升全民数字素养与技能有很大帮助①。

图 4-30 是全民数字素养与技能提升平台的首页；在数字生活、数字学习、数字工作类目下，可通过浏览的方式浏览课程；也可以在检索框进行检索，图 4-31 是在检索框检索“网络安全”，获得的结果界面。

类似的免费平台还有很多，例如，学习路上——习近平总书记系列重要

① 全民数字素养与技能提升平台正式上线[EB/OL].［2024-08-12］. https：//www. chinanews. com/sh/2022/07-27/9813315. shtml.

图 4-30　全民数字素养与技能提升平台首页

图 4-31　全民数字素养与技能提升平台的检索结果界面

讲话大型网络数据库（http：//cpc. people. com. cn/xuexi）、中国开放获取期刊数据库（https：//www. coaj. cn/home）、Socolar OA 开放获取平台（https：//www. socolar. com/）。

◎ 思考题

一、问答题

1. 哲学社会科学主文献平台可检索的学科领域有哪些，请列出 5 个可检索的学科领域。

2. 国家哲学社会科学文献中心的中文期刊学科分类有哪些，请列出 5 个。

3. 在中国科学院国家科学图书馆的跨库高级检索中检索 2020—2024 年题名为“开放获取”的文献有多少篇？

4. 国家智慧教育公共服务平台面向哪些群体开展服务？

5. CALIS 的 e 得门户集成了哪些原文获取服务？

6.“学习强国”APP 提供哪些频道，请列出 5 个。

二、判断题

1. 哲学社会科学主文献平台可以查找中国语言文学相关的文献。

A. 正确　　B. 错误

2. 国家哲学社会科学文献中心没有高级检索方式。

A. 正确　　B. 错误

3. 国家自然科学基金大数据知识管理服务门户能进行成果产出统计。

A. 正确　　B. 错误

4. NSTL 拥有的印刷本外文文献居国内首位。

A. 正确　　B. 错误

5. NSTL 能检索韩国专利。

A. 正确　　B. 错误

6. 中国国家数字图书馆的电子资源可以检索古籍文献。

A. 正确　　B. 错误

7. 中国科技论文在线收录的科技期刊，可供免费下载。

A. 正确　　B. 错误

8.“学习强国”APP 有幼小衔接教育资源。

A. 正确　　B. 错误

三、选择题

1. 哲学社会科学主文献平台的检索结果可按以下哪些方式排序？（多选题）

A. 发表年份　B. 分享　C. 收藏　D. 点赞

2. 国家自然科学基金大数据知识管理服务门户的信息检索，分为哪三类检索？（多选题）

A. 结题项目　B. 项目公布　C. 科研成果　D. 资助项目

3. 国家智慧教育公共服务平台包含哪几个子平台？（多选题）

A. 国家中小学智慧教育平台　B. 国家职业教育智慧教育平台

C. 国家高等教育智慧教育平台　D. 国家大学生智慧教育平台

4. 学习强国 APP 提供哪些学习资源？（多选题）

A. 期刊　B. 古籍　C. 公开课　D. 图书

5. 全民终身学习公共服务平台提供哪些板块的教育？（多选题）

A. 老年教育　B. 职业教育　C. 社区教育　D. 家庭教育

第五章 我国商业性综合信息检索系统

第五章导学视频　　　第五章授课 PPT

我国商业性综合信息检索系统发展迅速，中国知网、万方数据知识平台、维普资讯网、读秀学术搜索等中国自主建设的文献信息平台，通过收录大量反映中华优秀传统文化的文献和先进科研成果，为传承和弘扬中华优秀传统文化，以及传播科研成果提供了有力支持。本章介绍中国知网、万方数据知识服务平台、维普资讯网、读秀学术搜索等国内重要的综合性信息检索系统，包括每个系统的概况、资源与服务、检索方法。

第一节　中国知网(CNKI)

中国知网(China National Knowledge Infrastructure，简称 CNKI)是中国学术期刊电子杂志社、同方知网(北京)技术有限公司共同创办的网络出版平台。中国知网知识发现网络平台面向海内外读者提供各类资源统一检索、统一导航、在线阅读和下载服务，涵盖基础科学、文史哲、工程科技、社会科学、农业、经济与管理科学、医药卫生、信息科技。

一、CNKI 数据库资源

中国知网是世界上最大的连续动态更新的学术文献数据库，包括学术期刊、博硕士学位论文、会议论文、报纸、年鉴、专利、国内外标准、科技成果、经济统计数据、工具书、图片等中文资源。建立了包括中国博士学位论文全文数据库、中国优秀硕士学位论文全文数据库、中国重要会议论文全文数据库、中国重要报纸全文数据库、中国年鉴网络出版总库、中国标准数据总库等在内的中国知识资源总库。数据每日更新。

1. 学术期刊库

实现中、外文期刊整合检索。中文学术期刊超过 8400 种，内容覆盖自然科学、工程技术、农业、哲学、医学、人文社会科学等各个领域。收录年限自 1915 年至今，部分期刊回溯至创刊。产品分为十大专辑：基础科学、工程科技Ⅰ、工程科技Ⅱ、农业科技、医药卫生科技、哲学与人文科学、社会科学Ⅰ、社会科学Ⅱ、信息科技、经济与管理科学。外文学术期刊包括来自 80 多个国家及地区 900 余家出版社的期刊 7.5 余万种，最早回溯至 19 世纪，提供外文题录信息，可链接全文。

2. 学位论文库

包括 530 余家博士培养单位和 800 余家硕士培养单位的博硕士学位论文。覆盖基础科学、工程技术、农业、医学、哲学、人文、社会科学等各个领域。收录年限 1999 年至今。

3. 会议论文库

重点收录 1999 年以来，中国科协系统及国家二级以上的学会、协会，高校、科研院所、政府机关举办的重要会议以及在国内召开的国际会议上发表的文献。

4. 中国重要报纸全文数据库

收录 2000 年以来国内公开发行的近 500 种重要报纸刊载的学术性、资料性文献。

5. 专利数据库

包含从 1985 年至今的中国专利，从 1970 年至今的境外专利。中国专利收录了 1985 年以来在中国大陆申请的发明专利、外观设计专利、实用新型专利；境外专利包含美国、日本、英国、德国、法国、瑞士、世界知识产权组织、欧洲专利局、俄罗斯、韩国、加拿大、澳大利亚等国家(组织、地区)的专利，共计收录从 1970 年至今专利。可以通过申请号、申请日、公开号、公开日、专利名称、摘要、分类号、申请人、发明人、优先权等检索项进行检索。

6. 标准数据库

包括国家标准全文、行业标准全文以及国内外标准题录数据库。其中国家标准全文数据库收录了由中国标准出版社出版的，国家标准化管理委员会发布的所有国家标准；行业标准全文数据库收录了现行、废止、被代替、即将实施的行业标准；国内外标准题录数据库收录了中国以及世界上先进国家、标准化组织制定与发布的标准题录数据。可以通过标准号、中文标题、英文标题、中文关键词、英文关键词、发布单位、摘要、被代替标准、采用关系等检索项进行检索。

7. 中国科技项目创新成果鉴定意见数据库(知网版)

主要收录正式登记的中国科技成果，包含从 1978 年至今的科技成果，部分成果回溯至 1920 年，按行业、成果级别、学科领域分类。每条成果信息包含成果概况、立项、评价，知识产权状况及成果应用，成果完成单位、完成人等基本信息。

8. 中国学术辑刊全文数据库

——收录自 1979 年至今出版的学术辑刊 1200 余种，1 万余辑，文献总量 30 万余篇，该库所收录辑刊的编辑单位多为高等院校和科研院所，具有学术辐射力和带动效应。

9. 中国法律知识资源总库(简称 CLKD)

囊括法律法规、论文文献、典型案例等法律信息资源，是大型动态法律知识服务系统。

10. 中国年鉴网络出版总库

收录中国国内出版的中央、地方、行业和企业等各类年鉴的全文文献。内容覆盖基本国情、地理历史、政治军事外交、法律、经济、科学技术、教育、文化体育事业、医疗卫生、社会生活、人物、统计资料、文件标准与法律法规等各个领域。

二、CNKI 的文献检索

CNKI 文献检索提供了多样化的检索方式，包括一框式检索、高级检索、专业检索。

1. 一框式检索

一框式检索可以进行跨库检索，也可以进行单库检索。跨库检索可选择学术期刊、博硕士论文、会议文献、报纸、年鉴、专利、标准、成果库的一个或多个库进行检索。单库检索时可分别选择图书、古籍、法律法规、政府文件、企业标准、科技报告等其中一个库进行检索。检索时可以进行多种限定，如：全文、主题、关键词等；不同数据库的可检字段不同，例如，学术期刊的可检字段包括主题、篇名、关键词、摘要、全文、参考文献、中图分类号、DOI、栏目信息等；《中国博士学位论文全文数据库》和《中国优秀硕士学位论文全文数据库》的可检字段包括主题、关键词、题名、全文、作者、导师、第一导师、学位授予单位、目录、被引文献、中图分类号和学科专业名称；《中国重要报纸全文数据库》的可检字段有主题、关键词、题名、全文、作者、报纸、中图分类号。一框式检索界面参见图 5-1。

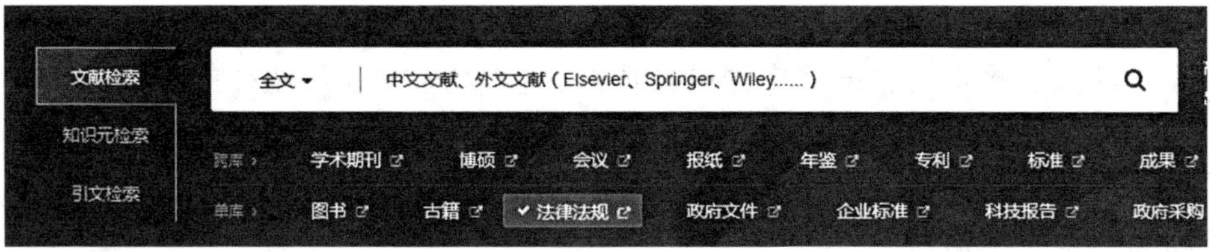

图 5-1　CNKI 的一框式检索界面

2. 高级检索

高级检索提供多字段组合检索。同样可以选择跨库检索或单库检索。高级检索界面参见图 5-2。

图 5-2　CNKI 的高级检索界面

上述高级检索界面中，可选择的项目如下。

字段。字段可选择：主题、篇名、关键词、摘要、参考文献、全文、中图分类号等。

词频。词频指检索词在相应检索项中出现的频次。词频为空，表示至少出现 1 次；如果为数字，例如 2，则表示至少出现 2 次。据此类推。

逻辑运算符。所有检索项按“并且”“或者”“不含”三种逻辑关系进行组合检索，这三种逻辑关系分别表示逻辑与、或、非。

另外，与检索词的匹配分为精确匹配与模糊匹配两种。精确匹配要求检索结果须与检索词完全一致。模糊匹配则指检索结果中包含检索词中所含各词素即可，模糊匹配只在同段落检索。

3. 专业检索

专业检索是所有检索方式里面比较复杂的一种检索方法。需要用户自己输入检索式来检索，并且确保所输入的检索式语法正确，这样才能检索到想要的结果。专业检索支持对以下字段的检索：SU% = 主题，TI = 题名，KY = 关键词，AB = 摘要，FT = 全文，AU = 作者，FI = 第一作者，AF = 机构，RF = 参考文献，FU = 基金，CLC = 中图分类号，CF = 被引频次，等。

使用运算符构造表达式需参见表 5-1 使用运算符的说明①。

表 5-1　**CNKI 专业检索运算符使用说明**

运算符	检索功能	检索含义	举例	适用检索项
= ‘str1’ * ‘str2’	并且包含	包含 str1 和 str2	TI = ‘转基因’ * ‘水稻’	所有检索项
= ‘str1’ + ‘str2’	或者包含	包含 str1 或者 str2	TI = ‘转基因’ + ‘水稻’	
= ‘str1’ - ‘str2’	不包含	包含 str1 不包含 str2	TI = ‘转基因’ - ‘水稻’	
= ‘str’	精确	精确匹配词串 str	AU = ‘袁隆平’	作者、第一作者、机构、中文刊名 & 英文刊名
= ‘str /SUB N’	序位包含	第 n 位包含检索词 str	AU = ‘刘强 /SUB 1’	

① 专业检索式表达语法[EB/OL]. [2024-08-16]. https://kns.cnki.net/kns/help/helpYuFa

续表

运算符	检索功能	检索含义	举例	适用检索项
%'str'	包含	包含词 str 或 str 切分的词	TI%'转基因水稻'	全文、主题、题名、关键词、摘要、中图分类号
='str'	包含	包含检索词 str	TI='转基因水稻'	
=' str1 /SEN N str2 '	同段，按次序出现，间隔小于 N 句		FT = '转基因 /SEN 0 水稻'	
=' str1 /NEAR N str2 '	同句，间隔小于 N 个词		AB = '转基因 /NEAR 5 水稻'	
=' str1 /PREV N str2 '	同句，按词序出现，间隔小于 N 个词		AB = '转基因 /PREV 5 水稻'	
=' str1 /AFT N str2 '	同句，按词序出现，间隔大于 N 个词		AB = '转基因 /AFT 5 水稻'	主题、题名、关键词、摘要、中图分类号
=' str1 /PRG N str2 '	全文，词间隔小于 N 段		AB = '转基因 /PRG 5 水稻'	
=' str $ N '	检索词出现 N 次		TI = '转基因 $ 2'	
BETWEEN	年度阶段查询		YE BETWEEN ('2000', '2013')	年、发表时间、学位年度、更新日期

上表所有符号和英文字母，都必须使用英文半角字符；"AND""OR""NOT"三种逻辑运算符的优先级相同；如要改变组合的顺序，需使用英文半角圆括号"( )"将条件括起；逻辑关系符号与(AND)、或(OR)、非(NOT)前后要空一个字节；使用"同句""同段""词频"时，需用一组西文单引号将多个检索词及其运算符括起，如：'开放 # 获取'。

例如，要求检索黄如花以武汉大学为机构发表的题名包含"慕课"或"MOOC"的文章，则检索式：AU =黄如花 and (AF =武汉大学) AND(TI =慕课 or TI =MOOC)。该检索式示例见图 5-3。

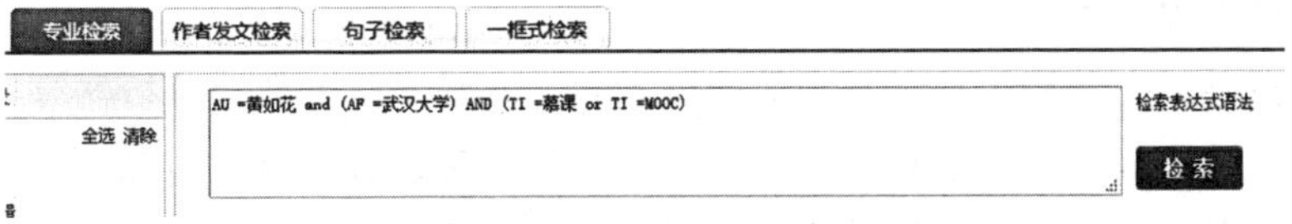

图 5-3　CNKI 的专业检索界面

4. 检索结果的显示与处理

CNKI 的检索结果可进行分组和排序。对得到的检索结果集合，CNKI 提供了 9 种分组筛选工具和 4 种评价性排序手段，可帮助用户从不同角度选择所需信息。

可以将检索结果进行分组排序，方便找到最需要的文章。包括六种分组方式(学科、发表年度、基金、研究层次、作者、机构)，四种排序方式(主题排序、发表时间、被引次数、下载次数)。例如，检索结果按作者单位分组，这样有助于查找在某领域具有优势的研究单位，从而跟踪重要研究机构的成果、全面了解研究成果在全国的全局分布；检索结果按文献作者分组，有助于查找本领域的专家，跟踪知名学者的成果或发现新的学者。

三、CNKI 的引文检索

CNKI 的引文数据库，即中国引文数据库，是一个基于 CNKI 源数据库文献的文后参考文献和文献注释为信息对象建立的规范引文数据库。该库可用于科研管理与评价，为科研人员和管理机构提供定量依据，用于学术研究评价、科研绩效评价、期刊质量评价和科学发展等方面的评价。还可用于学科热点与趋势分析：通过对各种类型文献之间的相互引用关系进行数据分析，为机构或个人用户的项目申报、课题查新、学术产出与影响力分析、科研管理以及了解学科热点与趋势提供有力的支撑与帮助。

(一) 数据库概述

CNKI 中国引文数据库的数据来源于 CNKI 所有源数据库产品，并加入了通过参考文献为线索引申的 CNKI 未收录的文献资源题录信息。学术资源类型涵盖期刊(中外文)、博硕士学位论文、国内/国际会议论文、图书、中国专利、中国标准、年鉴、报纸以及外文题录库等。目前引文数据已超 4.3 亿条，并以每年 4000 万条的速度扩增。

（二）主要功能与特色

1. 引文分析

提供引文分析工作过程中的引证报告、文献导出、数据分析器等特色功能。一键生成作者引证报告，统计列表直观呈现作者的被引情况，尤其是剖析了作者被重要文献引用的详细情况。

2. 多维分析

数据库针对期刊、机构、作者、基金、学科、出版社、地域等进行单对象指标分析和多对象指标比较，为用户提供各分析对象的发文、被引、下载等系列指标的统计信息。支持对某一主题的检索结果，对作者、科研机构、来源出版物、科研基金、学科、出版年等对象进行多维深层次客观分析。

3. 可视化展示

通过可视化技术，形象直观地显示期刊、机构、作者、基金、出版社、地域等对象的相关数据情况。

4. 多种检索模式

提供快速检索、高级检索、专业检索等多种检索模式，满足不同用户的检索需求。

CNKI 除了上述的文献检索和引文检索外，还提供工具书、学术图片、图片、视频、音频、统计数据、指数等的检索。下面以工具书、图片，指数等检索展示其使用方法。

四、CNKI 的工具书检索

《中国工具书网络出版总库》(简称《工具书总库》)集精准、权威、可信于一身，是超大型的中文工具书在线检索平台。《工具书总库》与上海辞书出版社、商务印书馆、中华书局等 200 余家出版社长期合作，汇集了 1.4 万余部工具书，约 2200 万词条，410 余万张图片。资源覆盖各学科、各领域①。

CNKI 的工具书检索可以进行普通检索和高级检索。

CNKI 工具书的普通检索只有一个检索框，选择字段，输入检索词即可。

---

① 关于《中国工具书网络出版总库》[EB/OL]. [2024-08-16]. https://gongjushu.cnki.net/rbook/product

图 5-4 是在 CNKI 工具书总库通过普通检索的方式检索“非物质文化遗产”这个词目。图 5-5 是 CNKI 工具书的高级检索界面。

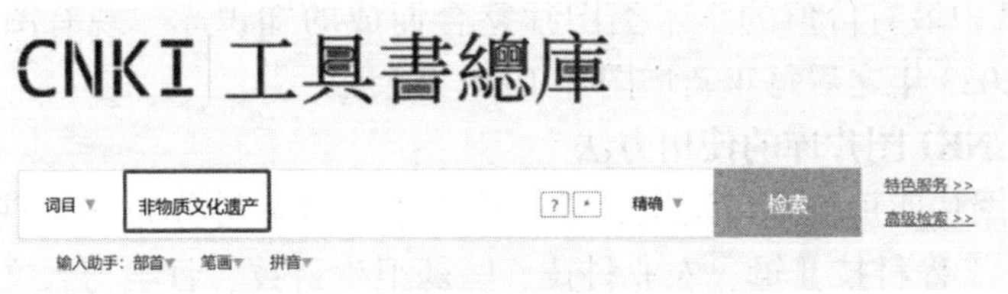

图 5-4　CNKI 工具书的普通检索界面

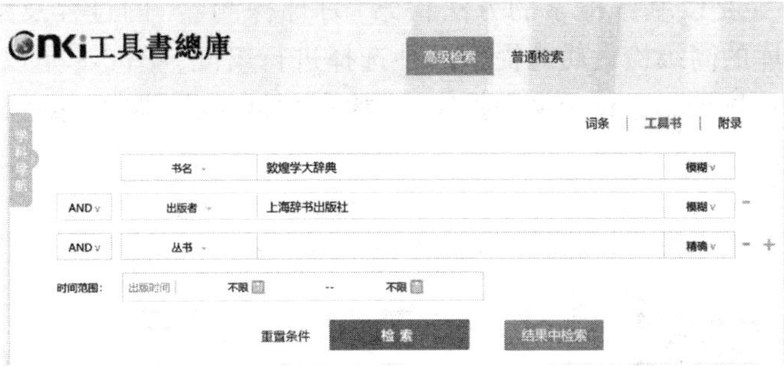

图 5-5　CNKI 工具书的高级检索界面

五、CNKI 的学术图片检索

(一)产品介绍

CNKI 学术图片知识库(https：//image. cnki. net/)是知网通过挖掘整合学术类图片而形成的知识库，采用中国知网自主研发的智能挖掘技术，从各类学术文献中提取出千万量级的图形、图像等内容，加以规范化编辑整理，提供相似图表的检索、对比和分析功能等知识发现功能，可提高学术文献知识传播和应用效果。该产品根据图片语义和视觉信息，使用户可以准确方便的检索到所需要的图像素材，进而快速获取到相关的知识与信息，其结果按照科学合理的方式进行分类和组织并提供丰富图片的知网节信息，进而实现"同类图片比较，相关图片参考"等帮助用户提高学习和研究效率的功能。

(二)资源收录情况

CNKI 学术图片知识库所有图片资源均来源于 CNKI 中国文献资源总库，

主要包括中国学术期刊网络出版总库、中国优秀硕士学位论文全文数据库、中国博士学位论文全文数据库、中国重要会议论文全文数据库、中国工具书网络出版总库、中国年鉴网络出版总库。图片知识库是通过对上述资源的分析，挑选其中最有价值的学术类图片整合而成的知识库，现有图片 1 亿余张，预计 2023 年之后每年新增图片 1000 万余张。

（三）CNKI 图片库的使用方法

CNKI 图片库可按学科浏览，或进行检索。将学科分为基础科学、工程科技Ⅰ辑、工程科技Ⅱ辑、农业科技、医药卫生科技、哲学与人文科学、社会科学Ⅰ辑、社会科学Ⅱ辑、信息科技、经济与管理科学，然后选择相关的学科浏览图片。检索分为基本检索和高级检索。图 5-6 是 CNKI 学术图片库首页。图 5-7 是以基本检索的方法检索"月球探测器"的过程及结果界面。CNKI 图片库的高级检索功能提供多种选择进行组配，图 5-8 是以高级检索的方法在"中国博学学位论文数据库"中检索"月球探测器"的过程。

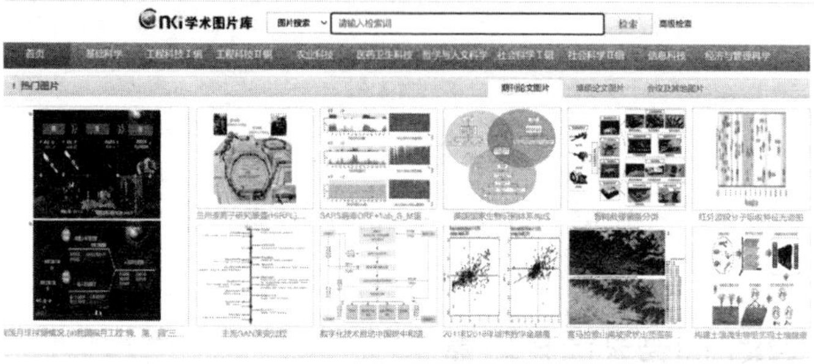

图 5-6　CNKI 学术图片库首页

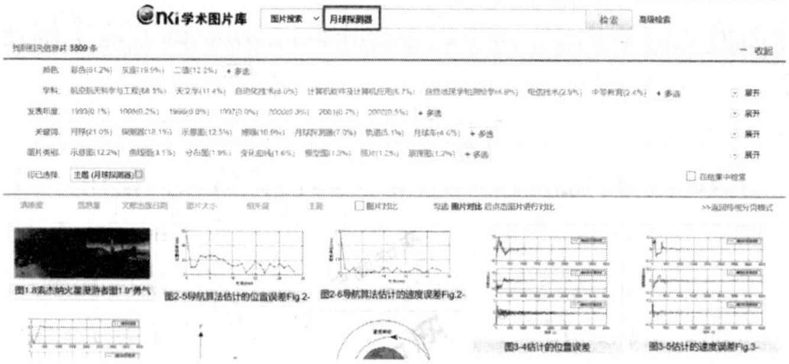

图 5-7　CNKI 学术图片库的基本检索界面

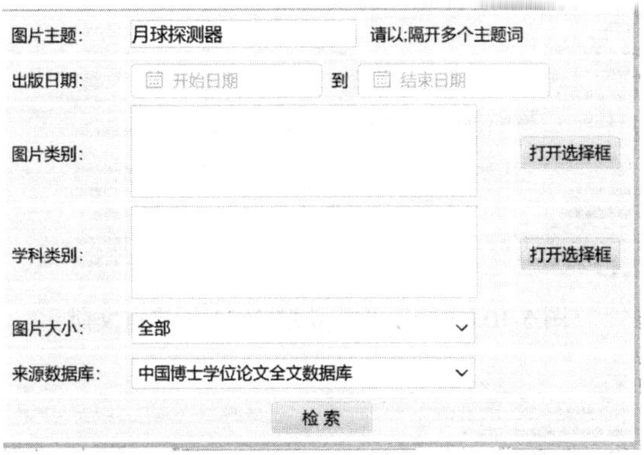

图 5-8　CNKI 学术图片库的高级检索界面

六、CNKI 指数分析功能

在进行学术论文开题或选题过程中，通常需要知晓所研究主题目前的发展态势以及热点信息，CNKI 指数分析有助于进行分析。

关注度指数涉及以下几个方面：

学术关注度：篇名包含此关键词的文献发文量趋势统计。

媒体关注度：篇名包含此关键词的报纸文献发文量趋势统计。

学术传播度：篇名包含此关键词的文献的被引量趋势统计。

以开放获取的查找为例，其学术关注度示例见图 5-9；开放获取热点文献见图 5-10；媒体关注度示例见图 5-11；学术传播度示例见图 5-12。

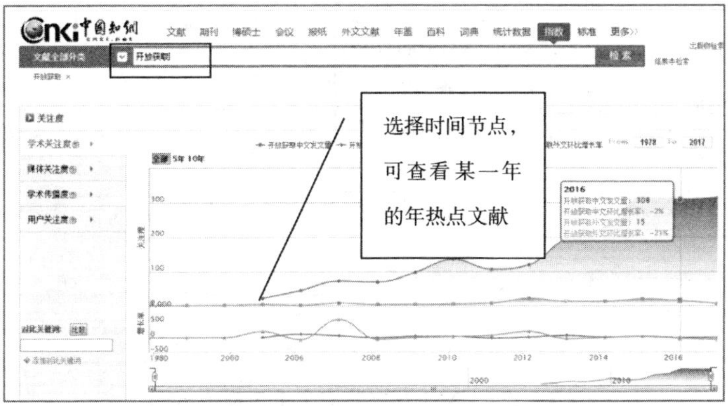

图 5-9　CNKI 的开放获取学术关注度示例

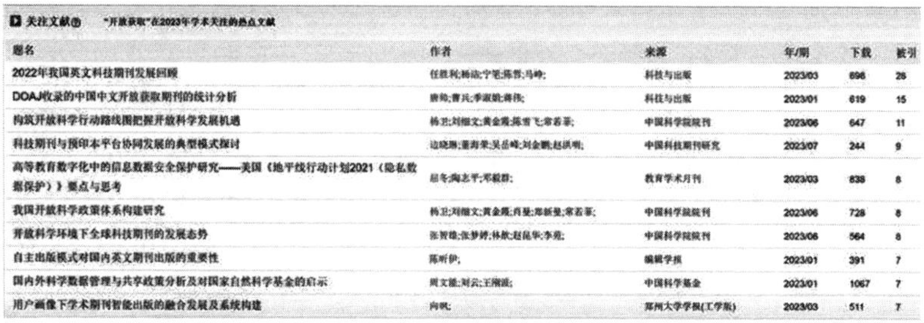

题名	作者	来源	年/期	下载	被引
2022年我国英文科技期刊发展回顾	任胜利;杨洁;宁笔;陈哲;马峥;	科技与出版	2023/03	696	26
DOAJ收录的中国中文开放获取期刊的统计分析	唐鈞;曹兵;季淑娟;蒋伟;	科技与出版	2023/01	619	15
构筑开放科学行动路线图把握开放科学发展机遇	杨卫;刘细文;黄金霞;陈雪飞;常若菲;	中国科学院院刊	2023/06	647	11
科技期刊与预印本平台协同发展的典型模式探讨	边晓琳;董寿荣;吴岳峰;刘金鹏;赵洪明;	中国科技期刊研究	2023/07	244	9
高等教育数字化中的信息数据安全保护研究——美国《地平线行动计划2021（隐私数据保护）》要点与思考	屈冬;陶志平;邓毅群;	教育学术月刊	2023/03	838	8
我国开放科学政策体系构建研究	杨卫;刘细文;黄金霞;肖曼;郑鑫曼;常若菲;	中国科学院院刊	2023/06	728	8
开放科学环境下全球科技期刊的发展态势	张智雄;张梦婷;林歆;赵昆华;李苑;	中国科学院院刊	2023/06	564	8
自主出版模式对国内英文期刊出版的重要性	陈昕伊;	编辑学报	2023/01	391	7
国内外科学数据管理与共享政策分析及对国家自然科学基金的启示	周文能;刘云;王刚波;	中国科学基金	2023/01	1067	7
用户画像下学术期刊智能出版的融合发展及系统构建	向帆;	郑州大学学报(工学版)	2023/03	511	7

图 5-10　CNKI 开放获取 2023 年热点文献

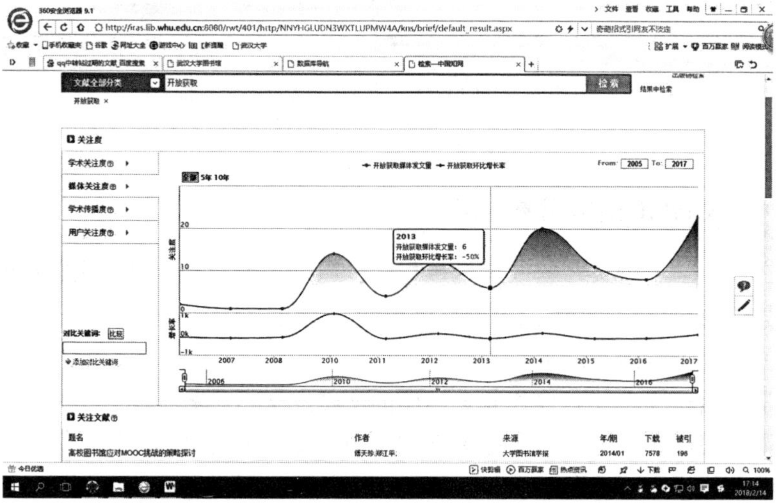

图 5-11　CNKI 开放获取媒体关注度示例

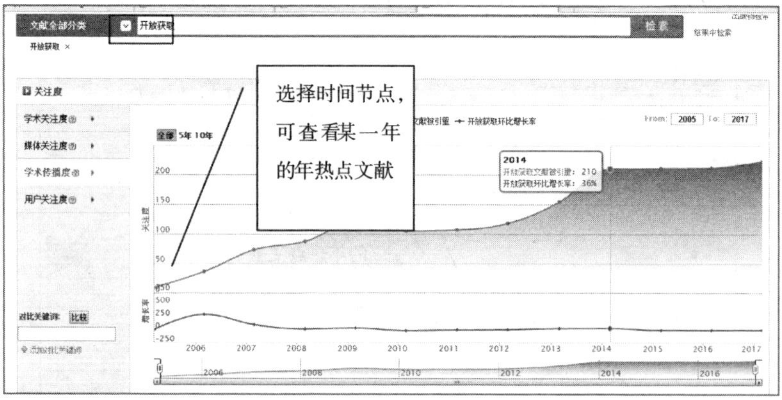

图 5-12　CNKI 开放获取学术传播度示例

七、CNKI 的中华知识大模型

鉴于生成式人工智能技术的发展，同方公司积极响应国家创新驱动发展战略，紧跟人工智能与大数据时代的浪潮，依托 CNKI 丰富的学术资源，开发出中华知识大模型（简称“华知大模型”），定位于科技创新、学术研究、科学决策、数据分析等应用场景，已在法律、教育、企业、医疗、出版等众多领域得到应用。以 CNKI 的 AI 学术研究助手和 AI 智能写作助手为例说明其在学术场景中的应用。

AI 学术研究助手简化繁复的检索与研究流程，用户以自然语言提问，即可直接获得答案。具有问答式增强检索、研读模式、生成式知识服务和创作模式。图 5-13 是 AI 学术研究助手的问答式增强检索页面。

图 5-13　AI 学术研究助手的问答式增强检索页面

AI 智能写作助手嵌入技术方案、调研报告、规划报告、研究报告、工作总结、咨询报告等各类文档编写场景，核心功能包括大纲生成、内容一键生成、内容扩写、内容续写、内容润色、章节重写、素材知识库、好句子提示、协同写作、段落推送、文档导出、文档上传等。AI 智能写作助手能支持原生模式和知识增强模式两种方式输出高质量文档，并具有强大的协同编辑功能，满足文档编修需求。图 5-14 是以“新质生产力”为例，AI 智能写作助手提供的智能选题功能示例。

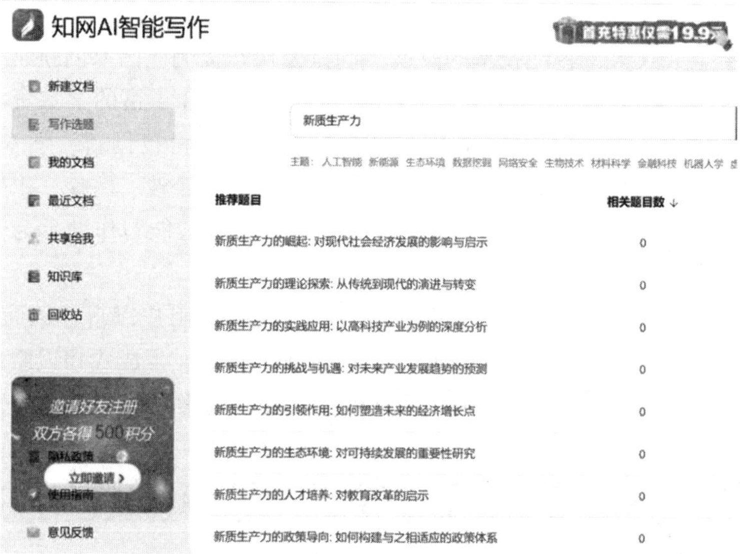

图 5-14　AI 智能写作助手的智能选题功能示例

第二节　万方数据知识服务平台

万方数据知识服务平台是建立在因特网上的大型科技、商务信息平台，内容涉及自然科学和社会科学各个专业领域。可查询期刊论文、学位论文、会议论文、专利、法律法规、新方志的全文，还可查询标准、科技成果、机构、科技专家等信息。

一、万方数据知识服务平台的数据库资源①

1. 学术期刊

万方数据知识服务平台集纳了多种科技、人文和社会科学期刊的全文内容，并提供全文下载。中国学术期刊数据库(China Online Journals，COJ)，收录始于 1998 年，包含 8500 余种期刊，其中包含北京大学、中国科学技术信息研究所、中国科学院文献情报中心、南京大学、中国社会科学院历年收

① 万方数据知识服务平台[EB/OL].[2024-08-16]. https://www.wanfangdata.com.cn/

录的核心期刊3300余种，年增300万篇，每天更新，涵盖自然科学、工程技术、医药卫生、农业科学、哲学政法、社会科学、科教文艺等各个学科。

2. 学位论文

万方数据知识服务平台收录自1980年以来的国内600余所高校、科研院所等学位授予单位的硕士、博士学位论文以及博士后报告。内容涵盖理学、工业技术、人文科学、社会科学、医药卫生、农业科学、交通运输、航空航天和环境科学等各学科领域。

3. 会议论文

会议资源包括中文会议和外文会议，中文会议收录始于1982年，年收集约2000场重要学术会议，年增15万篇论文，每月更新。外文会议主要来源于NSTL外文文献数据库，收录了1985年以来世界各主要学协会、出版机构出版的学术会议论文共计1100万篇全文(部分文献有少量回溯)，每年增加论文约20余万篇，每月更新。

4. 科技报告

包括中文科技报告和外文科技报告。中文科技报告收录始于1966年，源于中华人民共和国科学技术部，共计10万余份。外文科技报告收录始于1958年，涵盖美国政府四大科技报告(AD、DE、NASA、PB)，共计110万余份。

5. 专利

中外专利数据库(Wanfang Patent Database，WFPD)涵盖1.6亿条国内外专利数据。其中，中国专利收录始于1985年，共收录4700万余条专利全文，可本地下载专利说明书，数据与国家知识产权局保持同步，包含发明专利、外观设计和实用新型三种类型，准确地反映中国最新的专利申请和授权状况，每年新增300万条。国外专利1.1亿余条，均提供欧洲专利局网站的专利说明书全文链接，收录范围涉及中国、美国、日本、英国、德国、法国、瑞士、俄罗斯、韩国、加拿大、澳大利亚、世界知识产权组织、欧洲专利局等十一国两组织及两地区数据，每年新增300万余条。

6. 标准

中外标准数据库(China Standards Database)收录了所有中国国家标准(GB)、中国行业标准(HB)、以及中外标准题录摘要数据共计260余万条记录，其中中国国家标准全文数据内容来源于中国质检出版社，中国行业标准全文数据收录了机械、建材、地震、通信标准以及由中国质检出版社授权的部分行业标准。

7. 科技成果

中国科技成果数据库(China Scientific & Technological Achievements Database)收录了自1978年以来国家和地方主要科技计划、科技奖励成果，以及企业、高等院校和科研院所等单位的科技成果信息，涵盖新技术、新产品、新工艺、新材料、新设计等众多学科领域，共计66多万项。

8. 法律法规

中国法律法规数据库(China Laws & Regulations Database)，收录始于1949年，涵盖国家法律法规、行政法规、地方法规、国际条约及惯例、司法解释、合同范本等，权威、专业。每月更新，年新增量不低于8万条。

9. 地方志

万方地方志知识服务系统是一个大型的、动态的、可多角度检索的方志资源库。纵贯全国的社会发展历史，横及社会各个门类，从历史到当代，从政治到经济，从自然资源到人文遗产。属于一手原始资料库。地方志是按一定体例，全面记载某一时期某一地域的自然、社会、政治、经济、文化等方面情况或特定事项的书籍文献。通常按年代分为新方志、旧方志，新方志收录始于1949年，共计6万余册，旧方志收录年代为新中国成立之前，近10万册。

在该数据库的首页，点击资源导航里面的学术期刊、学位论文、会议论文、科技报告、专利、标准、科技成果等链接点，可以看到该文献类型的导航，图5-15是万方数据知识服务平台的首页；图5-16是万方数据知识服务平台的会议导航页面。

图5-15 万方数据知识服务平台首页

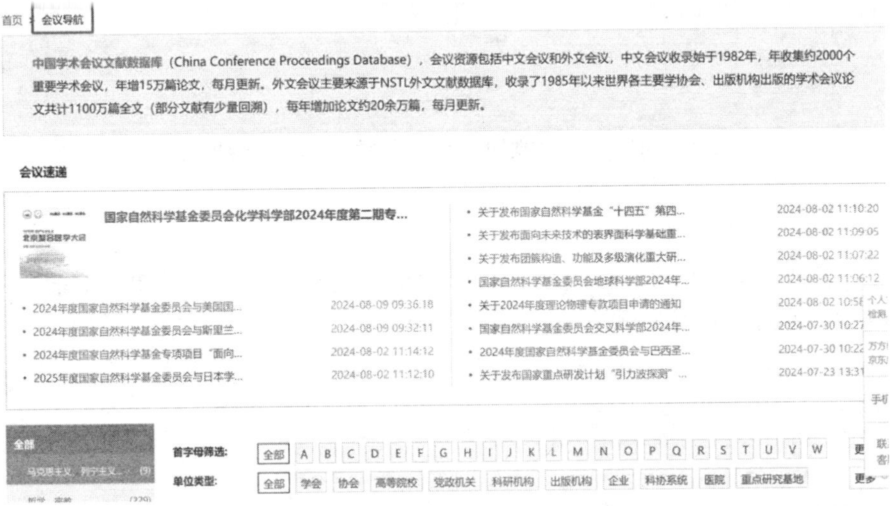

图 5-16　万方数据知识服务平台会议导航页面

二、数据库检索

万方数据知识服务平台提供了多样化的检索方式，包括一框式检索、高级检索、专业检索。

1. 一框式检索

一框式检索可以进行跨库检索，也可以进行单库检索。

跨库检索可选择期刊、学位论文、会议文献、专利、标准、科技报告、成果等的多个库进行检索。一框式检索跨库检索时提供题名、作者、作者单位、关键词、摘要字段检索。

用一框式检索方式进行单库检索时，可分别选择期刊、学位论文、会议文献、专利、标准、科技报告、成果等其中一个库进行检索。单库检索时不同数据库的可检字段不同，例如，期刊的可检字段包括题名、作者、作者单位、关键词、摘要、刊名、基金、中图分类号；会议论文可检字段包括题名、作者、作者单位、关键词、摘要、会议名称、主办单位、中图分类号；专利的可检字段有题名、摘要、申请号/专利号、公开号/公告号、申请人/专利权人、发明人/设计人、主分类号、分类号。

一框式检索界面参见图 5-17。

图 5-17　万方数据知识服务平台的一框式检索界面

2. 高级检索

高级检索提供多字段组合检索。同样可以选择跨库检索或单库检索。高级检索界面参见图 5-18。

图 5-18　万方数据知识服务平台的高级检索界面

上述高级检索界面中，可选择的项目如下。

字段。字段可选择：主题、题名、关键词、作者、作者单位、摘要、全文、中图分类号等。

逻辑运算符。所有检索项按“与”“或”“非”三种逻辑关系进行组合检索。

检索词可分为精确匹配与模糊匹配两种。精确匹配要求检索结果须与检索词完全一致。模糊匹配则检索结果中包含检索词中所含各词素即可。

以高级检索举例。检索与“中国绿色经济”发展相关的文献。采用跨库检索方式检索期刊论文、学位论文和会议论文。先在主题字段分别输入“中国”和“绿色经济”，检索界面见图 5-19。

上述例子中，因在主题字段中检索出的文献数量太多，精确性不够，可以尝试将字段改为“题名”字段。图 5-20 是调整字段后的检索示例及检索结果。

图 5-19　万方数据知识服务平台的高级检索方式举例

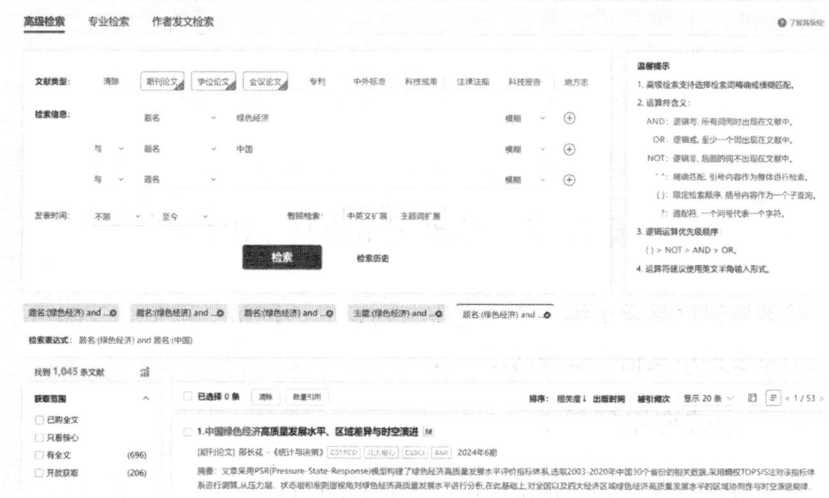

图 5-20　万方数据知识服务平台进行字段调整的检索示例及检索结果

三、检索结果显示与处理

万方数据知识服务平台的检索结果可进行分组筛选，可帮助用户从不同角度选择想要的内容。包括七种筛选方式(获取范围、资源类型、年份、语种、来源数据库、作者、机构)，三种排序方式(相关度、出版时间、被引频次)。例如，检索结果按年份筛选，可以查看希望检索的年份信息。图 5-21 是万方数据知识服务平台的检索结果界面。

图 5-21　万方数据知识服务平台的检索结果界面

第三节　维普资讯网(VIP)

维普资讯网是重庆维普资讯有限公司建立的网站，建立于 2000 年，已经成为重要的中文信息服务网站。

一、维普资讯网简介

维普资讯网是维普资讯推出的中文科技期刊服务平台，提供文献检索服务，该平台的详情见表 5-2。

表 5-2　　　　　　　　中文科技期刊服务平台的详情介绍

项　　目	详　　情
收录规模	中文期刊超过 15000 种，文献总量 7300 余万篇，年更新 250 万，涵盖社会科学、自然科学、工程技术、农业科学、医药卫生、经济管理、教育科学和图书情报等全学科领域
核心收录	北大核心期刊、CSSCI 期刊、CSCD 期刊等，并不断更新
独有资源	独有期刊约 4000 余种
原文保障	提供在线阅读、下载 PDF、HTML 阅读、文献传递、OA 链接等多种全文方式
学科分类	依据《中国图书馆分类法》(第五版)，将文献分为 35 个一级学科，457 个二级学科
扩展功能	同义词扩展、职称评审下载等

二、维普资讯网的检索

1. 文献检索模块

维普资讯网的"中文期刊服务平台"具有以下特色：通过联想式信息检索模式提高检索效率；任意检索条件下对检索结果进行再次组配；深入追踪研究课题的来龙去脉；快速掌握相关领域内的前沿学术成果；两两对象之间的知识脉络关联及延伸；全方位的资源获取渠道。该平台提供一框式检索和高级检索。

(1)一框式检索

一框式检索界面见图 5-22，如要检索人工智能与大数据相关的文献，则输入"人工智能 AND 大数据"，可以进行检索。

图 5-22　维普资讯的一框式检索实例

(2)高级检索

高级检索界面如图5-23，可以进行组配检索，可以选择期刊范围，并进行学科限定。高级检索增加了多个检索条件输入区，实现了由上至下的组配检索，通过检索条件限制区对检索问题进行时间、学科或期刊范围的更多限制。多检索条件逻辑组配检索，更支持一次输入复杂检索式查看命中结果，通过在检索式中加括号的方式实现优先级加权。

图5-23　维普资讯的高级检索界面

检索执行的优先顺序：向导式检索的检索操作严格按照由上到下的顺序进行，用户在检索时可根据检索需求进行检索字段的选择。

高级检索结果界面见图5-24。检索结束后，可通过文章、期刊、主题、作者、机构、基金等进行二次检索，并能对结果进行分析。如对所有检索出来的文章，能进行期刊收录、学科、主题、机构、作者、期刊、年份、被引范围的分析；对所有检索出来的文章所收期刊，能进行核心期刊导航、国内外数据库收录导航、地区导航、主题导航、学科导航。此外，该库还可以进行期刊导航，按期刊所属学科进行浏览。

2. 期刊检索模式

期刊检索模式下有多种分类导航，详见表5-3。

图 5-24　维普资讯的高级检索结果界面

表 5-3　　　　　　　　**维普资讯的期刊检索模式说明**

期刊检索导航	导航详情①
核心期刊导航	中国科技核心期刊、北大核心期刊(含不同年代的版本)
国内外数据库导航	汇总超过 20 家国内外知名数据库收录期刊的最新情况；例如工程索引、数学文摘、化学文摘、Scopus 数据库、科学文摘数据库
期刊地区分布导航	按出版机构所属区域统计和浏览期刊分布情况
期刊主题导航	按热门主题进行导航，便于查找，如网络、教育、计算机、生态等主题

点击切换该学科下的核心期刊或全部期刊显示；查看“科学指标分析”模块下该学科近 10 年的所有高影响力期刊情况。

例如检索“大学图书馆学报”这个刊物，可以直接在刊名中输入“大学图书馆学报”，检出后，可以链接到该刊的网址，见图 5-25。

① 维普期刊导航[EB/OL].[2024-08-22]. https://lib.cqvip.com/Qikan/Journal/JournalGuid? from=Qikan_Search_SearchHelp

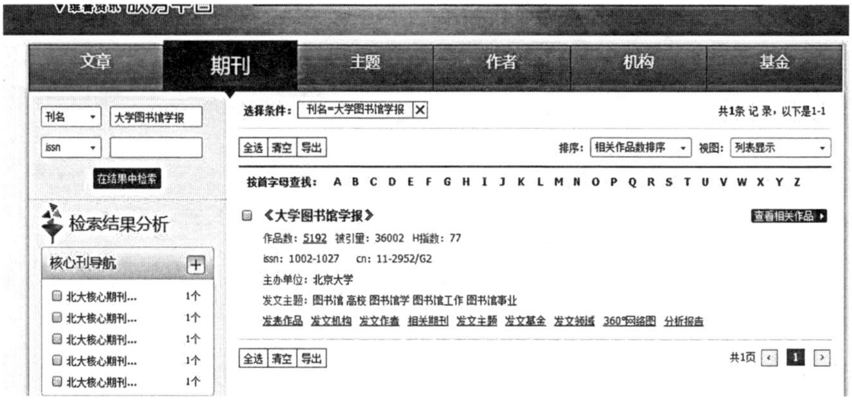

图 5-25　维普资讯的期刊检索模式

3. 文献引证追踪模块的检索

在维普资讯的中文期刊服务平台中，点击“引证追踪”版块，可进入《中文科技期刊数据库(引文版)》。《中文科技期刊数据库(引文版)》能帮助用户实现强大的引文分析功能，并采用数据链接机制实现同维普资讯系列产品的功能对接定位，提高科学研究的效率。

文献引证追踪检索案例。利用文献引证追踪模块的基本检索查询黄如花自 2000 年后发表的主题或关键词为“MOOC”的论文的被引用情况。

在“题名/关键词”字段输入“MOOC”；在“作者”字段输入黄如花，用逻辑“与”连接，点击检索，检索过程见图 5-26。

图 5-26　维普资讯的文献引证追踪检索实例

文献引证追踪检索结果见图5-27。可以在检索结果中勾选多篇文章，通过“查看参考文献”“查看引证文献”“引用追踪”等功能进一步获取相关信息。上述检索，查看引证文献的结果见图5-28，引用追踪的结果见图5-29，引用追踪分析功能可以同时查看多篇文献的被引用情况及年代分布情况。

检索结果 10篇 您的检索式：作者=黄如花 与 题名或关键词=MOOC

选中 清除 导出 查看参考文献 查看引证文献 引用追踪　　共1页 首页 上一页 第1页 下一页 末页 1 /1 跳转

		题名	作者	年代	出处	被引量
☑	1	MOOC背景下信息素养教育的变革 显示文摘 ▾ 高被引论文	黄如花 李白杨	2015	图书情报知识2015，0，4:	38
☑	2	MOOC中富媒体素材采集的特点——以信息素养类课程为例 显示文摘 ▾	黄如花 李英子	2014	图书与情报2014，0，6:	14
☑	3	信息检索MOOC教学内容的设计思路 显示文摘 ▾	黄如花 钟雨祺	2015	高校图书馆工作2015，35，1:	10
☑	4	MOOC在线交流存在的问题及对策 显示文摘 ▾	黄如花 刘龙	2014	图书与情报2014，0，6:	9
☑	5	信息检索MOOC中的交互式问题设计与评分导向 显示文摘 ▾	黄如花 李白杨	2014	图书与情报2014，0，6:	8
☐	6	用户视角下的信息素养类MOOC需求分析与质量反馈 显示文摘 ▾	黄如花 李白杨	2015	图书馆2015，0，7:	7

图5-27　维普资讯的被引用论文实例

选中 清除 导出 查看参考文献 查看引证文献 引用追踪　　共4页 首页 上一页 第1页 下一页 末页 1 /4 跳转

		题名	作者	年代	出处	被引量
☐	1	我国图书情报领域MOOC研究述评与展望 显示文摘 ▾	雷水旺 李维	2017	图书馆工作与研究2017，0，1:	1
☐	2	国内外高校信息素养MOOC关键成功因素研究 显示文摘 ▾	蒋丽丽 陈幼华	2015	图书情报工作2015，0，15:	5
☐	3	基于被引概率的图书情报界MOOC研究述评 显示文摘 ▾	任湘 许伍霞 刘敏	2016	图书馆学刊2016，38，6:	0
☐	4	MOOC环境下我国信息素养教育研究综述 显示文摘 ▾	张丹	2016	图书情报工作2016，60，11:	1
☐	5	高校图书馆参与“慕课”实践研究 显示文摘 ▾	唐淑香 付晓梅	2016	图书馆学研究2016，0，11:	1
☐	6	高校图书馆信息素养教育MOOC化模式与实现策略分析 显示文摘 ▾	万文娟	2017	现代情报2017，37，4:	1

图5-28　维普资讯的引证文献实例

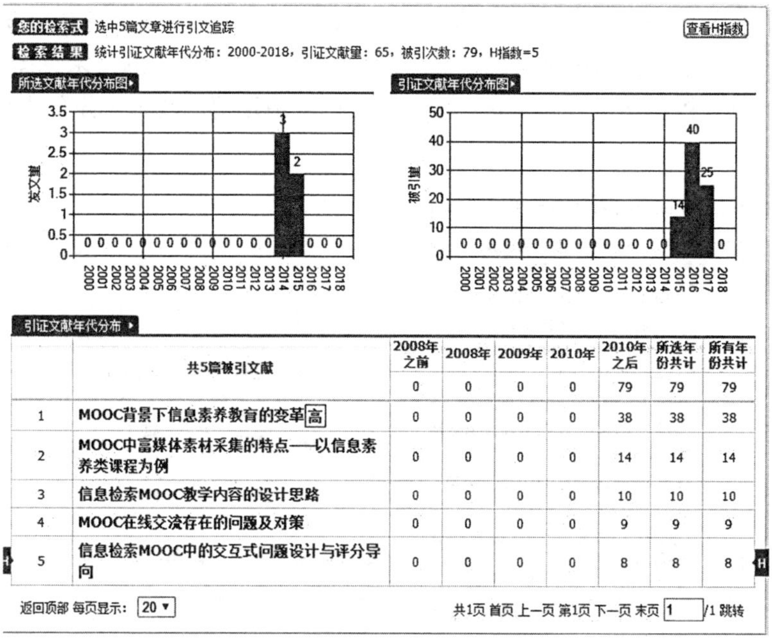

	共5篇被引文献	2008年之前	2008年	2009年	2010年	2010年之后	所选年份共计	所有年份共计
		0	0	0	0	79	79	79
1	MOOC背景下信息素养教育的变革 高	0	0	0	0	38	38	38
2	MOOC中富媒体素材采集的特点——以信息素养类课程为例	0	0	0	0	14	14	14
3	信息检索MOOC教学内容的设计思路	0	0	0	0	10	10	10
4	MOOC在线交流存在的问题及对策	0	0	0	0	9	9	9
5	信息检索MOOC中的交互式问题设计与评分导向	0	0	0	0	8	8	8

图 5-29　维普资讯的引用追踪实例

第四节　读秀学术搜索

一、读秀学术搜索概述

读秀学术搜索是由图书、期刊、报纸、会议论文、学位论文等文献资源组成的知识系统，是一个可以对文献资源及其全文内容进行深度检索，并且提供原文传递服务的平台。读秀现收录 680 万种中文图书题录信息，343 万种图书可供试读和文献传递。可搜索的信息量超过 17.7 亿页，为读者提供深入到图书内容的全文检索。

读秀数据库特色有以下几点：

(1)读秀学术搜索包括图书、期刊、学位论文、会议论文等多种文献类型，其中，图书资源为读秀的特色。读秀首页默认为知识搜索，是在所有文献类型中搜索，也就是多库搜索；也可以选择其中一个文献类型，例如，选择"图书"文献类型进行检索，也就是单库搜索。

(2)将检索结果与馆藏各种资源整合。读者检索任何一个知识点，都可以直接获取本单位文献服务机构内与其相关的纸质图书、电子图书全文等，不需要再对各种资源逐一登录检索、查找。

(3)通过读秀的“图书馆文献传递”，可以文献传递图书章节、期刊论文和学位论文等。

读秀学术搜索主页见图 5-30。

图 5-30　读秀学术搜索主页

二、读秀学术搜索的使用方法

读秀学术搜索可以搜索知识元，也可以分别按图书、期刊、报纸、学位论文、会议论文、音视频等进行搜索。现重点以图书搜索为例说明其检索方法。

(一)基本检索

基本检索可按全部字段、书名、作者、主题词、丛书名、目次这些字段检索，默认为全部字段。选择检索字段后，在检索框中输入检索词即可。例如在书名字段检索“科技强国”，检索界面如图 5-31 所示。

(二)高级检索

高级检索可以将书名、作者、主题词、出版社、ISBN、中图分类号等字段进行组合检索，检索框之间的逻辑关系是逻辑“与”。高级检索还可以选择图书分类、限定出版年。例如要查“上海交通大学出版社”出版的书名包含“科技创新”的书籍，检索界面如图 5-32 所示。

(三)专业检索

专业检索的检索字段含：T=书名 ，A=作者 ，K=关键词，S=摘要，Y=年，BKs=丛书名，BKc=目录

需要拟定检索式。拟定检索规则说明(以下符号均为半角符号)：

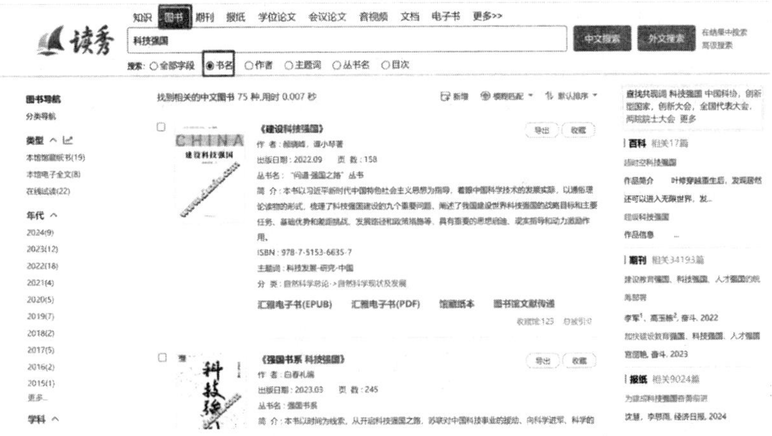

图 5-31　读秀学术搜索的基本检索界面

图 5-32　读秀学术搜索的高级检索界面

- 逻辑符号：* 代表并且，| 代表或者，- 代表不包含；
- 其他符号：( ) 括号内的逻辑优先运算，= 后面为字段所包含的值，>代表大于，<代表小于，>=代表大于等于，<=代表小于等于；
- 大于小于符号仅适用于年代 Y，如果只有单边范围，字段名称必须

写前边，如 Y < 2013，不允许写出 2013 > Y

- 年代不允许单独检索；

例如，查书名含“网络安全”，作者为“王宇”，则拟定检索式为：(T=网络安全) * (A=王宇)，检索界面及示例见图 5-33，检索结果见图 5-34。

图 5-33　读秀学术搜索的专业检索界面及示例

图 5-34　读秀学术搜索的专业检索结果界面

(四) 分类导航

读秀首页未显示分类导航，需选择首页检索框上方的“图书”，进入读秀的图书检索，在检索框右侧就会显示“分类导航”。该分类导航有 23 个大类(按中图法分为 22 个大类，另还有一个古籍类)，每个大类再细分。图 5-35 是读秀学术搜索的分类导航界面。

图 5-35　读秀学术搜索的分类导航界面

五、检索结果的显示与处理

检索结果的左边可以按图书分类导航、类型(本馆馆藏图书、本馆电子图书、在线试读)、年代、学科、作者进行筛选。

检索结果有多种排序方式：相关性排序、时间降序、时间升序、访问量、个人收藏量、单位收藏量、引用量、电子馆藏、本馆馆藏。默认按相关性排序。

检索结果可导出为参考文献格式。可导出格式为：EndNote、NoteExpress、查新、自定义(选择 ISBN、主题词、页码、中图分类号、丛书名、价格、摘要等字段)，excel 格式。

图书可查看电子书全文，或阅读部分章节，部分图书可进行部分章节文献传递等。

图 5-36 是读秀学术搜索的检索结果界面。

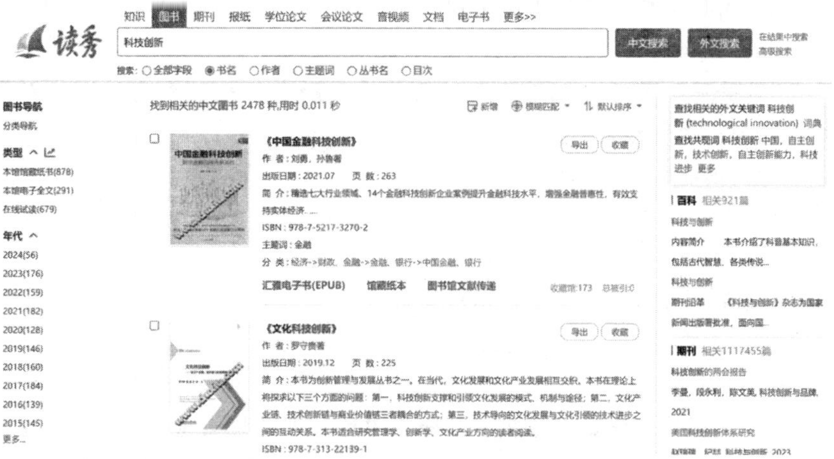

图 5-36　读秀学术搜索的检索结果界面

◎ 思考题

一、问答题

1. 中国知网能检索到多种类型的文献，请列出至少五种能检出的文献类型。

2. 万方数据资源系统能检索到多种类型的文献，请列出至少五种能检出的文献类型。

3. 维普资讯网的中文科技期刊平台收录哪些国内外数据库，请列出五种。

4. 请以"数据素养"为检索词，分别在中国知网、万方数据知识服务平台检索 2020—2024 年的期刊文献，比较查找出的文献数量，查找文献了解两个数据库的异同。

5. 在读秀学术搜索，检索出版日期为 2013 年，主题词含"中国梦"的图书，第一作者是？

6. 在万方数据知识服务平台，检索发表年份为 2022 年，张鸿飞撰写的题名包含"中国传统文化思想"(精确检索)的期刊论文，该文登载在哪个刊物上？

7. 在中国知网数据库，检索《中国文化遗产》这个刊物，2021 年第 6 期，费平写的文章的名称是？

二、判断题

1. 中国知网只能查找中文文献。

A. 正确　　　　B. 错误

2. 维普资讯网的中文科技期刊服务平台能查找报纸和期刊中的新闻资讯信息。

A. 正确　　　　B. 错误

3. 读秀学术搜索只能查找图书。

A. 正确　　　　B. 错误

4. 万方数据知识服务平台不能查找专利。

A. 正确　　　　B. 错误

三、选择题

1. 以下哪种文献类型通常不包含在中国知网的检索范围内?(多选题)

A. 学位论文　　B. 网络小说　　C. 会议论文　　D. 专利

2. 在万方数据知识服务平台检索期刊论文,有哪些检索字段可选择?(多选题)

A. 题名　　B. 作者　　C. 作者单位　　D. 关键词

3. 中国知网的学位论文检索提供哪些检索字段?(多选题)

A. 题名　　B. 作者　　C. 导师　　D. 学位授予单位

4. 在读秀学术搜索平台中,检索图书时,可以选择哪些字段进行检索?(多选题)

A. 书名　　B. 作者　　C. 导师　　D. 学位授予单位

5. 维普资讯网的中文科技期刊服务平台选择期刊导航功能,以下哪些说法是正确的?(多选题)

A. 可以按首字母查找期刊　　B. 可以进行期刊检索

C. 可以进行作者检索　　D. 可以检索学位论文

第六章 国外重要的综合性信息检索系统

第六章导学视频　　第六章授课 PPT

第一节　学术资源整合平台——Web of Science

Web of Science(简称 WOS)①是基于互联网建立的动态的学术信息资源整合平台，提供自然科学、工程技术、社会科学、艺术与人文等多个领域中高质量的学术信息，采用“一站式”服务，兼具信息检索、文献管理、科研分析与评价等多项功能。曾隶属于世界一流的企业及专业情报信息提供商——Thomson Reuters 公司，现已成为科睿唯安(Clarivate)公司旗下的产品。

一、WOS 的资源

WOS 的资源丰富，既有美国科技信息研究所(Institute of Scientific Information，ISI)生产的数据库，也有来自其他数据库商的产品，还收录 Agricola、Pubmed 等网上免费资源，涉及绝大多数学科领域，收录的文献类型有期刊论文、图书、会议论文、学位论文、技术报告、专利、标准、化学

① WOS. [EB/OL]. [2024-08-26]. http：//isiwebofknowledge. com/

结构等。

(一) Web of Science 核心合集

WOS 核心合集(Core Collection)由 7 个数据库组成：科学引文索引扩展版(Science Citation Index Expanded, SCIE)、社会科学引文索引(Social Sciences Citation Index, SSCI)、艺术与人文科学引文索引(Arts & Humanities Citation Index, A&HCI)、科学会议录引文索引(Conference Proceedings Citation Index-Science, CPCI-S)、社会科学与人文科学会议录引文索引(Conference Proceedings Citation Index-Social Sciences & Humanities, CPCI-SSH)、图书引文索引(Book Citation Index, BCI)、新兴来源引文索引(Emerging Sources Citation Index, ESCI)、化合物索引(Index Chemicus, IC)、全新化学反应(Current Chemical Reactions, CCR-Expanded)。

内容包含来自数以千计的学术期刊、书籍、丛书、报告及其他出版物的信息。其中，3 个期刊引文数据库包含文献作者引用的参考文献，用户可以使用这些参考文献进行被引参考文献检索，查找引用以前发表的著作的文献，还可进行作者甄别、按被引频次对结果进行排序，从多种角度进行检索结果分析等。

CPCI-S 和 CPCI-SSH 包括多种学科的重要会议、讨论会、研讨会、学术会、专题学术讨论会和大型会议的出版文献。使用这两个数据库可以查找在期刊文献尚未记载相关内容之前、跟踪特定学科领域内涌现出来的新概念和新研究。

BCI 和 DCI 则分别收录图书和数据的被引情况，BCI 分为自然科学，社会科学和人文科学两个部分，允许检索图书和图书章节。

使用 IC 和 CCR-Expanded 这两个化学数学库可以创建化学结构图以查找化合物和化学反应。其中，IC 包含国际一流期刊所报告的最新有机化合物的结构和关键支持数据。许多记录显示了从原始材料到最终产物的反应流程，是有关生物活性化合物和天然产物最新信息的重要来源。CCR-Expanded 包含从 39 个发行机构的一流期刊与专利摘录的全新单步和多步合成方法，每种方法都提供有总体反应流程，以及每个反应步骤详细、准确的示意图。

除了核心合集外，WOS 还不断新增不同类型的学术资源。

(二) WOS 的其他资源

1. 专利信息

德温特专利索引(Derwent Innovations Index)，收录范围为 1963 年至今，包含 Derwent World Patent Index © 中的高附加值专利信息和 Patents Citation

Index © 中的专利引用信息。

2. 研究信息快讯

当前目次链接(Current Contents Connect，CCC)，收录范围为 1998 年至今，收录世界一流学术性期刊与图书的完整目录和题录信息，以及经过专家评估的相关网站和文献。

3. 专门学科的数据库

包括 Biological Abstracts(1926 年至今)、BIOSIS Citation Index、BIOSIS Previews(1926 年至今)、CAB Abstracts(1910 年至今)、FSTA-Food Science and Technology Abstracts、Global Health from CABI、INSPEC、MEDLINE、Zoological Record ©(1864 年至今)。

4. 免费的外部数据库等

共 13 个，包括：农业科学领域文摘(Agricola)、生物与医学领域文摘(Pubmed)、循证医学领域文摘(The Cochrane Library)、量子生物学全文(arXiv Quantitative Biology)、美国宇航局会议论文摘要(AIAA Meeting Papers)、计算机科学全文(arXiv. org Computer Science e-Print Archive)、数学科学全文(arXiv. org Mathematics e-Print Archive)、非线性科学全文(arXiv. org Nonlinear Sciences e-Print Archive)、物理学全文(arXiv. org Physics e-Print archive)、土木建筑工程文摘(Civil Engineering Database)、航空航天领域文摘全文(NASA Astrophysics Data System)、美国政府研究报告文摘(National Technical Information Service，NTIS)、教育学领域文摘全文(AskEric)、人口普查与计划生育文摘(Popline)。

5. 科研分析资源和信息分析工具

包括期刊引证报告数据库(Journal Citation Reports，JCR)、基本科学指标数据库(Essential Science Indicators，ESI)等。

此外，还有 Reference Manager、EndNote、Kopernio 和 Publons 等信息管理与写作工具。

二、WOS 的检索

WOS 虽已推出中文检索界面，但只能进行英文检索。授权用户可以检索 WOS 平台所有的可用资源，也可选择性检索一个或几个数据库。

1. 布尔逻辑运算符

布尔逻辑运算符 AND、OR、NOT、SAME 和 NEAR/x 可用于组配检索词，从而扩大或缩小检索范围。布尔逻辑运算符不区分大小写。例如，SAME、Same 和 same 返回的结果相同。

SAME 是 WOS 中特色的运算符，要求其连接的关键词必须在同一句话内(如出现于文献题名、摘要中的句子或单个地址)，但关键词前后顺序不限。使用 SAME 运算符(比 AND 运算符更严格)是缩小检索范围的好方法。例如，检索某一地点的机构时，可用 SAME 连接机构及地点；检索某一机构中的某个系或部门时，可用 SAME 连接机构、系或部门名称。

运算符的优先顺序为：NEAR/x、SAME、NOT、AND、OR。使用括号可以改写运算符优先级。括号内的表达式优先执行。

2. 截词检索

*代表零个或多个字符，? 只代表一个字符，$ 代表零或一个字符，如输入 colo$r，可检索出 color 和 colour。

3. 短语检索

用“”表示短语检索。

三、WOS 的检索方式

WOS 现提供 5 种检索方式，每种检索方式的可检字段和功能有所区别。

1. 基本检索(Basic Search)

可同时进行多个字段的检索，各字段内可用*进行截词检索，各个检索字段间可以利用布尔逻辑 AND、OR、NOT 组配。可检字段有：主题、标题、作者、作者识别号、团体作者、编者、出版物名称、DOI、出版年、地址、机构扩展、会议、语种、文献类型、基金资助机构、授权号、入藏号、Pubmed ID。

2. 被引参考文献检索(Cited Reference Search)

引文检索是指从被引著者、被引文献入手检索文献的被引用情况。进行引文检索时，被引文献是 1994 年以前的，只能从第一著者检索，被引文献是 1994 年以后的，可以从任何一个著者检索。

可检索字段有：被引作者 (Cited Author，可在线查看作者名称)、被引著作(Cited Work，可在线查看期刊缩写列表)和被引年份 (Cited Year，实则指被引文献出版的年份)、引用的 DOI、被引卷、被引期、被引页、被引标题。可限制入库时间。

3. 高级检索(Advanced Search)

适合有经验的用户。使用两个字母的字段标识、布尔逻辑运算符(AND，OR，NOT，SAME，NEAR)、截词符、括号和检索结果集来构造检索式，也可使用字段标识、检索式组配或两者的组配来检索，也可利用检索结果集合的编号进一步检索，如 #3 AND #4。可在线查看作者、团体作者和出版物名称。可限制入库时间、语种和文献类型。有 27 个可检字段，如主题、标题、作者、作者识别号、团体作者、编者、出版物名称、DOI、出版年、会议、地址、机构扩展(索引)、机构、下属机构、街道地址、城市、省/州、国家/地区、邮政编码、基金资助机构、授权号、基金资助信息、研究方向、Web of Science 分类、ISSN/ISBN、入藏号和 PubMed ID。

4. 作者检索(Author Search)

使用"作者检索"功能，可以简单方便地确认并检索出特定作者的所有作品，可将同名的不同作者所著的作品区分开来。作者姓名的形式为：姓氏在先，名字首字母(最多四个字母)在后，姓氏可以包含连字号、空格或撇号。其步骤为：输入作者姓名、选择研究领域、选择组织。

5. 化学结构检索(Structure Search)

用于检索 CCR 和 IC 两个数据库，查看和绘制化学结构需要下载并安装免费化学插件，用户可从 WOS 平台下载并安装免费化学插件。具体操作可遵从系统的页面提示。

四、WOS 检索结果的显示与处理

WOS 允许用户对检索结果进行多种排序选择(被引用次数、相关度、第一作者、出版日期、来源出版物等项目排序)；系统提供"分析检索结果"功能，可从作者、会议标题、文献类型、国家/地区、机构名称、语种、出版年、来源出版物、学科类别等多个途径深入分析检索结果，有助于了解所查文献的学科分布、文献类型分布、语种分布等内容，从而了解该学科的发展现状，从整体上把握一个课题的发展方向和趋势，除了段落所介绍的内容，"分析检索结果"还可以选择输出的图表类型(树状图和柱状图)，并且可以根据制表符分隔的文本文件下载分析结果。

可根据"学科类别"和"文献类型"精炼检索结果，如需要快速了解某学科(主题)的研究概貌，只需在检索结果页面"文献类型"中选择"综述"(Review)即可。

可对检索结果做标记、保存检索历史、随时随地保存检索式从而进行新的检索；对保存的检索式进行注册以获得最新资源通报服务。对选中的检索结果可显示、打印、邮件发送、导出到 Endnote 及全文链接。

WOS 检索结果中全记录的信息很丰富，除了含有题名、作者、作者单位、来源出版物、摘要等信息外，还提供重要的引文服务功能：通过"Times Cited"(被引用次数)链接到引用该文献的所有文献；通过"Cited References"

(参考文献)查看当前记录引用的文献；通过“View Related Records”(查看相关记录)链接可获得共同引用相同的一份或几份文献的论文；通过“Citation Map”(引证关系图)，使引用关系可视化。这些功能将WOS的整个记录组织成为一个网状结构，利用这些链接可以掌握某个研究课题的研究历程及发展方向。

五、Journal Citation Reports

期刊引证报告数据库(Journal Citation Reports，JCR)通过将引文和文献数制成表格并加以综合，为评估和比较期刊提供了独特的视角。JCR是查找期刊影响因子的权威工具，也是期刊评价的重要工具之一，可用于检索某一领域、某一国家、某出版商有哪些最具影响力的期刊。

检索该数据库可选择“单库检索”方式。其步骤是：登录ISI Web of Science首页后，点击“选择一个数据库”，进入选择数据库界面，直接点击“Journal Citation Reports”进入即可。亦可以点击主页上方陈列出来的几个功能中的“Journal Citation Reports”，进入该数据库。

可根据需求选择JCR版本及出版年，还可以选择检索入口直接点击主页“Journal Citation Reports”进入数据库后，检索入口为：①第一个检索入口为“Browse by Journal”，点击后在菜单中选择期刊(Select Journals)和学科(Select Categories)来限定检索，可以继续下拉选择JIF Quartile、Publisher或Country/Territory，即可通过期刊的影响因子(Impact Factor，IF)级别、出版商或国别查看一组期刊，亦可以下拉到最后自己限定影响因子范围和IF百分排位数范围；②第二个检索入口“Browse by Categories”，可以直接按照学科类别进行选择，亦可在菜单中选择期刊(Select Journals)和学科(Select Categories)来限定检索；③可以下载保存报告，在主页的“Custom Reports”中查看自己的报告并进行诸如删除之类的操作。

六、WOS的个性化服务

WOS的注册用户，可以利用以下方便功能：

保存检索并创建跟踪、创建引文跟踪、使用EndNote在线保存和管理参考文献、从任意位置访问Web of Science、创建并维护经常阅读和设置目录电子邮件跟踪服务的定制期刊列表等。

七、InCites——基于 Web of Science 权威数据的科研评估工具

InCites 是在汇集和分析 Web of Science（SCIE/SSCI）权威引文数据的基础上建立起来的科研评价工具，综合各种计量指标和 30 年来各学科各年度的国际标杆数据。通过 InCites，用户能够实时跟踪机构的研究产出和影响力；将本机构的研究绩效与其他机构以及全球和学科领域的平均水平进行对比；发掘机构内具有学术影响力和发展潜力的研究人员，并监测机构的科研合作活动，以寻求潜在的科研合作机会。

InCites 能够帮助政府和学术研究机构中的决策者、科研管理人员分析本机构的学术表现和影响力，并针对全球同行的研究成果进行比较。

1. InCites 构成

Incites 需要登录后才可以使用，注册的机构用户可以直接在 InCites 主页快速登录，IP 授权用户也可以利用 WOS 账号或新建个人账号登录，实现个性化服务的功能。

（1）InCites 的数据构成

InCites 的数据主要由三大部分构成：

①定制数据（Research Performance Profiles）——机构、个人、主题、期刊的论文数据，能够进行多指标的深入分析；

②预置数据（Global Comparisons）——可以进行国家/地区和机构的多指标对比分析；

③概览数据（Institutional Profiles）——包含机构学术声誉、研究经费、教职工和学生数据。

（2）InCites 的内容构成

①研究绩效概览（RPP）—定制数据（每季度更新）。

以科研机构、作者、主题领域或期刊为单位，提取 Web of Science 论文及引文信息，同时提供高附加值的文献计量学指标进行深入的分析和有效的科研评估。

②全球对比分析（GC）—预置数据（每年更新）。

国家指标数据，以国家及地区为单位，汇总其论文与引文总数，提供了全球 170 多个国家与若干个地区，如亚太（不包括日本）、欧洲共同体、拉丁美洲、中东、北欧，OECD 在各学科领域的综合科研效绩评估指标。

机构指标数据，以大学或研究机构为单位，汇总其论文与引文总数。提

供40多个国家2000多所大学/研究机构在各学科领域的综合研究绩效评估指标。

2. InCites界面

可以直接打开官网 https：//incites. clarivate. com，也可以在 Web of Science数据库主页的左上方点击“InCites”进入。登录后，页面分为三大板块：Analytics(分析)、Dashboard(仪表板)和My Organization(我的组织)。其中，Analytics是主要功能，分为两大板块：提供人员、机构、区域、研究方向、期刊、图书、会议录文献、基金资助机构为主题的数据可视化分析，可以在界面左侧的“Title设置”和“过滤器”中进行条件筛选；InCites的系统报告，可直接点击“运行”查看研究人员报告、本地期刊利用率报告、研究绩效报告、合作论文、机构简介的可视化图表相关内容。

八、ESI——基于Web of Science数据库的深度分析工具

基本科学指标数据库(Essential Science Indicators，简称ESI)是世界上著名的学术信息出版机构美国科技信息所(ISI)于2001年推出的衡量科学研究绩效、跟踪科学发展趋势的基本分析评价工具。

ESI是一个基于Web of Science核心合集数据库的深度分析型研究工具。ESI可以确定在某个研究领域有影响力的国家、机构、论文和出版物，以及研究前沿。这种基于论文产出和引文影响力深入分析的数据是政府机构、大学、企业、实验室、出版公司和基金会的决策者、管理者、情报分析人员和信息专家可参考的分析资源。通过ESI，用户可以对科研绩效和发展趋势进行长期的定量分析。基于期刊论文发表数量和引文数据，ESI提供可参考22个学科研究领域中的国家、机构和期刊的科研绩效统计和科研实力排名。

1. ESI收录信息

ESI收录的信息数量庞大并且定期更新，便于用户及时把握科研动向。ESI数据库收录来自超过10000种Web of Science核心合集(SCI/SSCI)收录的期刊，文献类型为论文(Article)和综述(Review)；提供最近10多年的滚动数据；每2个月更新一次；每一种期刊都按照22个学科进行分类标引；提供国家、机构、论文和期刊排名；全球5000多个规范化的机构名称；客观的科研绩效基准值。

2. ESI界面

用户可以通过两种方式进入ESI主页：一是直接打开网址：http：//

esi. incites. clarivate. com；二是在 Web of Science 数据库首页左上方点击：Essential Science Indicators。进入后，登录方式同前文 InCites。目前 ESI 仅有英文模式。ESI 界面分为两大部分，上下两个部分分别对应不同的功能和作用：

(1)上半部——选择数据类型与下载导出

可以选择 ESI 各学科所有机构的数据指标(Indicators)、基准值(Field Baseline)或 ESI 阈值(Citation Thresholds)等不同数据类型；还可以分别点击 3 个按钮以下载 PDF、CSV 或 XLS 格式的数据文件，直接打印检索结果，或保存在本地的文件夹中。

(2)下半部——数据筛选与分析解读

下半部分直接显示数据，又细分为三个区域：

①筛选区。通过研究领域、作者、机构、期刊、国家/地区、研究前沿等主题筛选数据集；也可以按照高水平论文、高被引论文、热点论文等分类选择不同的显示结果。

②图示区。用于查看数据的可视化结果，可以通过 Show Visualization 和 Hide Visualization 来显示或隐藏可视化地图。

③结果区。分析对象的详细指标表现，通过点击 Customize 自定义结果区中显示的指标。

用户可以通过把各项内容自由组合，明确机构在 ESI 学科中的影响力排名。

第二节 ScienceDirect Online (SDOL)

ScienceDirect Online (SDOL)是 Elsevier 的核心产品，是应用很广泛的全文期刊数据库。

一、SDOL 的资源

SDOL 主要收录期刊、图书、丛书、手册和参考书的全文和书目信息，以期刊为主，收录期刊 2200 余种；涉及 24 个学科领域，以科学、技术和医学(STM)为重点；2000 多种图书；商业、化学、生命科学、心理学、社会科学等领域的丛书；化学、物理、统计学、经济学等 7 个系列的手册。Elsevier 还向用户免费开放 2004 年以来诺贝尔奖获得者在 Elsevier 期刊发表的数百篇作品。

二、SDOL 支持的运算

两个单词间默认为 AND，如输入 digital library 时系统进行 digital AND library 的运算。

截词符：* 代表多个字符，问号个数与代表的字符数一致，如输入 transplant?? 可检索出 transplanted 和 transplanter。

自动检索出单词的复数形式。例如，输入"digital library"会检索出"digital library"和"digital libraries"。

短语检索：用" "表示松散的或近似的短语检索，如输入"digital library"，可检索出 digital 和 library 相邻的文献；精确的短语检索用"{}"表示，包括其中的禁用词、标点符号和特殊符号，例如，输入{digital-library}只会检索出 digital-library 而不会检索出"digital library"，而输入{digital library}则只会检索出"digital-library"。在"专家检索"方式下，精确的短语检索要同时用到()和{}，如要查找题名、摘要和关键词字段中含有精确短语"information resource sharing"时需输入检索式：tak({information resource sharing})。

不做精确短语检索时忽略标点符号。例如，输入"digital-library"或者"digital library"的检索结果是一样的。

三、SDOL 的浏览与检索

SDOL 采取浏览与检索相结合的方式。

1. 期刊论文浏览(Browse)

可按期刊名(Browse by title)和学科分类(Browse by subject)快速浏览期刊中的论文。

2. 快速检索(Quick Search)

这是首页默认的检索方式，检索范围为所有期刊、图书、丛书、手册和参考书。可在所有字段(All fields)中检索，也可在某一个或几个字段检索，可检字段有：作者(Author)、刊名/书名(Journal/book title)、卷(Volume)、期(Issue)和页码(Page)。

支持布尔逻辑"与""或""非"，截词检索、短语检索，运算符和检索词不区分大小写。输入单数形式，可查找出单数、复数和所有格形式。

在"作者"字段可检索出某一作者写作的文献，如输入两个关键词，则可检索出这两个关键词出现在同一篇文献中的作者，例如：输入 J Smith 不仅可以检索出 JS Smith 和 John Smith，还会检索出 T. Smith 和 J. Rolf。因此，这里的“作者”字段检索不是“高级检索”和“专家检索”方式下的“特定作者”字段检索。

3. 高级检索(Advanced search)

可检字段(见表6-1)和检索功能比“快速检索”多。可用布尔逻辑运算符AND，OR，AND NOT，可用“”表示松散的术语或近似短语，而精确的短语检索用“{}”表示。

检索范围默认为“所有资源”(All Source)，也可选择“图书”(Books)或“期刊”(Journals)，可进一步将检索范围限制在“订购的图书/期刊”(subscribed books/journals)或者“最喜欢的图书/期刊”(My favorite books/journals)。

可选择学科范围(subject)、文献类型(document type)和日期(date)，可限制卷(volume)、期(issue)和页码(page number)。

表6-1　**SDOL 高级检索的可检字段及其含义**

字段名	含　义
All fields	论文、图书章节或摘要等所有字段
Abstract，Title，Keywords	摘要、论文或章节标题、关键词字段
Authors	论文所有作者的姓名
Specific Author	特定作者字段，将作者名作为一个整体
Journal Name	期刊题名
Title	论文的英文题名和非英文题名、章节标题
Keywords	作者关键词或者文献的出版商索引术语中出现的词
Abstract	摘要中包含的词，包括非英文文本的摘要
References	文献后面引用的参考文献
ISSN	国际连续出版物编号(International Standard Serial Number，ISSN)，可用连字符(hyphens)，也可不用，如可输入ISSN 0305-0548，或者0305-0548，或者03050548
Affiliation	作者所在机构的地址
Full Text	全文，不含参考文献列表(reference list)

4. 专家检索(Expert search)

(1)可用的运算符

①逻辑运算符。可用布尔逻辑运算符 AND，OR，AND NOT。

②位置限制符。

W/nn 用于限制两个单词之间最多可插入单词的数量，单词之间的顺序不限，如 health W/15 exercise 表示这两个词之间最多可插入 15 个单词。对于 nn 的确定，系统的建议为：检索同一个短语中出现的术语，用 W/3，W/4，或 W/5；检索同一个句子中出现的术语，用 W/15；检索同一个段落中出现的术语，用 W/50。

PRE/nn 表示其左边的单词先出现，右边的单词后出现，两个单词之间最多可插入 nn 个单词，如 information PRE/3 resources 要求 information 在 resources 前面，且它们之间最多可插入 3 个单词。

使用位置限制符时要注意：

在同一检索式中不能同时使用 W 和 PRE，如 W/2 classification PRE/1 cataloging 是无效检索式。OR 不能与 W 或者 PRE 出现在同一个检索式中，如 online W/6 shopping OR buying 是无效检索式。

若同一个检索式中出现多个数字 nn，且数字相同，则从左至右运算；若数字不同，则运算最后一个数字，如输入 information W/2 resource W/5 management，实际的运算为：information W/5 resource W/5 management，因为 5 是最后的数字。

同一个运算符，其运算顺序为从左至右；不同运算符同时出现时的运算顺序为：OR，W/n，PRE/n，AND，AND NOT。例如：检索式"pain W/15 morphine AND ganglia OR tumor OR lesion"先对 ganglia，tumor 和 lesion 进行逻辑"或"的运算，再限定 pain 和 morphine 相隔 15 个单词以内，最后，将前面两个检索结果进行逻辑"与"的运算。

可用括号改变运算的先后次序，括号内的优先运算。

③可检字段。

专家检索时可进行字段限制，其格式为：字段名(检索式)，字段名可用缩写或全称，绝大多数字段有 3 个字母的缩写，有许多特有的字段，如检索化合物细节信息的 Stereo-Chem-Abst 字段，表示非英文题名的 Non-Eng-Title 字段等。

一篇文献可以包含多位作者、多个隶属机构和关键词。"专家检索"方式下可对其进行限定。"特定作者"字段的限制方法见"高级检索"。使用 Affil 字段限制其后的检索词出现在同一个机构中，如检索式"affil (university school wuhan)"要求 university、school 和 wuhan 这 3 个词出现在同一个机构中。"特定作者关键词"(Specific-Authkey)字段和"特定其他关键词”(Specific-Otherkey)字段可将检索词限制在同一个关键词中。如specific-authkey(digital preservation)可检索出作者给出的关键词“digital preservation”，但不会检索出作者给出的关键词“digital library”或者“long preservation”。

四、SDOL 检索结果的显示和输出

检索结果页面显示出符合检索条件的文献。每一条记录显示文章摘要的关键词出现处。

点选“Bibliographic page”(书目资料页)，显示包含题名、作者、ISSN号、摘要等资料；全文显示格式有 PDF 和 HTML。

五、SDOL 的个性化服务

注册用户可更轻易地设定最新资源通报(alert)和最新引文通报(citation alert)功能；从 SDOL 首页连接到自己设定的常用书、刊；储存检索策略，当有新的符合要求的文献出现后，获得电子邮件提醒；查看检索历史，并且可以将已经有的检索词用布尔算符连接起来进行检索；将用户所需信息连接到 RSS 浏览器上；Add 2collab 便于用户与同行分享研究信息。

第三节　Scopus

Scopus 是 Elsevier 公司 2004 年推出的、号称全球最大的同行评议科研文章摘要和引文数据库，提供多种工具用于追踪、分析学术发展趋势及可视化展示学术研究成果。它收录来自全球超过 5000 家出版机构的 22000 余种期刊和 750 多万篇学术会议论文，覆盖自然科学、技术、医学、社会科学、艺术与人文等学科。Scopus 由研究人员和图书馆人员共同参与设计开发，并可直接链接到论文全文、图书馆资源及参考文献管理软件等应用程序。

(一) Scopus 的资源

Scopus 资源非常丰富，既有 Elsevier 自己出版的期刊论文，也有来自其他出版商的产品，以及网上的免费资源，如 Springer、Wiley-Blackwell、Taylor & Francis、SAGE、Wolters Kluwer、Emerald、Oxford、Cambridge、IEEE 等。其学科包含健康科学(31%)、生命科学(15%)、自然科学(29%)和社会科学(25%)四大类，涉及 27 个一级学科(如表 6-2 所示)，334 个二级学科。Scopus 收录的文献类型包括期刊论文、会议论文、图书和专利四大

类，其中14亿篇回溯至1970年的参考文献，16.6万多种图书，830多万篇会议论文，以及世界知识产权组织(WIPO)、欧洲专利局(EPO)、美国专利商标局(USPTO)、日本专利局(JPO)和英国知识产权局(IPO)的3900多万份专利。

表6-2　　Scopus四大类27个一级学科类目

类别	Health Sciences	Physical Sciences	Social Sciences	Life Sciences
学科	Medicine	Chemical Engineering	Arts and Humanities	Agricultural and Biological Sciences
	Nursing	Chemistry	Business, Management and Accounting	Biochemistry, Genetics and Molecular Biology
	Veterinary	Computer Science	Decision Sciences	Immunology and Microbiology
	Dentistry	Earth and Planetary Sciences	Economics, Econometrics and Finance	Neuroscience
	Health Professions	Energy	Psychology	Pharmacology, Toxicology and Pharmaceutics
		Engineering	Social Sciences	
		Environmental Science		
		Materials Science		
		Mathematics		
		Physics and Astronomy		
综合交叉学科	Multidisciplinary			

Scopus 数据库拥有一个国际化的公开、透明的第三方选刊委员会，独立负责 Scopus 内容评审和收录。Scopus 数据库内容每天更新，使科研人员能够及时全面地了解当今世界最新的科研成果。

(二) Scopus 的检索

Scopus 提供一站式检索服务，其检索界面简洁、直观。与大多数数据库不一样的是，Scopus 数据库的首页即文献检索界面，如图 6-1 所示，在该界面，同时提供了文献检索、作者检索、归属机构检索和高级检索四种检索方式。

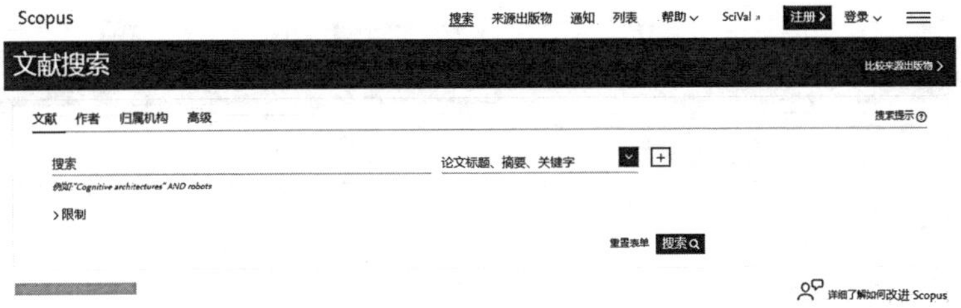

图 6-1 Scopus 文献检索界面

1. Scopus 支持的运算

(1) 布尔逻辑运算符 AND、OR、AND NOT

(2) 通配符 * ? 短语检索和位置算符，同前文 SDOL

2. Scopus 的检索方式

(1) 文献检索

Scopus 的文献检索可以自行添加检索框，在检索框中可以利用布尔逻辑算符构造检索式，Scopus 对收录文献的特征标引详尽，便于用户从不同途径查找所需文献，文献检索提供作者、第一作者、来源出版物名称、论文标题、摘要、关键字、归属机构(归属机构名称、归属城市、归属国家/地区)、资金资助信息(资金赞助者、资金资助的首字母缩写、资金资助编号)、语言、ISSN、CSDEN、DOI、参考文献、会议、化学物质名称、CAS 编号、ORCID 等 17 个字段以及论文标题/摘要/关键字/作者、论文标题/摘要/关键字 2 个联合字段以及所有字段，方便用户全面检索到所需相关文献。

在文献检索界面，用户还可以通过日期范围(出版时间和添加到 Scopus 的时间)、文献类型、访问类型对检索进行限定。

(2) 作者检索

作者检索是 Scopus 的检索特色之一。Scopus 是全球唯一对收录论文按照作者进行自动分组的数据库。Scopus 建立了独特的作者辨识功能(Author ID),将同一位作者的所有著作归集于同一个作者标识符(即学者档案)。通过采用匹配算法将论文自动归入学者档案,再根据反馈对论文进行手工分类,通过使用来自行业机构的反馈主动对算法进行补充,包括开放研究者(Open Researcher)与贡献者身份识别码(Open Researcher and Contributor ID,简称 ORCID)的反馈,以及来自 Scopus 作者反馈团队用于改进学者档案的反馈。因此,在作者检索中,如图 6-2 所示,用户可以通过作者姓氏、作者名字、归属机构和 ORCID 来进行作者检索。

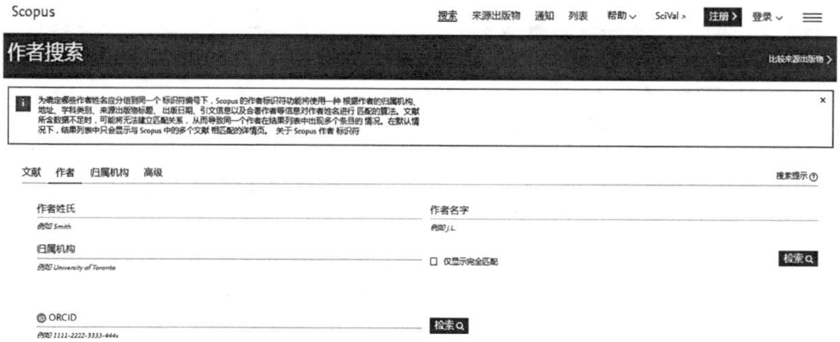

图 6-2　Scopus 作者搜索页面

(3)归属机构检索

归属机构检索也是 Scopus 的特色之一,Scopus 是全球唯一对收录论文按单一归属机构进行自动分组的数据库。这些隶属于同一机构的文献群组被称为机构档案,也是通过采用匹配算法将论文自动归入机构档案,并根据反馈对论文进行手工分类。Scopus 给每个归属机构分配了一个唯一的编号,并将归属于某个组织机构的所有文献分为一组,从而起到了将归属机构区分开来的作用。因此,在归属机构检索中,即使在引用时对组织机构采用了不同的称谓,也依然能将来自同一个组织机构的文献匹配在一处。

如图 6-3 所示,在归属机构搜索时,输入组织机构的名称即可进行检索。单击下方的"按归属机构检索文献",则会打开"文献搜索"的页面,其中显示所输入的归属机构名称,同时还可以选择其他的相关归属机构字段,如"归属城市""归属国家/地区"等,以提高检索的准确性。

(4) 高级检索

Scopus 的高级检索即专业检索,需要输入完整的检索式,在高级搜索页面,提供检索提示、运算符与字段代码,其界面如图 6-4 所示,方便用户迅

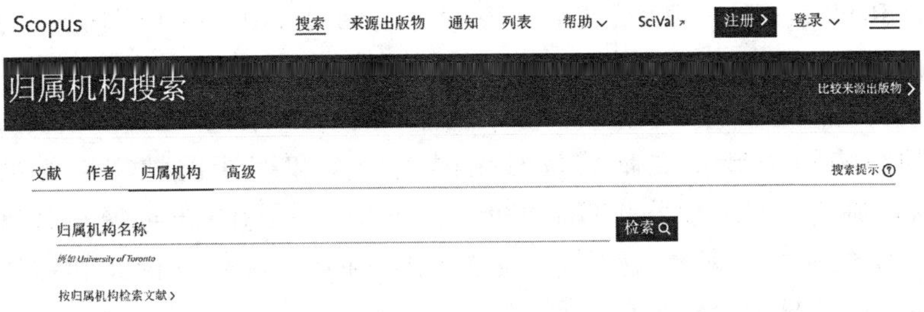

图 6-3　Scopus 归属机构搜索页面

速掌握高级搜索的使用方法。输入检索式字符串时，在高级搜索页面的右侧已经列出所有的字段代码，点击对应字段代码右侧的“+”，即可自动将该字段代码添加到检索框中。输入运算符时，也可以直接点击对应的运算符右侧的“+”，则该运算符会自动添加到检索框中，读者只需输入检索词即可。在高级搜索中，输入检索式后，可以点击检索框下方的“大纲检索式”，将会以大纲的形式展示检索式，以便清晰展示检索式的逻辑关系。点击检索框下方的“添加作者姓名/归属机构”，则会出现作者姓名和归属机构的检索框，帮助提高检索的准确性。

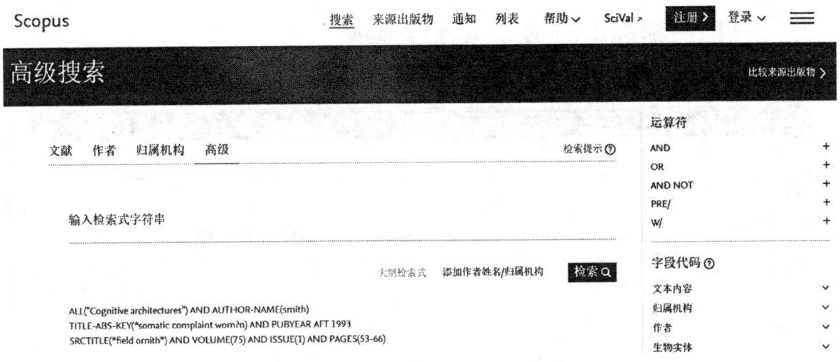

图 6-4　Scopus 高级搜索页面

3. Scopus 的来源出版物

Scopus 的来源出版物页面提供按学科类别、标题、出版商、ISSN 查找来源出版物，其中，学科类别可以按照 Scopus 的 27 个大类和 334 个二级学科进行筛选。

Scopus 的期刊度量标准主要有三个：引用分（Citescore）、期刊标准化指标（Source Normalized Impact per paper，SNIP）、期刊声望指标（SCImago

Journal Rank，SJR）。其中，Citescore 是 Scopus 于 2016 年 12 月公布的衡量期刊影响力的重要指标，其定义为：某期刊前 3 年发布文献在统计当年的篇均引用次数，与影响因子相比，除了统计时间的区别外，还有一个最大的区别，即影响因子计算文献数量时仅限于论文和综述两种文献类型，而 Citescore 则将所有文献类型都计算进去，即影响因子和 Citescore 的计算公式中分母所包含的文献类型不同，影响因子的分母仅包含论文和综述，而 Citescore 的分母则包含所有类型。

期刊标准化指标于 2010 年年初加入 Scopus 期刊分析系统，这是一个篇均来源期刊归一化影响力指数，考虑到了不同学科的特点，可用于比较不同领域的期刊。Scopus 中所有期刊的 SNIP 指标的全球均值为 1。

期刊声望指标是一个基于声誉的指标，其算法与 Google PageRank 类似。这种指标根据引用论文所在期刊的领域、质量与声誉来计算引用文献的引用权重评估引用值，同 SNIP 一样，SJR 也考虑到了不同学科学术行为的区别，可用于比较不同领域的期刊，Scopus 所有期刊的平均 SJR 值也是 1。

如图 6-5 所示，Scopus 来源出版物检索结果页面会直接显示来源出版物名称、Citescore、最高百分位数以及最新 Citescore 值的当年引文数量、近三年的文献数量、被引用比率、SNIP、SJR 和出版商信息。用户可以对检索结果进行筛选，如“仅显示公开访问期刊”、根据 Citescore 最高千分位数来显示等，并可以根据来源出版物类型进行筛选。

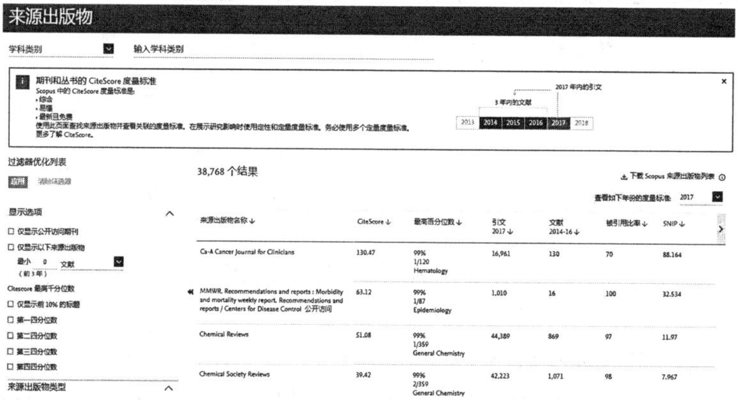

图 6-5 Scopus 来源出版物页面

某一种来源出版物详情页面，会显示来源出版物名称、Scopus 涵盖范围年份、出版商、ISSN 号、学科类别、最新的 Citescore、SJR 和 SNIP，同时显示详细的 Citescore 的计算信息、Citescore 排名趋势和 Scopus 的内容涵盖范围。同时可以直接查看该来源出版物的所有文献，登录账号后可以设置文献通知。

(三) Scopus 检索结果的显示与处理

1. Scopus 文献搜索的检索结果

Scopus 的文献搜索的检索结果页面会直接显示检索式，并可对检索式进行编辑，在登录个人账号后，可以保存检索式、设置通知和 RSS 订阅。除了提供“在结果中搜索”外，还提供多种精简搜索结果的方式，包括访问类型、年份、作者姓名、学科类别、文献类型、来源出版物名称、关键字、归属机构、国家/地区、来源出版物类型、语言等，可以进行范围限制，也可以排除某些类。

检索结果可以根据日期(最新)、日期(升序)、施引文献(最多数量)、施引文献(最少数量)、相关性、第一作者(A-Z)、第一作者(Z-A)、来源出版物(A-Z)、来源出版物(Z-A)排序显示。

对选中的检索结果可以导出、下载、查看引文概览、查看施引文献、添加到列表、查看参考文献、创建题录、打印、发送至邮件等。检索结果有多种导出方法，如图 6-6 所示，包括 Mendeley、RefWorks、RIS 格式/EndNote 等、CSV/Excel、BibTeX、纯文本等，还可以直接导出至 Scival。导出的信息也非常丰富，包括引文信息、题录信息、摘要和关键字、资金资助详情、其他信息等。最多可以将 1000 条记录导出到 Mendeley，其他导出选项可以导出最多 2000 条项目，而在 CSV 文件中最多可以导出 20000 条“仅限引文”格式的记录。

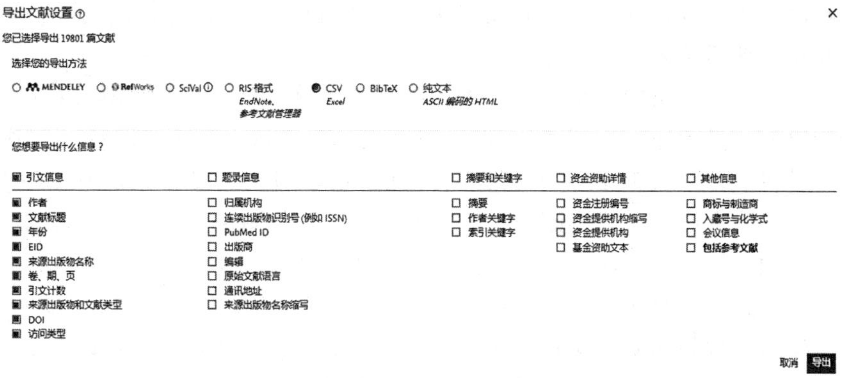

图 6-6 Scopus 的导出文献设置

除了直接查看搜索结果外，还可以查看次要文献(即在参考文献中得到的搜索结果)、专利搜索结果和 Mendeley 的数据等。

Scopus 还可以对检索结果直接进行分析，分析角度有年份、来源出版物、作者、归属机构、国家/地区、文献类型、学科类别等，并以可视化的图表形式直观展现出来，便于读者对检索结果的深入解读。

Scopus 检索结果的全记录信息非常丰富，在检索结果页面会显示文献标题、作者、年份、来源出版物、施引文献数量等信息，可以直接查看摘要和相关文献，而在全记录页面，除了文献标题、作者、来源出版物、年卷期页码、作者机构、摘要、作者关键字、索引关键字、DOI、ISSN、ISBN、文献类型、来源出版物类型、相关文献等详细信息外，还提供参考文献题录信息，提供参考文献的相关链接，以及引用文献的链接，并可以设置引用通知。更值一提的是，在全记录页面，还显示 Scopus 的度量标准，Scopus 的论文度量标准是综合采用了引用影响和网络社交媒体影响的评估论文的一种标准，包括引用次数、领域加权的引用影响、引用基准分析和图表引用，同时还显示 PlumX 度量标准，即在 Scopus 之外的使用情况、抓取、提及、社交媒体和引用。

2. Scopus 的作者检索结果

Scopus 的作者搜索结果页面与文献搜索结果页面有很大的不同。检索结果会显示不同的作者标识符(即学者档案)的作者，检索结果页面的记录会显示作者、文献数量、学科类别、归属机构、城市、国家/地区，可以对选中的作者显示文献、查看引文概览和请求合并作者，对作者的记录，可以根据文献数量(由多到少)、文献数量(由少到多)、作者(A-Z)、作者(Z-A)、归属机构(A-Z)、归属机构(Z-A)、国家/地区(A-Z)、国家/地区(Z-A)排序显示。也可以根据来源出版物名称、归属机构、城市、国家/地区、学科类别精简搜索结果。

当点击某一条检索结果后，即可进入该作者(唯一作者标识符)的学者档案页面，显示作者的归属机构、城市、国家/地区、其他姓名格式、作者ID、学科类别、文献和引用趋势图，可以获取引文通知、添加到 ORCID、请求修改作者详情、关注该作者等，还会显示该作者的 H 指数、文献数量、总引文数，可以分析作者的产出，查看引文概览等。

3. Scopus 的归属机构检索结果

Scopus 的归属机构检索结果页面与作者检索结果页面较为类似，会直接显示归属机构名称中含有检索词的机构，读者可以根据机构名称、城市、国家/地区等信息确认是否为所需的机构，点击机构名称即可进入归属机构的全记录页面。在检索结果全记录页面，会有归属机构详情，包括机构名称、地址、归属机构 ID、其他名称格式、整个机构的文献数量(包含挂靠机构、分校等)、仅限归属机构的文献数量、归属机构作者等，同时提供对归属机构文献的分析功能，可以按学科类别划分的文献、按合作的归属机构和按来源出版物划分的文献来进行分析，并可视化分析结果。

(四) Scopus 的个性化服务

Scopus 提供注册用户的个性化服务，注册登录后，可以保存检索式、保存检索结果、设置检索通知、引文通知等，同时 Scopus 和 Scival 可以通用 Elsevier 凭据登录，登录后，可以将 Scopus 的检索结果直接导出到 Scival。

2024 年，Elsevier 公司推出 Scopus AI，其主要功能包括：精确提炼领域信息、定位领域核心论文、推荐领域专家、强化研究主题的广度。

第四节　Scival

Scival 是 Elsevier 公司于 2014 年推出的研究表现分析工具，能够分析全球科研动态，对比不同研究机构的研究表现，帮助决策者优化研究战略和资金分配。通过 Scival 可以获得全球约 220 个国家和地区，8500 余个研究机构研究表现的客观数据。可以直观展示研究表现，帮助研究者与同行对标、建立合作关系，并支持自由创建研究团队和研究领域，根据各种需要进行分析。

(一) Scival 的数据源

Scival 使用 Scopus 数据库 1996 年之后的内容，以确保在 Scival 里展现的被引频次以连续年份数据为基础。

Scopus 数据库内容每天更新，Scival 数据库内容则每周更新。Scival 采用 Scopus 数据，然后对其进行结构化处理，以优化其对 Scival 指标与功能的支持。因此，Scival 数据的更新程度可能略滞后于 Scopus。

(二) 分析模块

使用 Scival，需要注册和登录，用户名和密码与 Scopus、ScienceDirect 等 Elsevier 产品共享。用户名即为注册的电子邮箱。

Scival 由 Overview、Benchmarking、Collaboration、Trends 四个不同的模块组成，如图 6-7 所示。用户可以根据需要自由选择。Scival 的各个分析模块都提供对分析图表的下载和具体数据的下载功能，数据一般提供 XLS、CSV 格式，此外还提供图片格式下载生成的分析图。

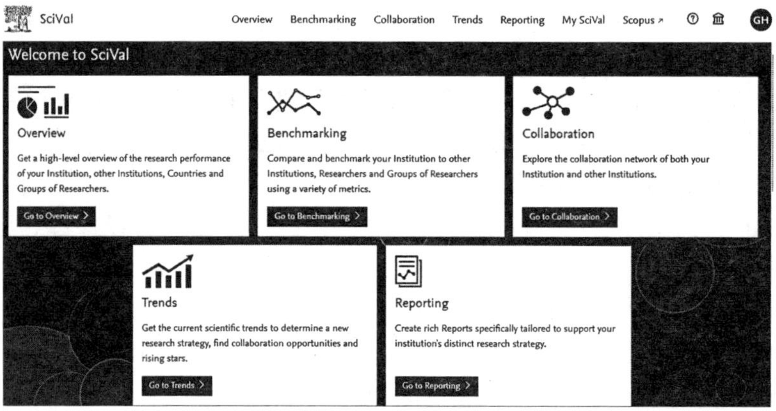

图 6-7 Scival 首页

1. Overview：研究特定机构或研究人员的科研表现细节

在 Overview 模块，用户可以分析研究机构和研究人员的研究表现，了解新的研究主题。

Overview 可以从 5 个模块中选择分析对象：Institutions and Groups、Researchers and Groups、Publication Sets、Countries and Groups、Topics and Research Areas。

在 Overview 中，分析的时间范围选择较为固定，包括 3 年间、3 年间+当年、3 年间+当年以前、5 年间、5 年间+当年、5 年间+当年以前。

Scival 的学科领域分类体系包括 Scopus 的学科领域分类法(All Science Journal Classification，ASJC)包含的 27 个学科领域以及 334 个子领域、QS 分类体系(Quacquarelli Symonds Classification)包含的 6 个学科领域以及 50 个子领域、泰晤士高等教育分类体系(Times Higher Education Classification)包含的 11 个学科领域、REF 2014—Units of assessment (UOAs)包含的 36 个学科领域。

在 Overview 中可以通过以下指标展示所选机构在各个方面的表现：Summary、Viewed、Topics、Cited、Awarded Grants、Economic Impact、Collaboration、Societal Impact、Published、Authors。

Topics。2017 年 Scival 发布了 Topic 功能。对 Scopus 数据库 1996 年至今的约 7500 万文献数据和 10 亿条直接引用链接，参与聚类，形成约 95000 个主题，并根据新指标 Prominence 进行排序。Prominence 是通过文章的被引用次数、浏览和期刊的 citescore 指标，计算出该主题的热门程度和发展势头。

Prominence 与研究资金、资助呈现正相关关系；通过寻找 Prominence 高的主题，可以帮助科研人员及科研管理人员获得更多的基金资助。每个 Topic 的名称由 3 个词组成，前两个词来源于 Elsevier Fingerprint Technology(EFT)技术，第三个词一般是特异性词汇，一般为 Topic 所独有，能更详细地描述 Topic。简言之，Topic 就是具有相同关注点的文献集，Topics 大小不一，新旧程度不一，大多数 Topics 是多学科交叉的，每年会有新的 Topics 产生，但已经存在的 Topic 会一直存在。Topic 的组合指标 Topic Prominence，具体包括近两年发表文章的引用次数、浏览次数和平均的期刊影响力，可以体现主题的显著度，或者发展势头。

在 Overview 中点击“Topics”，可以根据用户选择的研究机构、研究人员及研究领域，显示研究主题。Topics 有两种呈现方式：一种是表格呈现，使用“Table”可以看到用户选择的研究对象的 Topics 及其文献数量、文献占比、FWCI 和 Prominence Percentile；另一种是轮状呈现，使用“Wheel”，可以直观地看到研究主题归属于哪个领域，如图 6-8 所示，外围环形的不同颜色代表不同的一级学科，小圆圈代表一个文献聚合，即一个 Topic，其大小代表集群内的文献数量多少，小圆圈的不同颜色代表不同的学科，小圆圈距离圆心的距离代表其交叉程度和学科构成权重，通常来说，越靠近圆心，学科交叉越显著。

2. Benchmarking：比较多个机构和研究人员的研究表现

Benchmarking 适用于比较多个对象。其分析目标也可以从 5 个模块中选择：Institutions and Groups、Researchers and Groups、Publication Sets、Countries and Groups、Topics and Research Areas。与 Overview 不同的是，在时间设置上，可以自由选定 1996 年至当年年份之间的时间区间进行比较。学科领域则同 Overview 模块一样。

在 Benchmarking 模块，默认值都以图表显示数据，用户可以更改 X 轴、Y 轴以及气泡图的指标。

3. Collaboration：了解机构和机构之间的合作和研究的情况

Collaboration 模块可以基于文章的作者关系掌握合作研究的情况，并将其用于合作研究的战略分析。其分析目标仅限于 Institutions and Groups 和 Countries and Groups，时间和学科领域同 Overview 模块一样。查看时，可以选择查看当前合作和潜在合作，可以通过下拉菜单选择国家/地区，选择作者数量，再选择合作类型(包括所有、学术、商业、政府、医学、其他)。其呈现方式也有两种：一种是地图呈现，使用 Google Map 查看共同作者；另一种是表格呈现，包括：机构名称、文献数量、作者数量以及相关的重要

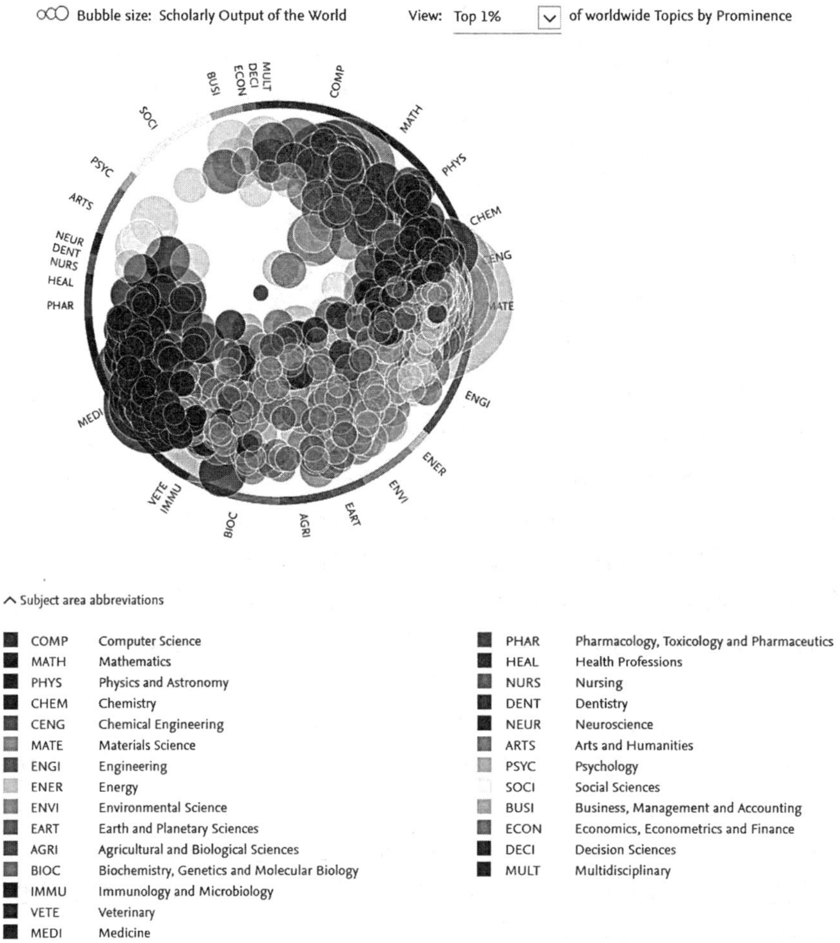

图 6-8 Scopus 的 Topics 轮状呈现图

指标。

4. Trends：掌握研究领域的趋势

Trends 模块通过文献数量、FWCI、合作关系、关键词等多个角度了解研究领域主题或趋势。其分析对象仅限于 Publication Sets 和 Topics and Research Areas。其时间设置和学科领域同 Overview 模块一样。Trends 模块下，可以查阅该研究对象的摘要、机构、国家、作者、期刊、关键词和相关主题的趋势。以摘要为例，可以查看研究对象的文献数量、FWCI、国际合作文献率、影响力、引用数量、Prominence(仅用于主题)、关键词等。

5. Reporting：创建汇整多个页面结果的报告

在 Scival 上述四个分析模块中，每个分析页面都会有一个“+Add to Reporting”选项，点击后，就会出现一条确认信息，表示分析结果已经添加到报告中，将所需的分布在各个模块的分析添加进 Reporting 后，点击上方菜单中的“Reporting”，就可以查看已经添加进入 Reporting 的所有页面，选中相关页面，即可组合形成一份整合了多个分析页面的报告，用户可以编辑、复制、分享、下载该报告，报告中的信息会自动更新到最新的数据。

6. My Scival：创建自己的出版物集合或定义研究领域

除了上述四个模块中提到的直接针对 Scival 已有的分析目标（如 Institutions and Groups、Researchers and Groups、Publication Sets、Countries and Groups、Topics and Research Areas 等）进行分析外，为了适应用户的个性化分析需求，Scival 还提供了“My Scival”的功能，以实现更灵活地创建个性化的出版物集合和分析对象。在上述四个模块各自支持的分析对象中，可以自行添加自定义项目，也可以在 Scopus 中登录后检索，把检索结果直接导入到 Scival 进行分析，Scopus 检索结果导入 Scival，当检索结果大于 1000 条时，需要通过注册邮箱进行确认。

第五节　FirstSearch

联机计算机图书馆中心（Online Computer Library Center，简称 OCLC）创立于 1967 年，是全球最大的不以赢利为目的、维护和管理电子资源系统并提供图书馆服务的会员制合作和研究组织，其宗旨是为广大用户发展对全世界各种信息的应用以及降低获取信息的成本。目前全球有 171 个国家和地区的 72000 多所图书馆都在使用 OCLC 的服务来查询、采集、出借、保存资料以及编目。FirstSearch 是 OCLC 推出的大型综合性的、多学科的数据库系统。有的涉及综合性学科、有的只涉及人文与艺术、传记、商务和经济、教育等类别。

一、FirstSearch 的资源

FirstSearch（第一检索）现称“信息第一站”（已在中国大陆注册），涉及广泛的主题范畴，覆盖所有领域和学科。目前，OCLC FirstSearch Service 提供 80 余个数据库，通过同一个检索界面为用户提供服务。每一个数据库可单独订购。

FirstSearch 基本组包括 13 个数据库（见表 6-3），其中大多是综合性的数

据库，内容涉及艺术和人文科学、商务和经济、会议和会议录、教育、工程和技术、普通科学、生命科学、医学、新闻和时事、公共事务和法律、社会科学等领域。其中最具影响的是这是世界上最大的、由一万多个成员馆参加的联合编目数据库 WorldCat，它包括 11 种资料类型，400 多种语言，覆盖了从公元前 1000 年到现在的资料，目前已达 1 亿多条记录。WilsonSelectPlus 是一个科学、人文、教育和工商方面全文数据库。另外，还有 WorldCat 中所有硕士和博士论文的 WorldCatDissertations 数据库和国际会议论文库 PapersFirst 等。

表 6-3　　**OCLC FirstSearch 的基本组数据库**

数据库名称	简　介
ArticleFirst(+)	OCLC 为登载在期刊目录中的文章所做的索引 16000 多种期刊目次页的文章索引
ClasePeriodica(+)	有关科学和人文领域的拉丁美洲期刊索引
Ebooks	OCLC 为世界各地图书馆的联机电子书所编纂的目录
Electronic Collections Online (ECO)(+)	OCLC 的学术期刊汇编
ERIC(+)	教育方面的期刊文章及报道
GPO	美国的政府出版物
MEDLINE(+)	所有的医学领域，包括牙科和护理学的文献
OAIster	数字资源的联合目录
PapersFirst	OCLC 为在世界各地会议上所发表的论文所编纂的索引
Proceedings	OCLC 为世界各地的会议录所编纂的索引
SCIPIO	艺术及美术图书出售/拍卖目录
WorldCatDissertations(+)	WorldCat 中所有硕士和博士论文的数据库
WorldCat	OCLC 为世界各国图书馆中的图书和其他资料所编纂的目录

注：后面带+号的库能检索到全文。

二、FirstSearch 的检索

登录 FirstSearch 后，可检索所有已订购的数据库，也可选择主题范围，根据系统按主题分类列出的数据库选择其中的一个或几个进行检索，点击每

个数据库右边的“！”可阅读该数据库的详细信息。

支持布尔逻辑算符 AND、OR 和 NOT；短语检索(双引号)，括号，截词检索(＊,？和#)；位置限制检索，其中，N(near)指明两个检索词中的任何一个可先于另一个出现，W(with)指明先键入的词必须先出现，N 或 W 后(1-25)之间的数表示两个词之间允许插入的最多词数。

(一)基本检索(Basic Search)

可检字段有关键词、著者、题名、ISBN、年份，用户可选择一个检索字段，在检索框输入一个或多个检索词；若需检索准确短语，将短语放在引号内。

(二)高级检索(Advanced Search)

使用下拉表构造检索式。屏幕的右方提供了当前数据库可用字段索引的一个下拉式列表，用户可用鼠标直接选择而不必在检索式中键入字段标识符，各个字段之间可以选择布尔算符 AND、OR 和 NOT。不同数据库的可检字段差别较大。

(三)专家检索(Expert Search)

要使用 2 个表示字段的标识符和检索词构成的检索式，如 ti、au、kw 分别代表题名(title)、作者(author)和关键词(keyword)字段。例如：ti = modern information retrieval。

第六节　Gale 数据库检索系统

Cengage Learning 旗下的 Gale 出版集团因出版了大量颇具权威性的参考工具、报纸和杂志而为世人所知，Gale 的产品包括联机数据库、印本书、电子书和缩微制品多种形式。

目前 Gale 提供 200 多个联机数据库的服务，这些数据库可分为两类：一类收录特定专题的文献信息，数据量不断增加，定期更新，例如国内图书馆订购较多的“传记资源中心”(Biography Resource Center)和“文学资源中心”(Literature Resource Center)等；另一类是对世界上一些著名图书馆所珍藏的历史文献数字化后建成的数据库，即“数字馆藏”(Digital Collections)，共 30 个数据库，包括常用的数据库“18 世纪馆藏”(Eighteenth Century Collections，ECC)和“时代数字档案”(The Times Digital Archive)。

Gale 数据库包含较多的多媒体资源，因此部分记录不仅有文本信息，还包含图片、视频和音频数据，如 Gale 原始典藏档案(Archives Unbound)含有大量图片。

一、Gale 数据库的检索

目前访问 Gale 数据库可能要使用两个平台。在经典的 InfoTrac 平台上对所有数据库的单库检索；在 2002 年问世的 PowerSearch 平台对其兼容的约 60 个数据库的全部或部分做同结构跨库检索，或以"OneSearch"检索方式对 Gale 的所有数据库做异构跨库检索。这里仅介绍 PowerSearch 检索平台。

(一)检索方式

该平台支持对 Gale 的 2 万多种出版物的浏览，提供 5 种检索方式。

1. 基本检索(Basic Search)

在 Find 检索框中键入检索词，选择检索字段，并根据需要将检索限为有全文、同行评议和(或)有图像的文献。可检索字段有：主题(Subject)、关键词(Keyword)和整个文献(Entire Document)。

2. 主题词浏览(Browse Subjects)

当检索者对学科、人物、事件、法律、产品、地点和机构等主题词的拼写不太有把握时，可以按字顺或键入前几个字母的方式通过浏览备选主题词，或者利用 Subject Guide 选择一个主题词的下位主题(当主题词前面标有加号时)或相关主题，从而确定最恰当的检索主题词。

3. 出版物浏览(Browse Publication)

可以浏览有全文的文献和/或同行评议的出版物，并可以用阅读对象(学术、儿童、学龄前、小学以上儿童、普通读者、专家或经贸人员)、出版物类型、出版物主题、出版国家和出版物原文语种缩小浏览范围。

4. 高级检索(Advanced Search)

可以选择一个或多个检索字段进行逻辑组配，检索字段包括关键词、全文、主题*、文摘、著者*、商标、公司名称、文献号、文献标题、ISBN、ISSN、期刊期号、名著名称、人名、地名、出版国、出版物语种、文献类型、此次登录后已执行的某项检索*、出版时间、出版物名称*、出版者*、起始页码、卷号、文献总字数，其中标有星号的 5 个检索字段提供索引文档。

当需要使用 3 个以上检索字段时，用"Add a Row"增加检索字段。

可对检索结果进行多项限定：①限定检索结果为全文文献、同行评议出版物和(或)有图像的文献；②限定文献为概要、自传、案例研究、舞蹈艺术评论等 100 多种类型中的一种；③限定文献出版时间为某个时间段、某一天、某个日期之前(后)或者所有时间；④出版物名称；⑤出版物主题领域；⑥Lexile 阅读分级。其中④和⑤可利用索引文档浏览。

5. 异构跨库检索(One Search)

用关键词对所在机构订购的所有 Gale 数据库同时进行异构检索，包括那些因数据库结构不同而尚不能在 PowerSearch 平台实现同结构跨库检索的数据库。如果图书馆做了适当配置，检索者还可以用同一个检索式实现对 Gale 数据库和第三方数据库(包括免费网络资源)的异构跨库检索。

(二)检索规则与检索算符

除 OneSearch 之外，PowerSearch 平台上的其他检索方式都支持逻辑算符、位置算符和截词符，以及下面论及的检索规则。OneSearch 检索方式仅支持其中的部分算符和规则。

支持逻辑算符“与”(AND)、“或”(OR)和“非”(NOT)；用“”表示短语检索；不区分字母的大小写；有一些禁用词(Stop Words)；截词符有：星号(＊)、问号(?)和惊叹号(!)，三者均可用在单词末尾或单词中间。星号代表 0 个或多个字符，含有星号的单词中至少需有 3 个确定的字符；问号代表 1 个字符，一个单词中可以使用多个问号；惊叹号代表 0 个或 1 个字符。该平台有 2 个特色运算符：

1. 位置算符(Proximity Operators)

通常两个检索词在记录中距离越近，说明两者之间关系越密切。因此可以用位置算符规定其相连接的两个检索词出现在记录中时的位置关系小于某个距离。

位置算符有两种，都由 1 个字母和 1 个数字构成——“Wn”和“Nn”。

“Wn”规定其前后的两个词之间的间隔小于 n 个单词，且算符前面的单词一定出现在前面。例如 shared W2 values，可以检出含有“shared civic values”的记录，但“shared ideas and values”和“values they shared”则都不符合检索要求。

“Nn”规定其前后的两个词之间的间隔小于 n 个单词，但前后顺序不做限定。例如 memory N5 repressed。

注意，此处的位置算符只能用于字段内容为单词的检索字段，且不能用它连接带有括号的检索词，例如 fleas N10 (dogs OR cats)是无效表达式。

2. 范围算符(Range Operators)

当使用数值或日期检索时可以用范围算符。

(1)“since”“after”“gt”或“>”

将检索限定在算符后面标出的时间之后至今，例如，检索 1999 年 2 月 28 日以后出版的文献，可以用 since 28 feb 1999。

(2)“ge”

将检索限定在算符后面标出的时间直至当今。

(3)“before”“lt”或“<”

将检索限定在算符后面标出的时间之前，例如用 before 5/8/1998，检索1998 年 5 月 8 日之前出版的文献。

(4)“le”

将检索限定在算符后面标出的时间及之前。

(5)“to”“-”

用于规定数值的上限和下限。例如用 jan 10-jan 17 检索当年 1 月 10 日至 17 日之间出版的文献。

为方便记忆，出版日期最好使用“yyyymmdd”的形式，当没有具体月号或日号时，分别用两个 0 补足，例如“19990300”，“19980000”。

二、检索结果的显示与处理

检索结果按出版类型聚类，包括杂志、学术期刊、新闻、图书、多媒体资源，因此可分别查看各出版类型的文献记录。

More Results 标签下列出对 PowerSearch 不兼容的 Gale 数据库和第三方数据库的异构跨库检索结果。

第七节　ProQuest 系列数据库平台

ProQuest 公司已有超过 70 年的历史。ProQuest 系列数据库平台①是 ProQuest Information and Learning 公司(原名 UMI 公司)提供的汇集多个数据库的多文献类型、跨学科的信息服务集成平台，这些数据库涉及商业经济、艺术人文、科学技术、健康医学、社会科学、文学语言等广泛领域，包含了期刊、学位论文、报纸、音视频等多种文献类型，涉及多种全文及文摘索引数据库，尤其值得一提的是著名商业经济数据库 ABI 和全球最大的学位论文数据库 PQDT，还有原 CSA 平台上移过来的丰富的特色专业数据库。ProQuest 平台的资源可以通过 Summon、OCLC、WorldCat、ExLibris Primo Central、PubMed 以及 Google Scholar 来获取。此外，ProQuest 用户还可以在 ProQuest 平台一键发现电子书资源②。该平台的主要特点是将二次文献和一

① ProQuest[EB/OL]. [2024-08-20]. https://search.proquest.com/databases

② ProQuest 平台简介[EB/OL]. [2024-08-20]. http://china.pq.libguides.com/proquestplatform

次文献“捆绑”在一起，为最终用户提供文献获取的一体化服务。

一、ProQuest 的数据库资源

ProQuest 数据库平台包含的子库众多，这里仅介绍几个主要的数据库。

1. ProQuest 综合学术期刊数据库

ProQuest 综合学术期刊数据库(ProQuest Research Library，PRL)是世界知名的综合性全文期刊数据库，收录 1971 年以来逾 6600 种世界各地出版的综合学科领域的出版物，包括 5000 多种全文刊、2800 多种全文现刊，1200 多种 SSCI 期刊，4600 多种同行评议期刊；其内容覆盖全学科领域，包括商学、经济学、教育学、文学、历史学、科学与技术、医学、军事学、艺术学等超过 150 个重要的学科。PRL 独特之处还在于，它不仅为读者提供各研究领域的权威性学术期刊内容，还提供行业杂志、白宫简讯(White House Briefings)、白宫新闻通讯(White House Press Releases)、全球知名报纸、各类研究报告、博客等多元化的资源①。

2. 典藏学术期刊全文数据库

典藏学术期刊全文数据库(Periodicals Archive Online，PAO)提供世界范围内人文社科类权威期刊的回溯性内容全文，收录年限为 1802 年以来，该数据库共 7 个专辑，目前收录 700 多种全文期刊，其中有超过 20%为非英文期刊，其收录的期刊几乎全部可回溯至期刊的创刊号，使得用户可以检索来自众多出版商的期刊的完整回溯性数据。

3. 心理学数据库

ProQuest 平台上的重要心理学数据库主要包括：

(1)心理学全文期刊数据库(PsycARTICLES)，收录由美国心理学协会(American Psychological Association)、美国心理学会教育出版基金会(APA Educational Publishing Foundation)、加拿大心理学协会(Canadian Psychological Association)、欧洲心理学出版机构 Hogrefe & Huber 出版社与国家心理卫生研究院(National Institute of Mental Health)共同出版的 140 种心理学核心期刊，其中大部分可回溯至第 1 卷第 1 期，最早的期刊是从 1894 年起收录的 *Psychological Review*。该数据库收录印本期刊(除广告与编委会外)的全部信息，现提供超过 15 万篇全文。文献内容涵盖临床心理学、咨询普通心理学、认知心理学、普通心理学、实验心理学、发展心理学、儿童心理

① https：//www. proquest. com/APAC-CN/cn-products-services/[EB/OL]. [2019-08-20].

学、教育心理学、学校心理学、社会心理学、人格心理学、工业组织心理学、生理心理学、生物心理学、社区心理学、康复心理学等研究领域。

(2)心理学文摘索引数据库(PsycINFO)，美国心理学协会出版的著名文摘索引数据库，收录1597年以来50多个国家和地区，29种语言，500多种心理学领域的期刊，99%同行评审期刊，300多万条文献记录，其中12%为心理学相关的博士论文文摘，还包含110多万篇期刊、书与汇编文章中的4800多万引用文献信息。该数据库从1967年以来的全部记录按照"心理学主题词表"(Thesaurus of Psychological Index Terms)进行主题标引。文献内容涵盖临床心理学、咨询普通心理学、认知心理学、普通心理学、实验心理学、发展心理学、儿童心理学、教育心理学、学校心理学、社会心理学、人格心理学、工业组织心理学、生理心理学、生物心理学、社区心理学、康复心理学等研究领域。

(3)心理学数据库(Psychology Database)为科研人员、学生、教师以及医疗保健及社会保障专业人士提供全面的心理学理论与实践方面的全文文献，收录世界著名出版商出版的心理学与心身学领域超过1200种优质出版物，全文出版物800多种，全球心理学领域逾7000篇博硕论文全文，由美国国家卫生研究院的专业老师讲授的300多部心理学视频，逾100万条深度索引的图形、图像和图标文献。该库收录的文献类型广泛，包含学术期刊、行业杂志、博硕士论文、音视频短片、会议论文及研究手稿等；文献内容涵盖临床心理学、社会心理学、遗传学、商业心理学、经济心理学、传播心理学、犯罪学、成瘾、神经病学及社会福利等学科领域。

(4)创伤压力国际出版物数据库(PILOTS Database)，是书目型数据库，由美国退伍军人署资助、美国创伤后压力心理障碍国家中心总部制作，收录创伤有关的国际出版物，其目标是收录创伤后障碍与其他由创伤所造成的心理健康后遗症方面出版物的引文信息，收录文献上没有领域、语种、地理的限制，收录时间从1871年至今。

4. 商业与经济学数据库

ProQuest平台上重要的商业与经济学数据库包括：

(1)ABI/INFORM Collection(ABI)，是ProQuest公司开发的世界著名的全文数据库，收录1971年以来全球1000多家商业出版社、学协会出版社与大学出版社逾8600种商业及经济管理领域的学术期刊、商业杂志、财经报纸、研究手稿、博硕士论文、市场研究报告、行业研究报告、商业案例、国际知名公司的商业信息等多元化的资源，内容覆盖会计、银行、商业、计算机、经济、能源、工程、环境、金融、国际贸易、保险、法律、管理、市场、税收与电信等主题；其中，全文刊 7200 多种，占 83%；全文现刊，3600 多种，占 42%；SSCI 核心刊 900 多种。

(2)Business Market Research Collection，该库提供世界范围内有关企业、行业、地缘政治与宏观经济等领域的市场研究信息，文献来源于 Hoover's Company Profiles、OxResearch、Barnes Reports 及 Snapshots Series reports 等信息源。其中，Hoover's Company Profiles 提供全球逾 4 万家企业、600 个行业及 22.5 万位全球著名企业高管的信息；OxResearch 提供源自牛津大学等世界著名高校超过 1000 位学者组成的智库提供的有关全球重要的政治经济发展状况研究分析；Barnes Reports 提供全球行业数据分析、各国、各地区人口统计数据分析的信息，内容涵盖制造业、批发与零售业、服务业、消费者购买趋势及经济预测等研究领域；Snapshots Series reports 提供精准的商业资讯，包含市场规模、市场细分、市场份额、市场预测，以及源自 Economist Intelligence Unit 的社会经济领域的数据。文献内容涵盖世界经济、政治发展、市场规模、市场预测、社会经济数据、公司概况、竞争对手、企业高管等方面。

(3)EconLit，由美国经济协会出版，收录 1969 年以来世界范围内经济学及相关学科领域文献的书目记录，共计逾 158 万条记录，涵盖经济学理论研究与实践方面的全面信息，它是《经济学文献》(*Journal of Economic Literature*，JEL)的延伸版本。EconLit 收录的文献范围广泛，包括学术期刊、图书、书评、学位论文及研究手稿等，其主题覆盖农业经济学和自然资源经济学、企业管理和业务、国家研究、经济发展、技术变革和经济增长、经济史、金融经济学、一般经济学和教学、健康、教育和福利、产业组织、国际经济学、劳工和人口经济学、法律和经济学、宏观经济学和货币经济学、微观经济学、数学和定量方法、经济思想方法和经济思想史、公共经济学、城市经济 、农村经济 和区域经济等领域。每月更新，是查找全球经济学信息的重要资源。

5. 科学与技术(SciTech Premium Collection)

该库包含自然科学学科专辑数据库(Natural Science Collection)与技术学科专辑数据库(Technology Collection)两大学科专辑数据库的全文文献与题录信息，收录 1946 年以来世界范围内自然科学与技术领域逾 1.1 万种出版物，超过 1.25 亿条文献记录；收录的文献类型广泛，包含学术期刊、行业杂志、技术报告、书籍、会议论文及政府出版物等；文献内容涵盖高等技术、大气科学、环境科学、航空航天、生物科学、工程学、农业科学、计算机科学、地球科学等学科领域。含 3 个子库，每个子库下又包含若干个学科的全文或对应数据库。

(1)自然科学专辑数据库(Natural Science Collection)(1946年至今),如农业、环境科学、生物学、地球科学、大气与水利学、渔业、气象学与天体物理学等。

(2)技术全文资源专辑(Technology Collection),涵盖广泛的学术文章,配备受控词表功能。Technology Collection 数据库包含以下两个主要的数据库:

Advanced Technologies & Aerospace Database(高科技与航空航天期刊全文数据库,1890年至今):包含著名的航空航天数据库,提供从全球学术期刊、商业和行业期刊、杂志、技术报告、会议论文、政府出版物和更多资料收录的全文出版物。

Materials Science & Engineering Database(材料学与工程学期刊全文数据库,1900年至今):索引世界上最重要的材料科学和工程文献,将它们与众多全文内容(学术期刊、行业期刊、杂志、技术报告、会议论文、政府出版物等其他资料)精妙结合。

(3)美国政府报告题录数据库。

美国政府报告题录数据库(National Technical Information Service, NTIS)是美国目前最大的政府信息文献中心,全面收集由政府资助立项的科学、技术、工程及商业信息。收录1964年以来美国国防部、能源部、内务部、宇航局、环境保护局、国家标准局等国家、州及地方政府部门立项研究完成的项目报告,少量收录世界各国(如加拿大、法国、日本、芬兰、英国、瑞典、澳大利亚、荷兰、意大利)和国际组织的科学研究报告、期刊文献、数据集、计算机程序以及音视频文献,包括项目进展过程中所做的初期报告、中期报告和最终报告等,能够及时反映科技的最新进展。文献内容涵盖经营与管理、航空学与空气动力学、农学、行为学与社会学、商业、化学、传媒、计算机科学、教育、能源、工程学、环境科学、卫生规划、国际贸易、图书馆与信息科学、材料科学、数学、医学、军事科学、自然文献与地球科学、核科学、物理学、研究管理、技术、电信学、运输等学科领域。每周更新,新增约3500条数据。

6. 学位论文数据库

学位论文数据库(ProQuest Dissertations and Theses, PQDT)是目前世界上规模最大、使用最广泛的学位论文数据库,特别是北美高等院校博硕论文的核心文献,收录1743年至今全球超过3000所高校、科研机构逾448万篇博硕论文的题录信息,内容覆盖科学、工程学、经济与管理科学、健康与医学、历史学、人文及社会科学等各个领域。PQDT包括2个专题专辑,

ProQuest Dissertations and Theses Global A&I：The Humanities and Social Sciences Collection 人文和社会科学专辑，ProQuest Dissertations and Theses Global A&I：The Sciences and Engineering Collection 科学和工程学专辑。每周更新，年增论文逾 13 万篇。目前，ProQuest 数据库和中国高等教育文献保障系统(CALIS)合作，收录了来自中国研究机构及大学的 40 万篇论文的英文索引，并且在不断增加中。该库多数论文的前 24 页可以免费预览。

二、ProQuest 平台的检索功能

ProQuest 平台汇集了多个数据库，可以实现一站式跨库检索，因此，在 ProQuest 平台进行检索之前，首先需要选择数据库，确定单库检索或者多库检索，如图 6-9 所示，用户可以按名称直接查看平台上的所有数据库，也可以按主题查看相关主题的数据库。ProQuest 平台提供了健康与医学、科学与技术、历史、商业、社会科学、文学与语言、学位论文、艺术等主题查看数据库。除了可以通过勾选框选择要检索的数据库外，还可以直接链接到 ProQuest 的 Ebook Central。

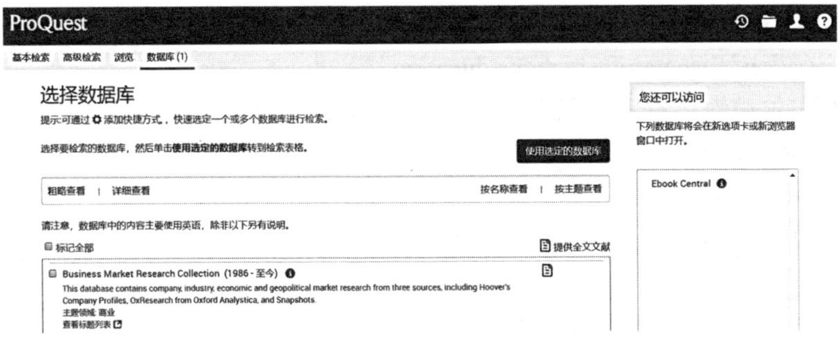

图 6-9　ProQuest 平台选择数据库页面

(一) 支持的运算

1. 布尔逻辑算符

布尔逻辑运算符 AND、OR、NOT 可用于组配检索词，从而扩大或缩小检索范围。布尔逻辑运算符不区分大小写。运算符的优先顺序为：AND，OR，NOT。使用括号可以改写运算符优先级，括号内的表达式优先执行。

2. 截词符、替代符和连接符

截词符 * 用于替代一个或多个字符，或不出现字符，可以用在前截断、后截断、中间截断。

替代符?用于单个字符替代，可以用在词间或词后。

连接符表示数字间的关系，比如出版日期，例如：YR(2005-2008)

3. 短语检索

利用双引号“”进行短语检索。

4. 词间位置算符

ProQuest 平台支持的位置算符为：

NEAR/#或 n/#，表示查找两个检索词间最多可以出现多少个数量词(任意顺序)的文档。#是具体间隔词的数字，例如：computer NEAR/3 careers，表示 2 个词间最多可以插入 3 个词，或一个没有，两个词没有限定先后顺序；如果不写具体数字，等同于 NEAR/4。

PRE/#或 p/#，表示查找两个检索词间最多可以出现多少个数量词(有先后顺序)且前后顺序不变的文档。#是具体间隔词的数字，例如：computer PRE/3 careers，表示 2 个词间最多可以存在 3 个词，或一个没有，computer 需要排在前面；如果不写具体数字，等同于 PRE /4。

EXACT 或 .e，用在特定字段上检索，例如主题词，EXACT 表示精确匹配，而不允许作为一个词组的一部分进行检索，例如：EXACT(“higher education”) 将仅检索“higher education”，不检索“higher education administration”“women in higher education”等。

在布尔逻辑算符和位置算符同时出现时，其优先顺序为 PRE，NEAR，AND，OR，NOT。

5. 其他检索提示

如果检索词之间没有运算符，那么将按照逻辑“与”(AND)对所有检索词进行运算。

可以在检索策略中同时使用各种检索算符、截词符、替代符。

如果不选择具体的检索字段，那么默认检索所有字段(含全文)All fields + text，管理员可以在管理平台修改设定，个人用户创建了个人账户 My Research，也可以修改。

检索不同拼写形式的词，检索系统可以识别不同词在英式英语和美式英语间的不同拼写方式，例如 humor 和 humour；或是早期英语和现代英语不同拼写方式，例如 sing 和 syng。

词形还原，检索系统可以识别和匹配词的不同语法格式，例如单复数、形容词，例如检索 mouse 将同时检索 mice；检索 tall 将同时检索 tallest。如果在检索式中不希望使用词形还原，那么可以在检索词间使用双引号“”。

（二）检索方式

ProQuest 平台提供基本检索、高级检索、命令行检索、出版物检索和浏览的功能，选中需要检索的数据库后，点击“使用选定的数据库”，即可进入检索页面：

1. 基本检索

ProQuest 平台的检索页面默认为基本检索，如图 6-10 所示。基本检索会因为选择数据库的不同而有所不同，但主要功能是一致的。

在检索框中输入检索词即可进行检索，检索框上方可以选择检索资源类型，下方可以限定“全文文献”或“同行评审”，没有检索字段选项，用户可以自行在检索框中按照 ProQuest 支持的运算符和字段代码进行检索，需要注意的是，不同数据库支持的字段代码不一样，需要根据选择的数据库来使用相对应的字段代码。页面下方有检索技巧提示、视频教程和帮助文档。

图 6-10　ProQuest 基本检索界面

2. 高级检索

ProQuest 高级检索页面提供多行检索框的组合检索，如图 6-11 所示。高级检索提供所有字段、出版物名称、所有主题和索引、主题词、文档标题、文档全文、作者、摘要、参考文献的检索字段，用户可以自行添加检索框，并使用布尔逻辑算符，除了和基本检索一样可以限定“全文文献”、“同行评审”外，还可以限定出版日期、出版物类型、文档类型、语言，同时可以设置检索结果页面选项，如检索结果排序方式（相关性、先远后近、先近后远）、每页显示条目数、是否包括重复条目、是否显示其他检索词等。

在高级检索页面，可以直接跳转到命令行检索、近期检索、词库、字段代码等页面。命令行检索详见下文。近期检索即可以查看检索历史，ProQuest 会记录用户在当前会话过程中的每次检索，检索历史就在近期检索的页面上显示，登录个人账号后，可以保存至“我的检索”账户中，也可以创建检索定期提醒。此外，除了可以查看检索历史以外，每次检索的结果都被赋予一个集合号，如 S1、S2、S3 等，默认情况下，检索按时间降序排序，可以运用布尔逻辑算符(AND、OR、NOT)对检索结果集合进行合并检索并重新运行检索。可以对近期检索进行保存、删除、修改、创建提醒、创建 RSS 订阅，并可以导出为 RTF、PDF、HTML 和文本格式。

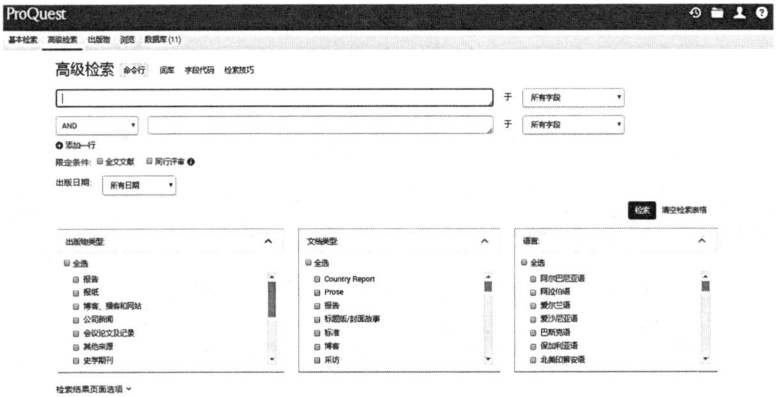

图 6-11　ProQuest 高级检索界面

词库是在单个数据库中有关所有主题词的一个按字母顺序的列表，用于对该数据库的信息进行分类和组织。词库显示术语(如同义词或相关词)和层次排列(如广义词或狭义词)之间的关系。同时还为许多主题提供了范围注解。大多数 ProQuest 数据库均拥有相关的词库(也称为主题词的控制性词汇表)，如 PILOTS Thesaurus、ProQuest Thesaurus、PsycINFO 2015 Thesaurus 等。点击高级检索页面上方的“词库”，即可进入词库的检索页面，如图 6-12 所示，在词库中检索词语或者浏览词语，然后可以点击检索词后面的备注标识，查看检索词的相关词、同义词、替代词，也可以查看检索词的拓宽检索词、缩小检索词等，再查看其相关词，勾选用户所需的检索词，可以直接使用布尔逻辑算符(AND、OR、NOT)添加至检索框中，添加至检索条后，词库窗口关闭。需要注意的是，很多词库都是特定数据库词库，因此使用词库时的检索结果可能会限定于这些数据库中。

ProQuest 平台提供通用字段代码和一些独特字段代码，可以在基本检索、高级检索和命令行检索中使用，需要注意的是，某些独特字段代码仅返回某些数据库的结果。

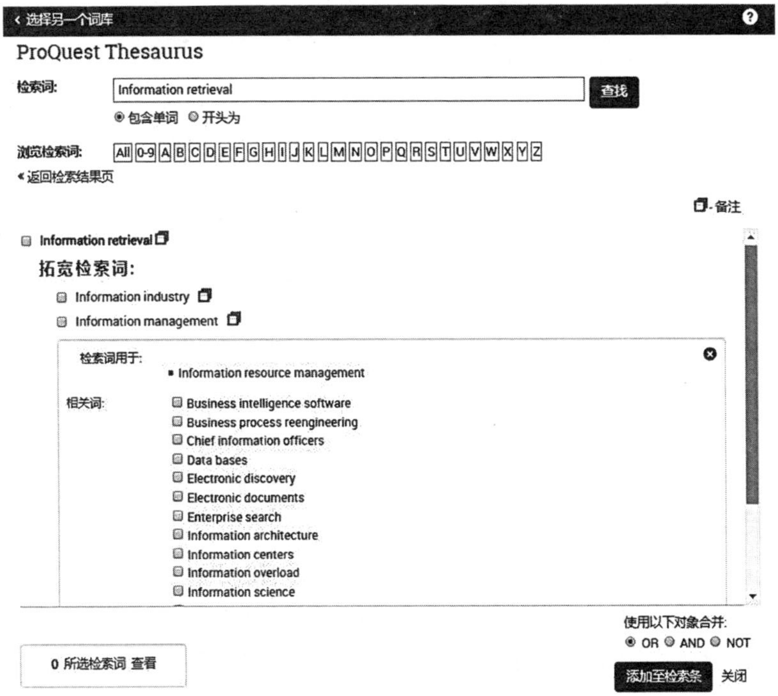

图 6-12　ProQuest 词库检索实例

3. 命令行检索

ProQuest 的命令行检索类似专业检索，如图 6-13 所示，用户可以在检索框上方选择运算符和字段，然后点击"添加到表格"，就可以构造专业检索式进行检索，检索限定选项同基本检索相似。检索框右侧提供词库、查找条目、字段代码、命令行帮助和提示等检索工具。

4. 出版物检索

出版物检索即在所选数据库中检索和浏览全文文献出版物，可以直接在检索框中输入检索词检索出版物，提供标题中、标题开头为、出版物摘要中、主题中的检索选项，出版物检索也支持运算符、通配符和截词符检索。检索框下方则按出版物名称排序列出当前选定数据库中的所有全文文献，用户可以按首字母浏览，也可以按左侧的筛选栏，根据出版物类型、出版物主

图 6-13　ProQuest 命令行检索界面

题、语言、出版商和数据库来筛选出版物。

5. 浏览

除了检索以外，某些 ProQuest 数据库还能以查找内容的方式进行浏览。浏览体验可能会因数据库产品和内容性质的不同而异。在 ProQuest 中浏览体验的一些示例包括：

题目浏览—浏览以编辑形式定义的题目和子题目表示形式，例如 ProQuest Nursing 和 Allied Health Source 中的“研究路径”；

主题浏览—浏览以编辑形式定义的主题词目录，例如 ABI/INFORM Complete；

特定内容浏览—例如 ABI/INFORM Complete 中的“行业及市场研究”。

（三）检索结果的显示与处理

检索结果页面上方有一个检索框，检索框中会显示当前检索式，用户可以直接在检索框中修改检索。除了显示当前检索结果外，还可以通过点击“Find ebooks for your search”查找与当前检索相关的电子图书检索结果。用户可以选择相关性、先远后近、先近后远排序，可以限定全文文献或同行评审，还可以通过出版物类型、出版日期、主题、文档类型、语言、出版物名称、地点、数据库、人名、公司/组织等角度筛选检索结果。检索结果页面的每一条记录会显示题名、文献类型、作者、来源出版物、年卷期和页码信息，对检索词会高亮显示，用户可以预览详细题录信息、直接查看摘要/索引、全文和下载 PDF 格式全文，勾选记录后，可以对选中的记录进行引用、电子邮件、打印、导出，并提供 RefWorks、EasyBib、HTML、PDF、RIS、

RTF、文本和 XLS 格式的导出，登录个人账号后，可以保存检索/提醒或保存记录。

对某一条的具体记录，会显示该文献的题名、作者、来源出版物、作者机构、出版商、年卷期页码、摘要等详细信息，还会推送相关条目、使用索引词检索、Ebook Central e-books 相关图书等信息。

三、ProQuest 平台的个性化功能

ProQuest 平台提供创建“我的检索”个人账户，登录后，可以保存、管理和组织在 ProQuest 中发现和创建的内容与辅助材料，用户可以在“我的检索”中添加文档、检索、检索提醒和 RSS 订阅等内容。

◎ 思考题

1. 查找武汉大学信息管理学院的师生 2020 年以来发表在 JASIST 的论文数量及被引次数最高的一篇论文的作者。

2. 查找 Spink A 教授 2006 年发表在 *Information Processing & Management* 上的题名为“How are we searching the World Wide Web? A comparison of nine search engine transaction logs”的论文的被引用次数。

3. 查找在图书馆学与信息科学学科中，发表“信息检索”论文排名前 10 名的作者及核心研究机构。

4. 如何查找某学科有哪些三大引文索引源刊物？

5. 利用 In Clies 解决一个研究绩效评估的问题。

6. 某领域 2020 年以来有哪些 ESI 高被引论文？

7. 利用 Elsevier SDOL 全文电子期刊数据库检索 Noraliza Hamzah 等的论文“A new approach to locate the voltage sag source using real current component”的有关信息。要求：简述检索过程与检索式；这篇文章发表在什么期刊？请给出此期刊的名称及具体的年、卷、期；可以获得全文否？请给出这篇文章的参考文献的数量。

8. 简要介绍 Scopus 数据库的资源特色。

9. Scopus 有哪些检索方式？其支持的运算符有哪些？

10. 在 Scopus 数据库中查看“Chemistry”学科的期刊，并按 Cite Score 降序排列，查看前三名期刊是哪些，其 Cite Score 各是多少？

11. 利用 Scopus 检索清华大学“物理学和天文学”的文献，并将文献导

入 Scival 数据库中，对其合作研究、发文量、引用、作者、机构、关键词等情况进行分析，查看其词云。

12. 利用 OCLC Worldcat 查找 2020 年以来出版的关于“智慧图书馆”的图书有多少种？最新一种的题名与作者是什么？国内有多少所图书馆收藏？你所在的图书馆是否有收藏？若没有，可通过你所在地的哪些图书馆进行馆际互借？

13. 在 Gale PowerSearch 平台上，位置限制检索的方法有哪些？各代表什么含义？

14. 利用 Gale Archives Unbound，查找毛泽东 1952 年的图片。

15. ProQuest 平台主要有哪些数据库？其资源在学科、文献类型方面有哪些特点？

16. ProQuest 有哪些检索方式？其支持的运算符有哪些？

17. ProQuest 词库检索在哪里可以找到？其检索结果勾选后可以怎样合并添加到检索框中？

18. 在 ProQuest 中，如果在题名字段检索“child”和在题名字段检索“child or children”，检索结果是否一样？

第七章 国外专业性书目信息检索系统

第七章导学视频　　第七章授课 PPT

专业书目信息源指收录某一专业或若干相关专业的信息资源，本章以检索系统或数据库为对象，简要介绍在国际上有广泛影响，且国内高校普遍使用的信息资源。为节省篇幅，个性化服务、检索历史调用、检索式保存等具有共性的内容不在每个检索系统中分别介绍。

第一节 化学与医学文献检索系统(SciFinder)

SciFinder 是美国化学文摘社(Chemical Abstracts Services，简称 CAS)推出的基于网络的文献检索系统。SciFinder 通过 CAS SciFinder Discovery Platform (Academic)平台提供服务，确保研究人员及时同步全球重要的研究进展。该平台涵盖 180 多个国家、50 多种语言出版的文献及 64 家专利授权机构的专利，覆盖了多学科、跨学科的科技信息，如化学、生物、医药、材料、食品、应用化学、化学工程、农学、高分子、物理等；收录的文献类型包括期刊、专利、会议论文、学位论文、图书、技术报告、评论、预印本和网络资源等。

一、SciFinder 的资源

CAS SciFinder Discovery Platform(Academic) 集成以下三个解决方案：新

一代的 SciFinder 平台 CAS SciFinder^n、分析方法解决方案 CAS Analytical Methods 以及配方(制剂)解决方案 CAS Formulus。

1. CAS SciFinder^n

CAS SciFinder^{n}涵盖 5900 万化学及相关学科文献、2.04 亿化学物质、1.5 亿化学反应、139 万来自专利的马库什结构、7.2 亿生物序列、化学品商业信息及管控信息，最早回溯至 1840 年。CAS SciFinder^{n}可用于基金申请的文献准备、为新课题制定实验计划、寻求学术合作者、进行逆合成分析以及更多其他的教学和科研活动。

2. CAS Analytical Methods

CAS Analytical Methods 涵盖来自期刊中的化学分析方法，提供检索和对比功能，可快速获得能直接在实验室操作的分析方法。可为法医学、食品科学、农学、制药、环境等学科的教学和实验提供帮助。

3. CAS Formulus

CAS Formulus 是一个集成配方(制剂)数据与工作流程的解决方案。涵盖制药、化妆品、食品、农化、化妆品、油墨、涂料等众多领域，由 CAS 科学家从期刊、专利中标引的配方信息。利用 CAS Formulus 可检索配方及其工艺、成分、目标成分的常见配伍成分、设计配方、和探索合规要求等。

二、CAS SciFinder Discovery Platform 的使用方法

在 CAS SciFinder Discovery Platform 检索窗口最上方的主工具栏中列出了三种检索模式：Substances、Reactions、References，分别对应物质检索，反应检索和文献检索。可以选择 Substances、Reactions、References 中的一种来进行检索；也可以选择 ALL，仅需一次检索，即可同时检索 Substances、Reactions、References，获得相关的物质、反应、文献、供应商信息。CAS SciFinder Discovery Platform 首页见图 7-1。

图 7-1　CAS SciFinder Discovery Platform 首页

(一)物质检索

物质检索(Substances)可获得物质参与的反应、研究物质的文献、物质详情。物质检索的检索方法：在检索页面上端选择 Substances，在检索框输入物质名称、CAS 登记号、专利号、文献、DOI 号等进行检索，多个检索框检索可选择逻辑运算符 AND、OR、NOT 连接；在单击"Draw"时，可打开结构式绘制面板，然后绘制结构式。图 7-2 是 CAS SciFinder Discovery Platform 的物质检索界面。

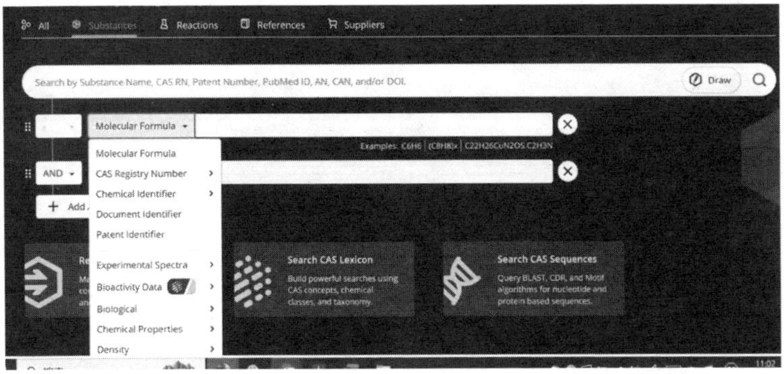

图 7-2　CAS SciFinder Discovery Platform 的物质检索界面

(二)文献检索

在检索页面上端选择 References；检索框中输入关键词、物质名称、CAS 登记号、专利号、DOI 等进行检索，多个检索框可选择逻辑运算符 AND、OR、NOT 连接。可单击“Draw”，打开结构编辑面板以绘制结构图。图 7-3 是 CAS SciFinder Discovery Platform 的文献检索界面。

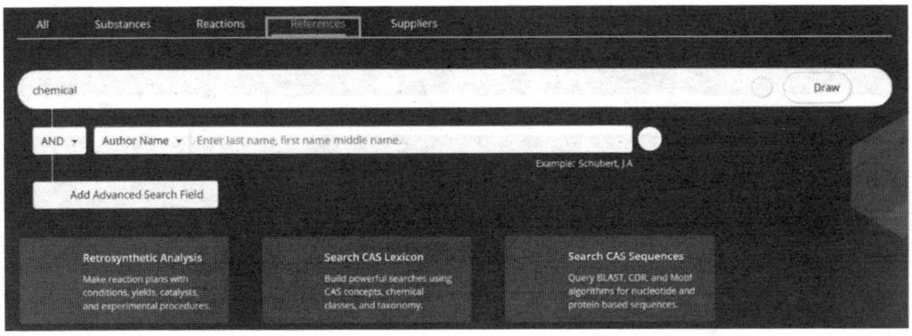

图 7-3　CAS SciFinder Discovery Platform 的文献检索界面

图 7-4 是实施文献检索的检索结果界面。文献检索的结果可以按文献类型、语种、出版年、作者、机构、出版物名称等进行筛选；也能按相关度、出版日期，引用次数等进行排序。

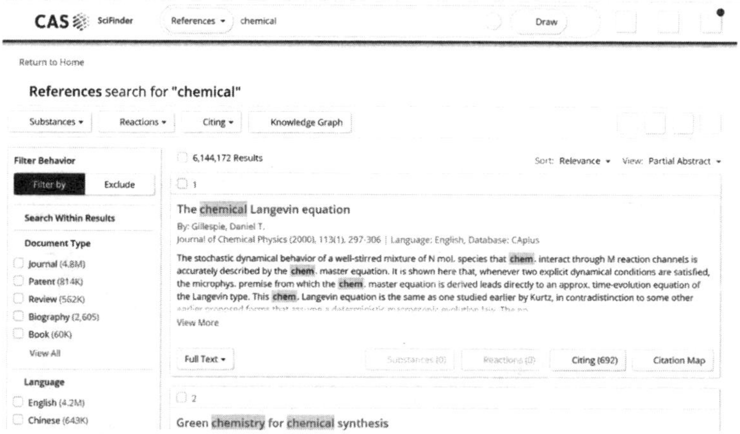

图 7-4　CAS SciFinder Discovery Platform 的文献检索结果界面

(三)反应检索

反应检索(Reactions)可获得物质参与的反应信息，发现物质的最优合成方法，加速方法的开发。反应检索的检索方法：在检索页面上端选择 Reactions；检索框中输入 CAS 反应登记号、物质名称、CAS 登记号、专利号、文献 DOI 号等进行检索；可单击“Draw”，打开结构绘制面板，输入结构式或反应式。图 7-5 是 CAS SciFinder Discovery Platform 的反应检索界面。

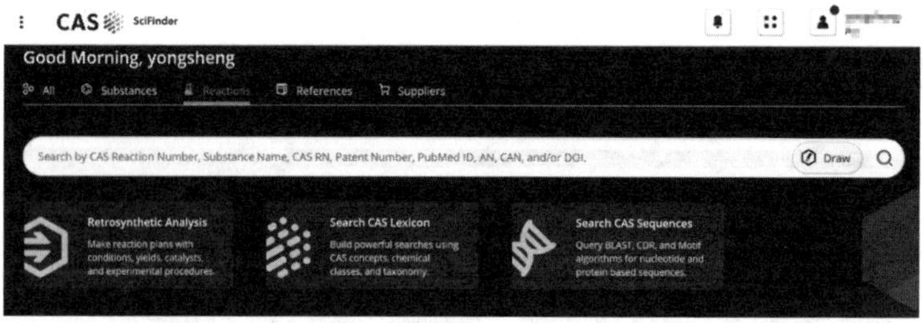

图 7-5　CAS SciFinder Discovery Platform 的反应检索界面

三、管理已保存的检索和结果集

检索完成后，可选中要保存的项目或通过电子邮件分享选定的项目。结果保存后，在结果保存页面，能查看保存的结果，编辑保存项的名称；查看或设置结果更新提醒；还能删除选定的项目；筛选保存的项目；重新运行保存的检索式以获得最新检索结果；创建或添加标签。图 7-6 是检索结束并保存结果后，CAS SciFinder Discovery Platform 查看和管理已保存的结果的页面。

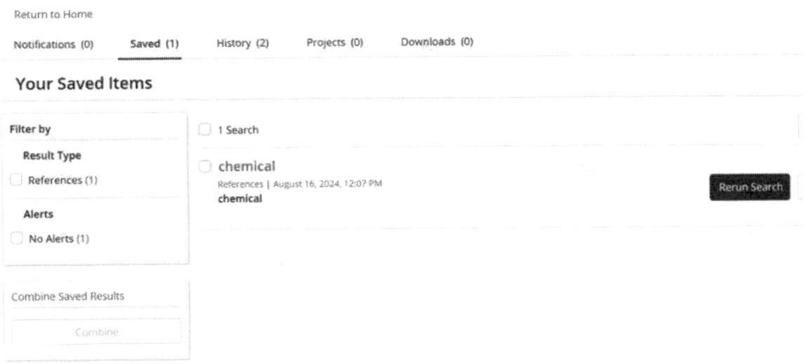

图 7-6　CAS SciFinder Discovery Platform 管理已保存的检索和结果集

第二节　剑桥科学文摘(CSA)

剑桥科学文摘(Cambridge Science Abstracts，简称 CSA)是一个多学科、多信息类型的信息服务平台，目前由美国 ProQuest 公司提供服务，具有 10 多种语种文字检索界面(包括中文)①。

该平台集成了 ProQuest 公司及其合作伙伴出版的 100 多个数据库，数据库中的记录不仅包括题录，还有原始文献的摘要，目前主要的检索平台是 ProQuest 平台，学科范围包括：航空航天科学、农业科学、水生生物科学、生物学及医学、计算机技术、工程、环境科学、材料科学、市场研究、社会科学、人文艺术。其中每个主题下对应多个数据库。

① CSA 剑桥科学文摘[EB/OL]. [2024-08-12]. https：//search. proquest. com/cv_1033864？accountid=15157.

一、检索方式

CSA 提供跨库检索和单库检索方式。在基本检索前，可以查看数据库列表，根据需检索的主题，点击“更改数据库”(Change Databases)选项，勾选拟检索的数据库，选择单一资源或数据库组合进行自定义检索。

其检索方式有四种：

(一) 基本检索(Basic Search)

基本检索只有一个检索框，设定为任意字段，在检索框中输入检索词或词组，允许使用布尔运算符，如 AND、OR、NOT 以执行广义或狭义检索。选择是否需要限定为同行评审刊，然后执行检索即可。如要检索 air and water pollution，可直接在检索框中输入检索词，其检索界面见图 7-7。

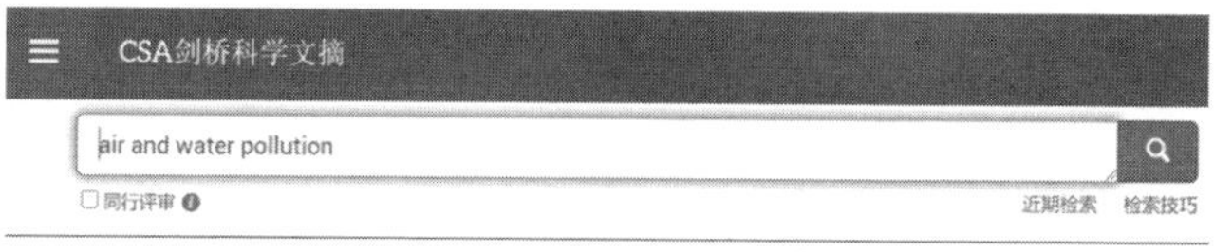

图 7-7　CSA 基本检索界面与实例

(二) 高级检索(Advanced Search)

高级检索可构建复杂检索并选择特定的限制条件。选择检索字段后，在检索框中输入检索词。若需增加检索字段，点击“添加行”；反之则点击“删除行”。检索行之间可选择用 AND、OR、NOT 组合每个检索字段之间的关系；从下拉式菜单中选择要检索的日期范围。

高级检索可对检索要求进行限制，如选择出版物类型(百科全书和参考工具书、报告、公司新闻、会议论文及记录、书籍、行业杂志、学术期刊、学位论文、研究手稿、政府与官方出版物)；文档类型的选择就更丰富了，有报告、标题版/封面故事、标准、博客、采访、菜谱、插图、唱片分类目录/电影作品年表、传记、短文，等等；另外还包含语言的选择。

例如，要在摘要字段检索 air pollution，在标题字段检索 public health，则其检索方式见图 7-8。

(三)命令行检索(Command line Search)

命令行检索方便用户用检索字段代码灵活快捷地构造检索式，例如输入检索式“AB((air pollution) or (public health)) AND SU((Environmental policy) or (Water management))”，其中的 AB、SU 均为检索字段代码(见图

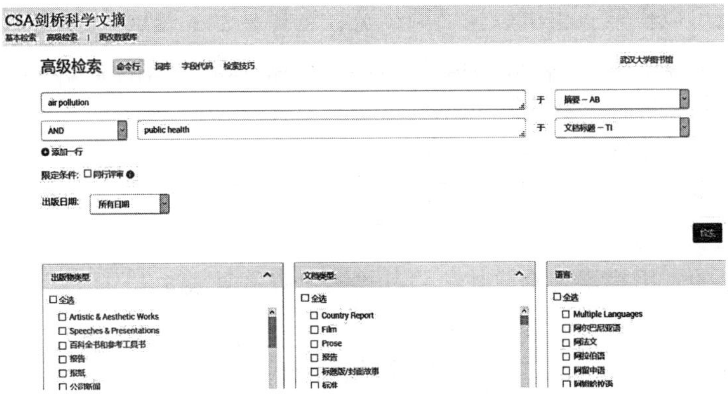

图 7-8　CSA 高级检索的界面与实例

7-9)。使用时运算符和字段都能选择，并通过“添加到表格”(Add to Form)的方式，从检索框下方的下拉菜单中选择插入。其他限定选项同高级检索。

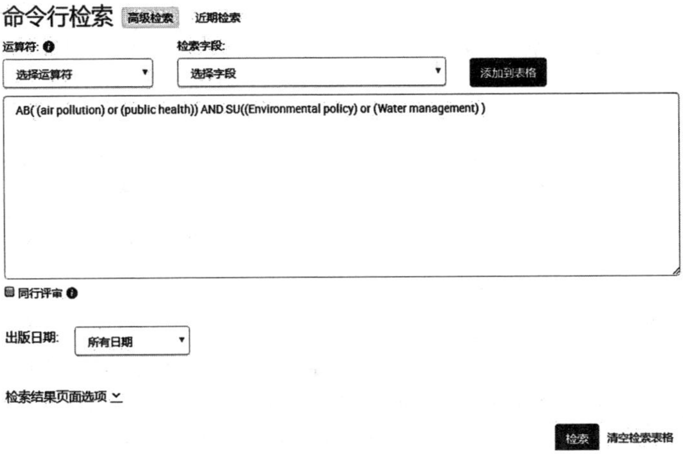

图 7-9　CSA 命令行检索方式的界面与实例

(四)词表检索(Thesaurus)

为提高查全率和查准率，CSA 对很多数据库编制了主题词表，并为每条记录标引叙词(规范化主题词)。词表检索就是利用词表来确认、选择规范化主题词，然后在叙词字段中执行检索。注意，不同数据库使用的主题词表通常各不相同，因此一定要从“词库列表”(Thesaurus List)右边的下拉菜单选择与检索数据库相匹配的词表。

词表可以检索，也可以按字顺浏览；选择某个主题词后，可以了解主题词的等级关系，即该主题词的上位词(Broader Terms)、下位词(Narrower Terms)和相关词(Related Terms)。

勾选一个主题词，点击检索按钮执行检索。如果勾选多个主题词，需要选定多个主题词之间的逻辑关系(“与”“或”“非”)。

(五)检索技术

CSA 的常用检索规则或技巧，其检索运算符见表 7-1。

表 7-1　**CSA 检索运算符**

算符	含义	示例(说明)
AND	检索词同时出现在文章中	Air pollution AND environment，表示检索结果中必须同时出现 Air pollution 和 environment 两个关键词才符合检索条件
OR	检索词中的任意一个或多个出现在文章中	GPS OR GIS，检索结果中只要出现 GPS 或 GIS 其中的一个词就符合检索条件
NOT	后面所跟的词不出现在文章中	telephone NOT cellphone，检索结果中出现 telephone 但不能出现 cellphone 才符合检索条件
“”	词组查询，用于对词组进行精确检索	“information literacy”表示只检索 information literacy 作为词组形式的结果
截词符 *	取代单词中的任意一个(0，1，2，…)字母	comput * 可检出 computer，computerization，computing 等
通配符 ?	取代单词中的 1 个字母	wom? n 可以检索到 woman，women
NEAR/n 或 N/n	两词相隔不超过 n 个词，词序不定	information near/2 retrieval，可检索出 information retrieval，retrieval informaiton，retrieval information，retrieval of information，retrieval of law information 等结果
PRE/n	两词相隔不超过 n 个词，词序固定	digital PRE/2 resources 可以检出 digital resources，digital information resources 等结果
EXACT 或 X	在全部内容中查找准确检索词语。主要用于检索特定字段，如“主题”	SU. EXACT(“Water pollution”)可以检出包含主题词“Water pollution”的文件，而不会检出带有“ Water pollution control”主题词的文件。SU. X(“Water pollution”)与 SU. EXACT(“Water pollution”)的检索结果一样

二、检索结果的显示与处理

CSA数据库具有检索结果的过滤功能，可根据检索需要，对出版物类型、出版日期、出版物名称、文献类型、主题、公司/组织、地点、人名、语言进行选择，从而使检索结果更精练。其检索结果界面见图7-10。可以从检索结果页面中勾选需要的检索结果，并用电子邮件发送、引用、打印该内容。

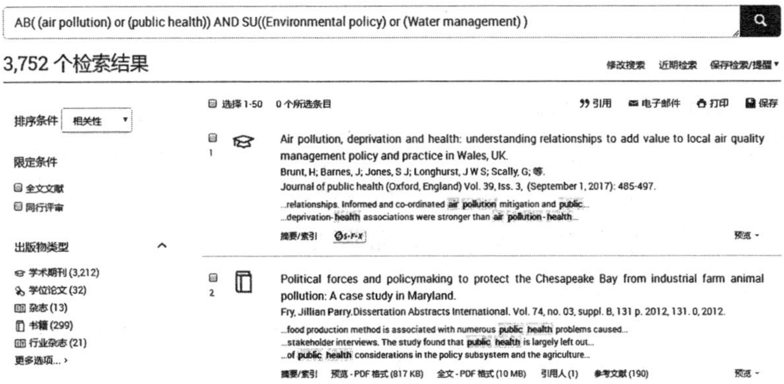

图7-10　CSA检索结果界面

点击检索窗口的“近期检索”(Recent searches)后，能显示“检索历史”部分。在创建个人账户后，能保存和管理文献记录、创建定题通告等。

第三节　生物学文摘(BA)

美国生物学文摘(Biological Abstracts，简称BA)创刊于1926年，由美国国家研究委员会、美国生物联合会和美国科学促进会联合创办，收录110个国家和地区上千种期刊、会议、学位论文、科技报告，具体报道内容有生物学、医学、农学等方面的理论研究及临床和现场原始材料，生物科学中的新方法、新技术、新仪器与设备；生物学、医学、农学情报理论与方面，新发现的生物属类、名称分布以及新名称的定义等，配有检索磁带和12个专业分册。它是检索生物学、医学、农学及其相关学科方面的重要工具。BA有多种出版形式，除印刷版以外，还有光盘版和网络版(BIOSIS Previews，简称BP)。

BP 包括《生物学文摘》《生物学文摘综述、报告和会议》(Biological Abstracts, RRM)和《生物研究索引》(BioResearch Index), 覆盖所有生命科学的领域, 其信息量和学科范围均远远大于 BA 数据库, 整合会议、专利、书籍、期刊论文于单一的资料库。

一、《生物学文摘》在 Ovid 平台上的检索

用户可以通过 Dialog、DataStar、DIMDI、Ovid、ScienceDirect、SilverPlatter、STN、Web of Science 等不同的检索平台来检索 BP。目前国内应用最多的两个平台是 Ovid 和 Web of Science, 本节介绍 OVID 平台下 BP 的功能。

(一)检索途径

BP 主界面提供六种检索入口: 基本检索(Basic Search)、高级检索(Advanced search)、题录检索(Find Citation)、检索工具(Search Tools)、字段检索(Search Fields)、多字段检索(Multi-Field Search)。四种主要检索字段: 关键词检索、作者检索、题名检索和期刊检索。

(二)检索方法与技巧

支持布尔逻辑运算 AND(和)、OR(或)、NOT(否)、ADJn(相隔 0-n 个字符), 可在检索框内直接输入含有布尔逻辑符的检索式; 可直接输入检索命令进行字段限制检索, 如 meeting. pt. 检索文献类型为会议文献的记录; feed. ti, ab. 在题目和文摘字段检索 feed; Limit n to x(n 为检索项号, x 为字段名或大类名); ADJn 表示各检索词之间至多间隔有 n 个单词, 前后词序不限。

支持截词检索。“$”“*”“:”都表示右端无限截词, 代替任意多个字符, 如 hypno $ 可检索出 hypnotize、hypnotized、hypnotist、hypnotizing 等; “#”代表任意单个字母, 可出现在词的中间, 也可出现在词的右端, 如 wom #n 可检索出 woman 和 women; “?”代表 0~1 个字符, 也可以代表空格, 如 colo? r 表示可检索 color 和 colour。

受控词检索是 BP 数据库的一大特点, BP 以分类和概念检索为基本原理构成其特有的 12 个受控词表, 分别为超级生物分类名(Super Taxa, 标引内容为生物分类学上的拉丁学名)、超级生物分类俗名(Taxa Notes, 标引内容为有机体、微生物的生物学俗名)、生物体名称(Organisms, 标引内容为特定生物体的拉丁学名或俗名, 含对 New Taxon 新物种和 Fossil 化石的说明)、主要概念词、人类和动物及植物疾病或病理状态名称、生物体的结构(包括组织、器官、系统)、化学制品或生化制剂(含对药物的说

明)、序列数据、地理位置(包括作者单位)、方法与设备、概念码、地质年代。

受控词检索主要通过 BP 的"Search Tools"(工具检索)途径实现，该途径包括以下五个检索选项：术语映射(Map Term)、树状图(Tree)、轮排索引表(Permuted Index)、范围注释(Scope Note)和下位词扩检(Explode)。

限定检索主要通过检索前的文献类型(Article、Review Articles、Meeting、Book)、研究对象(Plants、Animals、New Taxa)等的限定和对检索返回结果进行主题、作者、期刊等的进一步限定。

OVID 版 BP 提供的可供检索字段非常多，主要包括：AB(摘要)、AU(著者)、DP(出版日期)、DT(文献类型)、IS(ISSN 号)、IN(机构)、JN(期刊名称)、KW(著者关键词)、LG(语种)、OT(篇名词)、PT(出版类型)、PG(页码)、RF(参考文献)、SO(来源，包括刊名、卷/期、页、年)、TI(篇名)、TW(文本词)、TX(全文词)、VO(卷)、YR(出版年)。

二、检索结果的显示与输出

检出结果的题录信息包括记录顺序号、作者、篇名、出处等内容，并有 Abstract(文摘)/Full Text(Ovid 提供的论文全文或期刊网址链接)、Complete Reference(每条记录的全字段信息)、Library Holdings(馆藏目录)链接。可以通过"Find Similar"和"Find Citing Article"链接实现类似文章和引用该文文章的查找。

对于选中的文献题录，可通过页面最下端的"Citation Manager"(文献管理列表)，根据需要对记录显示范围、显示字段、显示格式及保存格式作出选择，然后点击显示(Display)、打印预览(Print Preview)、存储(Save)、电子邮件传输(E-mail)等输出方式输出。

第四节　工程索引(Ei Compendex)

Ei Compendex(http：//www. engineeringvillage. com)是目前全球最全面的工程领域常用的文摘数据库之一，涵盖一系列工程、应用科学领域高品质的文献资源。

Ei Compendex 涉及机械工程、土木工程、环境工程、电气工程、结构工程、材料科学、固体物理、超导体、生物工程、能源、化学和工艺工程、照明和光学技术、空气和水污染、固体废弃物的处理、道路交通、运输安全、控制工程、工程管理、农业工程和食品技术、计算机和数据处理、电子和通信、石油、宇航、汽车工程以及这些领域的子科学和其他主要的工程领域，而且涉及这些领域从研究、开发、生产、咨询和教育等各方面文献。数据库收录5000多种工程期刊、会议文集和技术报告的超过1130万条记录，涵盖190余个工程和应用科学领域的资料，每周更新。

一、检索方法

Ei Compendex 提供三种检索方式：快速检索(Quick Search)、专家检索(Expert Search)、叙词检索(Thesaurus Search)。此外，数据库还具有浏览索引(Browse Indexes)等其他辅助检索工具。

(一)快速检索(Quick Search)

打开 Ei 检索界面，默认进入快速检索，如图 7-11 所示。快速检索提供了超过 20 个检索字段供选择，这些检索字段包括文摘(Abstract)、作者(Author)、作者机构(Author Affiliation)、题名(Title)等。选择需检索的字段，并在检索框中输入检索词或检索式即可进行检索。在 Ei Compendex 中可以通过限制检索条件(日期、语种、文献类型)、设置排序方式以及词根检索(Autostemming)开关对结果进行控制。各功能区设置解释或代码如表 7-2 至表 7-4 所示。

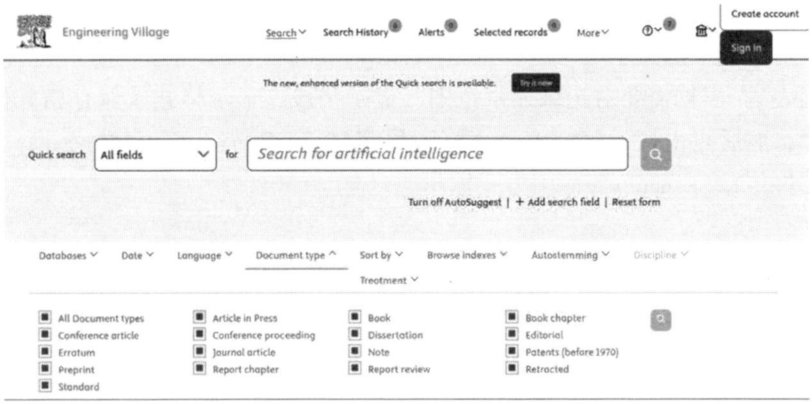

图 7-11 Ei 的快速检索界面

在快速检索界面，系统将自动执行词干检索(除作者字段)。例如，输入 educator 后，系统会检出含 educating，education，educational 的结果。在快速检索界面，如果不希望执行词干检索，使检索结果更准确，则需要在autostemming 选项下，勾选"Turn autostemming off"。

在快速检索中，也可以点击"Add search field"增加检索行。

快速检索区的 22 个字段说明见表 7-2。

表 7-2　**Ei 快速检索字段说明**

名称	说　明
All fields	Ei 数据库全部著录项目，该字段为系统默认字段
Subject/Title/Abstract	在文摘、标题、标题译文、主题词表、标引词、关键词等字段进行检索，检索词可为词、词组或短语
Abstract	摘要
Author	作者或编者。输入时姓在前名在后。作者名后可以使用截词符，如：Smith，A＊表示系统将就 Smith，a.；Smith，A. A.；Smith，A. B；Smith，Aarom；Smith，Aaron C 等作者进行检索。用作者字段检索时可参考作者索引
Author affiliation	作者机构名称
Title	文章的标题。检索时可以输入词、词组或短语，如：global positioning system
Standard ID	标准 ID
Ei Classfication code	Ei 分类代码
CODEN	丛刊代码
Conference information	会议信息
Conference code	会议代码
ISSN	国际标准刊号
Ei main heading	Ei 主标题
Publisher	出版者
Source title	出版物名称，包括期刊、专著、会议录、会议文集的名称
Controlled term	Ei 受控词。受控词来自 Ei 叙词表，从专业的角度将同一概念的主题进行归类，因此使用受控词检索比较准确
Uncontrolled term	自由词

续表

名称	说　明
Country of origin	来源国家
Funding number	基金编号
Funding sponsor	基金组织
Funding information	基金信息

表 7-3　　**Ei 检索限制条件说明：文献类型**

名称	说明	名称	说明
All document types	所有文献类型	Article in Press	在印论文
Journal article	期刊文献	Book	图书
Conference article	会议文献	Book chapter	图书章节
Conference proceeding	会议论文集	Editorial	社论
Report chapter	报告论文	Erratum	勘误表
Report review	报告综述	Note	注释
Dissertation	学位论文	Standard	标准
Patent	专利文献		

表 7-4　　**Ei 检索限制条件说明：文献处理类说明**

名称	说明	名称	说明
All treatment type	所有类别	Historical	历史类
Application	应用类	Literature review	文献综述
Biographical	传记类	Management aspect	管理类
Economic	经济类	Numerical	数值类
Experimental	实验类	Theoretical	理论类
General review	一般性综述		

(二)专家检索(Expert Search)

在 Ei 检索界面最上面一行的 Search 下拉菜单中，选择“Expert Search”即可进入专家检索界面。专家检索界面见图 7-12。

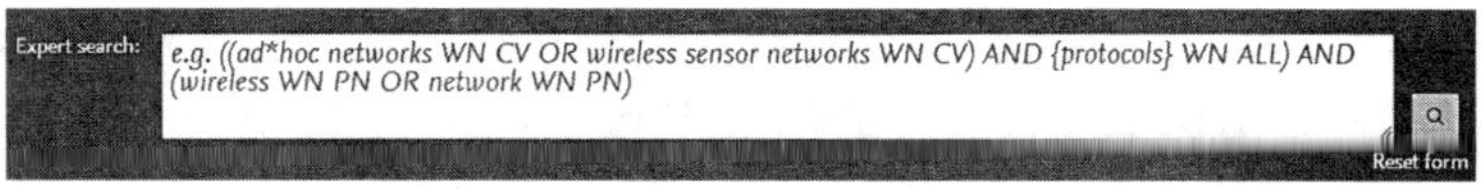

图 7-12　Ei 的专家检索界面

专家检索使用命令行方式在单一检索框内进行文本检索，需要合理地使用检索字段和检索运算符。专家检索使检索更加灵活、准确，使专业的用户能更快速且准确地得到所需的信息。

使用专家检索时，同时可以使用逻辑算符、位置算符、截词符和通配符等，检索时可以同时进行多种限定，系统严格按检索式进行检索。专家检索应用算符“within”(缩写为 wn)限定某一特定字段，否则系统默认在全字段检索。限定形式举例：remote sensing wn TI 或者 John，S * wn AU 等。

(三)叙词检索(Thesaurus Search)

在 Ei 检索界面最上面一行的 Search 下拉菜单中，选择“Thesaurus”即可进入叙词检索界面。叙词检索是从 Ei 叙词表中选择所需的叙词进行检索，如图 7-13 所示。在检索框中输入检索词后，可以通过 Vocabulary Search(词汇检索)、Exact Term(精确匹配)和 Browse(浏览)三种方式进行检索。其中“词汇检索”是指检索词表中含有输入的词汇条目，“精确匹配”是指在词表中精确查找检索词，“浏览”是指检索到条目中以检索词开头的条目。例如在 Vocabulary Search 状态下输入“computer simulation”，则可以得到“Boundary conditions”“Circuit simulation”“Computer aided design”“Computer applications”等结果。点击查询到的主题词后，可以看到其上位词、下位词和相关词。也可以根据需要勾选待检索的词目，同时将词目加到检索框中，然后选择 AND、OR 进行组合检索。

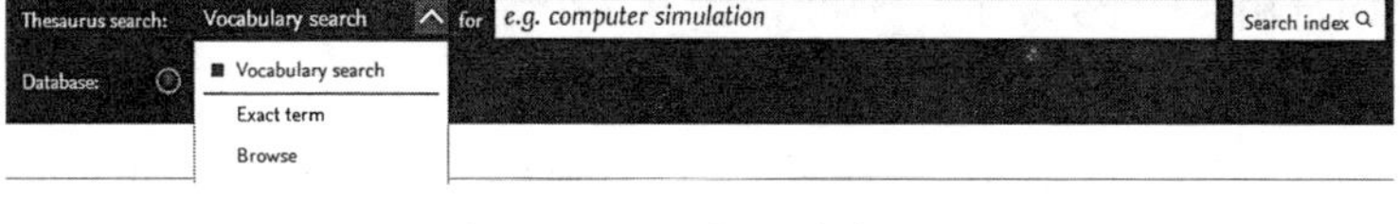

图 7-13　Ei 的叙词检索界面

二、检索算符

1. 布尔逻辑运算符

布尔逻辑运算符 AND、OR、NOT 定义了词或词组之间的关系。采用

AND 连接检索词，可以使结果更精确。例如：输入 john，A wn AU and gps wn AB，则检索出由 john，A 写的摘要中含 gps 的文献。采用 OR 连接检索词，则可以扩大检索范围。例如：检索式 gps or global positioning system 则提示检索结果中含 gps 或 global positioning system 均可。采用 NOT 连接检索词，则可以从检索中删除不需要的检索词。例如：要检索与“电话”相关的文献，但排除掉“移动电话”方面的文献，则可以用 telephone not cellphone 这样的检索式。

2. 位置检索

Ei 中的位置检索主要在专家检索中使用。位置检索符的运用见表 7-5。

表 7-5 **Ei 位置算符**

算符	代表含义	举例说明
NEAR/n	两词之间可以插入 0-n 个词，次序不限	information NEAR/2 literacy 表示 information 与 literacy 间可插入 0-2 个词，次序不限
ONEAR/n	两词之间可以插入 0-n 个词，前后位置不变	information ONEAR/3 literacy 表示 information 与 literacy 间可插入 0-3 个词，前后位置不变
NEAR/0	检索相邻的词目，两词相邻，次序不限	information NEAR/0 literacy 表示 information 与 literacy 紧密相邻，次序不限

3. 精确短语检索

使用“ ”或 { global positioning system } 符号。如：“global positioning system”作为检索词，则只会检索出含 global positioning system 这个词组的结果。

4. 截词符和通配符

截词符用“ * ”号表示， * 可替代 0-n 个字符。例如：输入 stud * 得到 study、studying、student 等结果。

通配符用“?”号表示，? 代表一个单独的字符。如：wom? n 检索出 woman，women；fib?? 可检索 fiber，fibre。

三、检索结果的处理

完成检索策略后，单击 search 按钮，得到检索结果如图 7-14 所示。

1. 检索结果的显示与精炼

Ei 所有命中记录以题录的形式显示，对于检索结果的排序，系统提供

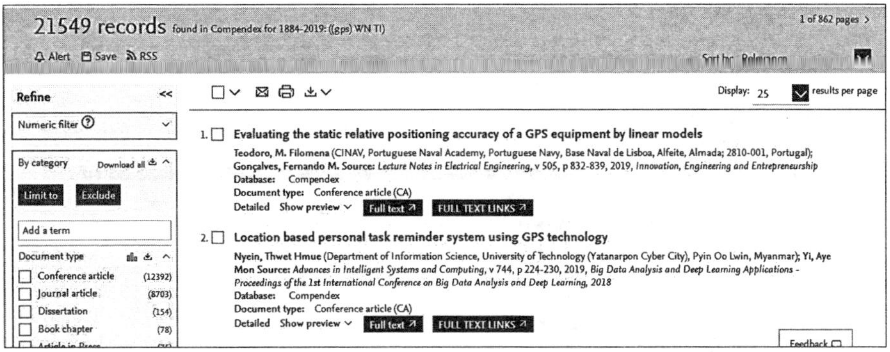

图 7-14　Ei Compendex 检索结果页面

了六种选择方式：相关度(Relevance)、日期(Date)、作者(Author)、来源(Source)。其中，日期提供从最新至最早，或从最早期文献到最新文献两种排序方式；作者也提供从 A 至 Z，或从 Z 至 A 两种排序方式。

在检索结果页面，有多种不同的功能按钮。如，Alert 可以提供邮件通告服务(此功能需提前注册)，数据库内容有更新时，系统将按所保存的检索式自动检索，检索结果的题名、作者及文摘等会使用 E-mail 发送给注册邮箱。Save 可以保存检索结果，RSS 用来订阅检索结果。对于选择的条目，还可以发送电子邮件、打印和下载。

在检索结果的左侧可以通过 refine results 对结果进行进一步的精炼以提高检索准确性。还可以按文献类型(Document type)、作者(Author)、作者机构(Author Affiliation)、受控词表(Controlled vocabulary)、分类代码(Classification code)、国家(Country)、语种(Language)、年代(Year)、刊源(Source title)以及出版者(Publisher)、基金组织(Funding sponsor)等进行二次检索，得出更准确的结果。此外，还可以通过这些选项，对结果进行分析，提供不同的分布图。图 7-15 显示了基金组织的分布图。

2. 记录的存储和下载

选定的题录信息可以通过多种方式进行存储和下载。选中某一具体的文献，则其检索结果有电子邮件发送(E-mail)、打印(Print)、下载(Download)。

(1)电子邮件(E-mail)。点击 Email 选项，可以将检索结果用电子邮件发送给自己或他人。单击将弹出一个电子邮件的编辑框，用户可以输入电子邮件接收者的 Email 地址以及想发送的信息。邮寄的检索结果可以是题录(Citation)、文摘(Abstract)、详细记录(Detailed Record)等。

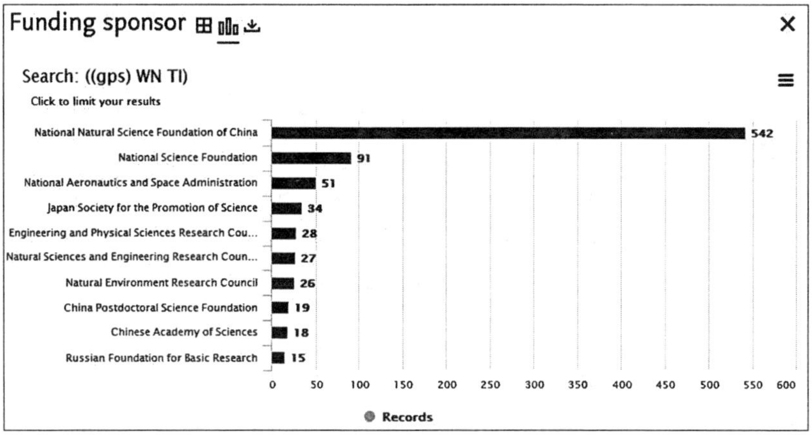

图 7-15　Ei 的基金组织分布图

（2）打印（Print）。对选择的记录页面重新进行排版，使之成为适于打印的格式。记录中与全文和本地的链接信息将自动删除，使得出现在新窗口中的记录更便于打印，更美观。

（3）下载（Download）。在对话框中用户可选择希望存储的地点和下载格式，见图 7-16。存储地点包括 My PC，Mendeley，RefWorks，Google Drive，Dropbox，Your folder。下载格式也有很多的选择，如 RIS（Endnote，Ref，Manager），BibTex，Text，CSV，Excel，PDF，RTF 等。

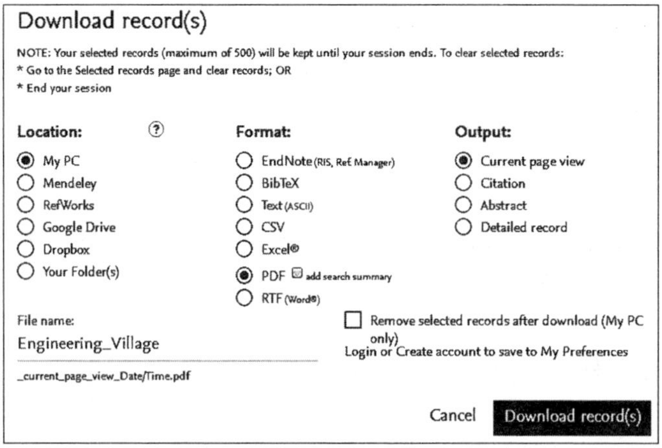

图 7-16　Ei 的检索结果下载设置页面

第五节　美国医学文摘(Medline)

Medline是美国国立医学图书馆(National Library of Medicine, NLM)建立的医学文献分析与检索系统(MEDLARS)中使用频率最高也是最大的数据库，是当今世界最具权威的综合性生物医学数据库之一。它的内容涵盖三种重要的纸本医学文献检索工具:《医学索引》(Index Medicus)、《牙科文献索引》(Index to dental Literature)和《国际护理索引》(International Nursing Index)。收录的专业范围涉及基础医学、临床医学、护理学、牙科学、兽医学、药物学、营养卫生、卫生管理以及生物学、社会医学等领域。它收录1966年至今世界上70多个国家和地区用40多种语言出版的5600余种生物医学期刊上的文献，其中我国有40多种。Medline网络版数据库每周更新一次，其网上可检索的站点有PubMed、Web of Science、OVID、OCLC、CSA、ISI、EBSCO、SciFinder Scholar、Dialog等，还有互联网上的代理检索系统Medscape、Medical Matrix、BioMedNet等。

Internet上提供免费MEDLINE医学文献检索服务的站点很多，有的不需用户登记注册就可进行检索，有的则需要用户在登记注册后方可使用。目前国内医学科研人员和用户最常使用的免费医学文献检索网站是由美国国家医学图书馆开发的PubMed官方网站①。无论从信息量、使用的方便程度，还是更新速度等多方面考虑，利用PubMed检索Medline的优势都不可取代。

一、Medline在PubMed上的检索

PubMed的记录来源主要包括：MEDLINE、OLDMEDLINE、Record in process、Record supplied by publisher等期刊论文、综述文献，80%以上的文献有英文文摘或全文链接。它还链接了美国国家生物技术中心的多个生物医学数据库和其他文献数据库，包括DNA与蛋白质序列、基因图数据、人类孟德尔遗传在线以及医学书籍资源等。其收录内容广泛，检索功能完善，使用方便快捷，因而深受国内外用户欢迎。

(一) 检索方法与技巧

1. 基本检索

可输入任何具有实际意义的检索词，如自由词、主题词、人名、刊名、

① PubMed[EB/OL]. [2024-07-29]. http://www.ncbi.nlm.nih.gov/pubmed

ISSN 号等，这些词均可通过 PubMed 的自动转换功能，实现对不同形式的检索词的文献查找。

（1）主题途径检索

在检索框中输入自由词或主题词，系统立即将输入的检索词与《美国医学主题词表》(MeSH)转换表进行对照。该转换表含有 MeSH 中的主题词、副主题词、款目词及统一医学语言系统(UMLS) 的词汇。当检索词与该表中的词相匹配，这个词就以主题词和文本词的形式各检索一次。为了便于查全，可将同义的检索词之间用逻辑运算符“OR”组配；为便于查准或缩小检索范围，不同义的检索词之间可用“AND”连接。

（2）著者途径检索

输入著者姓名，系统即通过 PubMed“著者索引表”对著者进行检索。著者正确的输入方式是：著者姓氏全称和名字的首字母缩写。如：Foster e，Rimmer j。只要“著者索引表”内收录，PubMed 就会自动将该著者及发表的文献一同检索出来。

利用著者途径检索时，为了进行更精确的检索，可在著者姓名之后加上检索字段[au]，变为 Foster e[au]，在高级检索(Advance)中将其作者限定在“Author”范围，同样也能准确无误地将该著者发表的文献全部列出。

（3）期刊途径检索

由于期刊检索是通过“期刊刊名转换表”来检索某种刊物上所发表的文献，因此检索时采用期刊全名、MEDLINE 期刊的缩写名、ISSN 号三种形式中的任何一种形式均可。只要输入的检索词与“期刊刊名转换表”内的词相符，即能达到检索目的。为了准确检索，防止对所有字段的检索，最好在检索刊名后加上刊名检索字段[ta]的限制，尤其是当刊名与《美国医学主题词表》(MeSH)的写法完全相同时，其刊名检索字段[ta]的作用显得更为重要。如：“Science”，既是刊名又是主题词，应写为 Science[ta]、Cell[ta]，这样才能保证对上述两种刊物及所发表文献的正确检索。

PubMed 支持截词检索(用截词符号“ * ”表示 0 至多个字符，但截词符 * 空格以后的词不在检索范围内，例如 infect * 不包括 infection control 等词语)、短语检索(双引号)和布尔逻辑检索(布尔逻辑运算符 AND、OR、NOT)。

PubMed 提供检索结果筛选(Filters)功能，提供出版类型、全文或摘要、评论与趋势、检索主题、检索年限、人或动物、语种、性别、年龄、期刊分类等各种检索结果限定选项，每个选项下又包含有少则几个、多则几十个具体内容的限定项目。

2. MeSH 数据库检索

MeSH 数据库(MeSH Database)检索可查看规范化的主题词、副主题词(Subheadings)、词义详解、树状结构等，同时可进行主题词检索。具体操作步骤有两种：①首先单击主页右侧栏“MeSH Database”，进入“MeSH Database”界面，然后在“MeSH Database”的检索框中输入检索词。②直接点击检索框前面的下拉框，选择 MeSH，然后在后面的检索框中输入检索词。例如：检索肺癌诊断方面的文献。方法：输入“lung Cancer”，单击“Go”；系统通过自动转换功能将上述关键词转换为主题词，并显示“Lung Neoplasms”；直接单击“Lung Neoplasms”一词，则进入副主题词和树状结构(表)页面。因上述检索课题是查找肺癌治疗方面的文献，因此还需在副主题词(表)中选择与之对应的副主题词。PubMed 在“Lung Neoplasms”主题词下提供了 analysis、blood supply、chemistry 等 50 多个副主题词，根据上述查找的需要，选择“diagnosis”完成对主题词 Lung Neoplasms 一词的限制。然后点击“Add to search builder”，直接添加主题词与副主题词组配检索式，显示：“Lung Neoplasms/diagnosis”[Mesh]。最后再点击该检索式下方的“Search PubMed”按钮，便可将所有相关文献检索出来。副主题词选择一个或同时选择多个。

如果输入的词本身就是主题词，系统显示出的主题词不仅与输入的词一样，同时还显示出该词的定义、可组配的副主题词以及树状结构中的位置等。如果输入的词不能被直接转换成主题词，系统也会将含义相关或接近的词按其相关程度由高至低排序并供用户选用。

二、检索结果的显示与保存

1. 检索结果的显示

PubMed 提供概要(Summary)、概要文本(Summary(text))、文摘(Abstract)、文摘文本(Abstract(text))、MEDLINE、XML、PMID List 7 种显示检索结果内容的记录格式。结果显示页面还能通过“Per page”选择每页显示的篇数，最多显示文献篇数为 200 篇。

2. 检索结果的保存

PubMed 可以全部或部分保存文献记录，既可保存当前页，又可以保存其中的几条记录。保存方式有：网页格式(Clipboard)和纯文本方式(Text)。

第六节　荷兰医学文摘(EM)

荷兰医学文摘(Excerpta Medica，简称 EM)创刊于 1947 年，原由 1946 年荷兰阿姆斯特丹成立的国际非营利机构“医学文摘基金会”编辑出版，1972 年改由美国的 Elsevier 出版。Embase 是 Elsevier 推出的针对生物医学和药理学领域信息所提供的基于网络的数据检索服务，不仅收录了循证医学研究所需的重要文献类型，还为精确查找相关生物医学文献专门设计了检索工具。Embase 拥有来自 70 个国家超过 8200 种期刊的 3200 多万条文献和来自超过 240 万条会议摘要的“灰色文献”，同时也涵盖了非英语内容，并覆盖了多种最重要的证据类型，例如随机对照试验、对照临床试验、Cochrane 系统评价和 meta 分析。

Embase 收录的文献领域有：药理学；毒理学；遗传学、生化分子学；行为医学；微生物 & 传染病学；心脏病 & 血液学；精神卫生学；肿瘤学；过敏 & 免疫学；儿科学；内分泌 & 代谢学；产科 & 妇科学；生物医学工程 & 医疗器械；麻醉 & 重症监护学；肠胃病学 & 呼吸道医学；肾脏 & 泌尿学；皮肤病学等。

一、Embase 的检索途径与方法

(一)基本检索模块

在网页的地址栏输入 http：//www. embase. com，进入基本检索界面，见图 7-17。

图 7-17　Embase 的搜索界面

基本检索界面默认的是快速搜索(Quick Search)，在该界面上可以切换到 Pico Search(PICO 要素搜索)、PV Wizard、Advanced Search(高级检索)、Drug Search(药物检索)、Disease Search(疾病检索)、Device Search(器械检索)、Article Search(文献检索)以及 Authors Search(作者检索)等检索界面。

快速检索是在界面中选择检索字段，输入检索词，然后通过逻辑算符 AND、OR、NOT 进行组合检索。PICO 要素的检索广泛应用于循证医学，可在开始界面选择 PICO 检索功能，然后将问题做分类拆解。高级检索通过用逻辑算符和邻近算符等连接直接写出检索式。药物检索用于检索“药物名称”，能自动转换到优选术语；药物可作为关键词检索；可选择扩展检索；或专门检索以某药物为研究重点的文献；能提供药物专题检索，如药物副作用反应、临床试用、药物分析等；用药方式的检索，包括口服、肌肉注射、静脉注射等，增强索引的深度。

Embase 包含不同的文献出版类型：Articles(文章)、Articles in Press(待发布的文章)、Conferences(会议记录)以及 Others(其他)。可以用 Advanced search 快速地展示不同的出版类型并进行选择，如图 7-18 所示。

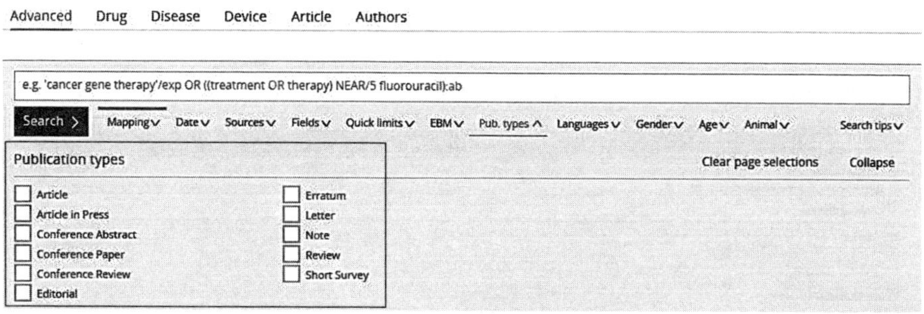

图 7-18　Embase 的高级检索界面

以快速检索说明该数据库检索方法。例如，要检索 2010—2018 年在 *American Heart Journal* 这个期刊发表的关于 heart infarction 的文献，先选择检索字段，输入检索词，用逻辑算符连接，其检索界面见图 7-19。

(二) Embase 主题词表检索

Embase 数据库通过使用 Emtree 主题词表做了深度索引，主要侧重于医学、药学、医疗器械、疾病等生物医学药理学领域。Emtree 是对生物医学文献进行主题分析、标引和检索时使用的权威性主题词表，包含超过 73000 多个药物与医学受控叙词(也称为优先词)，从一般到专指，层层划分。

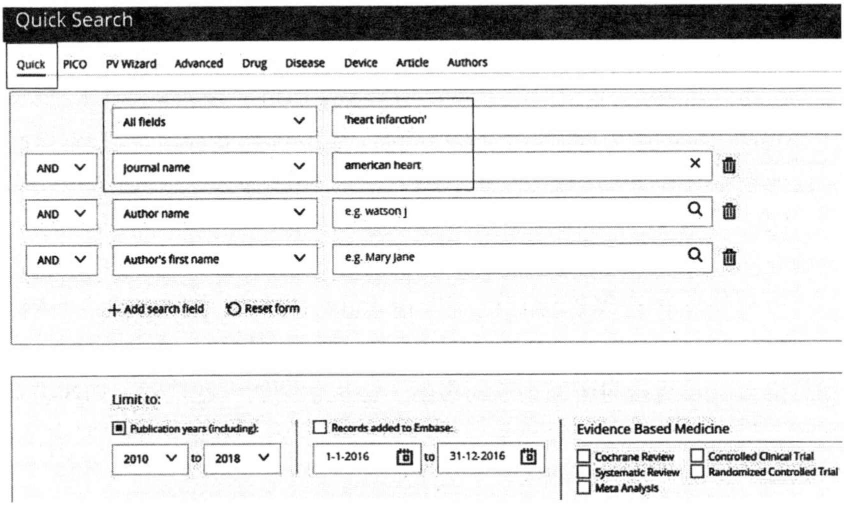

图 7-19　Embase 快速检索实例

可在 Find Term 的检索框输入检索词，见图 7-20。例如在 Emtree 界面下直接输入“animal disease”，这时界面会自动推荐优先检索词。

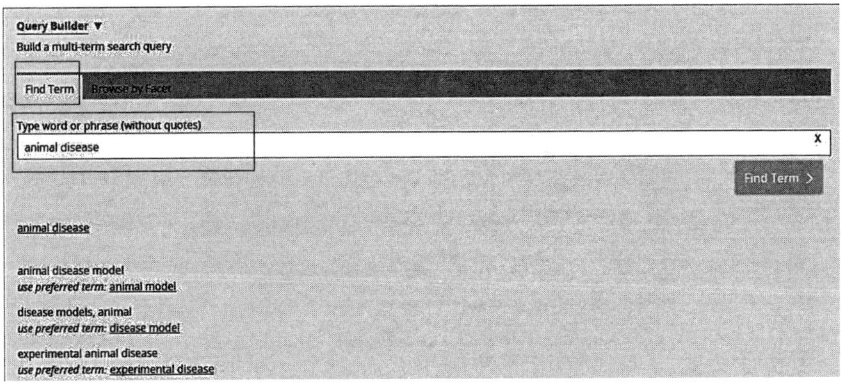

图 7-20　Emtree 主题词表检索

(三) Embase 主题词表浏览功能

通过点击 Emtree 界面的“Browse by Facet”，可以浏览 Embase 主题词表，也可点击“浏览术语”(Browse by Facet) 选项，显示出词表的 14 个组成部分，层层点击所需浏览的主题词，显示该主题词的树状分支结构及同义词，最终结束于最小的不再分的主题词，见图 7-21。

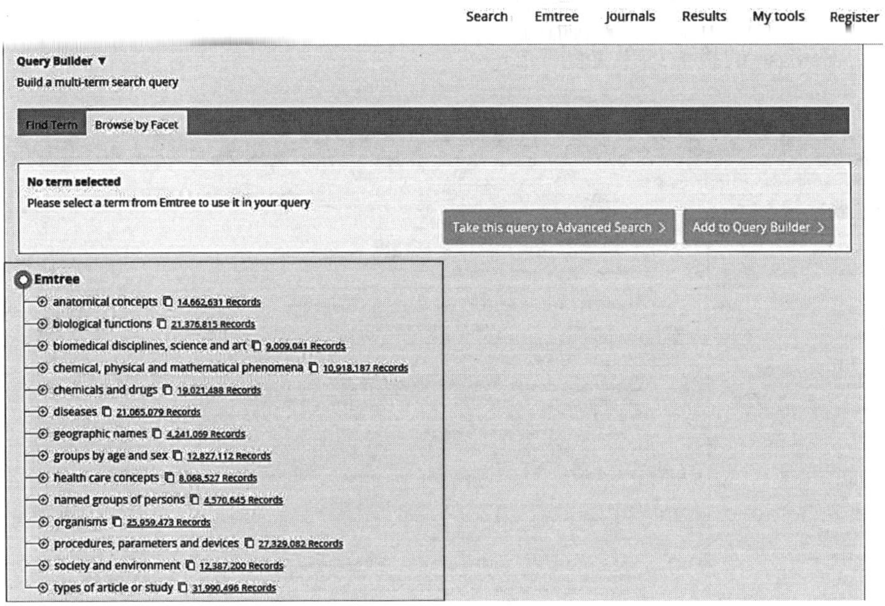

图 7-21 Embase 主题词表浏览界面

(四)浏览模块

Embase 提供快速浏览功能，除上述 Emtree 的浏览功能外，还包括期刊(Journals)浏览模块，期刊浏览界面见图 7-22。

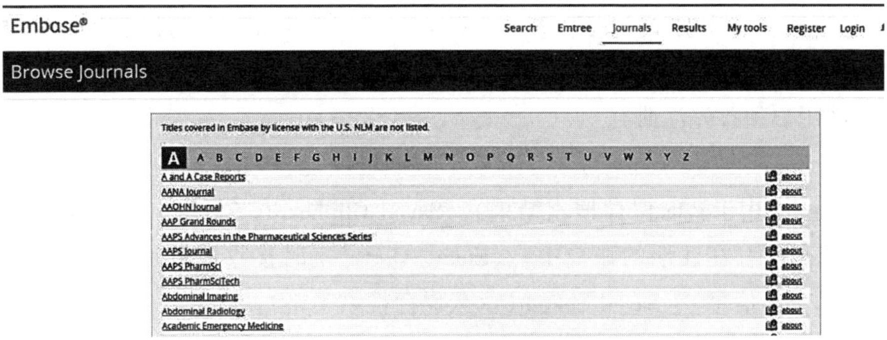

图 7-22 Embase 的期刊浏览界面

三、检索结果的显示与处理

Embase 的检索结果见图 7-23。

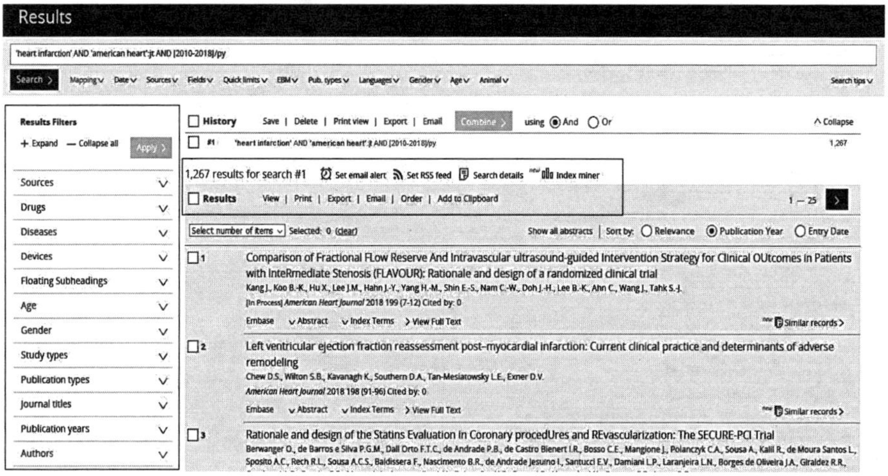

图 7-23 Embase 的检索结果界面

如果检索结果较多，可以利用左侧工具进行过滤筛选，使结果更精确。

检索结果可按相关度(Relevance)、出版年(Publication Year)、入库日期(Entry Date)排序。结果中每条记录包括题名、作者、来源、全文链接标识等信息。输出方式包括：查看(View)、打印(Print)、输出(Export)和E-mail等。选择记录并点击 Add to Clipboard，可以在 Embase 的 My Tools 中查看(用户须首先注册)。

Embase 的 My Tools(工具)选项下有四种功能，如图 7-24 所示。其中，Clipboard（用于暂时保存搜索结果）、Saved Clipboards（可将 Clipboard 里的结果永久保存在注册的账户中）、Email Alerts(定时接收最新的文献记录及产品的更新信息)、Saved Search(永久保存搜索策略)。

第七节 教育资源信息中心(ERIC)

美国教育资源信息中心(Educational Resource Information Center，简称

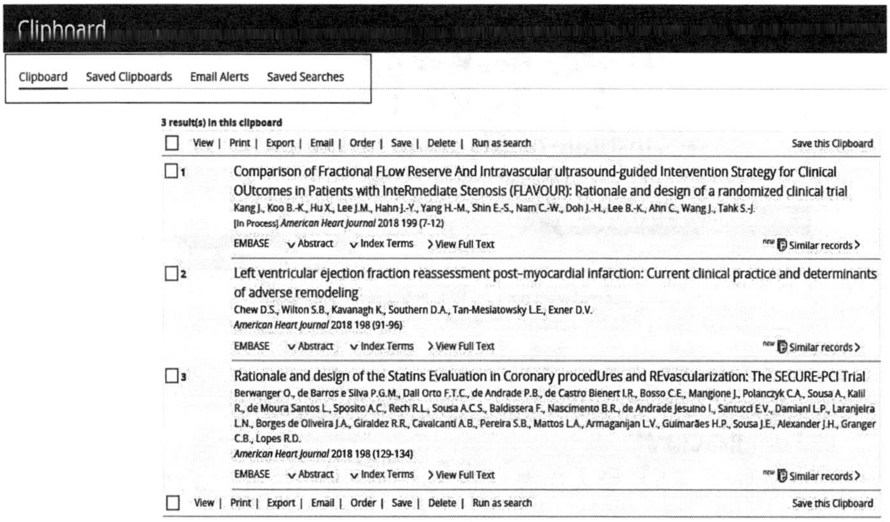

图 7-24　Embase 的 My Tools 选项

ERIC）隶属于美国教育部教育科学研究中心，主要给教育工作者、研究人员和公众提供教育知识和信息资源。

ERIC 包括两部分内容：教育资源（Resources in Education，RIE）和当前教育期刊索引（Current Index to Journals in Education，CIJE），其中，RIE 包含文学专著、研究报告、课程、教学指南、学位论文和书籍，CIJE 提供专业期刊的论文索引。

ERIC 网络版拥有超过 130 万条有关教育方面的研究报告、期刊文章、技术报告、政策文件、评论和教材等。ERIC 收录的教育类期刊可回溯到 1966 年，大部分是专家评审刊，提供书目信息（包括作者、题名、日期、期刊引用情况和出版商），部分书目信息可链接到全文。ERIC 的主题包括：成人、职业、与职业教育；残疾与天才教育；教育管理；小学与幼儿教育；高等教育；信息与技术；语言学与语音学；阅读与交流；教师与教师教育；城市教育，等等。

一、ERIC 的检索方法

ERIC 为了方便大众检索网站，不断进行网站的改进。目前其检索为一站式检索，检索界面见图 7-25。

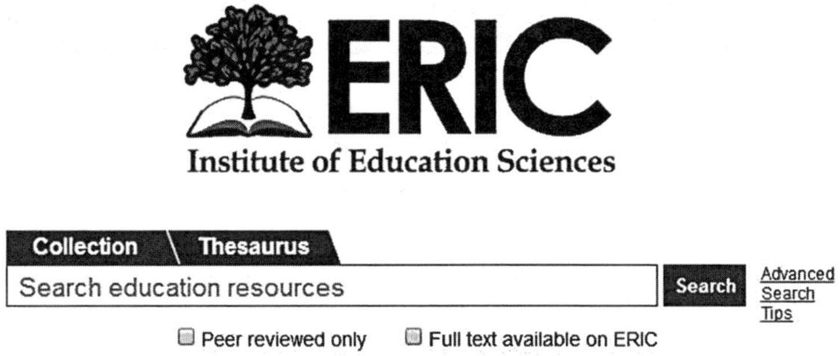

图 7-25　ERIC 检索界面

(一) 一框式检索

在检索框中，直接输入作者(Author)、题名(Title)、来源(Source)、摘要(Abstract)、叙词(Descriptor)和 ERIC 存取号(Accession Number)，或者 ISBN，ISSN or IES Grant/Contract Number 可以直接放入进行检索。例如：输入 human intelligent 可以检索出相关文献。

如果希望结果更精确，可以进行更多限定。如：

使用引号进行精确检索，如"artificial intlligence""no child left behind"

使用字段进行限制。ERIC 可用的字段包括：abstract、assessment、audience、author、descriptor、educationlevel、law、location、pubyear、source、title。

其使用方法如下，如：

- author：young
- author："john young"
- "regression analysis" title："test scores"
- abstract："no child left behind" pubyear：2002

ERIC 支持布尔逻辑 AND、OR，并支持通过逻辑算符进行组合检索。例如检索式：(prekindergarten OR kindergarten) AND literacy。

例如，在题名中检索"artificial intelligence"进行检索，其检索示例见图 7-26。

检索结果提示了是否为专家评审刊的文章、是否可以下载全文。其题录可保存(Save)、输出(Export)。

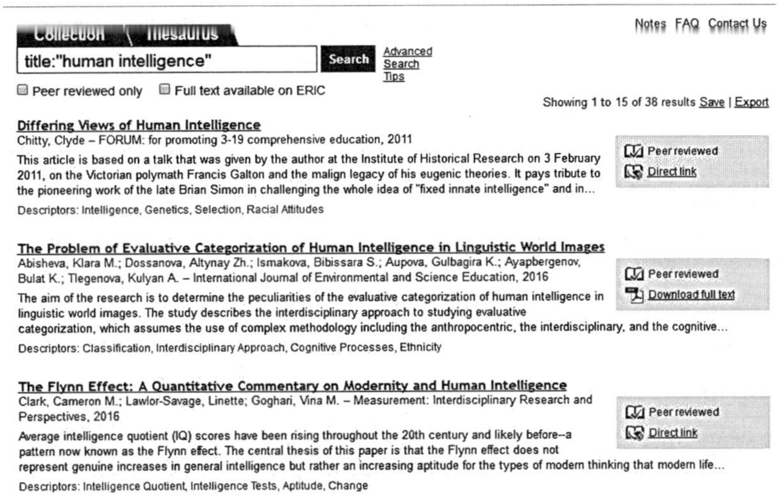

图 7-26　ERIC 检索实例

(二) ERIC 叙词表检索

在叙词表检索框中输入检索词，点击“检索”即可。例如，输入“education”进行检索，可检索出“academic education”“adult basic education”“Adult Vocational Education”等。叙词表检索示例见图 7-27。

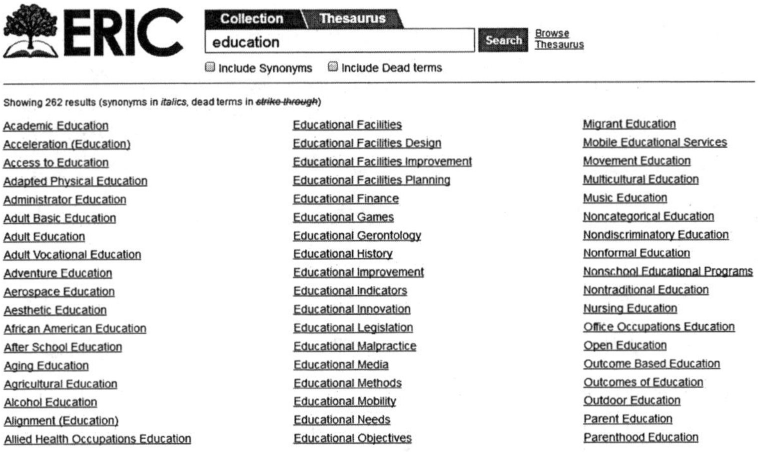

图 7-27　ERIC 叙词表检索实例

点击叙词表中任意一个词语，则显示其主题范畴(Scope Note)、上位词(Broader Terms)、下位词(Narrower Terms)和相关词(Related Terms)。例如点击 Academic Education 的链接点，则出现如下结果。可用这些上位词，下位词和相关词进行直接检索，见图 7-28。

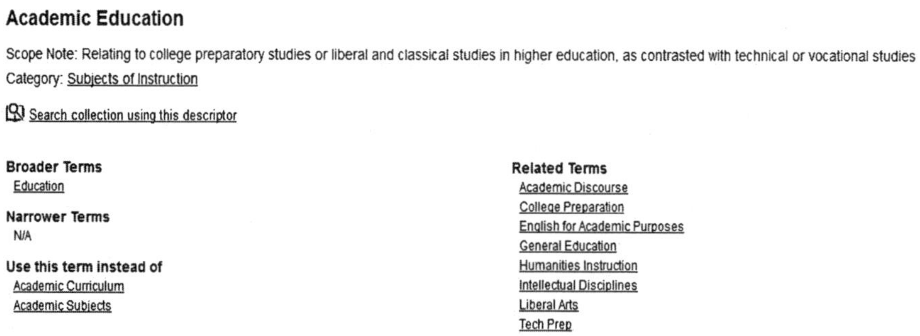

图 7-28　ERIC 叙词表中的上位词、下位词和相关词

以上为 ERIC 自身的网站检索，此外，该库内容在 OCLC firstsearch，EBSCOhost 平台均能检索。

第八节　公共事务信息数据库(PAIS International)

公共事务信息数据库(Public Affairs Information Service，简称 PAIS)是美国公共事务服务处出版的涉及公共政策、社会政策及社会科学的书目检索工具，收录的文献类型有：期刊论文、专著、政府档案、统计汇编、灰色文献、研究报告、会议资料，网络资源等。它包含超过 120 个国家的出版物。除英语文献外，还包括法语、德语、意大利语、葡萄牙语、西班牙语等语种的文献。

PAIS 索引数据库注重当今公共政策事务，强调确凿的统计信息，特别关注社会科学中关于公共政策、管理、立法方面的印刷和电子学术期刊。商业议题重点放在经济因素、工业调查、商业和社会交互及其类似的问题。与大众利益相关的法律、教育、药品、交通、出版物等也进行了索引。

PAIS 可在 CSA ILLumina 系统中可以检索到。以下以 CSA ILLumina 平台

为例，说明其使用方法。

一、检索方法

(一)快速检索(Quick Search)

快速检索只有一个检索框，设定为任意字段，在检索框中输入检索词或词组，允许使用布尔运算符，如 AND、OR、NOT 以执行广义或狭义检索。选择是否需要全文文献和同行评审刊，然后执行检索即可。如要检索 public affair，可直接在检索框中输入检索词，其检索界面见图 7-29。

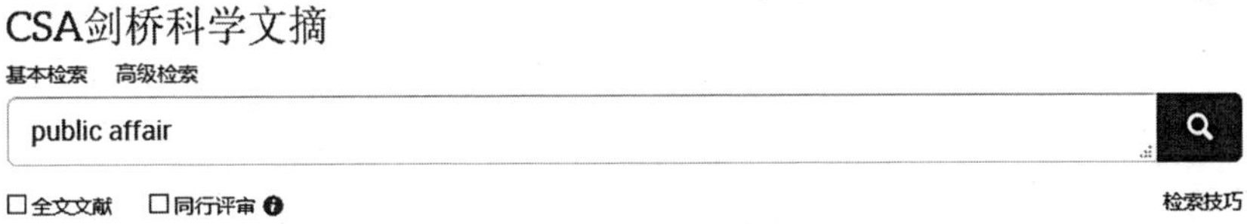

图 7-29　PAIS 快速检索界面与实例

(二) 高级检索(Advanced Search)

在多个检索框中输入检索词，再配合下拉式菜单作检索设定。若需增加检索字段，点击“添加行”；反之则点击“删除行”。输入欲检索的字词，并选择检索字段；用 AND、OR、NOT 组合每个检索字段之间的关系；从下拉式菜单中选择要检索的日期范围。

高级检索可对检索要求进行限制，如选择出版物类型(百科全书和参考工具书、报告、公司新闻、会议论文及记录、书籍、行业杂志、学术期刊、学位论文、研究手稿、政府与官方出版物)；文档类型的选择就更丰富了，有报告、标题版/封面故事、标准、博客、采访、菜谱、插图、唱片分类目录/电影作品年表、传记、短文，等等；另外还包含语言的选择。

例如，要在标题字段检索 public affair，在摘要字段检索 leadership，则其检索方式见图 7-30。

(三)检索技术

PAIS 存在常用检索规则或技巧，其检索运算符见表 7-6。

图 7-30　PAIS 高级检索界面与实例

表 7-6　**PAIS 检索运算符**

算符	含义	示例(说明)
AND	检索词同时出现在文章中	economy AND China，表示检索结果中必须同时出现 economy 和 China 两个关键词才符合检索条件
OR	检索词中的任意一个或多个出现在文章中	university OR college，检索结果中只要出现 university 或 college 其中的一个词就符合检索条件
NOT	后面所跟的词不出现在文章中	television NOT IPAD，检索结果中出现 television 但不能出现 IPAD 才符合检索条件
“ ”	词组查询，用于对词组进行精确检索	“artificial intelligent”表示只检索 artificial intelligent 作为词组形式的结果
截词符 *	取代单词中的任意一个(0，1，2，…)字母	educat * 可检出 educator，educators，educated，educating，education 等
通配符 ?	取代单词中的 1 个字母	wom? n 可以检索到 woman，women

续表

算符	含义	示例（说明）
near/n	两词相隔不超过 n 个词，词序不定	Econom * near/2 recovery 可以检出 economic recovery，recovery of the economy 等结果
PRE/n	两词相隔不超过 n 个词，词序固定	electronic PRE/2 resources 可以检出 electronic resources，electronic information resources 等结果
EXACT 或 X	在全部内容中查找准确检索词语。主要用于检索特定字段，如“主题”	SU. EXACT（“higher education”）可以检出包含主题词“higher education”的文件，而不会检出带有“higher education funding”主题词的文件。SU. X（“higher education”）与 SU. EXACT（“higher education”）的检索结果一样

二、检索结果的显示与处理

PAIS 数据库可根据检索需要，对出版物类型、出版日期、出版物名称、文档类型、主题、公司/组织、地点、人名、语言进行选择，从而使检索结果更精练。对检索结果可进行保存、打印、电子邮件发送等。其检索结果界面见图 7-31。

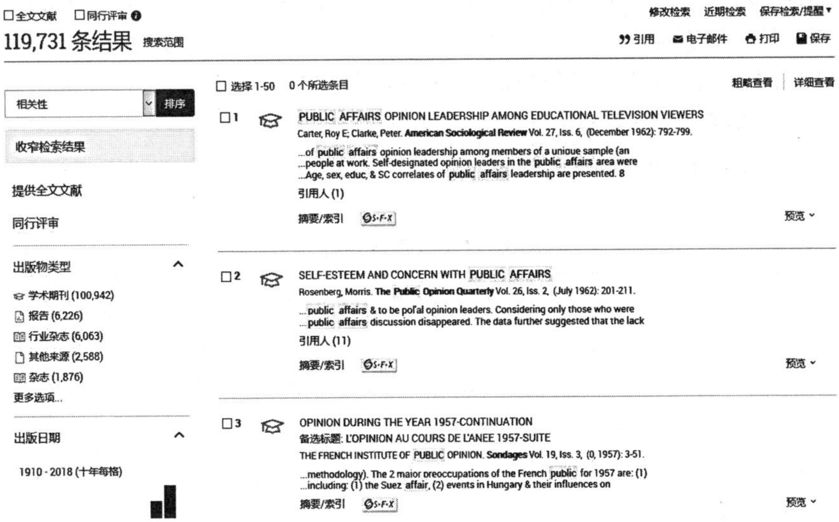

图 7-31　PAIS 检索结果界面

第九节　图书情报学专业数据库(LISA和LISTA)

一、图书馆学与情报学文摘(LISA)

图书馆学与情报学文摘(Library and Information Science Abstract, LISA)由英国Bowker-Saur公司生产，是国际性的图书馆学与情报学专业文摘和索引工具，是查找国外图书馆学与信息科学研究成果的必选工具，收录40多个国家、20多种文字的300种期刊的文摘信息，涉及信息管理、信息技术、网络技术、知识管理、图书馆和档案、图书馆管理、图书馆技术、图书馆应用和用户、信息检索等领域，可查找1969年至今的文献。

LISA网络版可从剑桥科学文摘(CSA)等检索系统进行检索。其检索可参照上节PAIS的检索。

二、图书馆学与信息科学与技术数据库(LISTA)

图书馆学与信息科学与技术数据库(Library, Information Science & Technology Abstracts, LISTA)内容涵盖图书馆管理、分类、编目、文献计量学、网络信息检索、信息管理等主题，560多种核心期刊、近50种领先期刊和近125本精选期刊；以及书籍、研究报告和学报编入索引。最早记录回溯到20世纪60年代中期，是信息科学领域收录信息量最大、回溯和持续时间最长的数据库。

下面以LISTA在EBSCOhost上的检索为例说明其使用方法。

(一)检索方法与技巧

LISTA在EBSCOhost上的检索运算符见表7-7。

表7-7　**LISTA检索运算符**

算符	含义	示例(说明)
AND	检索词同时出现在文章中	heart AND lung，表示检索结果中必须同时出现heart和lung两个词才符合检索条件
OR	检索词中的任意一个或多个出现在文章中	heart OR lung，检索结果中只要出现heart或lung其中的一个词就符合检索条件

续表

算符	含义	示例(说明)
NOT	后面所跟的词不出现在文章中	heart NOT lung，检索结果中出现 heart 但不能出现 lung 才符合检索条件
“”	词组查询，用于对词组进行精确检索	“global warming”表示只检索 global warming 作为词组形式的结果
截词符 *	取代单词中的任意一个(0，1，2…)字母	comput * 可检出 computer、computing 等
通配符 ?	取代单词中的 1 个字母	ne? t 可以检索到 neat，nest，next
Nn	两词相隔不超过 N 个词，词序不定	tax N3 reform 表示两词之间最多可插入 3 个单词，前后顺序可以颠倒
Wn	两词相隔不超过 N 个词，词序固定	tax W3 reform 表示两词之间最多可插入 3 个单词，前后顺序固定

1. 基本检索

在检索框中可键入检索词或检索式。需注意的是，如果输入的是用逻辑算符连接的检索式，在 Search Options 的 search mode 可选择布尔逻辑/词组(Boolean/Phrase)；如果输入多个检索词，在 Search Options 的 search mode 可选择查找全部检索词语(Find all my search terms)(相当于逻辑算符 AND)，查找任意检索词语(Find any of my search terms)(相当于逻辑算符 OR)。如果选择 search mode 为智能文本检索(Smart text searching)，则可在检索框中输入一个词组、一个句子、一段话，甚至整页文献。

可通过检索限制条件选项(Limit Your Results)限定只检索有全文(Full Text)的文章、限定检索某一种期刊(Magazine)中的文献或限定检索刊物为同行评审刊(Scholarly/Peer Reviewed Journals)；还可以限制检索的年代等。

例如，检索 higher education policy 方面的文献，可以在检索框中输入检索词，其检索界面见图 7-32。

2. 高级检索

高级检索有多个检索词输入框，可以选择检索的字段，包括：题名(TI)、主题词(SU)、摘要(AB)、关键词(KW)、出版物名称(SO)等。多个检索框间可选择逻辑关系 AND、OR、NOT。可以像基本检索一样设定 Search Options，并根据需要选择限制检索范围(Limiters)。

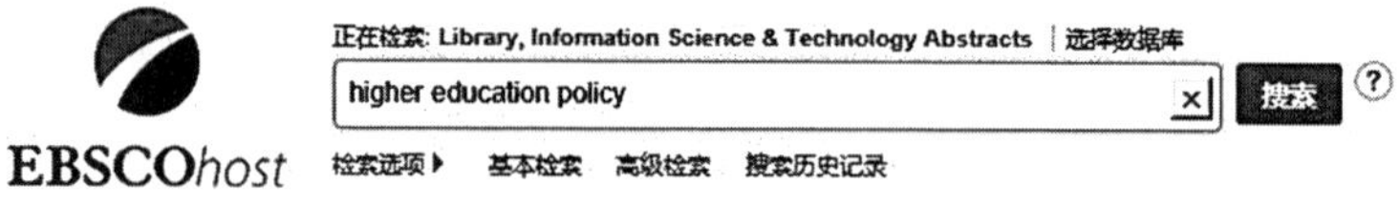

图 7-32　EBSCOhost 的基本检索界面

例如，要在摘要字段中检索 higher education 和 european union，可将两词输入检索框，并进行组合。其检索界面见图 7-33。

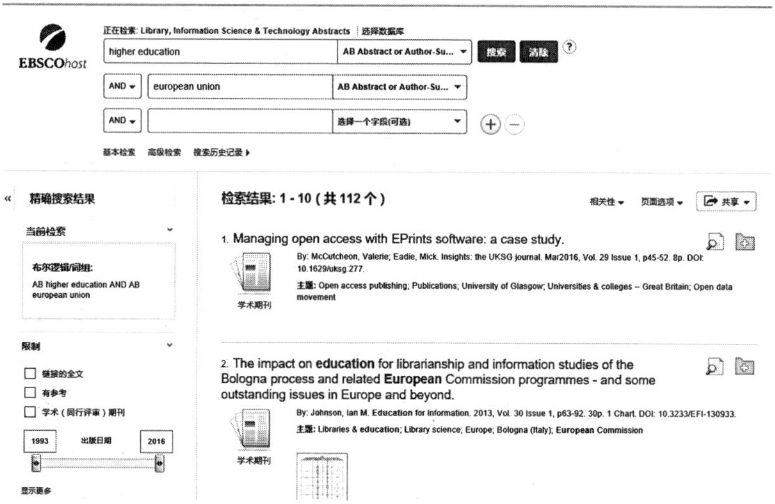

图 7-33　EBSCOhost 的高级检索界面

3. 辅助检索功能

在主界面的左上栏有一排按钮，提供了一系列辅助检索功能。索引(Indexes)提供了可检索字段的索引，方便查找检索用词的拼写形式，并可直接选词检索；词典(或词表)(Thesaurus)提供正式/非正式主题词、上位词、下位词、相关词、主题词描述等信息，以便用户选择合适的主题词，扩大/缩小检索范围；此处还提供出版物检索(Publications)、作者信息检索(Author Profiles)、图像检索(Images)、参考文献检索（Cited References)等专项检索功能。辅助检索功能界面见图 7-34。

LISTA 的词表功能，有三种浏览方式，即按“词语的开始字母”“词语包

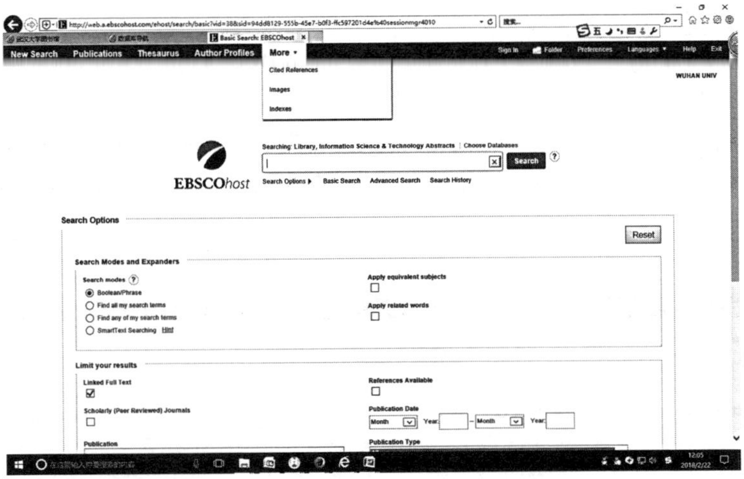

图 7-34　EBSCOhost 的辅助检索功能界面

含”“相关性排序”来浏览。例如，选择“词语包含”方式，输入 education 进行浏览，结果如图 7-35 所示。

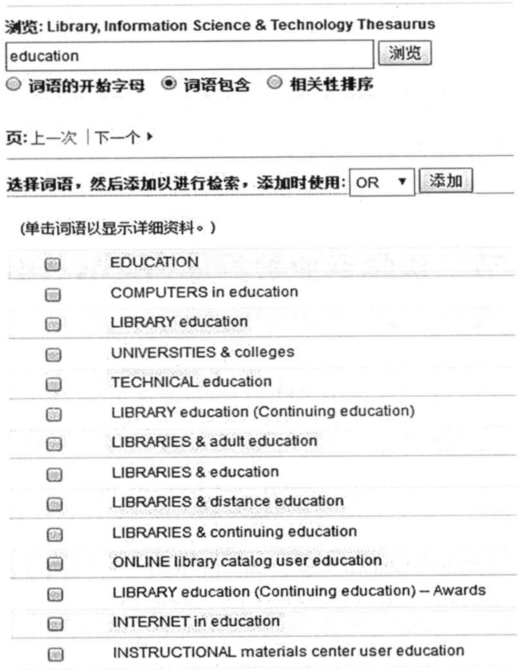

图 7-35　LISTA 的词表浏览功能

(二)检索结果的显示与处理

检索结果页面列出检索结果列表，显示数据库名称及检索式。检索中的每一条记录包括题名、作者、来源报刊、卷期、页码等信息，有全文的提供全文。检索结果可按日期、来源、作者、相关性排序。检索结果页面见图7-36。

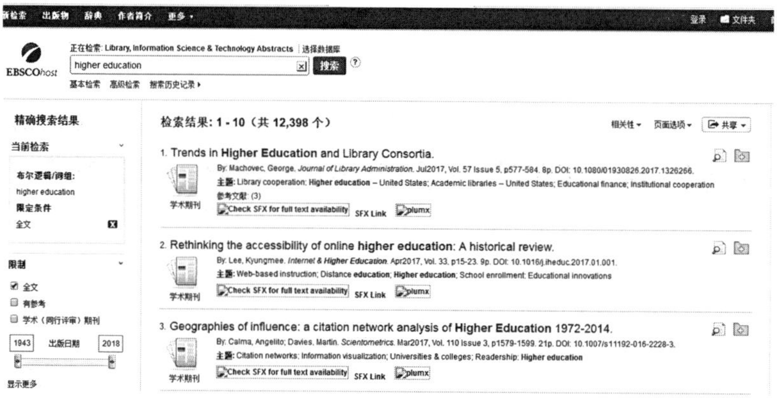

图 7-36　EBSCOhost 的检索结果页面

文件夹(Folder)可用于临时保存检索式、检索结果、检索通告(search alerts)等个人信息，保存的信息在当次检索过程中可多次利用，也可进行下载、打印和保存。

第十节　法学专业数据库(Lexis Advance)

Lexis Advance 是 Lexis 公司的全球学院版。Lexis 公司由美国俄亥俄州律师协会发起，始建于 1973 年，初期只提供全文的俄亥俄州、纽约州的法典和案例。1979 年 Nexis 加入，Nexis 是全球最大的提供新闻和商业出版物全文的数据库，以后，LexisNexis™在 Mead Data Central 公司旗下成立分公司。1994 年，Reed Elsevier 公司以 15 亿美元从 Mead 公司并购 LexisNexis™。从此 LexisNexis 成为 Reed Elsevier 集团的子公司①。同时 LexisNexis 推出网络

① Lexisnexis 公司发展历程大事记[EB/OL].[2019-07-28]. http://www2.lexisnexis.com.cn/Company/index.jsp.

版。其后，LexisNexis 与 Matthew Bender 出版社共同使用 Shepard's Citation，并通过互联网提供 Shepard's Citation 服务①。LexisNexis 为法律机构、大学（主要是法学院）、企业、政府与学术单位提供全面、权威的信息服务，包括：网络版、印刷版和光盘等形式，定期出版法律、税务和法规信息产品。

一、Lexis Advance 的资源

Lexis 公司的数据库产品有：律商联讯(LexisNexis)、Lexis. com、法律数据库（Lexis Advance）、国会大全（Congressional Universe）、统计大全（Statistical Universe）、环境大全(Environ. Universe)和学术大全(Academic Universe)等。

Lexis Advance 收录近 300 年美国联邦及各州的判例全文、美国法典、美国法典注释(即著名的美国联邦立法信息服务 USCS)、联邦行政法典等联邦制定法及各州的制定法全文，美国商业部和美国国贸局及各级行政法令或规则以及法院裁决，数百种法律期刊、美国法律报告、法令释文，英国、加拿大、欧盟、俄罗斯、法国等 20 多个国家和地区的法律资料，以及中国最新的法律法规和从最高法院和最高检察院获取的 100 余个能为法律实践带来实质影响的精选案例。

Lexis Advance 是目前世界上最大的为法律研究提供全文检索的联机服务系统之一，可以提供美国最近 50 年的判例全文，包括早期如 18 世纪的部分判例；完整的联邦和各州的制定法；大量的联邦和州的行政法律规章；丰富的二次法律文献信息，包括核心法律期刊、杂志和报告、法律书籍、法律重述(Restatements)、美国律师协会法律继续教育资料、法律百科全书、辞典等，为法学专业师生和研究者，以及对法律有兴趣的非法律专业人士提供优质的文献及服务。在 Lexis Advance 的主页可以看到检索入口。

二、Lexis Advance 的检索

(一)主页概述

进入 Lexis Advance 数据库②后，可见其简洁的检索页面，如图 7-37 所示。

①任何页面点击所出现的 Lexis Advance ©标志即回到主页。

②选择订购的 Lexis 公司其他资源：点击下标箭头例如 Lexis. com。

---

① 刘丽君，于丽英．漫游虚拟法律图书馆[M]．北京：法律出版社，2004：99.

② Lexis Advance[EB/OL]．[2024-08-22]．http：//advance. lexis. com/

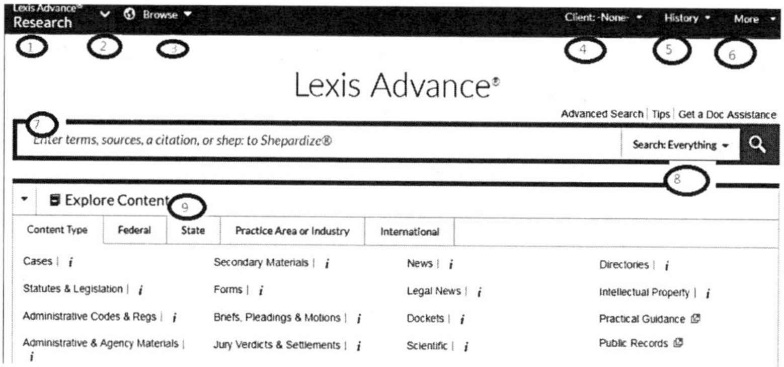

图 7-37　Lexis Advance 的检索页面

③浏览资料来源或法律主题：先点击 Browse，再选择 Sources 或 Legal Topics。可按其分类层级深入了解或搜寻特定的资料来源或主题。

④更改/编辑 用户身份资料。

⑤回到最近的检索或读取的文件，与红色检索框下方的 History 图标功能一样。

⑥Help 链接及其他的设定，如：Sign in Profile，Sign Out，Folders，Alerts，Notifications。

⑦检索框，输入检索式或检索词进行检索。

⑧以内容、司法管辖或执业范围等检索过滤词来精确限定原来的检索词，也可用检索字词与连接符号来协助精确检索。点击 explore content，再利用最近的资料来源、检索过滤词或主题，亦可过滤检索结果。

(二)检索方式

1. 无须限定文献来源

键入自然语言检索词，例如：在美国醉驾有什么责任？（What responsibilities do drunk driving have in the United States）或者数据安全与隐私保护(Data security and privacy protection)，点击 Search。无须选择资料来源，键入部分或完整的文献名称可检索到这个文献题名及文档(有时只有题名)。

键入检索式(由检索词及连接词组成)，例如：数据安全与隐私保护检索式：(personal pre/1 (information or data) or Privacy) w/5 (protect! or secur! or safe! or assur!)，再点击 Search 。

键入热门的判例名称 A v. B，并点击 Search，即可获得判例的相关资料。

键入法规名称并点击 Search，以获得该法规全文。

键入 Shepard's Request，例如：shep：100 f2d 123，在键入的同时，红色检索框会提供建议的检索词汇、文件或资源。可进行调整然后点击 Search，获得检索结果。

键入引注号，例如：100 f2d 123，并点击 Search，获取全文资料以及检索结果。

引注号检索实例：检索 410 U. S. 113。

在主检索框中键入判例引注号 410 U. S. 113，选择 Document，点击 Search，然后在检索结果页面点击 Text，进入如图 7-38 所示的判例文献阅读页面。

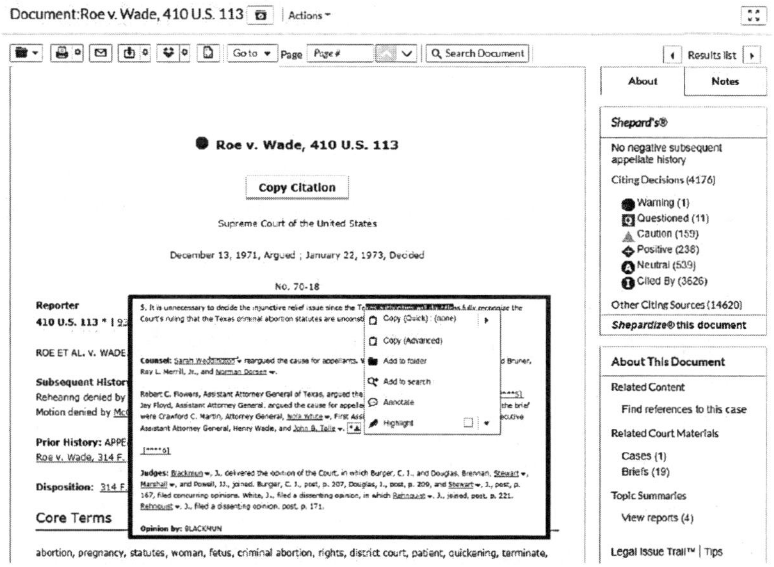

图 7-38 Lexis Advance 的判例文阅读页面

此页面右栏上半部分是谢泼德引注分析工具，可查看 Roe v. Wade 一案的 Shepard's 法律状态。可以直接在界面上看到 Shepard's Report 及可能的争议分析。Shepard's 不仅提供引注分析，还提供该案的上诉历史以及该文献的被引文献趋势分析，如图 7-39 所示。

此页面右栏下半部分是针对 Roe v. Wade 一案所涵盖的主题范围，可以找到精确的判决先例与法规、重要次级参考文献、举证责任细节及审查标准等。另外，利用 Topic Summary，也可在 LexisNexis © Headnotes 旁边找到主

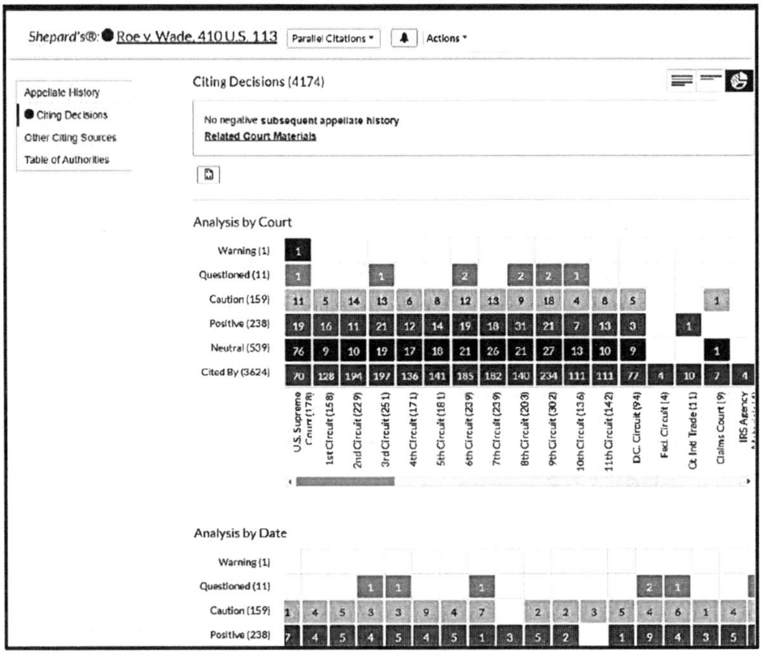

图 7-39　Lexis 的 Shepard's citation 服务

题摘要简明案例的图示，点击链接主题摘要报告，以加速法律主题的查找。

2. 在特定的文献集中进行检索

Lexis Advance 允许检索特定的文献来源，如在 statutes and legislation 文献集中检索 1952 年的美国移民法。

在总检索框右端有“search everything”按钮，点击此按钮，然后选择 catgeory 栏目下的 statutes and legislation 文献集，回到检索状态。

在检索框中键入 immigration nationality 后，检索系统就有两种推荐：一种是 sources 资源子库；另一种是与 immigration nationality 相关的文档。点击 immigration and nationality act 结果页面后出现 40 多个文档，其中就有“82 P. L. 414”即 immigration and nationality act 1952。

结果页面分三栏显示。左栏是：检索结果分类、司法管辖区列表；中间是文档结果列表；右栏是文档对应的内容简况，如：内容概要、是否是公法、司法管辖以及公布日期。

点击 82 P. L. 414 就是 immigration and nationality act 1952 的提要页面。题名之下分别是：生效日期；文献引注号(citation)，一般 P. L. 位于最前

面，其后依次是 Stat. 和 U. S. C. 再后面就是其他文献的引注号；Synopsis 是 immigration and nationality act 1952 法律的提要；Text 即是 Immigration and nationality act 1952 文本链接。

点击 Text 即可进行文本下载。在此页面还可以进行文本的 Shepard's 法律状态查看以及 Citation 引注分析。可以直接在页面上看到 Shepard's Report。

(三) 支持的检索功能

支持布尔逻辑“与”(AND)、“或”(OR)、“非”(AND NOT)；截词检索(!, *)，其特色检索功能有 3 个。

1. 自然语言检索(Natural Language)

用户只需输入自然语言，即用通俗易懂的句子输入进行检索，而无须任何专业术语和连接词。通常适用于以下情况：一般概念性问题的查找，特别是主题明确的问题；对一个问题仅知道一些基本的术语；对一个复杂的问题无法用确切的检索词和运算符进行有效检索的时候；对已有检索结果进行补充检索以求得到一个更为完美的检索结果。

2. 位置限制的检索

W/N(N = 1~255 的数字)，限定两个关键词出现的距离不超过 N 个单词，但关键词的顺序不限。例如：market W/5 share 表示：market 与 share 两字出现的字数距离不超过 5 个单词。

PRE/N(N = 1~255 的数字)限定两个关键字同时出现在文件中，且第一个字的位置必须比第二个字超前 N 个单词。

W/S 限定关键词要出现在同一个句子中。

W/P 限定关键词要出现在同一个段落中。

W/SEG 用以限定关键词要出现在文章的同一个部分中，例如标题、本文或作者等。

3. 字段限制检索

(1)通用字段检索

检索特定刊物用 PUBLICATION( )，例如：PUBLICATION (new york times)，括号中键入要检索的刊物名称，则只在该刊物内容中搜寻。

检索标题 HEADLINE( )，例如：HEADLINE (IBM)，括号中键入要找的标题关键字。

检索标题与第一段 HLEAD( )，例如：HLEAD (college playoff AND Nike)，括号中键入要出现在标题及第一段的关键字。

以文件长度检索 LENGTH( )，例如：LENGTH > 1000 可限定文件长度。

(2)Caselaw 常用字段检索

以原告或被告名称检索用 NAME，例如：NAME(Microsoft)，括号中键入要找的诉讼任何一方的名称。

依法院检索用 COURT，例如：COURT(California and supreme)，可搜寻特定法院的判例。

◎ 思考题

1. CSA 怎样进行跨库检索？

2. 在 CSA 中，通过命令行检索方式，要检索题名中含 global positioning system，且主题中含 remote sensing，怎样构造检索式？

3. Ei“快速检索”方式下，有多少检索字段，请列出 6 个字段。

4. 请以实例说明 Ei 的词根检索(Autostemming)功能。

5. 在 Ei 专家检索方式，检索摘要中含“remote sensing”的文献，检索式应该怎样写？

6. 分别利用 PubMed 的主题词或自由词，检索乳腺癌与艾滋病方面的资料。

7.《荷兰医学文摘》(EMBASE)的基本检索模块包含哪些检索途径？

8. 在《荷兰医学文摘》中词表(EMTREE)中检索 experimental animal disease，其受控叙词(也称为优先词)是哪一个？

9. 在 ERIC 中，在摘要(Title)字段分别检索 smart education 和“smart education”(检索式带引号)，分别得出多少条记录？记录数相同吗？如果记录数不同，试分析一下原因。

10. PAIS 全称是什么？该库包含的文献类型有哪些(请列出至少 5 种文献类型)？

11. PAIS 中，在其他条件均相同的情况下，一般而言，electronic PRE/2 resources 与 electronic near/2 resources 相比，哪个检出的结果多？请说明原因。

12. 查找图书馆学和情报学的专业文献数据库有哪两个？其全称和简称分别是什么？

13. 利用 Lexis Advance 数据库，如何检索某主题词下的 Leading case？

14. 在 Lexis Advance 数据库中，如何检索某一先例的各个争点的法律有效状态？

15. 在 Lexis Advance 数据库中，如何检索波斯纳大法官审结的工作性别歧视的判例？

第八章 专类信息的检索

第八章导学视频　　第八章授课 PPT

第四至七章的检索系统主要检索图书与期刊论文，若需检索其他类型的文献，则可选择更多的检索工具。本章讨论如何检索专利、商标、学位论文、会议论文、科技报告、标准与开放数据。

第一节　专利信息的检索

2021 年 9 月，中共中央、国务院印发了《知识产权强国建设纲要(2021-2035 年)》，提出发展目标为："到 2025 年，知识产权强国建设取得明显成效，知识产权保护更加严格，社会满意度达到并保持较高水平，知识产权市场价值进一步凸显，品牌竞争力大幅提升，专利密集型产业增加值占 GDP 比重达到 13%，版权产业增加值占 GDP 比重达到 7. 5%，知识产权使用费年进出口总额达到 3500 亿元，每万人口高价值发明专利拥有量达到 12 件(上述指标均为预期性指标)。"高度重视专利在知识产权强国建设中的作用。该纲要要求，"加强覆盖全面、服务规范、智能高效的公共服务供给。实施知识产权公共服务智能化建设工程，完善国家知识产权大数据中心和公共服务平台，拓展各类知识产权基础信息开放深度、广度，实现与经济、科技、金融、法律等信息的共享融合。"

扫码看《知识产权强国建设纲要（2021—2035年）》

专利是世界上最大的技术信息源，专利信息作为集技术信息、法律信息、经济信息为一体的重要信息源，正在越来越被人们所重视。通过对专利信息的分析，可以跟踪最新技术动态、考察行业的技术走向和竞争对手的重点技术等。

据世界知识产权组织（World Intellectual Property Organization，简称WIPO）统计，世界上每年诞生的新技术中90%~95%记载于专利文献中。专利是各种资料中唯一能够全盘公开技术核心的，专利说明书中的技术研发成果80%以上并未记载在其他各类文献中（期刊、图书、论文等）；善于利用专利信息既可缩短研究时间又可节省经费。据世界知识产权组织估算，充分利用专利文献，在应用技术领域，可缩短科研周期约60%，节省研究经费约40%。

WIPO于2024年5月2日发布了《2024年世界知识产权指标》年度报告，该报告显示，2023年，全球申请人提交了近4亿件发明专利申请，创历史新高①。

专利可为企业提供研究发展方向，建立发展特色，创造竞争优势提供宝贵的参考。由此可见专利信息资源的重要性。

专利信息在企业开发新产品、科研人员申报科研项目、项目结题、申报奖励、预测有关技术的发展前景等环节都要用到，而《德温特专利索引》等著名的专利数据库要通过Web of Science等国外商业性信息检索系统才能利用，且其收费很高；另有getthepatent.com、中文的智慧芽（patsnap）与大为（innojoy）等收费的专利搜索引擎。个人用户或小型的图书情报机构因各种原因没有专利纸质文献、光盘数据库的收藏，也没有购买商业数据库的使用权。越来越多的网上免费专利信息对图书情报机构而言正好作为一个补充。

① WIPO. World Intellectual Property Report 2024[EB/OL].[2024-08-24]. https://www.wipo.int/web-publictions/world-intellectual-property-report-2024/en/index.html

一、专利概述

(一)专利的含义

专利(patent)一词来源于拉丁语 Litteraepatentes，意为公开的信件或公共文献，是中世纪的君主用来颁布某种特权的证明。对“专利”这一概念，目前尚无统一的定义，其中较为人们接受并被我国专利教科书所普遍采用的一种说法是：专利是专利权的简称。它是由专利机构依据发明申请所颁发的一种文件。这种文件叙述发明的内容，并且产生一种法律状态，即该获得专利的发明在一般情况下只有得到专利所有人的许可才能利用(包括制造、使用、销售和进口等)，专利的保护有时间和地域的限制。我国专利法将专利分为三种，即发明、实用新型和外观设计①。

专利包含三层含义：

1. 专利权

专利权是指国家专利主管机关依据专利法授予申请人的一种实施其发明创造的专有权。也就是说专利权是一种专有的、排他性的权利，是国家授予发明人对其发明创造所享有的一项独占实施权，其他人未经专利人许可，不得实施其专利，否则就是侵权，要赔偿损失，严重的要受法律制裁。专利权是一种知识产权，它与有形产权不同，具有时间性和地域性限制。

2. 专利技术

专利的第二层意思是从技术角度来阐述的，即指受专利保护的技术发明，简称“专利技术”。专利技术的特点之一是它必须具备专利法中规定的“三性”条件，即新颖性、创造性和实用性。《中华人民共和国专利法》在“第二章授予专利权的条件”第二十二条规定：授予专利权的发明和实用新型，应当具备新颖性、创造性和实用性。新颖性，是指该发明或者实用新型不属于现有技术；也没有任何单位或者个人就同样的发明或者实用新型在申请日以前向国务院专利行政部门提出过申请，并记载在申请日以后公布的专利申请文件或者公告的专利文件中。创造性，是指与现有技术相比，该发明具有突出的实质性特点和显著的进步，该实用新型具有实质性特点和进步。实用性，是指该发明或者实用新型能够制造或者使用，并且能够产生积极效果。本法所称现有技术，是指申请日以前在国内外为公众所知的技术。

① 中华人民共和国国家知识产权局．专利文献与名词解释：专利[EB/OL]．[2019-08-03]．http：//www.sipo.gov.cn/wxfw/zlwxxxggfw/zsyd/zlwxjczs/zlwxjczs_zlwxymcjs/1053663.htm.

3. 专利说明书

专利的第三层意思是从文献角度来阐述的，通常指专利说明书。专利说明书中记载有发明内容的详细说明和受保护的技术范围。这种对发明进行公开的专利说明书，既是一种法律文献，又是有价值的技术情报。

(二)专利的类型

各国对申请专利的发明创造，按其技术上的深度和范围分为若干类型。《中华人民共和国专利法》第一章"总则"第二条规定：本法所称的发明创造是指发明、实用新型和外观设计。发明，是指对产品、方法或者其改进所提出的新的技术方案。实用新型，是指对产品的形状、构造或者其结合所提出的适于实用的新的技术方案。外观设计，是指对产品的形状、图案或者其结合以及色彩与形状、图案的结合所作出的富有美感并适于工业应用的新设计①。

二、专利信息

专利信息是指以专利文献作为主要内容或以专利文献为依据，经分解、加工、标引、统计、分析、整合和转化等信息化手段处理，并通过各种信息化方式传播而形成的与专利有关的各种信息的总称。专利信息可分为五种信息，即：技术信息、法律信息、经济信息、著录信息和战略信息②。

三、专利文献

(一)专利文献的概念

世界知识产权组织1988年编写的《知识产权教程》阐述了现代专利文献的概念："专利文献是包含已经申请或被确认为发现、发明、实用新型和工业品外观设计的研究、设计、开发和试验成果的有关资料，以及保护发明人、专利所有人及工业品外观设计和实用新型注册证书持有人权利的有关资料的已出版或未出版的文件(或其摘要)的总称。"③该概念包含的内容是：

---

① 中华人民共和国专利法(全文)[EB/OL].[2019-08-03]. http://www.china.com.cn/policy/txt/2009-03/06/content_17389395.htm.

② 中华人民共和国国家知识产权局. 专利文献与名词解释：专利信息[EB/OL].[2019-08-03]. http://www.sipo.gov.cn/wxfw/zlwxxxggfw/zsyd/zlwxjczs/zlwxjczs_zlwxymcjs/1053661.htm.

③ 中华人民共和国国家知识产权局. 专利文献与名词解释：专利文献[EB/OL].[2019-08-03]. http://www.sipo.gov.cn/wxfw/zlwxxxggfw/zsyd/zlwxjczs/zlwxjczs_zlwxymcjs/1053676.htm.

专利文献所涉及的对象是提出专利申请或批准为专利的发明创造；专利文献不仅仅是关于申请或批准为专利的发明创造技术内容的资料，也是关于申请或批准为专利的发明创造权利持有相关内容的资料；专利文献所包含的资料有些是公开出版的，有些则仅为存档或仅供复制使用的。综上所述，专利文献主要是指实行专利制度的国家及国际专利组织在受理、审批、注册专利过程中产生的官方文件及其出版物的总称。

就广义而论，专利文献是指实行专利制度的国家及国际性专利组织，在审批专利过程中产生的官方事件及其出版物的总称，主要包括申请说明书、专利说明书等各类有关文件，以及专利公报、检索工具和专利分类表等出版物，就狭义而言，专利文献通常单指专利说明书。

专利文献通常具有数量巨大、内容广博，反映最新的科技信息，格式统一、形式规范的特点。

我国出版的专利文献主要包括以下类型：《中国专利公报》，这是国家知识产权局编辑出版的官方出版物，分为《发明专利公报》《实用新型专利公报》《外观设计专利公报》三种；《发明专利申请公开说明书》《发明专利说明书》；《实用新型专利说明书》。

（二）专利文献的类型

1. 一次专利文献

一次专利文献泛指各种类型的专利说明书。包括授予发明专利、发明人证书、医药专利、植物专利、工业品外观设计专利、实用证书、实用新型专利、补充专利或补充发明人证书、补充保护证书、补充实用证书的授权说明书及其相应的申请说明书。

2. 二次专利文献

二次专利文献一般指各工业产权局出版的专利公报、专利文摘出版物和专利索引。专利公报具有通报近期专利申请和授权的最新情况、进行专利文献的追溯检索等作用，它收录专利申请的审查和授权情况，包括：有关申请报道，有关授权报道，有关地区、国际性专利组织在该国的申请及授权报道，与所公布的申请和授权有关的各种法律状态变更信息等，如中国专利文摘库。对德温特世界专利索引（Derwent World Patents Index）和专利引文索引（Patents Citation Index）的内容进行整合的德温特世界专利创新索引（Derwent Innovations Index，DII）。

3. 专利分类资料

专利分类资料是用于检索专利文献的工具，即专利分类表及分类表索引等。专利分类是按专利文献的技术内容或主题进行分类，以便于查找。各国都有自己的专利分类法，各自采用的分类原则、分类体系和标识符号都不相同。按各种不同的专利分类表进行检索极为不便。目前，大多数国家都已废弃本国的专利分类表，改用《国际专利分类表》，只有英、美两国仍在采用自己的专利分类表，但在其专利文献上也都同时注有国际专利分类号。《国际专利分类法》几乎在所有与专利相关的数据库中被使用，因此是专利检索的一个非常强大的工具①。

(1)《国际专利分类表》

《国际专利分类表》(International Patent Classification，IPC)是根据1971年签订的《国际专利分类的斯特拉斯堡协定》编制的，是目前唯一国际通用的专利文献分类和检索工具。IPC每五年修订一次。新版IPC于每年1月1日生效，目前最新版本为2024.01版②。目前已有超过100个国家使用IPC③，我国也采用IPC。

IPC采用功能(发明的基本作用)和应用(发明的用途)相结合、以功能为主的分类原则，按照技术主题设立类目，把整个技术领域分为以下5个不同等级，用户可通过IPC网站进行浏览与检索。

部(section)。用字母表示，8个部分别为："A部：人类生活必需(Human Necessities)""B部：作业、运输(Performing Operations; Transporting)""C部：化学、冶金(Chemistry; Metallurgy)""D部：纺织、造纸(Textiles; Paper)""E部：固定建筑物(Fixed Constructions)""F部：机械工程、照明、暖气、武器、爆破(Mechanical Engineering; Lighting; Heating; Weapons; Blasting)""G部：物理(Physics)"、"H部：电学(Electricity)"。

分部(subsection)。只有标题，没有类号。如"A部"下设4个分部：农业(Agriculture)，食品；烟草(Foodstuffs; Tobacco)、个人或家庭用品(Personal or domesticarticals)以及健康；延长寿命；娱乐(Health; Life-saving; Amusement)。

大类(class)。用数字表示，每一个大类的类号由部的类号及在其后加上两位阿拉伯数字组成，如A63表示"运动、游戏和娱乐"大类。

---

① International Patent Classification: Frequently Asked Questions[EB/OL]. [2024-08-03]. https://www.wipo.int/classifications/ipc/en/faq/.

② International Patent Classification (IPC) [EB/OL]. [2019-08-03]. https://www.wipo.int/classifications/ipc/en/.

③ International Patent Classification: Frequently Asked Questions[EB/OL]. [2024-08-24]. https://www.wipo.int/classifications/ipc/en/faq/.

小类(subclass)。大类下设小类，每一个小类类号由大类类号加一个英文字母组成，但A、E、I、O、U、X这六个字母不用，如A63H表示的小类为“玩具”(Toys)。

主组(main group)和分组(sub group)。“组”用数字表示，“主组”和“分组”之间用/分开。主组类号由小类号加上1~3位数字，后再加/00来表示，如F01N3/00。分组类号由主组类号加上一个除00以外的至少有两位的数组成，即用斜线后面的2-5位数字表示。分组是主组的展开类目。但斜线后的数字在分类表中不表示任何进一步细分类的等级关系。如A63H 3/00表示的组为“玩偶”(Dolls)。

国际专利分类号由五级号组成，下面是一个完整的IPC分类号：

F	04	D	29/00		F	04	D	29	/30
↑	↑	↑	↑		↑	↑	↑	↑	↑
部	类	小类	主组		部	类	小类	主组	分组

(至主组级)　　　　(至分组级)

(2)欧洲专利分类法

欧洲专利分类系统(European Patent Office Classification，EPO Classification，简称ECLA)曾是欧洲专利局内部专用于检索的分类系统。该系统是基于IPC分类系统下细分的系统，ECLA与IPC的分类中均分为相同的8个部，ECLA的类号类名、参见、附注、分类规则、分类方法定义均与IPC相同①。

为了提升分类的国际兼容性，欧洲专利局于2012年12月全面停用ECLA，并与美国专利商标局(USPTO)合作，二者结合并协调各自的分类标准ECLA和USPC，研制出新的专利分类法：联合专利分类法(Cooperative Patent Classification，CPC)。该分类法是IPC的延伸，由欧洲专利局和美国专利商标局共同管理。EPO目前除了IPC，还主要使用CPC②。

CPC一共分为9个部(sections)，分别是A-H部和Y部。其中A-H部与IPC的8大部完全一致，Y部为CPC专有的部，具体常用于标记：新技术的发展；跨IPC部类的技术；使用USPC中的艺术品XMARCs和摘要的工艺品。由于CPC是IPC的延伸，因此CPC的类名、类号、参见、附注、分类

---

① 柯平．信息检索与信息素养概论(第2版)[M]．北京：高等教育出版社，2015.

② Classification [EB/OL]. [2019-08-03]. https://www.epo.org/searching-for-patents/helpful-resources/first-time-here/classification.html.

规则、分类方法等基本都可引用 IPC 的相关定义。目前，CPC 一共拥有大概 25 万个分类条目①。

CPC 经常修改更新，基本上 2~3 个月更新一次，更新频率不确定，基本于更新当月的 1 日推出新版本，目前最新的版本为 2019 年 8 月 1 日的修订版②。

(3)美国专利分类体系

美国专利商标局与欧洲专利局进行合作，共同研制、管理新的专利分类法 CPC。但是 USPC 并未被停用，用户可以在 USPTO 进行检索的时候选择使用 CPC 或 USPC③。美国专利分类体系(United States Patent Classification System，USPC)是按照技术主题对美国专利文献和其他技术进行组织的重要工具，每个主题分为大类(Class)和小类(Subclass)，如"2/456"表示第 2 大类的 456 小类。

美国专利分类体系虽然较完整，类目详细，但却十分复杂，其主要组成部分④有：

专利分类表。目前的分类表大概有 470 个大类，设定大类序号从 D01 至 D99，002 至 987，还有两个独立的大类分别是 G98 和 PLT。其中有许多空缺号码，如 D32 和 D34 之间空缺了 D33，D34 和 D99 之间均为空缺。全部小类约 15 万个，是目前世界上较详细的分类系统之一。可在线查看所有的大类和其下的小类的类号与名称(Class Numbers & Titles)⑤。

专利分类手册(The Manual of Classification，MOC)。MOC 将 USPC 中所有有效类目按类排列，其电子版可以 HTML 和 PDF 格式查找。

指导专利文献分类的工具，包括：专利分类表，详细描述其分类体系中所有大类及小类所包括的技术范围，并通过"附注"对使用者指出相关的分

---

① Cooperative Patent Classification (CPC) [EB/OL]. [2019-08-03]. https://www.epo.org/searching-for-patents/helpful-resources/first-time-here/classification/cpc.html.

② CPC Scheme and Definitions [EB/OL]. [2019-08-03]. http://www.cooperativepatentclassification.org/cpcSchemeAndDefinitions.html.

③ USPTO Classification Resources [EB/OL]. [2019-08-03]. https://www.uspto.gov/web/patents/classification/.

④ Overview of the U.S. Patent Classification System (USPC) [EB/OL].[2019-08-03]. https://www.uspto.gov/sites/default/files/patents/resources/classification/overview.pdf.

⑤ US Classes by Number Menu [EB/OL]. [2019-08-03]. http://www.uspto.gov/web/patents/classification/selectnumwithtitle.htm.

类位置；分类表索引，为了帮助使用者尽快地查阅分类表、在分类表的相关位置准确地确定分类号，USPTO 提供了按英文 26 个字母顺序排列的“美国专利分类法索引系统”①，可以 HTML 和 PDF 两种格式显示，如要查找婴儿摇篮对应的专利分类号，可在字母 B 下查找“Baby”，再在 Baby 下找到“Cradle”，得知其对应的专利号为：5/101+。

分类数据系统(Classification Data Systems，CDS)，包括数据库和对存储与管理的文献进行自动处理。

美国专利分类标准与程序(The United States Patent Classification Standards and Procedures，USPCLASP)，包括专利分类表的修改、变化等。

(4)日本专利分类法

日本专利分类法是日本专利局的内部分类系统。审查员用其分类系统对专利申请分类或检索，也将其分类号公布在日本的专利文献上，公众可以从因特网进入日本专利局数字图书馆，用日本专利分类检索日本专利文献。日本专利分类法分为 FI(File Index)分类系统和 F-term(File Forming Term)分类系统②。

FI 系统是在 IPC 分类下的继续细分系统，其分类号构成如下：细分号，在 IPC 小组下的细分类称为细分号，由三位数字组成；文档细分号，将 IPC 的某些小组细分或对细分号再次细分的分类号称为文档细分号，文档细分号用一个英文字母表示；方面分类号，从技术主题的不同技术特征，在 IPC 小组下以不同角度继续细分号称为方面分类号，它由三个英文字母组成(类似 IPC 混合系统中的引得码)。

F-term 分类系统是专门用于计算机检索的分类系统，是从技术主题的多个角度考虑分类类目，也从多个角度限定需检索单位的文献量。例如，从技术主题的多个技术观点，如用途、结构、材料、方法等考虑分类类目。F-term分类系统已归类有 2900 个左右技术主题范围，这些技术主题对应于 IPC 分类中相同的技术领域，并设置一个主题属于 F-term 的一个组，称为 F-term 主题表。F-term 的应用是从专利文献中取出有关的词语输入计算机系统中，检索时再用 F-term 的检索词进行检索，得到命中的所需文献

---

① Index to the United States Patent Classification (USPC) System[EB/OL]. [2019-08-03]. http://www.uspto.gov/web/patents/classification/uspcindex/indextouspc.htm.

② 高立华，于欣. 日本特许厅在线翻译研究[J]. 专利文献研究，2008(3)：18-26.

信息。

我国建立专利制度较晚，在 1985 年实行专利制度时就直接采用了全世界通用的发明专利“国际专利分类法”，对于实用新型专利也同样采用上述分类法进行分类。对于外观设计专利，则采用了“国际外观设计分类表”。我国于 1997 年 6 月 19 日才正式成为“国际专利分类斯特拉斯堡协定”的签约国，目前该协定有 62 个签约国①。

（三）专利文献的结构

专利说明书是专利文献的主体内容。我国的专利说明书有相对稳定的结构与编号系统，掌握这些知识有助于用户了解专利文献的内容。

我国的专利说明书一般由扉页、权利要求书、说明书及附图组成。扉页主要包括发明名称、申请人（专利权人）、申请号（专利号）、专利代理情况及发明内容的摘要等内容。权利要求书以说明书为依据，是说明发明或实用新型的技术特征，清楚、简要地表述请求专利保护范围的文件。说明书是清楚完整地描述发明创造的技术内容的文件，内容包括技术领域、背景技术、发明内容（技术问题、方案及有益效果）、附图说明、具体实施方式。附图用于补充说明书文字部分。我国的专利制度要求实用新型必须有附图。

有些机构出版的专利说明书还附有检索报告。检索报告是专利审查员通过对专利申请所涉及的发明创造进行现有技术检索，找到可进行专利性对比的文件，向专利申请人及公众展示检索结果的一种文件②。

（四）我国专利文献的编号系统

在不同阶段，中国专利说明书的编号体系有所不同。1985—1988 年为第一阶段，1989—2003 年为第二阶段，2003 年以后为第三阶段。该编号体系包括以下几种。

1. 申请号

申请号是申请人提交专利申请时专利行政部门给予的编号。

第一阶段的专利申请号由 8 位数字构成，如 08104531，前两位数字表

---

① 斯特拉斯堡协定[EB/OL].[2019-08-03]. https://www.wipo.int/treaties/zh/classification/strasbourg/summary_strasbourg.html.

② 中华人民共和国国家知识产权局. 专利文献与名词解释：专利说明书[EB/OL].[2019-08-03]. http://www.sipo.gov.cn/wxfw/zlwxxxggfw/zsyd/zlwxjczs/zlwxjczs_zlwxymcjs/1053675.htm.

示申请年份，第 3 位数字表示申请的专利类型：1 代表发明，2 代表实用新型，3 代表外观设计，后 5 位数字是流水号，表示当年该类专利申请的顺序。1989 年后增加了计算机校验码(用一位数字或英文字母 X 表示)，如 90204457. X。随着我国专利申请量的大幅提升，自 2003 年 7 月 1 日起，申请号增加为 12 位(不包括计算机校验码)，如 200410026023. 6(年份用四位数字表示)。

现在，我国的专利申请号绝大部分由 8 位(如 99101337. 0，不包括计算机校验码)或 12 位(如 200320104529. 5，不包括计算机校验码)数字符和倒数第一位前的一个圆点符组成。其中，前 2 位(或前 4 位)表示专利申请的年份。第 3 位(或第 5 位)表示专利申请的类别，只能是 1、2、3、8、9。“1”表示该申请是发明专利申请；“2”表示该申请是实用新型专利申请；“3”表示该申请是外观设计专利申请；“8”“9”表示该申请是 PCT 专利申请。第 4 位(或第 6 位)后、小圆点前的数字表示专利申请的顺序号，每年从 00001 开始。按文件收到的顺序排列。小圆点后的数字是计算机的校验位，可以是 1、2、3、4、5、6、7、8、9、0 和 X 共 11 个符号。

2. 专利号

在授予专利权时给予专利的号码，与申请号一致。

3. 公开号

申请专利的发明在公开时给予的号码，即为《发明专利申请公开说明书》的编号。

4. 授权公告号

申请专利的发明在授予专利权并公告时给予的号码，即对《发明专利说明书》《实用新型专利说明书》的编号以及对公告的外观设计专利的编号。

四、网上专利信息的检索

(一)商业性的专利数据库

商业性的专利数据库很多，可通过多个检索系统检索，最为集中的是 Clarivate Analytics(原汤森路透知识产权与科技事业部)Web of Science 中的 Clarivate Analytics 和 ProQuest Dialog Solution 提供服务的专利数据库(见表 8-1)。需要说明的是，部分由 Clarivate Analytics 生产的专利数据库通过 Dialog 提供服务而并非通过其官方网站提供服务。

表 8-1 **Clarivate Analytics 和 ProQuest Dialog Solution 提供服务的专利数据库**

数据库商	数据库名称	简介
Clarivate Analytics①	Derwent Patents Citation Index(DPCI)	提供了超过 9800 万项专利和 1100 万篇文献引用，这些文献来自超过 1100 万个专利家族。每次更新，都会添加来自主要专利颁发机构的约 50000 份文件的审查员引文
	Derwent World Patents Index(DWPI)	提供超过 5250 万份专利文件的信息和超过 2400 万项发明的详细信息。平均每一次更新增加 4.6 万份专利文件
	Derwent Innovation	专利检索和分析软件，通过 AI 检索算法在检索结果中自动检索出排名高的专利
	Derwent Data Feed and Derwent API	数据来源和程序接口覆盖 DWPI、DPCI，文献类型包括全文、原始 pdf、图纸、行业分类和书目数据。使用智能搜索服务，便于找到最相关的专利
ProQuest Dialog Solution②③	Derwent Chemistry Resource	由 Clarivate Analytics 制作，包含 DWPI 和德温特药物文件数据库中的各类化学物质的相关信息
	Global Patents / LNU (Fulltext and Bibliographic)	由 Lexis-NexisUniventio 生产，提供全球 31 个国家和专利机构发布的专利全文，以及另外 65 个专利实施机构的书目数据，并按照地区/机构分类形成各个单独的数据库
	IFI CLAIMS ® US Patents and Legal Status	由 IFI CLAIM ®专利服务公司制作，提供了自 1950 年以来由美国专利商标局(USPTO)颁发的 600 多万项美国专利信息

① Patent Research, Intelligence Services [EB/OL]. [2019-08-04]. https://clarivate.com/product-category/patent-research-intelligence-and-services/.

② Proquest Dialog™ Database List [EB/OL]. [2019-08-04]. https://media2.proquest.com/documents/a-z-databaselist-dialog.pdf.

③ Dialog Prosheets [EB/OL]. [2019-08-04]. https://www.proquest.com/products-services/title-lists/ProQuest-Dialog-Prosheets.html.

续表

数据库商	数据库名称	简介
	IMS Patent Focus	提供超过5000种具有商业价值的药物化合物的详细专利信息
	INPADOC/Family and Legal Status	由欧洲专利局(EPO)编制，描述了101个国家和专利组织颁发的专利，包含了8000多万项专利和1.5亿条法律诉讼的信息
	JAPIO-Patent Abstracts of Japan	由日本专利信息组织(Japan Patent Information Organization)提供的日语数据库，是日本自1976年10月以来最全面的未经审查的专利申请文件英文数据库
	LitAlert®	由Clarivate Analytics制作，包含了在美国地区法院提起的94个专利和商标侵权诉讼的记录，还有自20世纪70年代初以来数千起从未官方报道过的诉讼记录
	Global Patents Bibliographic	包含来自69个国家的专利书目数据并提供pdf文件

检索我国大陆地区专利可用的数据库有：中国知网的“中国专利全文数据库(知网版)”①和万方数据知识服务平台的“中外专利数据库”②等。例如，中国在高速铁路技术领域具有较强的自主创新能力，在“中国知网”的专利数据库中检索“复兴号”动车组相关专利，显示在2017至2023年间，共有52条专利。

(二)网上免费专利信息资源的检索

目前，互联网上的免费专利信息资源主要来源于以下7大渠道，各种渠道从不同角度对专利信息有不同程度的涉及。

1. 知识产权管理机构建立的网站

包括国际或地区性专利组织和各国知识产权管理机构及其下属单位建立的网站。提供的专利信息全面、权威、新颖。通常提供国内外知识产权的要闻动态、法律法规，知识产权的专题信息，并且提供专利申请、专利审查、

① 中国专利全文数据库[EB/OL].[2019-08-03]. http://cn.oversea.cnki.net/kns55/brief/result.aspx?dbprefix=scpd.

② 中外专利数据库[EB/OL].[2019-08-03]. http://c.wanfangdata.com.cn/patent.

专利保护、专利代理、文献服务、图书期刊、知识讲座等服务及知识产权相关网站的链接。大多提供专利信息数据库检索系统，供公众免费检索专利信息，有的网站还提供多种语言的检索页面，可浏览下载专利说明书。国内外重要的知识产权管理机构建立的专利信息检索网站如表 8-2 所示。

表 8-2　**提供专利信息或专利检索的国内外知识产权管理机构网站**

地域范围	网站名称与网址	建立机构与主要内容
世界范围	PATENTSCOPE https：//www. wipo. int/patentscope/en/index. html	世界知识产权组织(WIPO)提供的专利检索数据库
欧洲	Espacenet http：//ep. espacenet. com/	欧洲专利局(EPO)提供的专门用于检索专利的网站，可进行快速、高级和分类检索
非洲	African Intellectual Property Organization(OAPI) http：//www. oapi. int/index. php/en/	非洲知识产权组织(OAPI)，提供 OAPI 公布的重要专利的内容
亚太地区	Intellectual Property Rights Experts' Group (IPEG) https：//www. apec. org/Groups/Committee-on-Trade-and-Investment/Intellectual-Property-Rights-Experts-Group	亚太经合作组织(APEC)知识产权专家组(Intellectual Property Rights Experts' Group (IPEG)，提供促进亚太知识产权(专利、商标等)发展的各类信息和出版物
中国大陆	国家知识产权局综合服务平台-专利检索系统 http：//www. pss-system. gov. cn/	收录中国、美国、日本、韩国、英国、法国、德国、瑞士、俄罗斯，欧洲专利局和世界知识产权组织等国家、地区和组织的专利数据以及各种数据信息
中国香港地区、澳门地区	粤港澳知识产权资料库 http：//www. ip-prd. net/main_s. htm	广东省知识产权局、中国香港地区知识产权署、澳门地区经济局知识产权厅等单位联合制作，三地版权、商标、专利和外观设计、相关法例、注册制度和政府机构等资料

续表

地域范围	网站名称与网址	建立机构与主要内容
中国台湾地区	财团法人亚太智慧财产权发展基金会 http：//www. apipa. org. tw/index. php	财团法人亚太智慧财产权发展基金会网站可以进行中国台湾地区专利的检索
美国	Patent Full-Text Databases http：//patft. uspto. gov/	美国专利与商标局(USPTO)，可以检索1976年以来的专利全文
日本	J-Plat Pat https：//www. j-platpat. inpit. go. jp/	日本专利局(JPO)网站提供的专利、商标、设计、知识产权相关法律等信息的检索网站
韩国	Korean Intellectual Property Office (KIPO) https：//www. kipo. go. kr/kpo/MainApp	韩国知识产权局(KIPO)，韩国专利、商标以及各类知识产权服务
英国	Intellectual Property Office http：//www. ipo. gov. uk/home. htm	英国知识产权局(IPO)，英国专利、商标、设计、法律信息、诉讼案例等各种信息的查询
法国	L' Institut national de lapropriétéindustrielle，INPI https：//www. inpi. fr/fr	法国国家工业产权局(L' Institut national de la propriété industrielle，INPI)官方网站，法语界面
德国	DPMAregister https：//register. dpma. de/DPMA register/marke/einsteiger	德国专利与商标局(DPMA)提供的检索系统，可以检索德国以及欧盟的专利、商标、设计、实用新型等
澳大利亚	Australia Government-IP Australia https：//www. ipaustralia.gov. au/	澳大利亚知识产权局(IP Australia)，澳大利亚专利、商标、设计等
新西兰	NewZealand Intellectual Property Office https：//www. iponz. govt. nz/	新西兰知识产权局，新西兰的专利、商标、设计等，并提供专门的专利检索网站：Search Patent case(s)
新加坡	Intellectual Property Office of Singapore https：//www. ipos. gov. sg/top Nav/hom/	新加坡知识产权局(IPOS)，新加坡的专利、商标、设计、版权等

续表

地域范围	网站名称与网址	建立机构与主要内容
加拿大	Canadian Patents Database http://www.ic.gc.ca/opic-cipo/cpd/eng/search/basic.html?wt_src=cipo-patent-main	加拿大知识产权局(CIPO)提供的专门用于检索专利的网站，支持多种检索方式

2. 专利门户类网站或专利资源导航类网站

这类网站大多是大学图书馆、公共图书馆、知识产权协会、知识产权服务中心等非营利性机构或个人创办的，集中提供各类专利信息的网站链接，供公众查询。北京大学图书馆整理了专利检索分析资源网址和主要国家的知识产权局网站①，中国科学院知识产权网整理了2300多条国内外专利和知识产权资源及服务网站②，这类网站都可以提供详细的专利信息查找指导。

3. 知识产权教育、研究和培训机构网站

这类网站大多由知识产权学院(系)，研究国内外知识产权趋势、政策和知识产权问题的研究机构，提供知识产权培训的机构创立。这类机构主要提供知识产权学习、研究与培训的信息，网站一般会提供课程介绍、参考资料下载、学术交流、知识产权热点问题讨论、知识产权研究进展与研究成果展示等。世界知识产权组织世界学院③提供专业培训、远程教育和RSS服务，方便各行各业的人员获得知识产权知识。其他的如中国知识产权培训中心④、日本知识产权研究所⑤、韩国专利信息研究院⑥等。

4. 学科专利信息中心

即侧重于某一学科某一专业领域的专利网站，这些网站在某一领域推广专利，并提供该领域的专业性专利服务，有的还提供专利方面的课程，使得

① 北京大学图书馆．专利资源导航[EB/OL]．[2019-08-04]．https://www.lib.pku.edu.cn/portal/cn/fw/zlxx/zhuanliziyuan?qt-search_quicktab=1.

② 中国科学院知识产权网．资源导航[EB/OL]．[2019-08-04]．http://www.casip.ac.cn/website/info/navilist/80?naviSort=*&naviCountry=*.

③ WIPO Academy[EB/OL]．[2019-08-04]．https://www.wipo.int/academy/en/.

④ 中国知识产权培训中心[EB/OL]．[2019-08-04]．http://www.ciptc.org.cn/.

⑤ Institute of Intellectual Property[EB/OL]．[2019-08-04]．http://www.iip.or.jp/e/index.html.

⑥ 韩国专利信息研究院[EB/OL]．[2019-08-04]．http://eng.kipris.or.kr/enghome/main.jsp.

该领域人员充分了解专利的本质及其影响，如澳大利亚农业知识产权中心①。

5. 专利信息咨询服务企业与代理机构网站

这类网站一般由专利咨询机构、大公司的专利信息服务部门、专利事务所等创立，其中专利代理服务机构数量较多。专利咨询机构主要提供专利文献检索、咨询、专利文献传递等，专利申请、专利诉讼等各项代理服务，翻译不同语言的专利、对专利信息进行制图，专利权许可交易、专利的转让、转化信息服务、交易平台等服务。大公司的专利信息服务部门则以宣传本公司的知识产权理念，展示公司拥有的知识产权，或提供可供许可的专利，技术转让信息等，为本公司知识产权战略而服务。

中国专利信息中心开展专利及其他知识产权信息的加工、传播、检索、咨询等各种服务②。

IBM 公司的知识产权和专利许可小组负责 IBM 专利的许可，以及其他形式知识产权的许可，其网站③提供了 IBM 许可服务和目前可供许可的专利技术与科技资产等。

亚洲首家知识产权服务公司的 WIPSGlobal④ 网站提供美国、欧洲、PCT、日本、韩国、中国和俄罗斯等多个地区的专利文献全文的检索，还提供多视角专利分析和专利定性分析等多种专利分析功能。

五、可检索免费专利信息资源的搜索引擎

上文总结的免费专利信息来源渠道是免费专利信息集中地，若在这些渠道中找不到的专利，可以使用综合性搜索引擎的专利检索功能，如 Google 专利搜索（Google Patent Search）⑤对全世界范围内的专利信息进行全文查询，但更具有针对性的是借助于专门的专利信息搜索引擎。

---

① Australian Centre for Intellectual Property in Agriculture（ACIPA）[EB/OL]. [2019-08-04]. http：//www. acipa. edu. au/.

② 中国专利信息中心[EB/OL]. [2019-08-04]. http：//www. cnpat. com. cn/index. aspx.

③ Intellectual Property Licensing[EB/OL]. [2019-08-04]. https：//www. ibm. com/ibm/licensing/.

④ WIPSGlobal[EB/OL]. [2019-08-04]. http：//www. wipsglobal. com/service/mai/main. wips.

⑤ Google Patents[EB/OL]. [2019-08-05]. https：//patents. google. com/.

(一) FreePatentsOnline

免费专利在线(FreePatentsOnline)①是有代表性的免费专利搜索引擎，免费提供数百万条美国专利全文信息，由USPTO公布的新专利也会自动加入本网站数据库中，提供快速检索和专家检索。目前提供美国专利和专利申请、部分欧洲专利、日本专利摘要和世界知识产权组织(WIPO)专利的查询与下载。个人用户在该网站免费注册建立个人账号后即可以下载该网站的内容。

(二) IP-Discover

IP-Discover②是一个提供专利搜索、下载和管理功能的工具，能检索欧洲专利局、USPTO、WIPO、德国专利局和韩国专利信息研究院的专利资料，能对检索获得的专利文件再进行搜索和管理，可通过校对、格式转换、浏览、存档以及打印来完成文件的搜索。学生和非营利人员可免费使用。

(三)哈今的专利自学手册

若想了解更多的专利检索与利用知识以及最新的专利信息资源，可登录“哈今的专利自学手册”③，该网站提供专利发明人免费学习美国专利等相关信息的途径。

(四)大为Innojoy专利搜索引擎

大为Innojoy专利搜索引擎④是国内比较有代表性的专利搜索引擎，可检索到来自全球大约105个国家、地区和组织的共1亿件以上的专利信息，还可以检索国家和地区相关的法律状态。用户需要登录账号才能进行检索，部分高级功能需要付费充值才能使用。该搜索引擎还提供绘制专利地图、聚类分析等服务。

目前国内比较有代表性的专利搜索引擎还有SOOIP、SooPAT、佰腾网等网站。

---

① FPO[EB/OL]. [2019-08-04]. http://www.freepatentsonline.com/.

② IP-Discover[EB/OL]. [2019-08-04]. http://www.ipdiscover.com/.

③ 哈今的专利自学手册[EB/OL]. [2009-12-27]. http://www.patent-tutorial.net/website/.

④ 大为Innojoy专利搜索引擎[EB/OL]. [2019-08-04]. http://www.innojoy.com/search/home.html.

第二节　商标信息的检索

一、商标与商标信息检索的含义

商标是区别商品或服务来源的一种标志，每一个注册商标都是指定用于某一商品或服务上的。

商标信息检索指商标注册申请人亲自或委托商标代理人到商标注册机关查询有关商标登记注册情况，以了解自己准备申请注册的商标是否与他人已经注册或正在注册的商标相同或近似的程序。

商标信息的检索入口有：商标权所有者姓名、商标名称、商标注册用商品和服务描述词、国际分类、商标图形要素国际分类等。

二、商标信息检索的途径

(一)分类检索

即从商标分类表的有关商品或服务类目中查找某行业商标情况。

为了商标检索、审查、管理工作的需要，把某些具有共同属性的商品组合到一起，编为一个类，将所有商品及服务划分为 45 个类别，形成了“商标注册用商品和服务分类”。如，将“外科、医疗、牙科和兽医用仪器及器械，假肢、假眼和假牙、矫形用品、缝合材料”等组合在一起，形成一个类(第 10 类)。商标局的查询检索系统是按照商品及服务的类别设立的；《商标公告》按照类别编排；申请人申请商标注册也要按照类别提出；商标局发给注册人的商标注册证上也必须注明商品或服务及其所属类别。

商品分类(Classification of Goods Lawpanel)是指一件商标注册申请可同时指定的商品范围。为了便于商标注册和管理，商标管理机关根据一定的标准，将所有商品划归为若干类，按一定的顺序排列编成表册。目前世界上商品分类表有以下两类。

1. 本国独立实行的商品分类表

即由各国的商标主管机关根据本国的国情及对商品的理解，制定各自的商品分类表，供商标主管机关及商标注册申请人使用。商品分类表不是一成不变的。它会随着商品的丰富及人们对商品的认识而逐步增加及修订。我国自 1923 年起，先后制定公布过 5 个商品分类表。

2. 国际统一的商品分类表

到 20 世纪 50 年代，世界经济得到了较大的发展，国际的交往更加频繁。一些国家认为，各国使用各自的商品分类表已不能适应有关商标事务的国际联系，给商标所有人到国外注册带来了麻烦，不利于商标事业的发展和经济发展。这些国家的商标主管机关认为，需要有一个国际统一的商标注册用商品分类表。在这种情况下产生了尼斯协定。

尼斯协定是一个有多国参加的国际公约，其全称是《商标注册用商品和服务国际分类尼斯协定》。该协定于 1957 年 6 月 15 日在法国南部城市尼斯签订，1961 年 4 月 8 日生效。目前尼斯联盟(Nice Union)一共拥有 86 个成员①。我国于 1994 年 8 月 9 日加入了尼斯联盟。尼斯协定的宗旨是建立一个共同的商标注册用商品和服务国际分类体系，并保证其实施。国际分类共包括 45 类，其中商品 34 类，服务项目 11 类，其中最详细的分类是按字母顺序排列的清单，包括大约 10000 种商品和 1000 种服务②。

国际商品分类(International Classification of Goods Lawpanel)是 1957 年 6 月 15 日在法国尼斯外交会议上正式签订的《商标注册用商品和服务国际分类尼斯协定》确定的，于 1961 年 4 月 8 日生效，共有大约 150 个国家和机构(包括非尼斯协定成员)采用国际商品分类③。中华人民共和国未参加该协定的创始，在 1988 年 11 月加入《巴黎公约》尤其在 1993 年 7 月 1 日中国大陆实施商标法修改案后，开始采用国际服务分类。1994 年 8 月 9 日中华人民共和国成为尼斯联盟成员，正式使用商品国际分类表。国际商品分类 1987 年印制成册，称为《商标注册用商品和服务国际分类表》④。

世界知识产权组织尼斯联盟专家委员会自 1961 年 4 月 8 日《尼斯协定》生效以来，已经举行了二十六届会议。现在每年(以前是每五年)举行一次会议，每年都会对尼斯分类进行修正(仅指将商品或服务从一个类移到另一个类，或建立新类)。在 2016 年 4 月举行的第二十六届会议上，专家委员会通过了对尼斯分类第十版 2016 年文本的修改和修正。目前使用的版本是第

---

① WIPO Bodies > Assembly (Nice Union) > 86[EB/OL]. [2019-08-03]. https://www.wipo.int/treaties/en/ShowResults.jsp?lang=en&search_what=B&bo_id=10.

② Frequently Asked Questions: Nice Classification[EB/OL]. [2019-08-03]. https://www.wipo.int/classifications/nice/en/faq.html.

③ Frequently Asked Questions: Nice Classification[EB/OL]. [2019-08-03]. https://www.wipo.int/classifications/nice/en/faq.html.

④ 国际商品分类[EB/OL]. [2019-08-03]. https://www.docin.com/p-739006877.html.

十一版，于2017年1月1日生效①。最新版本将商品分为34类，服务项目分为11类，共45类，为商标检索、商标管理提供了方便。中国商标网在商品/服务项目的检索网页提供了这45类的中文版分类目录查询②。用户可从WIPO网站提供的尼斯分类检索入口③的选项中分别查看第一版至第十一版的所有版本，也可从商标局网站查看商标国际分类中文版。

其他重要的商标分类表或协定还有：《建立商标图形要素国际分类维也纳协定》(Vienna Agreement for Establishing and International Classification of the Figurative Elements of Marks)、《商标国际注册马德里协定》(Madrid Agreement Concerning the International Registration of Marks)和《工业外观设计国际分类洛迦诺协定》(Locarno Agreement on Establishing and International Classification for Industrial Designs)等。

(二) 关键词检索

利用商标申请的相关信息的关键词进行检索，如商品名、注册号、企业名称等途径检索具体的商标。

(三)图像检索

即通过图像检索商标信息，如美国专利与商标局的商标图像捕捉与检索系统(Trademark Image Capture and Retrieval System，TICRS)。

三、商标信息的主要来源

(一)商标主管部门提供的商标信息

1. 各国商标管理机构

如表8-2所示，许多国家和国际组织的专利与商标的管理机构相同，如美国、加拿大、英国、德国、澳大利亚、新西兰、新加坡、日本、韩国、WIPO及我国香港特别行政区知识产权署等，因而，这些机构也是商标信息的重要来源。

有些国家或地区的商标有专门的管理部门，它们通过专门的出版物通报商标注册情况，或提供网站查询。以下仅介绍几个常用的官方商标网站。

---

① 关于尼斯分类[EB/OL].[2019-08-03]. https://www.wipo.int/classifications/nice/zh/preface.html.

② 商品/服务项目[EB/OL].[2019-08-03]. https://www.ctmo.gov.cn sbj. saic.gov.cn.

③ Nice Publication[EB/OL].[2019-08-03]. https://www.wipo.int/classifications/nice/nclpub/en/fr/?basic_numbers=show&class_number=1&explanatory_notes=show&lang=en&menulang=en&mode=flat&notion=&pagination=no&version=20200101.

(1)中国商标网

我国的国家工商行政管理总局商标局编辑出版《商标公告》，并且由国家知识产权局商标局主办的中国商标网①也属于国家工商行政管理总局商标局。中国商标网可供公众免费在线查询商标注册信息，提供商标近似查询、商标综合查询、商标状态查询、商标公告查询和商品/服务项目查询，还提供商标统计、商标申请、国际交流等信息。

(2)美国专利与商标局的商标电子检索系统

美国非常重视专利与商标信息的服务，每个州都设有专利和商标资源中心(Patent and Trademark Resource Center，PTRC)，有的州不只1个，如加利福尼亚州有5个，以方便公众对专利与商标信息的利用，各州的PTRC名单可在线查看②。这些资源中心既提供精装的注册商标目录，也提供收录注册商标和在申请注册但尚未决定的商标的在线数据库检索，且这些资源中心绝大部分提供已注册和未决商标检索的分步指南。这些资源中心的产品指南或其他资料也有助于查找尚未在USPTO注册、但已在使用、有可能引起争端的商标。

美国专利与商标局商标电子检索系统(Trademark Electronic Search System，TESS)③允许用户进行免费检索，支持布尔逻辑检索，有简单检索和高级检索方式，可检字段有50多个，并且在高级检索中还提供各个检索字段的缩写，方便用户对照使用以构建复杂的检索式，比如：[AD] Abandonment Date (失效日期)、[GS] Goods and Services (商品和服务)、[IR] International Registration Number(国际注册号)、[RD] Registration Date(注册日期)等。还可以浏览词典查询商标索引。

(3)英国商标检索

英国政府官网中的知识产权局(Intellectual Property Office)提供商标的检索，其功能名称为“Search for a trade mark”④。该网站提供三种检索方式，

① 国家知识产权局商标局中国商标网[EB/OL]. [2019-08-03]. http://sbj.cnipa.gov.cn/.

② PTRC Locations by State [EB/OL]. [2019-08-04]. https://www.uspto.gov/learning-and-resources/support-centers/patent-and-trademark-resource-centers-ptrc/ptrc-locations.

③ Trademark Electronic Search System (TESS)[EB/OL]. [2019-08-04]. http://tmsearch.uspto.gov/bin/gate.exe?f=tess&state=4808:q90e8g.1.1.

④ Search for a Trade Mark[EB/OL]. [2019-08-03]. https://www.gov.uk/search-for-trademark.

分别是：商标号码（Trade Mark Number）、商标所属人（Owner）和关键词、短语和图片检索（keyword，phrase or image）。其中第三种检索方式可以检索1876年以来的商标信息，并且可以只检索文字或图像，或者检索文字和图像，其图像检索部分可从大类（Category）、小类（Division）和子类（Section）进行，采用维也纳分类体系（Vienna Classification）。

其他常有的官方商标检索网站还有：欧盟知识产权局 eSearch plus 数据库①、欧盟知识产权局 TMview 商标检索网站②、WIPO 马德里国际商标体系全球品牌数据库③等。德国专利商标局提供的 DPMAregister 检索网站④不一定能查询德国和欧盟较早的商标和在德国享受保护的国际注册商标，因此建议同时在欧盟知识产权局 eSearch plus 数据库、TMview 商标检索网站和 WIPO 马德里国际商标体系全球品牌数据库进一步确认查询。其他国家存在这种情况的可采取同样的检索对策。

2. 国际商标协会

国际商标协会（International Trademark Association，INTA）⑤成立于1878年，总部设在美国纽约，是一个非营利的国际组织。目前的会员来自全球190多个国家的超过6000家世界跨国公司、国际商贸集团、律师事务所及各类国际咨询、研究机构，其中包括绝大多数的世界五百强企业。其宗旨是：通过倡导知识产权是商业贸易发展的重要因素，积极参与创立并遵循相关世界商业、贸易的国际条约及协定，致力于创建一个公平、高效的国际商业贸易秩序和环境；并以此最终促进各国国内商业贸易的有效发展、地区间商业贸易的有效发展，以及世界各国间商业贸易的有效发展⑥。

INTA 提供的可检索数据库有：《贸易服饰图片库》（The Trade Dress Image Library，TDIL）、《取消的商标》（Trademark Cancellations）、《国家指

---

① eSearch Plus[EB/OL]. [2019-08-03]. https：//euipo. europa. eu/eSearch/.

② TMview[EB/OL]. [2019-08-03]. https：//www. tmdn. org/tmview/welcome#.

③ Global Brand Database[EB/OL]. [2019-08-03]. https：//www. wipo. int/branddb/en/.

④ DPMAregister[EB/OL]. [2019-08-03]. https：//register. dpma. de/DPMAregister/marke/einsteiger.

⑤ International TrademarkAssociation [EB/OL]. [2019-08-04]. https：//www. inta. org/Pages/Home. aspx.

⑥ 国际商标协会[EB/OL]. [2019-08-04]. https：//baike. baidu. com/item/国际商标协会/1485948.

南：世界范围商标保护重要信息》(Country Guides：Essential Information on Trademark Protection Worldwide)等。

(二)商业性的商标数据库

主要是 Clarivate Analytics 公司的商标数据库。Clarivate Analytics 公司除了提供各种专利检索和分析服务，还同时提供多种商标检索和分析服务①。

Clarivate Analytics 公司提供的商标服务来源于 CompuMark™②。CompuMark™是 Clarivate Analytics 旗下专门进行综合性商标服务的平台。CompuMark™整合了来自 186 个商标数据库、17 个工业设计数据库、212 个公司域名数据库、72 个药物使用数据库的资源，主要提供商标审查(Trademark Screening)、商标检索(Trademark Searching)、商标监管(Trademark Watching)等多种服务。在商标检索服务中，CompuMark™提供了多地区、多主题的商标检索，比如：美国全面检索(U. S. Full Search)、TM go 365、国际标题检索(International Title Search)、全球医药检索(Global Pharmaceutical Search)等。

其中，SAEGIS Ⓡ on SERION Ⓡ③是 CompuMark™中用于筛查商标的重要工具。

(三)专门的商标搜索引擎

Trademarkia④是专门用于检索商标信息的免费搜索引擎，能够检索互联网上超过 700 万个商标名称以及宣传标语等资源。用户可在 Trademarkia 中免费搜索澳大利亚、加拿大、中国、英国、欧盟、美国、WIPO 的商标。对于每个搜索结果，都标明了注册状态。

(四)企业的商标数据库

IBM 版权与商标信息检索⑤提供了该公司所有的商标信息的在线检索。

---

① Trademark Research and Protection [EB/OL]. [2019-08-05]. https：//clarivate. com/product-category/trademark-research-and-protection/.

② CompuMark™[EB/OL]. [2019-08-05]. https：//www. compumark. com/.

③ SAEGIS Ⓡ on SERION Ⓡ [EB/OL]. [2019-08-05]. https：//www. compumark. com/solutions/trademark-screening/online-screening-tools/saegis-online-screening/.

④ Trademarkia[EB/OL]. [2019-08-04]. https：//www. trademarkia. com/.

⑤ IBM Copyright and trademark information [EB/OL]. [2019-08-05]. https：//www. ibm. com/legal/copytrade.

第三节　学位论文信息的检索

学位论文、会议论文和科技报告都是重要的学术信息资源，但作为“灰色文献”，它们大多没有出版，给用户的查找带来不便。灰色文献(Grey literature)是相对于白色文献(White literature)和黑色文献(Black literature)而言的。白色文献通常是指公开出版发行且具有国际标准刊号(ISSN)或国际标准书号(ISBN)的正式出版物。黑色文献是指不对外公开、具有完全保密性质的文献。第四届灰色文献国际会议(The Fourth International Conference on Grey Literature)对灰色文献的定义为：灰色文献通常指不经营利性出版商控制，而由各级政府、科研院所、学术机构、工商业界等所发布的各类印刷版与电子版文献资料①。灰色文献包括预印本、工作论文、专题论文与学位论文、研究与技术报告、会议论文集、部门及研究中心的时事通讯与公告、基金申请报告、提交给基金机构的反映项目进展的阶段性报告、委员会报告与备忘录、统计报告、技术文件、调查报告、工具手册及宣传册等②。

随着开放存取运动的发展，这些类型的信息资源往往会在学科库、机构库、个人网站或博客站点出现。如麻省理工学院机构仓储 DSpace@ MIT③ 提供该校数字研究成果的保存、共享与检索，收录该校的学位论文、会议论文、技术报告、经过同行评审的学术论文、工作论文、图像等成果；斯坦福大学机构仓库(Stanford Digital Repository)④收录该校的学术论文、会议论文、研究报告、手稿、书籍、视频等，大部分数据资源可在线浏览，部分数字资源可下载全文；苏黎世联邦理工学院机构仓储(The ETH E-Collection)⑤收录该校的学位论文、会议论文、期刊论文、研究报告等。再如，国际图书情报学领域著名的学科库“图书情报学电子印本库”(E-Prints in Library and Information Science，ELIS)⑥收录该学科的期刊论文、学位论文、会议论文、

① The Fourth International Conference on Grey Literature. Washington DC (1999) [EB/OL]. [2019-07-30]. http://cds.cern.ch/record/403957? ln=zh_CN.

② 王应宽. 什么是灰色文献(Grey Literature)? [EB/OL]. [2019-07-30]. http://blog.sciencenet.cn/blog-39523-21494.html.

③ http://dspace.mit.edu[EB/OL]. [2019-07-30].

④ https://library.stanford.edu/research/stanford-digital-repository [EB/OL]. [2019-12-28].

⑤ https://www.research-collection.ethz.ch/[EB/OL]. [2019-07-30].

⑥ http://eprints.rclis.org/[EB/OL]. [2019-07-30].

报告、课件等类型的资源。要知道有哪些学科库或机构库，可利用开放存取资源的注册站点，如开放仓储目录(The Directory of Open Access Repositories, OpenDOAR)①。

专门学科(主题)领域的数据库或学科信息门户集中收录该学科(主题)领域的期刊论文、学位论文、会议论文和科技报告等。如生物学文摘数据库(BIOSIS Previews)收录了与生命科学研究相关的各个领域1969年以来的各种类型的文献；英国科学文摘(INSPEC)是物理学、电子工程、电子学、计算机科学及信息技术领域的权威性文摘索引数据库，收录了1000余种会议记录的索引和摘要。

学会(协会)往往提供其出版的期刊论文、主办的学术会议论文或论文集、发布的报告等。美国汽车工程师协会(Society of Automotive Engineers, SAE)数字图书馆(SAE Digital Library)收录1990年以来的部分会议录全文。此外，该库还可以查到SAE的技术报告 。

本节和后面的两节分别讨论专门检索学位论文、会议论文和研究报告的资源。

学位论文是作者在从事科学研究取得创造性结果或有了新的见解后以此为内容撰写而成的、作为申请授予相应的学位时，送交评审用的学术论文。学位论文主要指硕士和博士论文两种，一般都是作者在搜集、阅读了大量资料后，进行科学分析和概括，或者经过调查、实验和研究之后，进一步提出自己独特的新见解和新论点。由此可见，学位论文具有学术性、独创性、新颖性及研究的专深性等特点，其参考文献丰富全面，有助于对相关文献进行追踪检索和研究，具有一定的学术参考价值。

据教育部统计，2022年我国高等学校和科研院所毕业的博士生人数总计为82320人，硕士生人数总计779845人②，据此，每年新增的博士、硕士学位论文分别超过8万篇和77万篇。根据国务院学位委员会《关于寄送博士或硕士论文的通知》，国内各学位授予单位，应在论文通过后半年内，按不同学科向以下三个部门分别寄送学生论文的复制件，这三个部门是国家法定的学位论文收藏单位。它们是：①国家图书馆。该馆是国家唯一的全面负责收藏、整理国内外自然科学、人文科学和社会科学等方面论文的机构，它还收集我国在国外的留学生的毕业论文。②中国科学技术信息研究所。该所

---

① http://v2.sherpa.ac.uk/opendoar/[EB/OL].[2019-07-30].

② 中华人民共和国教育部.[EB/OL].[2024-08-24].2022年教育统计数据 http://www.moe.gov.cn/jyb_sjzl/mov_560/2022/quanguo/202401/t20240110_1099534.html.

的国内文献馆集中收藏《中图法》中 F(经济类)至 X(环境科学类)的学位论文。③中国社会科学院文献情报中心。该中心主要收藏社会科学类学位论文。

以前，学位论文只供审查答辩之用，一般不公开出版，只以打印本形式向校方提供与保存，查找困难，比较难以获取。随着网络的发展和资源共享观念的深入人心，学位论文的获取变得越来越便利。

一、我国大陆地区学位论文信息的检索

我国大陆地区很多学位授予机构提供学位论文信息的检索，如北京大学学位论文检索系统①、清华大学学位论文服务系统②、中国人民大学学位论文全文数据库③、上海交通大学学位论文数据库④、中山大学学位论文服务系统⑤、吉林大学学位论文检索系统⑥、燕山大学学位论文数据库⑦等，这些检索系统多由所在学校图书馆建设和提供使用。我国大陆地区学位论文信息集中来源于以下几个数据库。

(一) CALIS 学位论文中心服务系统

CALIS 学位论文中心服务系统⑧是由 CALIS 全国工程中心(清华大学图书馆)负责，收录包括北京大学、清华大学等全国著名大学在内的 100 个 CALIS 成员馆的硕士、博士学位论文。该库内容涵盖自然科学、社会科学、医学等各个学科领域。

提供简单检索。简单检索可以进行包含 1 个检索词的检索，可检字段有中文题名、外文题名、论文关键词、论文摘要、作者、学校、导师、学科。

检索结果包括作者单位、中文题名、外文题名、作者姓名、语种、保密级别、学位级别、答辩日期、所属院系、著者专业、导师姓名、导师单位、

---

① http：//dbnav. lib. pku. edu. cn/node/10852[EB/OL]. [2019-07-30].

② http：//www. lib. tsinghua. edu. cn/database/th _ disser. htm [EB/OL]. [2019-07-30].

③ http：//202. 112. 118. 14/tpi/sysasp/share/login. asp? sysid = 111 [EB/OL]. [2019-07-30].

④ 上海交通大学学位论文数据库[EB/OL]. [2009-12-28]. http：//thesis. lib. sjtu. edu. cn/.

⑤ https：//thesis. sysu. edu. cn/[EB/OL]. [2019-07-30].

⑥ http：//202. 198. 25. 162/index. action[EB/OL]. [2019-07-30].

⑦ http：//library. ysu. edu. cn/dbcontent. aspx? id=69[EB/OL]. [2019-07-30].

⑧ http：//etd. calis. edu. cn/[EB/OL]. [2019-07-30].

关键词、中文摘要、英文摘要、学科分类、页数。用户可通过开放链接方式或馆际互借获取全文。

在显示结果页面可进行重新检索，可通过打印、下载、E-mail 方式保存结果，还可以保存检索历史、设置定题通告等。

（二）万方中国学位论文据库（CDDB）

万方数据资源系统的中国学位论文数据库（Chinese Dissertations Database，简称 CDDB）由中国科技信息所万方数据中心研建，其数据来源于各高等院校、研究生院及研究所向中国科技信息研究所送交的我国自然科学领域的硕士、博士和博士后的论文。

CDDB 提供分类浏览、简单检索、高级检索、专业检索方式，并提供多个检索词的组合检索，使用逻辑“与”“或”“非”组配检索，可检字段包括：全文、作者、授予单位、馆藏号、导师姓名、中图分类号、作者专业、授予学位、关键词和论文标题等，同时可以对论文年度和学科进行限定。

（三）中国知网的硕士与博士学位论文数据库

中国知网的学位论文数据库分为中国优秀硕士论文全文数据库和中国博士学位论文全文数据库（即原中国优秀博硕士学位论文全文数据库分化而来），该数据库由清华同方股份有限公司等研制开发，是目前国内相关资源最完备、高质量、连续动态更新的中国博硕士学位论文全文数据库，收录了 1999 年至今的学位论文。

这两个数据库与万方的 CDDB 有一定重复，其中清华、北大等高校的学位论文全文比万方多。

这两个数据库分为 10 大专辑：基础科学、工程科技Ⅰ、工程科技Ⅱ、农业科技、医药卫生科技、哲学与人文科学、社会科学Ⅰ、社会科学Ⅱ、信息科技、经济与管理科学。10 个专辑下分为 168 个专题。

提供初级检索、高级检索、专业检索和二次检索方式，并可浏览学位论文电子版、查看检索历史、根据学位授予单位导航，提供的检索字段有：主题、题名、关键词、摘要、作者、作者单位、导师、第一导师、导师单位、网络出版投稿人、论文级别、学科专业名称、学位授予单位、学位授予单位代码、目录、参考文献、全文、中图分类号、学位年度、论文提交日期和网络出版投稿时间等。其检索界面和检索方法与前文讨论的“中国学术期刊全文数据库”大同小异。

（四）NSTL 学位论文

NSTL① 中文学位论文数据库主要收录 1984 年至今我国高等院校、研究生院及研究院所发布的硕士、博士和博士后的论文。学科范围涉及自然科学各专业领域，并兼顾社会科学和人文科学；外文学位论文数据库收录了美国 ProQuest 公司博硕士论文资料库中 2001 年以来的优秀博士论文。学科范围涉及自然科学各专业领域，并兼顾社会科学和人文科学。

（五）中国国家图书馆博士论文数据库

中国国家图书馆学位论文收藏中心是国务院学位委员会指定的全国唯一负责全面收藏和整理我国学位论文的专门机构；也是人事部专家司确定的唯一负责全面入藏博士后研究报告的专门机构。

国家图书馆博士论文数据库②提供免费检索，可从题名、作者、学科专业和学位级别等字段进行检索。每篇论文提供的信息有：中文题名、副题名、外文题名、论文作者、导师、学科专业、研究领域\研究方向、学位级别、学位授予单位、学位授予日期、论文页码总数、关键词、中文摘要、英文摘要、目录和前 24 页浏览。

（六）中国科学院学位论文检索系统

中国科学院学位论文检索系统③只对授权用户开放，分为基本检索、高级检索、分类浏览检索。在基本检索中用户可以任意选择三个字段进行组合检索；在高级检索中用户既可以自己输入检索表达式进行检索，又可以利用系统提供的检索表达式生成器来检索，可检字段有关键词、主题词、作者、来源刊名、分类号等；在分类浏览检索中，用户可以先找到自己要浏览的类目主题，然后再根据具体情况在此主题下检索或二次检索。

二、我国台湾地区的学位论文信息检索

我国台湾地区培养单位中提供学位论文全文检索者比大陆地区多，如阳明大学博硕士论文全文影像检索系统、科技大学学位论文全文检索系统、嘉南窑里科技大学学位论文全文检索系统等。以下介绍几个台湾地区的学位论文合作项目。

（一）eThesys“中山大学”学位论文服务系统

“中山大学”学位论文服务系统（Electronic Theses Harvestable and

① http：//disc. nstl. gov. cn/［EB/OL］.［2019-07-30］.

② http：//mylib. nlc. cn/web/guest/boshilunwen［EB/OL］.［2019-07-30］.

③ http：//www. las. ac. cn/［EB/OL］.［2019-07-30］.

Extensible System，eThesys)①收录1990年后的该校硕士与博士学位论文电子版，可以实现对学位论文的提交、审核、查询、维护等多种功能。

(二)台湾师范院校联合博硕士论文系统

该系统②可检索包括高雄师范大学、新竹教育大学、台中教育大学、台湾师范大学、台北市立教育大学、彰化师范大学等学校的学位论文。提供简单检索、进阶检索和浏览。部分可获得全文。

(三)中文电子学位论文服务

中文电子学位论文服务(Chinese Electronic Theses and Dissertations Service，CETD)③是华艺数字股份有限公司于2005年推出的整合中国大陆(内地)与港澳台地区博硕士论文于单一平台的学术性服务，收录是以中文为主要语言类别，收录地区包括中国大陆、中国台湾地区、中国香港地区及澳门地区等大专院校的博硕士论文，但目前的参与者绝大部分为台湾地区的高校。用户可下载全文。

(四)中国台湾地区的博硕士论文资讯网

中国台湾地区博硕士论文资讯网④是台湾地区收录学位论文最全的数据库。该系统提供了简单检索、高级检索两种检索方式，可将检索限制在论文名称、研究生、指导教授和关键词字段；同时提供多种浏览方式，包括主题、论文名称、研究生、关键词、指导教授、学校、系所和学年度，同时配有检索的功能，方便用户查询。在输入检索词时，同样需要注意输入繁体字进行检索。提供论文的摘要、参考文献和目录等信息，有的论文还可免费下载全文。

三、我国香港地区学位论文信息检索

(一)香港大学论文在线

香港大学论文在线(Hong Kong University Theses Online，HKUTO)⑤收藏了香港大学1941年至今的博硕士学位论文，其中部分有全文，涉及人文科学、艺术、社会科学、教育、医学、自然科学等学科领域。绝大部分论文为

---

① https：//etd. lis. nsysu. edu. tw/eThesys/index. php[EB/OL]. [2019-07-30].

② http：//etds. lib. ntnu. edu. tw/cgi-bin/gs/gsweb. cgi？ o = d1 [EB/OL]. [2019-07-30].

③ http：//www. airitilibrary. com/[EB/OL]. [2019-07-30].

④ https：//ndltd. ncl. edu. tw/cgi-bin/gs32/gsweb. cgi/ccd = jbP2QF/webmge？ mode = basic[EB/OL]. [2019-07-30].

⑤ http：//sunzi. lib. hku. hk/hkuto/index. jsp[EB/OL]. [2019-07-30].

英文，有的论文同时有中、英文，少数论文只有中文。可在题名、作者、关键词字段或所有字段检索，还可进行论文全文的检索，可通过时间、系、学位级别和语种进行检索限制；也可通过系、学位级别浏览。

HKUTO 遵循 OAI 协议，检索结果中带“complete thesis”图标的可以下载全文，点击该图标，在线填写“香港大学图书馆网上论文版权声明”，可浏览或下载该学位论文的全文，在版权声明下面输入自己的信箱，点击“I agree”，服务器就会把这篇论文的链接发送至用户的邮箱，再去点击邮箱中的链接即可。

(二)香港科技大学电子学位论文数据库

香港科技大学电子学位论文数据库(HKUST Electronic Theses Database)①收录该校硕士与博士学位论文，大部分论文可面向全球用户免费提供全文。可检字段有：题名、作者、主题、摘要、索书号和记录号，可从学位授予时间、学位级别和院系进行检索限定，检索结果可按题名、作者、院系和授予时间排列。

(三)香港浸会大学硕博学位论文数据库

香港浸会大学(Hong Kong Baptist University，HKBU)②收录该校硕士与博士学位论文，所有论文可面向全球用户免费提供全文。可检索字段包括：题名、作者、主题、摘要、院系等，可从学位授予时间、学位级别和院系进行检索限定。

四、我国澳门地区学位论文信息检索

澳门科技大学和澳门理工学院将其学位论文通过馆藏目录或集成化检索系统提供检索，澳门大学对博硕士学位论文提供专门的检索页面。

澳门大学博硕士学位论文(University of Macau Dissertations and Theses)③提供该校的硕士与博士学位论文。截至目前，收录本校 1986 年以来的硕博士论文，数量非常少，尚不足 40000 篇。

五、国外学位论文信息的检索

(一)美国博硕士论文库(PQDT)

美国博硕士论文库(ProQuest Dissertations & Theses，PQDT)④是美国

---

① http：//library. ust. hk/info/db/theses. html[EB/OL]. [2019-07-30].

② https：//repository. hkbu. edu. hk/[EB/OL]. [2019-07-30].

③ http：//www. umac. mo/dc/dissertation/index. html[EB/OL]. [2019-07-30].

④ http：//proquest. umi. com/login[EB/OL]. [2019-07-30].

ProQuest Information and Learning 公司(原名 UMI 公司)出版的博硕士论文文摘索引库，原名为 ProQuest Digital Dissertations(PQDD)，是由 Proquest 公司搜集整理的文摘索引型数据库。数据库现已收录来自欧美 1700 多所大学的 300 多万篇学位论文。涵盖了从 1861 年至今获得通过的博硕士论文信息。PQDT 数据库内容每周更新，及时收录最新的学位论文，平均每年新增超过 8 万篇论文条目。目前，数据库中还收录 CALIS 高校学位论文文摘数据近 15 万篇，并且在不断增加中。

数据库中除收录与每篇论文相关的题录(citations)外，1980 年以后出版的博士论文信息中包含了作者本人撰写的 350 个字的文摘，硕士论文信息中含有 150 个字的文摘。目前，PQDT 数据库中还集成了开放存取的论文全文近万篇。

PQDT 多数论文可看前 24 页，如需完整论文原文，可先查询 ProQuest 学位论文全文库，若没有可向图书馆申请文献传递服务获取论文全文。

PQDT 数据库移至 ProQuest 平台后，实现了 PQDT 与 ProQest 其他数据库之间的跨库检索，其检索界面也与 ProQuest 平台的检索一致，即分为基本检索(Basic Search)和高级检索(Advance Search)两种。其中，基本检索是 PQDT 默认的检索方式，提供 1 个检索词检索，默认的检索字段为“题录和摘要”，可以进行时间限定；高级检索界面提供多个检索词的组合检索，并支持布尔逻辑算符(AND、OR、AND NOT)、位置算符、截词检索(*、?)、短语检索等，可检字段有：题录和摘要、摘要、导师、作者、标题、语种等，可以设定时间限制和“更多检索选项”来进一步限定检索。

(二)ProQuest 学位论文全文数据库

ProQuest 学位论文全文数据库是为了满足国内高校教学科研对欧美博硕士论文全文的广泛需求，CALIS 文理中心组织、中科公司—亚信公司从 2002 年起代理，组织国内各高等院校、学术研究单位以及公共图书馆建立 ProQuest 学位论文中国集团联盟，以优惠的价格、便捷的手段共同采购国外优秀博硕士论文，建立了 ProQuest 学位论文全文数据库，实现了学位论文的网络共享。联盟的运作模式是：凡参加联盟的成员馆均可在每年的下半年从 PQDT 中挑选部分学位论文加入 ProQuest 学位论文全文数据库中；各成员馆皆可共享 ProQuest 学位论文全文数据库的资源；各馆所订购资源不会重复；一馆订购，全国受益；且随时间的推移，加盟馆的增多，共享资源数量也会不断增长。

ProQuest 学位论文全文数据库通过建立镜像站点的形式接受成员馆用户的访问，目前该数据库在国内建立了三个镜像站点：北大的 CALIS 文理中心镜像站、上海交通大学镜像站、中国科技信息研究所镜像站。该数据库系统通过 IP 地址控制访问权限，成员馆的用户可登录到任一个镜像站进行访问，利用 ProQuest 学位论文全文数据库中的资源。

该数据库提供了基本检索、高级检索和分类浏览三种检索界面。基本检索和高级检索提供的可检字段有：摘要、作者、论文名称、学校、学科、指导老师、学位、论文卷期次、ISBN、语种、论文号及时间限定等。论文分类浏览界面的左端是分类导航树，分类导航树将所有论文分为 11 大类，每个大类又分为若干小的类目，然后逐级点击，就会显示出相关类的所有论文，并在相关类中进行二次检索。

(三)网络化的博硕学位论文数字图书馆(NDLTD)

网络化的博硕学位论文数字图书馆(Networked Digital Library of Theses and Dissertations，NDLTD)①是在由美国国家自然科学基金委支持的“电子学位论文”(Electronic Theses and Dissertations，ETD)基础上发展起来的一个网上学位论文共建共享的开放联盟，目的是创建一个支持全球范围内电子论文的创作、标引、储存、传播及检索的数字图书馆，任何人都可以通过网络免费检索浏览 NDLTD 中收录的学位论文，以此来促进研究生教育的发展。NDLTD 主要收录博硕士论文，自 1996 年它已经在美国每年收集超过 4 万篇博士论文和 36 万篇硕士论文，同时邀请国际上的各种团体加入，以达到共建共享的目的。根据作者的授权和要求，NDLTD 提供对这些成员馆的电子学位论文联合目录的查询，包括浏览检索、关键词检索和专家检索三种检索方式，可按题名、作者、文摘、主题、机构、发布年、语种等途径检索，可免费获得论文的题录和详细摘要，而其链接的部分全文分为无限制下载、有限制下载和不能下载几种方式。

(四)可免费获取的国外学位论文

目前，来自许多国家或地区的大学学位论文可从网上免费获得(见表 8-3)。

表 8-3　**可免费获取国外学位论文的重要站点(按国家或地区集中排列)**

站点名称	网址	简介
The National Library of Australia's Trove service	https://trove.nla.gov.au/	收录近 100 万篇澳大利亚的学术论文

① https：//www. library. ucsb. edu/node/3637[EB/OL]. [2019-07-30].

续表

站点名称	网址	简介
DART-Europe E-theses Portal	http://www.dart-europe.eu	访问 28 个欧洲国家 619 所大学的学位论文
Theses and Dissertations in Progress	https://onesearch. lancaster-university. uk/primo-explore/search? vid = LUL _ VU 1&lang=en_US	可免费访问英国大学每年硕士与博士学位论文
Nottingham eTheses	http://eprints.nottingham.ac.uk/etheses/	诺丁汉大学学位论文
Electronic Theses and Dissertations at Worcester Polytechnic Institute	https://digitalcommons. wpi. edu/etd/	伍斯特理工学院的博硕士学位论文,提供摘要,部分有全文
OhioLINK Electronic Theses and Dissertations Center	http://etd.ohiolink.edu/	集成 34 所 OhioLINK 成员单位的学位论文,提供摘要,部分有全文
Texas Digital Library	https://tdl-ir.tdl.org/	得克萨斯州数字图书馆,部分可访问全文
Electronic Theses and Dissertations at Virginia Tech	https://vtechworks. lib. vt. edu/handle/10919/5534	弗吉尼亚理工大学数字化学位论文,多数有全文
DissOnline	http://www.dissonline.de	德国大学博硕士学位论文全文
Dissertation.com	http://www.dissertation.com/browse.php	网站建立于 1997 年,相关学位论文可以浏览前 25 页全文,可以 E-mail 给作者
Aalto University School of Science and Technology Electronic Academic Dissertations	https://aaltodoc. aalto. fi/handle/123456789/5	芬兰阿尔托大学学位论文,收录最早的论文为 1911 年的
E-thesis Electronic Publication at the University of Helsinki	http://ethesis.helsinki.fi/en/	赫尔辛基大学博士学位论文和其他出版物

续表

站点名称	网址	简介
Ethos：Electronic Theses Online Service	https://ethos.bl.uk/Home.do	不列颠图书馆的在线学位论文服务，大部分可以免费访问
Theses Canada Portal	http://collection scanada.ca/theses canada/index-e.html	加拿大学位论文门户，提供加拿大大学学位论文的保存和检索，有英语和法语两种检索界面，提供简单检索和高级检索两种检索方式。可在线检索1965年至今的加拿大部分大学的学位论文，1998年之后的学位论文部分提供全文
NC State Theses and Dissertations	https://repository. lib. ncsu. edu/handle/1840.20/23	北卡罗来纳州立大学图书馆，全部免费访问
Digital Archive and Research Repository	http://dar. aucegypt. edu/handle/10526/1925	开罗美国大学，全部免费访问

第四节　会议论文信息的检索

随着科学技术的飞速发展，各个国家、各个学科的学会、协会、研究机构及国际学术组织越来越多，这些国际、国内的学术组织都会定期或不定期的召开学术会议，形成了信息交流中一类重要的信息源。会议文献就是在各种会议上宣读和交流的论文、报告、记录及发言、论述、总结等各种形式的文献资料，是国际学术交流的重要组成部分。按其出版方式可分为会前文献、会中文献和会后文献。会议文献作为一种重要的学术资源，有许多优点，如论点新颖，能反映某学科或专业国内外的最新水平和发展动向；学术性、专业性强，有非常明确的主题，具有极强的专业针对性；及时性，会议论文比期刊的发表更快；连续性，大多数重要的学术会议是连续性的，因而会议文献也呈现连续性。会议文献的上述特点决定了它“好用不好找”，本节将介绍如何查找已召开的会议论文和即将召开的会议信息。

一、会议论文数据库

会议论文数据库通常用于查找已经召开的会议论文或会议论文集。

(一)万方学术会议论文数据库

万方数据资源系统会议论文数据库①收录国家一级协会、二级协会、二级以下协会、一级学会、二级学会、二级以下学会、国家重点实验室、研究会和其他机构主办的学术会议，涉及哲学、宗教、社会科学等37大类。可通过学科分类、会议级别、主办单位性质等分类浏览以逐级缩小范围。

该会议论文数据库提供了简单检索、高级检索、经典检索和专业检索，高级检索的可检字段包括：论文标题、作者、会议名称、主办单位、会议时间等；经典检索的可检字段有中图分类法；专业检索需要用CQL检索表达式，支持布尔逻辑“与”(AND)和“或”(OR)、短语检索(“”)，可检字段有：题名、作者、来源、关键词、摘要。

(二)CNKI中国重要会议论文全文数据库

中国知网(CNKI)②重点收录1999年以来，中国科协系统及国家二级以上的学会、协会，高校、科研院所，政府机关举办的重要会议以及在国内召开的国际会议上发表的文献。其中，国际会议文献占全部文献的20%以上，全国性会议文献超过总量的70%，部分重点会议文献回溯至1953年。

该数据库的检索方式同CNKI平台上其他数据库的检索大同小异，在此不再赘述。

(三)NSTL的中外文会议论文库

国家科技图书文献中心(NSTL)③的会议数据库包括了中文会议论文数据库和外文会议论文数据库。前者主要收录1985年以来我国国家级学会、协会、研究会以及各省、部委等组织召开的全国性学术会议论文。数据库的收藏重点为自然科学各专业领域；后者主要收录1985年以来世界各主要学协会、出版机构出版的学术会议论文，部分文献有少量回溯，学科范围涉及工程技术和自然科学各专业领域。

(四)OCLC FirstSearch会议论文与会议录索引

OCLC FirstSearch中的国际学术会议论文索引库(PapersFirst)包括在世界范围的各种会议、座谈会、博览会、研讨会、专业会、学术报告会上发表的

① http://g.wanfangdata.com.cn/index.html[EB/OL].[2019-07-30].

② http://www.cnki.net[EB/OL].[2019-07-30].

③ http://www.nstl.gov.cn/index.html[EB/OL].[2019-07-30].

论文的索引，收录了自1993年以来在大英图书馆文献提供中心(即BLDSC)的会议录收集到的已出版的论文，并可通过馆际互借获取全文。

国际学术会议录索引库(Proceedings)是PapersFirst的相关库，它包括在世界各地举行的学术会议上发表的论文的目录表，一条记录的内容包括在一次会议上的论文的简要列表。它提供了一条检索"大英图书馆资料提供中心"会议论文的途径(利用登录号)。

这两个数据库分为基本检索、高级检索和专家检索三种，可检字段有：关键词、登入号码、著者、会议日期、会议地址、会议名称、会议赞助者、期刊刊名、出版社、出版日期、题名、标准号码等。

(五)ISI会议论文集引文索引

ISI会议论文集引文索引(Conference Proceedings Citation Index，CPCI)包括自然科学版(Conference Proceedings Citation Index-Science，CPCI-S)和社会科学与人文科学版(Conference Proceedings Citation Index-Social Science & Humanities，CPCI-SSH)，收录1996年以来世界上最著名的会议、座谈会、研究会、专题讨论会及其他各种会议中发表的会议录论文及其引文信息，分别取代原来的科技会议录索引(Index to Scientific & Technology Proceedings，ISTP)和社会科学与人文会议录索引(Index to Social Sciences & Humanities Proceedings，ISSHP)，其覆盖的学科范围非常广泛，是目前世界上了解会议文献信息最主要的检索工具。

这两个数据库可通过前文的Web of Science进行检索，检索方式与支持的检索方法见第五章第二节。

在检索结果页面，用户可对检索结果进行分析，可供分析的字段有8个，包括作者、会议名称、国家地区、文献类型、语种、学科等，如通过会议名称分析了解该领域的重要国际会议。

二、学会(协会)的网站或数据库

美国计算机协会(Association for Computing Machinery，ACM)数字图书馆(ACM Digital Library)收录美国计算机协会1985年以来的会议录全文。除此以外，该库还可以查到ACM的各种电子期刊和快报等文献；美国物理联合会(American Institute of Physics，AIP)的会议论文集(AIP Conference Proceedings)收录2000年以来的会议录全文；国际光学工程协会(International Society for Optical Engineering，SPIE)数字图书馆收录了1990年以来的会议录全文；美国电气和电子工程师协会(IEEE)学会和英国电气工程师(IEE)电子图书馆(IEEE/IEE Electronic Library)全文库收录这2个协会自1988年以来的所有期刊与杂志，每年在全球举办超过1200场的学术会议，会议涉及领域广泛，不仅涉及电气电子、通信和计算机等传统领域，更涉及诸多新兴热点领域，如纳米、生物医学工程、能源、自动化控制等；美国土木工程师学会(The American Society of Civil Engineers，ASCE)会议论文集(ASCE Proceedings)收录2003年以来的会议录全文；日本纯物理和应用物理学会(Institute of Pure and Applied Physics of Japan)提供2000年以来的会议论文全文。

要查找某学科有哪些学术性机构，可利用References. net的“学术协会项目”(Scholarly Societies Project)站点①进行检索。

三、查找即将召开的会议信息

查找即将召开的会议，可以进入国内外相关专业协会或学会网站以获得最新会议信息，如国际图联年会(International Federation of Library Associations and Institutions Annual Conference)②、美国电气和电子工程师协会会议(IEEE Conference)③、美国核协会(American Nuclear Society)④等；也可通过搜索引擎查找某学科(专题)的会议站点；还可登录专门查找某学科会议信息的站点，如医学会议查询(Medical Conference)⑤、原子与等离子体物理会议预告(Conferences on Atomic and Plasma Physics)⑥、国际天文学会议(International Astronomy Meetings List)⑦。以下介绍一些可免费浏览即将召开的各个学科领域国际会议信息的站点。

(一)中国学术会议在线

中国学术会议在线⑧是经我国教育部批准，由教育部科技发展中心主办，面向广大科技人员的科学研究与学术交流信息的服务平台，旨在开展学术会议网上预报及在线服务、学术会议交互式直播(多路广播)和会议资料

① https：//www. references. net/societies/subjects _ soc. html [EB/OL]. [2019-07-30].

② http：//www. ifla. org/en/annual-conference [EB/OL]. [2019-07-30].

③ http：//www. ieee. org/conferences/ [EB/OL]. [2019-07-30].

④ http：//www. ans. org/meetings/ [EB/OL]. [2019-07-30].

⑤ https：//theconferencewebsite. com/ [EB/OL]. [2019-07-30].

⑥ http：//plasma-gate. weizmann. ac. il/CoAPP. html [EB/OL]. [2019-07-30].

⑦ https：//heasarc. gsfc. nasa. gov/docs/heasarc/meetings. html [EB/OL]. [2019-07-30].

⑧ http：//www. meeting. edu. cn/ [EB/OL]. [2019-07-30].

点播，发布国内外学术会议主承办单位、时间、地点、主题、演讲嘉宾等相关情况，为用户提供学术会议信息预报、会议分类搜索、会议在线报名、会议论文征集、会议资料发布、会议视频点播、会议同步直播等服务，用户还可以通过免费注册来定制会议信息。

该网站提供的会议检索包括按学科检索、按收录论文的核心期刊名称检索和条件检索三种检索方式；在条件检索中，可以选择输入会议名称、会议主办方或会议举办城市三种条件之一，然后进行检索。同时也可以输入开始时间和结束时间，检索输入的这一段时间内的所有会议信息。

与此类似的还有：CNKI 主办的中国学术会议网①，这是为会议主办方、作者、参会者设计并开发的网络化学术会议服务平台。可查找已经召开和即将召开的会议信息。

(二)国际学术会议

国际学术会议(Global Conference Directory & Event Planning Solutions)②收录世界范围各学科的学术会议信息预报，可按多项条件检索。

全球知名的信息素养国际会议如下表。这些会议网站可以查到历届信息素养会议的信息，例如 European Conference on Information Literacy(ECIL)的网站可以查到自 2013 年历届会议的信息(见表 8-4)。

表 8-4　　**全球知名的信息素养国际会议**

会议名称	会议网址	开始年份
European Conference on Information Literacy(ECIL)	http://ilconf.org/	2013
International Conference on Information Literacy(ICIL)	http://library.nwu.ac.za/international-conference-information-literacy-icil-2019	2019
Annual Information Literacy Summit	https://informationliteracysummit.org	2014
Librarians' Information Literacy Annual Conferencre(LILAC)	https://www.lilacconference.com/home	2005

(三)会议报道网站

会议报道网站(The best conference announcement sites)③按学科分类报道

① http: //conf. cnki. net/[EB/OL]. [2019-07-30].

② http: //www. allconferences. com/[EB/OL]. [2019-07-30].

③ The best conference announcement sites[EB/OL]. [2019-07-30].

将要召开的会议信息，也可以制定与推广会议报道。

除了上述三个主要途径外，许多学科信息门户提供该学科的会议信息，如中国国家科学数字图书馆——化学学科信息门户①在首页设“动态及相关信息”栏目，包括化学化工会议信息；英国著名的学科信息门户physicsworld②在首页的“latest”栏目中，通报最新的会议信息。

第五节　科技报告的检索

科技报告(Science & Technical Report)是围绕某个课题的科技活动所取得的阶段性进展或最终性成果的记录与书面报告，是科研生产活动的第一手资料。③ 有时又被称为研究报告，它是科技人员交流其研究活动的重要手段，是研究单位向为其提供经费的部门反映研究情况的正式技术文件，以积累、传播和交流为目的，由科技人员按照有关规定和格式撰写，真实而完整地反映科研人员所从事科技活动的内容和经验。它一般有编号，供识别报告本身及其发行机构。世界上比较著名的科技报告是美国四大政府报告(下文将详细介绍)。

科技报告的内容比较新颖、详尽、专深、可靠、速度较快。其中可以包括各种研究方案的选择与比较，成功与失败的体会，还常常附有大量的数据、图表、原始实验记录资料。大多数科技报告与政府的研究活动、国防及尖端科学技术领域有关。因此，科技报告大部分属于保密或控制发行之列。通过刚刚解密的报告，可以获得一些其他途径无法获得的尖端科技情报。通过该类文献，可以及时获得大量新信息，并了解某个国家科技研究的基本情况。

一、科技报告的种类

(一)按照出版形式划分

按照出版形式，可将科技报告分为以下几类④：

1. 报告(Report)

一般公开出版，内容较详尽，是科研成果的技术总结。

① http：//chemport. ipe. ac. cn/index. shtml[EB/OL]. [2019-07-30].

② https：//physicsworld. com/events/ [EB/OL]. [2019-07-30].

③ 赵静. 现代信息查询[M]. 北京：科学出版社，2008：223..

④ 彭奇志. 科技报告信息检索[EB/OL]. [2019-07-30]. https：//wenku. baidu. com/view/28efcbeb294ac850ad02de80d4d8d15abe230022. html.

2. 札记(Notes)

内容不太完善，是编写报告的素材，也是科技人员编写的专业技术文件。

3. 备忘录(Memorandum)

内部使用，限制发行。包括原始试验报告，有数据及一些保密文献等，供行业内部少数人沟通信息使用。

4. 论文(Paper)

指准备在学术会议或期刊上发表的报告，常以单篇形式发表。

5. 译文(Translations)

译自国外有参考价值的文献。

(二)按照研究进度划分

按研究度进度划分，科技报告有：

1. 初期报告(primary Report)

研究单位在进行某研究项目的一个计划性报告。

2. 进展报告(Progress Report)

报道某项研究或某研究机构的工作进展情况。

3. 中间报告(Interim Report)

报道某项研究课题某一阶段的工作小结以及对下一阶段的建议等。

4. 最终报告(Final Report)

科研工作完成后所写的报告。

(三)按照保密程度划分

科技报告按保密性，可分为：

1. 保密报告(Classifical)

按内容分成绝密、机密和秘密三个级别，只供少数有关人员参阅。

2. 非保密报告(Unclassifical)

分为非密限制报告和非密公开报告。

3. 解密报告(Declassfical)

保密报告经一定期限，经审查解密后，成为对外公开发行的文献。

二、科技报告的获取渠道

研究报告的检索主要可通过以下途径：很多大型综合性检索系统都将科技报告作为重要的文献类型加以收录，如 Ei、INSPEC 等，通过这些数据库都可以检索到部分科技报告①；政府网站，作为管理和调控部门，政府会定期编写各领域的研究报告，部分会通过政府网站予以公开发表；通过研究的资助机构查找，该机构会将研究报告作为其科研成果予以公布；报告的发布机构，如学会、协会等；用搜索引擎检索；利用免费研究报告数据库(Free Research Papers)②或灰色文献网，如国际灰色文献网(GreyNet)③进行检索。

我国有些机构收藏科技报告，如中国国防科技信息中心收藏美国四大报告(AD、PB、NASA、DOE)全文；核工业部收藏较多的 DOE 报告；北京航空航天大学图书馆收藏有 NASA 报告全文；电子科学技术情报研究所收藏日本电子情报通信学会技术研究报告(《信学技报》)等；上海科技信息研究所收藏美国四大报告原文、中国科学院文献中心是收藏美国四大报告尤其是 PB 报告最全的单位，可通过向这些机构申请文献传递以获得报告的全文。如所需科技报告国内没有收藏，可根据 NTIS 订购号(入藏号)向 NTIS④ 直接订购报告的复印件或缩微平片。

三、商业性的科技报告数据库

(一)万方数据中的科技报告类数据库

万方数据资源系统的中国科技报告类数据库主要包括：国家高技术研究发展计划、国家重点基础研究发展计划、国家科技支撑计划、国家科技重大专项、国家重大科学研究计划、国家国际科技合作专项、国家重大科学仪器设备开发专项、国家科学技术奖励项目。

中国科技成果数据库是国家科技部指定的新技术、新成果查新数据库。中文科技报告，收录始于 1966 年，源于中华人民共和国科学技术部，共计 2.6 万余份；外文科技报告，收录始于 1958 年，源于美国政府四大科技报告(AD、DE、NASA、PB)，共计 110 万余份。

在检索方式上，用户可以根据时间、计划分类、学科名称、报告范围、报告类型、地域等进行限定，其可检字段包括：全部、主题、作者、作者单位、关键词、摘要、主题、计划名称、项目名称。

(二)NSTL 的国外科技报告数据库

国家科技图书文献中心的国外科技报告数据库主要收录 1978 年以来的

---

① 查找科技报告[EB/OL]. [2019-07-30]. http://www.lib.tsinghua.edu.cn/find/find_report.html.

② https://www.freeonlineresearchpapers.com/ [EB/OL]. [2019-07-30].

③ http://www.greynet.org/ [EB/OL]. [2019-07-30].

④ http://www.ntis.gov[EB/OL]. [2019-07-30].

美国政府研究报告，即AD、PB、DE和NASA研究报告，以及少量其他国家学术机构的研究报告、进展报告和年度报告等，学科范围涉及工程技术和自然科学各专业领域。

该数据库提供题名、出版者、主编、关键字、摘要等检索字段，每一条记录包含有该科技报告的正题名、个人作者姓名、作者单位、出版年、页码、馆藏号、关键词、分类号、语种和文摘信息，报告内容涵盖生物科技、材料科学、社会科学等20个总类及其众多细分。

(三)NTIS美国政府报告数据库

各个国家都有自己的科技报告，但数量最大、品种最多的是美国政府部门出版的政府报告，其收集、整理、加工和报道的工作做得较规范，网上提供免费检索的网站也比较多。我国目前已购买了美国政府报告数据库。

美国政府报告由美国商务部下属的国家技术情报服务局(National Technical Information Service，NTIS)①编辑出版，涉及数、理、化、生物、天文、地理、农、医、工程、航空航天、军工、能源、交通运输、环境保护及社会科学等学科领域。NTIS出版的美国政府报告数据库是目前检索美国科技报告的主要检索工具，以收录美国政府立项研究及开发的项目报告为主，除了美国的四大科技报告外，也包括美国农业部、教育部、环保局、健康与人类服务部等的科技报告，也少量收录西欧、加拿大、日本等世界各国的科学研究报告。其内容包括项目进展过程中所做的一些初期报告、中期报告和最终报告等。具体说，美国政府报告主要有四大报告，即侧重民用工程的来自行政系统的PB(Office of Publication Board)报告、侧重军事技术和国防工程等领域的来自军事系统的AD(ASTIA Documents)报告、航空与宇航系统的NASA(National Aeronautics and Space Administration)报告、原子能和能源管理系统的DOE(U. S. Department of Energy)报告。

国内许多图书馆订购了美国四大政府报告数据库，可通过剑桥科学文摘(CSA)、美国工程索引(Ei)等数据库平台进行检索。

四、获取科技报告的免费站点

网上有许多站点提供免费的科技报告(见表8-5)，以下仅介绍国家科技报告服务系统。

① http：//www. ntis. gov/［EB/OL］.［2019-07-30］.

表 8-5　　　　　　　　**提供免费科技报告的站点**

站点名称	网址	简介
国家科技报告 服务系统	https://www.nstrs.cn/	国家科技报告服务系统按部门、学科、地域、类型对公开科技报告进行导航
中国报告大厅	http://www.chinabgao.com/	含免费报告、研究报告和市场研究报告
国务院发展研究中心信息网	http://www.drcnet.com.cn/DRCNET.Channel.Web/	含系列研究报告、区域发展报告
NASA Technical Reports Server (NTRS)	http://www.sti.nasa.gov/STI-public-homepage.html	美国航空航天局(NASA)和美国国家航空咨询委员会(NACA)的科技报告,可以检索、浏览,许多有全文
Networked Computer Science Technical Reports Library (NCSTRL)	http://cseweb.ucsd.edu/Dienst/htdocs/Welcome.html	世界上许多大学以及研究实验室有关计算机学科的科技报告,可以浏览或检索,可免费获得全文
Science.gov	http://www.Science.gov/	美国政府科学信息门户网站,提供全文
The EECS Technical Memorandum Series	http://www.eecs.berkeley.edu/Pubs/TechRpts/	加州大学伯克利分校电气工程和计算机科学系提供,可检索电机工程及计算机科学博硕学位论文及技术文献,提供全文
The Congressional Research Service (CRS) Reports	http://www.ncseonline.org/NLE/CRS/	提供许多与环境有关的国际环境联合会研究服务报告的全文
National Bureau of Economic Research(NBER) Working Paper	http://www.nber.org/	美国国家经济研究局(NBER)的研究报告文摘
Documents & Reports of the WorldBank Group	http://documents.worldbank.org/curated/en/home	世界银行组织的文件与报告库,可以免费查看全文

续表

站点名称	网址	简介
WoPEc Electronic Working Papers in Economics	https://econpapers. repec. org/paper/	华盛顿大学搜集整理的因特网上经济类报告,可以下载全文
惠普实验室技术报告检索	https://www. hpl. hp. com/hplabs/index	惠普实验室技术报告检索,全文免费下载

国家科技报告服务系统①于 2013 年 11 月 1 日开通了征求意见版(第一阶段)，展示了 1000 份最终报告，向社会公众提供公开科技报告摘要浏览服务，向经实名注册的科研人员提供在线全文浏览服务；于 2014 年 1 月 1 日开通了征求意见版(第二阶段)，展示了 3000 份科技报告，这些报告都是依据“十一五”期间已验收(项目)课题的验收报告加工而成。

系统开通了针对社会公众、专业人员和管理人员三类用户的服务。向社会公众无偿提供科技报告摘要浏览服务，社会公众不需要注册，即可通过检索科技报告摘要和基本信息，了解国家科技投入所产出科技报告的基本情况。向专业人员提供在线全文浏览服务，专业人员需要实名注册，通过身份认证即可检索并在线浏览科技报告全文，不能下载保存全文。科技报告作者实名注册后，将按提供报告页数的 15 倍享有获取原文推送服务的阅点。向各级科研管理人员提供面向科研管理的统计分析服务，管理人员通过科研管理部门批准注册，免费享有批准范围内的检索、查询、浏览、全文推送以及相应统计分析等服务。

系统根据广大科技人员和社会公众提出的意见和建议，进行了多方面改进和完善，如，在首页增加报告分类导引及其数量；增加“延期公开”科技报告的摘要查询服务，提供课题联系人信息，便于沟通交流；先期向科技报告贡献者赠予“阅点”，“阅点”是用于获取全文推送服务的支付单位，科技报告第一作者也可进行“阅点”转赠；全文在线浏览中增加目录导引，改进翻页功能；强化了课题关联信息的呈现，实现科技报告与计划项目执行情况和研究成果间的关联和链接；同时，增加了面向管理人员的统计分析服务。②

① https：//www. nstrs. cn/［EB/OL］.［2019-07-30］.

② https：//www. nstrs. cn/Admin/Content/AboutUs. aspx［EB/OL］.［2019-07-30］.

第六节　标准信息的检索

标准在各个领域中都发挥着至关重要的作用，它们不仅是技术进步的基石，也是社会、经济、文化等多方面发展的推动力量。2021 年 10 月，中共中央、国务院印发《国家标准化发展纲要》，提出了到 2025 年和 2035 年的发展目标，旨在统筹推进标准化发展，推动高质量发展。2024 年 3 月，市场监管总局、中央网信办等 18 个单位又联合制定了《贯彻实施〈国家标准化发展纲要〉行动计划(2024—2025 年)》，以扎实推动《国家标准化发展纲要》深入实施。这些举措充分彰显了中国政府对标准化工作的重视，为标准化体系的完善奠定了坚实的基础。

扫码看《国家标准化发展纲要》

扫码看《贯彻实施〈国家标准化发展纲要〉行动计划(2024—2025 年)》

一、标准概述

(一)标准的概念

标准是经过公认的权威部门批准的标准化工作成果。是在有关各方通力合作下，为了国民经济的整体利益，充分利用现有科技成果和实践经验，经过优选、统一、简化等过程，对多次重复性的课题提出的最优方案的法律性规定。具有技术上的先进性、经济上的合理性和科学上的可靠性①。

(二)标准的分类

标准有多种分类方法。按标准适用范围和性质分类如下：

1. 按标准的适用范围划分

(1) 国际标准：由国际标准化组织(ISO)、国际电工委员会(IEC)等国际组织制定，如 ISO 标准、IEC 标准等，具有广泛的国际适用性。

(2)国家标准：由各国政府或国家标准化组织制定，在本国范围内具有

① 王岩镔，徐炯主编．出版物发行知识词典．上海：上海辞书出版社，2016：124.

强制或推荐性的约束力，如中国的 GB 标准。

(3)行业标准：由某一行业的全国性组织或机构制定，主要在该行业内使用，如中国的行业标准，美国的 ASTM 标准等。

(4)地方标准：由地方政府或地方标准化组织制定，主要适用于某一地区，具有地域性特点。

(5)企业标准：由企业自行制定，仅在企业内部使用，用于规范企业的生产、管理等活动。

2. 按约束力划分

(1)强制性标准：根据普遍性法律规定或法规中的唯一性引用加以强制应用的标准。

(2)推荐性标准：在生产、交换、使用等方面，通过经济手段调节而自愿采用的一类标准，又称自愿性标准或非强制性标准。。

(3)指导性技术文件：指导性技术文件是一种推荐性标准化文件。它是给仍处于技术发展过程中(如变化快的技术领域)的标准化工作提供指南或信息，供科研、设计、生产、使用和管理等有关人员参考使用而制定的标准文件。。

标准有明确的适用范围和用途，一项标准通常只适用于某一具体领域；标准具有时效性，只在一定时间内有效，随着技术的改进和发展，旧的标准往往会废止，或被新标准(现行标准)所替代。

二、标准信息的检索

标准的内容以出版物形式向社会公布，目前标准信息通常在网络上可以查询。

(一)通过学术数据库或学术网站检索

1. 中国知网——标准数据总库

中国知网的标准数据总库包括《国家标准全文数据库》、《中国行业标准全文数据库》以及《国内外标准题录数据库》，共计 60 余万项标准 。

《国家标准全文数据库》收录了 1950 年至今由国家标准化管理委员会发布的、中国标准出版社出版的国家标准，以及中国计划出版社出版的工程建设类国家标准，约 6 万余项，占国家标准总量的 90% 以上。标准的内容来源于中国标准出版社和中国计划出版社，相关的文献、专利、科技成果等信息来源于 CNKI 各大数据库。

《中国行业标准全文数据库》收录了现行、废止、被代替以及即将实施的行业标准，全部标准均获得权利人的合法授权。收录了 1950 年至今电子、轻工、黑色冶金、有色金属、稀土、中医药、卫生、医药、纺织、林业、煤炭、烟草等40多个行业标准的数据约3万余项。可以通过全文、标准号、标准名称、起草单位、起草人、发布单位、发布日期、中国标准分类号、国际标准分类号等检索项进行检索。

《国内外标准题录数据库》是国内数据量较大、收录相对完整的标准数据库，分为《中国标准题录数据库》(SCSD)和《国外标准题录数据库》(SOSD)。《中国标准题录数据库》(SCSD)收录了所有的中国国家标准(GB)、国家建设标准(GBJ)、中国行业标准的题录摘要数据，共计标准11余万项；《国外标准题录数据库》(SOSD)收录了世界范围内重要标准，如：国际标准(ISO)、国际电工标准(IEC)、欧洲标准(EN)、德国标准(DIN)、英国标准(BS)、法国标准(NF)、日本工业标准((JIS)、美国标准(ANSI)、美国部分学协会标准(如ASTM、IEEE、UL、ASME)等18个国家的标准题录摘要数据，共计标准38余万项。可以通过标准号、标准名称、关键词、发布单位、起草单位、发布日期等检索项进行检索。

标准数据总库提供一框式检索，高级检索和专业检索，提供标准号、标准名称、起草人、起草单位、发布日期、中国标准分类号、国际标准分类号等检索字段。

2. 万方——中外标准数据库

万方数据知识服务平台的中外标准数据库收录了中国国家标准(GB)、中国行业标准(HB)、以及中外标准题录摘要数据共计260余万条记录，其中中国国家标准全文数据内容来源于中国质检出版社，中国行业标准全文数据收录了机械、建材、地震、通信标准以及由中国质检出版社授权的部分行业标准。

该库提供浏览功能；同时还提供基本检索、高级检索、专业检索功能，高级检索比基本检索可检索字段多，高级检索可检索字段有：题名、关键词、摘要、标准编号、起草人、起草单位、发布单位、出版单位、中国标准分类号、国际标准分类号等。具有"下载"按钮的条目可下载全文。

3. IEEE标准数据库

IEEE Xplore数字图书馆是一个强大的资源库，可通过其发现IEEE(电气电子工程师学会)及其合作出版商联合出版的科技文献资料。该平台有超过14，000多种技术标准 。

4. ASTM标准数据库

ASTM国际标准组织成立于1898年，是全球最大的标准开发机构之一。ASTM国际标准组织在148个技术委员会中制定全球通用的国际标准。

ASTM 标准涉及的领域包括金属、涂料、塑料、纺织品、石油、建筑、能源、环境、消费品、医疗器械、航空航天等等。ASTM 标准数据库中标准资源总量达到 80000 余项，包含现行标准、历史标准和作废标准，现行标准每周自动更新至最新版本。

5. 国家科技图书文献中心标准文献检索系统

国家科技图书文献中心标准文献检索系统可以查找到国外标准、中国标准及计量检定规程。

(二)通过标准发布机构网站查询

各国政府或标准化组织通常会在其官方网站上发布最新的标准信息。例如，中国的国家市场监督管理总局标准技术管理司网站、国际标准化组织(ISO)的官方网站等，都是获取标准信息的重要渠道。现举例说明部分可查询网站。

1. 国内网站

(1)国家标准化管理委员会网站

国家标准化管理委员会网站 提供“国家标准全文公开系统”和“全国标准信息公共服务平台”的链接。“国家标准全文公开系统”可提供强制性国家标准，推荐性国家标准、指导性技术文件等的检索。“全国标准信息公共服务平台”提供国家标准、行业标准、地方标准、团体标准、企业标准、国际标准、国外标准的检索，可查看部分全文、在线阅览或提供标准题录信息。

(2)中国标准服务网

中国标准服务网 是中国标准化研究院主办的国家级标准信息服务网站。有国内外国际和区域性标准化组织、专业协(学)会的标准及中国国家标准和行业标准，并提供标准翻译、查询及委托检索、标准查新等多项服务。

(3)中国标准在线服务网

中国标准在线服务网 是经中国质量标准出版传媒有限公司(中国标准出版社)授权，向国内外用户提供各类标准信息查询和全文服务，提供国际和国外标准、国家标准、行业标准、地方标准、团体标准等检索。

(4)首都标准网

首都标准网 隶属于北京市标准化研究院，标准资源涵盖了中国国家标准、中国行业标准、地方标准、国际标准、国外标准、技术法规、标准化期刊等。提供国内外标准目录和全文检索等服务。

(5)“一带一路”国家共建标准信息服务平台

“一带一路”国家共建标准信息服务平台 由中国标准化研究院建设，提供“一带一路”国家的标准检索，各国标准化概况，以及标准数据分析。

2. 国外网站

(1)国际标准化组织网

国际标准化组织网 可检索 ISO 已颁布标准，并提供全文订购服务。

(2)国际电工委员会网站

国际电工委员会网站 提供 IEC 国际标准，提供指示、指南、规则或定义，然后用于设计、制造、安装、测试和认证、维护和修理电气和电子设备和系统。

(3)美国国家标准系统网

美国国家标准系统网 可检索 ISO、ANSI 和 IEC 标准数据库，可在线订购全文。

(4)英国标准学会

英国标准学会 是英国政府承认并支持的非营利性民间团体，制定和贯彻统一的英国标准(BS)。

(5)加拿大标准协会(CSA)

加拿大标准协会(CSA) 是一个独立的非营利性、非政府机构，致力于标准制定和产品认证活动。CSA 是加拿大最大的安全认证机构之一，在北美市场上销售的电子、电器等产品都需要取得其安全方面的认证。

第七节　开放数据的检索

近年来，越来越多的国家和地区加入开放数据(Open data)运动，将高质量、可获取、可利用的数据集开放给用户下载和使用。

开放数据的主要分类包括：政府开放数据、国际组织开放数据、商业开放数据等；开放数据的质量主要考虑其完整性、时效性、兼容性、可拓展性等综合指标。开放数据可以从机构门户网站、搜索引擎、开放数据集成平台等综合检索和获取，此外还可以通过社交媒体与社区论坛的专业版块进行获取。

在全球范围内，比较有影响力的开放数据平台(见表 8-6)包括：

表 8-6　**有影响力的开放数据平台**

站点名称	网址	简　介
中国国家统计局国家数据	https://data.stats.gov.cn/	国内规模最大的开放数据站点之一，数据权威质量较高

续表

站点名称	网址	简　　介
联合国数据中心	https：//data. un. org/	提供全球政治经济等统计数据和 API 接口等服务
经济合作发展组织数据中心	https：//www. oecd. org/en/data	提供可视交互的全球经济数据获取和分析功能
美国开放数据平台	http：//www. data. gov	提供美国政府数据集，种类包括环境、教育、能源、健康等多领域
欧洲开放数据门户	https：//data. europa. eu	欧盟的数据开放平台包含了地理、统计、气象数据，以及来自公共资金研究项目的数据和数字化图书等，用户可以在平台上直接下载数据用于分析、开发创新服务或应用等。
英国开放数据中心	https：//data. gov. uk	最早提供开放数据的国家平台之一，用户可以在这个网站上查找政府部门和机构、公共机构和地方当局公布的数据，用于研究、构建应用程序和服务等。

◎ 思考题

1. 什么是专利、专利信息？
2. 什么是专利文献？它有哪些类型？
3. 试述《国际专利分类法》的体系结构。
4. 试述专利文献的结构。
5. 有哪些重要的商业性专利数据库？
6. 网上免费的专利信息资源有哪些主要来源渠道？
7. Google 和百度的专利搜索各有什么功能？
8. 商标信息检索有哪些入口和途径？
9. 如何使用美国专利与商标局的商标电子检索系统？
10. Dialog 的 Trademarkscan 系列数据库收录哪些国家的商标？
11. 如何使用 Thomson 公司的商标数据库？
12. 什么是学位论文？它有哪些特点？
13. 如何检索我国大陆地区的学位论文信息？
14. 我国台湾地区有哪些重要的学位论文合作项目？

15. 我国香港地区学位论文信息有哪几个主要的检索系统?
16. 如何检索美国博硕士论文库?
17. 网络化的博硕学位论文数字图书馆(NDLTD)有什么特点?
18. 请列举5个可免费获取国外学位论文的重要站点。
19. 国内有哪些重要的会议论文数据库?
20. 如何检索 OCLC FirstSearch 中的会议论文数据库?
21. 如何检索 ISI 会议论文集引文索引(CPCI)?
22. 如何查找即将召开的会议?
23. 什么是科技报告?
24. 科技报告有哪些类型?
25. 我国有哪些重要的科技报告数据库?
26. 如何检索美国四大政府报告?
27. 请分别列举3个可免费获取国内外科技报告的重要站点。
28. 请查询人工智能在某个行业应用的标准。
29. 请从三种开放数据来源渠道查找你感兴趣的某个主题的数据，比较其差异。

第九章　移动搜索

第九章导学视频　　第九章授课 PPT

第一节　移动搜索背景

一、移动搜索发展与定义

近年来，随着移动互联网技术和智能手机的不断发展，移动搜索逐渐成为用户获取网络信息的主要途径。中国互联网信息中心（CNNIC）2024 年 3 月发布的《第 53 次中国互联网络发展状况统计报告》数据显示，截至 2023 年 12 月，我国手机网民规模达 10.91 亿人，占比达 99.8%，在各类网络应用中搜索引擎用户规模达到 8.27 亿，占比达 75.7%。尽管手机搜索用户增长速度趋缓，但增量仍超过整体用户增量，继续承担搜索应用用户规模增长主要推动力的角色①。移动搜索的快速发展，正在改变着人们的生活方式和生活习惯。

移动搜索最早是以短信搜索和 WAP 搜索的形式出现的，并迅速受到各行各业的关注。早在 2000 年就已经出现了以短信搜索和 WAP 搜索为代表的

① 中国互联网信息中心［EB/OL］.［2024-08-08］. https：//www.cnnic.cn/NMediaFile/2024/0325/MAIN1711355296414FIQ9XKZV63.pdf.

移动搜索业务的概念和业务模式，并逐渐获得各行业的关注。2004 年 10 月，Google 与 Yahoo！等互联网搜索巨头开始将目光投向移动搜索领域；同年 11 月，百度也宣布推出用于智能手机的搜索功能①；最初的移动搜索主要通过短信搜索的方式来获取搜索结果。随后，世界各大移动通信运营商、网络信息检索巨头竞相进入移动搜索领域。

中国在 2006 年加入了移动搜索的浪潮，并以超过 202%的超高速增长速度吸引了包括搜索引擎开发商、手机制造商、移动运营商和软件供应商等 IT 巨头蜂拥而上。2007 年，Google 与中国移动宣布联手推出移动搜索服务。2008 年 3G 网络在全球的快速发展及 WAP2. 0 技术在手机中的普及，移动搜索引擎成为普遍关注的增值业务。2010 年 8 月，中国移动又与新华社合建搜索引擎以瞄准移动搜索②。

2012 年后，移动互联网加速普及。“随着国内搜索行业规范化进程推进，人工智能提供技术支持，2019 年第一季度中国移动搜索用户规模进一步扩大。艾媒咨询（iimedia Research）数据显示，近八成用户偏好使用文字搜索的方式进行搜索，偏好使用语音搜索和图片搜索的移动搜索用户分别占比达到 41. 1%和 29. 5%。其中选择文字搜索的用户超过六成是通过输入关键字的方式进行搜索，仅有 36. 0%的用户是输入一段文字的方式。艾媒咨询分析师认为，移动搜索注重交互方式多样化，其中语音搜索的用户已经形成一定规模，具有较好的发展前景。随着人工智能技术与搜索引擎的结合，移动搜索品牌的搜索内容精准度较高。人工智能深度挖掘人类自然语言所表达的意图，为用户提供精准答案，提升用户搜索体验和效率。虽然现阶段移动搜索行业竞争梯度分明，但技术革新以及其他应用搜索业务的探索，使移动搜索市场竞争仍然存在变数③④。更重要的是，移动搜索对传统的桌面端搜索的输入方式和结果显示等方面进行了较大的改进。由于移动搜索终端设备的便捷性，在内容显示的界面需要重新设计以适应移动终端设备显示的要求，增强用户在移动过程中检索和浏览的舒适度；另一方面，随着语音识别技术和人工智能技术的发展，移动搜索逐渐出现了更多方便人们在移动过程

---

① 张峰．论移动搜索[J]．情报杂志，2008，27(3)：115-117.

② 刘鲁川，孙凯，王菲等．移动搜索用户持续使用行为实证研究[J]．中国图书馆学报，2011(6)：50-57.

③ 艾媒报告：2018—2019 中国移动搜索市场监测报告[EB/OL]．[2019-01-28]．https：//www. iimedia. cn/c400/63519. html.

④ 艾媒报告：2019Q1 中国移动搜索市场研究报告[EB/OL]．[2019-04-29]．https：//www. iimedia. cn/c400/64210. html.

中检索的语音输入检索和拍照输入检索的功能。调查发现，97%的移动搜索用户使用自动补全功能，68%的搜索用户使用图片或语音搜索①。移动搜索的新技术极大地提高了用户的搜索效率，结合人工智能技术，大大提高了移动搜索的用户体验。

在移动搜索发展的数十年间，国内外对移动搜索的定义一直在不断变化和发展中，侧重点的不同影响了对移动搜索内涵和本质的认识。国内外对移动搜索的界定主要从网络要素、设备要素、技术要素、需求要素、行为要素、特征要素六个方面综合形成对移动搜索的界定②。综合前人对移动搜索的研究和理解，我们将移动搜索(Mobile Search，简称 MS)定义为：基于移动通信网络，用户利用各种移动终端设备，通过多种接入方式，如短信息服务(Short Message Service，SMS)、无线应用协议(Wireless Application Protocol，WAP)、互动式语音应答(Interactive Voice Response，IVR)、手机应用(Application，APP)等，获取 Web 或 WAP 站点网页内容、移动增值服务内容和本地信息，能够为用户提供随时随地、快速高效与情境感知的个性化信息与服务，满足其信息需求的信息搜索方式。移动搜索是信息检索技术在移动设备上的延伸和发展，移动搜索与各种互联网类 APP 的不断融合，进一步拓宽了移动搜索的范围。移动搜索终端设备的便携性可以满足用户随时随地产生的信息需求，屏幕大小的限制使得有限的搜索结果更加符合用户需求。另外，移动搜索可以通过信息技术，将互联网上信息聚集在移动终端上，根据移动搜索引擎日志记录的用户行为习惯、兴趣爱好、地理位置等提供最符合用户个性化需求的信息。

二、移动搜索情境

用户的信息需求不仅体现在查询式中，还与用户当前的搜索情境相关。所谓情境(context)是指任何有助于刻画一个实体目前所处状态的信息③。搜索情境指的是用户开展搜索时所处的环境等属性，具体指的是用户在搜索时

---

① OMD. 2017 年搜索调研白皮书[EB/OL].[2019-07-22]. http://www.199it.com/archives/664950.html.

② 胡蓉. 移动搜索情境下的跨屏行为概念框架[J]. 情报理论与实践，2018，41(1)：66-70，86.

③ Abowd G D，Dey A K，Brown P J，et al. Towards a Better Understanding of Context and Context-awareness[C]. Proceedings of the 1st International Symposium on Handheld and Ubiquitous Computing，1999.

所处的搜索地点、搜索时间、搜索时的活动等因素。移动互联网环境下，用户的搜索终端、搜索渠道等方面都存在诸多的差异，用户的移动搜索内容与其所处的位置、搜索时间，甚至与搜索时的天气、路况等都有关系。移动搜索的实时性和便捷性使得移动搜索与用户所处的情境密切相关，分析用户的移动搜索情境对于了解用户的移动搜索行为、信息需求类型和搜索效果等具有重要意义。

国内外对移动搜索情境的探讨有很多，由于研究的多样性和独特性，国内外并无完整的、普适的移动搜索情境维度指标及具体解释。对于搜索情境的概念和内涵认可度较高的观点是，搜索情境指的是用户开展搜索时所处的环境等属性，具体指的是用户在搜索时所处的搜索地点、搜索的时间、搜索时的活动等因素。有学者认为搜索情境指的是事情发生的场景，如当前的位置、时间、附近的人或用户的情绪①。还有一些学者认为用户的搜索情境包含用户的个人属性，如个人爱好、社会关系和一系列人口学变量(性别、年龄等)②。

纵观现有研究，移动搜索情境可分为两类：用户相关情境和环境情境，用户相关情境包括所有与用户相关的情境要素，如用户背景、心理状态、情绪等。环境情境包括客观的物理环境和社会环境③。它又可以分为三类：设备情境、用户情境和环境情境，设备情境包括移动搜索终端的设备特征和网络特征；用户情境包括用户当前的状态；环境情境是指天气、周围环境等客观环境④。

---

① Rendle S, Gantner Z, Freudenthaler C, et al. Fast Context-aware Recommendations with Factorization Machines[C]. Proceeding of the International ACM SIGIR Conference on Research and Development in Information Retrieval, SIGIR 2011, Beijing, China, July. DBLP, 2011: 635-644.

② Sun A, Lou C H. Towards context-aware search with right click[C]. Proceedings of the 37th International ACM SIGIR Conference on Research & Development in Information Retrieval, SIGIR 2014, Gold Coast, Queensland, Australia, 2014: 847-850.

③ Feng L, Apers P M G, Jonker W. Towards Context-Aware Data Management for Ambient Intelligence [C]. Database and Expert Systems Applications, Springer Berlin Heidelberg, 2004: 422-431.

④ Gasimov A, Magagna F, Sutanto J. CAMB: Context-Aware Mobile Browser[C]. International Conference on Mobile and Ubiquitous Multimedia, Mum 2010, Limassol, Cyprus, December. DBLP, 2010: 1-5.

总的来看，移动搜索主要包括以下情境要素：

(1)用户情境

不同属性的用户群体移动搜索存在差异，用户情境是指与用户相关的要素，包含用户的个人属性、一系列人口学变量、用户的心理状态、情绪，乃至用户的社交信息等。

(2)时间情境

相比桌面搜索只能发生在固定场所，用户使用手机可以在任何时间、任何地点搜索网络信息，因此，移动搜索的时间分布呈现出与用户的作息时间分布及手机使用时间分布相似的特点，时间情境毫无疑问成为用户搜索情境的主要维度之一。此外，当用户面临一些重要而紧迫的信息需求时，手机等移动设备由于上网便捷等优势，成为用户搜索信息的首选设备。因此，用户的搜索时间既具有一定的分散性，又具有一定的集中性。时间情境主要包括用户搜索的时间、搜索季节等。

(3)位置情境

物理位置是用户搜索情境的一个主要要素，由于手机等移动设备便于携带、联网方便等天然优势，用户会在任何地方进行搜索活动，移动搜索地点分布十分广泛，不再局限于一些固定场所。因此，移动用户搜索需求不受地理位置的限制且灵活多变，因此地理位置信息对用户的信息需求有较大的影响。位置情境能够了解用户实时的移动行为和信息需求，包括地理位置信息、周围的环境、附近的建筑物信息等。对移动搜索地点进行分类，使用频繁类型包括：乘坐交通中、家中、工作/校园、办公室、远离办公桌的地点、商店/餐厅、公共场所、旅游时、其他。

(4)任务情境

移动搜索用户可以借助移动设备搜索各种类型的任务信息，任务的差异也会对移动搜索的效果造成影响。任务情境主要包括搜索任务的主题、任务的紧迫程度、任务类型，如导航类(Navigational)、信息类(Informational)和事务类(Transactional)等类型。

(5)设备情境

用户使用的搜索设备也是移动搜索情境考虑的一个主要因素。不同的搜索设备具有操作系统、屏幕大小、输入方式等差异，其对用户的移动搜索具有潜在的影响。

搜索情境在很大程度上反映出用户所处的独特场景及其具体化的信息需

求。移动搜索中不同的情境都会导致用户的移动搜索行为和移动搜索任务有所不同，用户会对周边情境有所感知，从而产生各种信息需求、各种搜索任务。基于移动搜索情境要素，移动搜索系统可以为用户提供个性化信息推荐或查询建议。近年来，移动搜索情境已经受到研究者的关注，并结合用户的位置信息，提供更加丰富多样的个性化信息服务。

第二节 移动搜索类型与特点

一、移动搜索类型

根据用户活动特点和信息需求，移动搜索又可分本地搜索和互联网搜索。

本地搜索：用户通过使用移动设备获取本地信息。根据用户移动搜索时的位置信息，为用户提供本地化的公共信息服务、企业、产品、地图搜索和黄页搜索，为用户提供个性化的搜索服务。

互联网搜索：与传统的信息搜索相似。互联网搜索通过移动智能终端接入网络，利用搜索引擎、移动应用等随时随地获取互联网信息。

根据移动搜索方式的不同，移动搜索可分为基于 WAP 的搜索、基于短信的搜索和基于 APP 的搜索。

基于 WAP 的搜索方式：这是移动搜索早期出现的形式之一。传统的互联网网站大多是针对台式机、笔记本电脑等配有较大显示屏和较强多媒体处理能力的传统终端设计的，对于移动搜索的用户而言，手机屏幕小，多媒体处理能力差等原因，导致用户直接进入网站无法浏览全部内容，并且出现乱码、多媒体加载速度慢等现象①。WAP 是针对移动搜索设计的，通过对网页进行格式转换，从而满足用户的移动搜索、浏览需求。

基于短信的搜索方式：是移动搜索早期出现的搜索形式之一。Google 在 2004 年推出了短信搜索服务，短信搜索是一种基于手机或其他支持短消息服务的移动终端的短信搜索引擎服务。用户通过编辑短信将关键词发送到移动搜索服务提供商的点服务代码，就可以获得搜索结果。短信搜索不需电脑，不需要上网，不受环境限制，可以随时随地获取搜索服务，为非上网人群提供了一个便捷的获取信息的渠道。但是随着互联网技术的发展和普及，

---

① 王迁.“WAP 搜索”及相关服务著作权侵权问题研究[J]. 知识产权，2012(1)：18-26.

通过短信搜索方式获取网上信息变得越来越少，短信搜索更多地向更加个性化、本地化的搜索查询服务方向转变。

基于 APP 的搜索方式：APP 是移动搜索发展过程中出现的一种搜索方式，以满足原始系统的不足和个性化需求，是移动设备完善其功能，为用户提供更加丰富的使用体验的主要手段。近年来，各类手机 APP 为用户提供了更加丰富的搜索交互渠道，基于 APP 的搜索已经成为用户移动搜索方式之一。在移动互联网环境下，APP 针对不同的用户信息与服务需求，诞生了各类综合性、专业性的 APP，给用户的搜索入口和方式带来了更多的选择。在各种 APP 上，用户都会发生搜索活动，垂直类或专业类的 APP 能够更好地满足用户更加精细化的搜索需求，移动搜索活动分布于不同的 APP 上也已成为常态①。

此外，移动搜索还可以根据内容形式的不同分为网页搜索、图片搜索、音乐搜索、地图搜索、位置搜索、视频搜索、本地搜索、网址搜索等；根据内容的垂直分布又可分为游戏搜索、购物搜索、铃声搜索、小说搜索、黄页搜索、贴吧搜索等。

二、移动搜索特点

移动搜索的发展和普及，改变了人们的信息行为和习惯。传统形式上，人们获取网络信息主要通过搜索引擎、网络数据库和网页等，绝大部分操作是在电脑上进行的。移动搜索使得人们随时随地都可从互联网中获取信息，很大程度上减轻地域性的障碍，加快了信息的交流。相比而言，移动端上的搜索行为和 PC 端的搜索行为有明显的差异性和独特性，甚至可以进行多设备、跨设备等新的信息搜索方式。

(1)用户需求的多变性

传统互联网搜索的用户需求集中在获取信息、新闻、资讯等需求，传统 PC 搜索用户需求集中在获取信息、新闻、资讯等需求，这一部分需求持续的时间较长，往往需要用户静下来打开电脑进行搜索。而移动搜索的用户需求增多，并且大多为即时性需求，其信息需求的持续时间较短且紧急，用户需求往往随着具体的移动搜索情境不断发生变化。

(2)输入方式多样性

传统的互联网搜索方式中，用户只能通过键鼠操作输入关键词获得搜索

① 吴丹，梁少博，唐源 . APP 交互视角下的大学生移动搜索行为研究[J]. 中国图书馆学报，2017(3)：72-86.

结果。移动搜索依赖于各种移动设备，其输入方式更加多样化，包括文本输入、语音输入、拍照输入等多种形式，并将搜索结果主动适应于当前的搜索设备，更方便人们搜索、浏览互联网信息，用户交互更加多样化，用户体验更加丰富。

（3）便捷性

与传统的互联网搜索相比，移动搜索的自由度更大。移动搜索终端设备具有体积小、易携带、自由便利等特点，尤其是互联网技术的发展和 WiFi 的普及，使用户能够随时随地通过移动搜索的方式获取网络信息，不受时间地点的限制。

（4）实时性

移动搜索用户需求具有多样化和多变性的特点，移动搜索能够根据用户搜索的时间不同而调整不同的搜索结果，根据用户当前搜索的时间、地点、时间等搜索情境维度提供相应的搜索结果，能够随时随地满足用户的实时性的信息需求。

（5）本地化

移动搜索通过数据挖掘技术对用户的搜索记录、搜索习惯等个人偏好进行智能化分析，为用户提供个性化的搜索功能和搜索服务推荐。同时，用户的移动搜索情境具有多变性，依据用户的移动搜索情境才能更好地满足用户的信息需求，随着 GPS 技术的发展，移动搜索服务能够根据用户的位置信息、用户习惯等搜索情境，为用户提供有针对性的本地化的信息服务。

（6）精准性

在移动场景中，用户移动搜索往往是有目的的，满足其突发性、紧急性的信息需求，用户更加希望获取精准的信息而不需要在搜索过程中慢慢浏览搜索结果，同时受到移动设备屏幕大小的限制，用户对于搜索结果的直接性要求体现得很明显，用户不可能通过搜索复杂查询式等获取更多信息。移动搜索需要给用户提供更加精确的信息，从而克服移动终端屏幕小、网络接入速度慢等特点，移动搜索技术更加注重使用的简约化和查询的时效性，具备更强的自然语言分析应答能力，并提供更为精准的搜索结果①。移动搜索通过输入关键词的自动补全、搜索结果可视化等方法，直接准确呈现需要的答案，降低认知识别和筛选成本。

（7）搜索情境多样化

① 王鹏. 移动搜索引擎原理与实践[M]. 北京：机械工业出版社，2009：3.

移动搜索的实时性导致用户能够身处在不同情境中搜索信息，移动搜索能够结合位置、时间、环境等多个情境维度进行个性化搜索，而用户的输入方式也会根据不同的搜索情境变得多样化，使得搜索结果的呈现形式各不相同。

与桌面搜索方式相比，移动搜索用户通常获取更加直观的信息，往往通过问题的形式查找碎片化的信息，检索词指向性不明确，并且用户通过单一的查询式检索以期望结果能够直接进入最终的服务内容。

表 9-1　　**移动搜索与桌面搜索的比较①**

比较项目	移动搜索	桌面搜索
运行平台	手机、PDA 等移动设备	电脑
用户数量	数量大、发展潜力大	数量稳定、客户群体不会有大幅度增加
使用特性	便捷性、本地化、实时性等特点	海量性、快速性
使用区域	不受限制	受网络接口限制
操作系统平台	Android、IOS 等多种系统平台	Windows、Linux
使用频率	正在增加	基本稳定
网速	较快	很快
安全性	依靠操作系统的安全性	可以做独立的病毒检测
常用输入设备	键盘输入、触摸屏输入、语音输入、拍照输入等	鼠标、键盘
常用输出设备	12 英寸及以下的显示屏	14 英寸及以上的显示屏、音响
上网资费	流量费、服务定制费、部分搜索服务需单独付费	免费
搜索渠道	短信、WAP \ 、APP 等	WEB 搜索引擎、门户网站等

除了在上述方面存在差异之外，与桌面搜索相比，移动搜索更方便结合用户的搜索偏好和位置信息等为用户提供本地化的搜索结果；同时，受到屏幕大小的限制，移动搜索用户需要更多的触屏交互动作获取更多的信

① 杨海波，赵文龙，黄成．移动搜索与桌面搜索比较研究[J]．医学信息学杂志，2012，33(4)：35-38.

息，并且对搜索结果的第二条和第三条有较大的关注度①。受输入方式和搜索结果的编辑方式的影响，移动搜索的点击行为较少；对搜索结果的浏览时间较短。此外，移动搜索用户输入的检索词较少，并且搜索情境更加重要。

由于移动应用的种类极大丰富，使得移动搜索入口不局限于浏览器这一种方式，移动 APP 的发展极大地方便了用户的查询和搜索。移动搜索时长的发展呈现多样化的趋势，移动浏览器搜索与应用类搜索同步发展，各大搜索引擎企业纷纷推出移动搜索独立 APP，以及细分领域内容产品与垂直搜索 APP，如音乐、视频、游戏、新闻等。由于应用类搜索具备移动搜索的主动搜索因素，能在很大程度上满足广大用户数以亿计的信息搜索需求，同时其导入的用户数据也更加精准有效；与此同时，应用类搜索可以打破 APP 之间的信息壁垒、增加 APP 活跃度，将呈现高度相关的优质内容与间接形成应用分发平台这两点优势融为一体，从而促进移动互联网搜索的创新与成熟。

第三节　移动搜索工具与评价

一、移动搜索工具类型

移动搜索依赖于移动终端和各种移动搜索工具。从不同的角度，可将移动搜索工具分为不同的类型。

(1)按照搜索的专业范畴划分

和传统的搜索方式相似，移动搜索工具可分为综合性搜索工具和垂直性搜索工具。

综合性搜索引擎内容涵盖各个学科和生产生活的各个领域，可检索图片、音频、视频等多种资源类型，适用对象广泛，如百度搜索、Google 等。

垂直性搜索工具是针对专业特定的领域或行业的内容进行专业和深入的分析挖掘、精细分类，过滤筛选，信息定位更精准的专业搜索②。随着网络

① Kim J, Thomas P, Sankaranarayana R, et al. What Snippet Size is Needed in Mobile Web Search? [C]// CHIIR'17 ACM SIGIR Conference on Human Information Interaction and Retrieval. ACM, 2017.

② 梁晓涛，王文斌．搜索[M]．武汉：武汉大学出版社，2013：31.

信息的爆炸增长，综合性搜索引擎涵盖的内容愈加广泛，导致其搜索结果准确度大大下降，用户很难在短时间内准确地筛选出需要的内容。相对于综合性搜索工具而言，垂直性搜索工具具有“专、精、深”的特点。

(2)根据搜索的内容类型划分

移动搜索工具可以分为基于文本的搜索、多媒体搜索、APP 搜索、基于位置的搜索。

基于文本的搜索工具是指搜索内容以文字为主的网络搜索工具。移动搜索受到移动设备屏幕小等的限制，短文本搜索成为移动文本搜索的主要内容之一，包括短信搜索(SMS)、微博推文文字搜索等。这类搜索工具的用户检索词非常有限，严重影响了搜索效率。目前，文本搜索工具已经十分普及。

多媒体搜索工具是伴随移动搜索出现的一种搜索工具。移动设备用户生成内容包含大量的图片、音频、视频等多媒体类型信息，尤其是在社交应用中更为广泛。因此，检索和浏览多媒体信息成为人们的一大信息需求。

APP 搜索工具是移动设备多样化的前提和基础。APP 市场的不断扩大，APP 搜索成为移动搜索的主要内容之一，APP 数量巨大，不可能通过手工方式管理和检索所有的 APP 信息，并且官方的应用市场，如 Apple App Store，Google Play，往往包含流行的、新颖的 APP，用户很难查找到那些不流行的、过时的 APP 信息①。因此一些 APP 搜索和推荐系统逐渐出现，成为移动搜索的工具之一。根据用户的移动搜索情境为用户推荐个性化的 APP 信息成为 APP 搜索工具未来的发展方向。

基于位置的搜索是移动搜索中特有的搜索内容。随着 GPS 移动定位技术的发展，任何移动终端都拥有海量的位置数据，用户可以根据当前的位置数据帮助用户搜索和发现更多位置信息。例如用户到达某个旅游城市，需要搜索关于当前位置及其周围的相关信息，如 Foursquare、GeoLife 等。

二、移动搜索评价

移动搜索市场发展迅速，越来越多的移动搜索工具开始出现，不同类型搜索工具的检索功能和个性化方面各有优势，在众多移动搜索工具中选择合适的搜索工具是提高信息检索效率的基础，尤其是在移动搜索环境下用户需求变化的多样性和对信息要求的实时性等特点，决定了移动搜索评价更为重要。

---

① Crestani F, Mizzaro S, Scagnetto I. Mobile Information Retrieval[M]. Springer, 2017.

移动搜索的评价除了对移动搜索工具的收录范围、分类、搜索功能与效果、对检索结果的处理、页面组织等几个方面的评价之外，还包括以下指标：

(1)可访问性

即移动搜索工具在移动终端是否能访问，支持哪些移动终端设备，移动终端使用移动搜索工具访问互联网的速度以及移动终端使用移动搜索工具访问网络资源的方便性和灵活性。此外还包括对用户输入的检索词的处理和关联能力。

(2)结果的可用性

移动搜索工具对搜索结果的判断和筛选能力，即搜索结果的准确度和内容的全面性。包括对垃圾网页和广告网页的识别和筛选能力；搜索结果的内容和服务质量是否满足用户需求，搜索结果是否专业权威；搜索结果的易用性以及对其他个性化服务的能力。

(3)用户体验性

包括对用户地理位置的感知能力和获取信息的成本。在不同移动搜索情境下用户的信息需求是不同的，移动搜索工具对用户地理位置信息的感知能力和匹配能力在一定程度上影响着移动搜索的搜索质量。此外，移动搜索用户需求的多变性和搜索的实时性等特点，导致移动搜索获取信息的成本也成为评价和选择移动搜索工具的标准之一。

此外，移动搜索还可以根据处理复杂查询式的能力、用户触屏交互手势的变化等来反映移动搜索工具的搜索效率和用户满意度。

除了对移动搜索工具的评价外，智能个人助理(Intelligent Personal Assistants，简称IPAs)也是人们在移动终端获取网络信息的重要途径之一。在某些情境下，智能手机传统的输入方式操作不便，语音输入逐渐成为新的输入方式，而语音输出的方式展示搜索结果也逐渐成为主流，IPAs逐渐成为人们快速获取网络信息的新的搜索方式，如Siri、Cortana等。IPAs的搜索效果主要通过5个方面的指标进行评价：系统出现错误的频繁程度；IPAs的响应速度；移动搜索终端使用IPAs的复杂程度；对语音输入纠错的能力以及对方言的识别能力；搜索网页的范围和搜索结果的类型。

测试集方法也是广泛用于评价移动搜索的方式之一。近年来，文本信息检索会议(Text Retrieval Conference，TREC)等国际会议的召开，也推动了移动搜索评价的发展和探讨。

TREC由美国国防部高等研究计划署(Defense Advanced Research Projects Agency，DARPA)与美国国家标准和技术局(National Institute of Standards and

Technology，NIST）联合主办。1992 年，NIST 下属的信息技术实验室（Information Technology Laboratory）发起首次年度性的 TREC 活动，在国际信息检索领域颇具权威性和影响力。TREC 名称中虽有“会议”的成分，但它并不是一个真正意义上的学术性会议，而是一项致力于对文本信息检索技术进行大规模研究评价的评测活动（或平台）①。TREC 作为一个大型的国际性信息检索测评平台，其关注的主要检索任务类型包括：特定查询（Ad hoc Search）、定题查询（Routing）、已知项目查询（Known-item Search）、分类（Classification）、确切响应（Specific Response）和意见发现（Opinion Finding）。

2012 年开始，TREC 开始出现适用于移动信息搜索的情境任务评测（TREC Contextual Suggestion Track），目的正是探讨移动信息检索系统的搜索效率，使移动信息搜索与情境和用户兴趣密切相关。用户不需要输入一个明确的检索词就能获得符合当前情境和用户需求的信息。其评价方法包括概况表统计、准确率—召回率平均值、文献级别平均值和平均准确率等指标。

尽管国际上已经开始关注移动搜索的评价，但是对移动信息检索的关注还主要集中在特定的领域和情境，目前国际上正在探讨更加广泛的真实情境下的移动搜索测试集。

第四节　移动搜索发展趋势

移动搜索正处于发展的黄金时期，各种移动终端设备的出现，如 Google Glass，Apple Watch 等为移动搜索的发展提供了契机，同时，手机网民数量不断增长，用户向移动端迁移的趋势更加明显。

促进中国移动搜索市场发展的主要因素有：①国家政策规范：在国家互联网信息办公室发布的《互联网信息搜索服务管理规定》监督下，移动搜索市场将安全、高效、透明的发展；②用户规模不断增长：中国移动搜索渗透率持续增长，移动搜索用户不断增加，对移动应用的依赖性增强，为移动搜索打下坚实的发展基础；③移动搜索技术的更新：人工智能的加入，4G 移动网络通信的普及和完善，智能终端的成熟，语音、图像搜索技术的深入，推动移动搜索的发展。②

---

① 赵丹群．浅析 TREC 平台的评测项目机制［J］．情报理论与实践，2014，10（37）：121-124，144.

② 比达咨询：2018 年上半年中国移动搜索市场研究报告［EB/OL］．［2019-07-31］．http：//www．bigdata-research．cn/content/201807/726．html.

阻碍中国移动搜索市场发展的主要因素有：①主体页面质量不高：移动互联网的长期健康发展离不开提供丰富内容资源、具备优秀用户体验的网站与网页，现在很多网页出现不能支撑页面标题的情况；②市场环境亟待整顿：移动搜索市场的商业化发展战略饱受诟病，虚假排名、广告过多等造成口碑下滑，市场环境亟待整顿；③搜索内容同质化严重：手机上搜索到的内容信息海量，实用性不足；内容泛滥，精品不多；贪大求全，特色不强，同质化现象愈来愈严重。”①

虽然移动搜索的发展还存在阻碍，但是随着人工智能技术的发展，移动搜索市场进入发展的成熟期，搜索结果不仅是把信息罗列出来，同时还要实现搜索结果的集合，帮助用户更方便地获得答案，将搜索内容进行智能排序，提供给用户具有真实性、完整性、丰富性、原创性等特点的搜索页面，从而实现智能、精准的搜索服务。未来移动搜索的发展趋势主要有以下六个方面：

(1)人机互动、人工智能

移动互联网时代人们对互联网信息的需求已经超出了人与信息、人与人之间的联系，更多的是寻求人与服务的连接，更好的用户体验和更便捷的服务搜索的需求逐渐受到人们的重视，人工智能技术的发展为人机互动提供了可能，人工智能技术与语音、图片等搜索方式的结合可以有力地推动多元交互搜索方式的普及。

人工智能时代，移动搜索背后的技术更加注重对搜索语义的理解，在基于大数据和用户搜索场景的基础上，为用户提供智能化的搜索服务，同时借助语音和图像识别能力，提升语音搜索服务的质量和水平，一方面依靠自身的深度学习技术，通过数据与技术为用户提供更好的搜索体验；另一方面强化移动搜索在交互技术的积累，实现在特定移动搜索情境下，用户各种输入方式的识别能力，实现人与服务的连接。在语音图像识别、机器学习、自然交互等方面有着更强能力的人工智能必将成为移动搜索的核心着力点。

近年来，国内外各大移动搜索服务公司也开始注重对人工智能技术的应用。以搜狗为例，搜狗早在2012年就成立了语音识别团队，在以语言为核心的人工智能思路上，搜狗主要有两大方向，一是在“自然交互+知识计算”的技术路线图上持续探索，改进人机交互界面，让用户表达更自然；二是研究知识的表达、提取、推理计算技术，研发未来交互问答式的下一代搜索引

① 比达咨询：2018年中国移动搜索市场研究报告[EB/OL].[2019-03-26].http://www.bigdata-research.cn/content/201903/927.html.

擎新形态，实现"无处不在的搜索"。未来，移动搜索的主要发展方向是通过人工智能增强翻译技术和英文搜索的用户体验等①

(2)基于位置的、社交化的搜索服务

移动终端用户数量的庞大和涵盖不同消费能力层次人群的广泛性，致使移动搜索为用户提供日常生活中的基本信息需求、帮助用户解决实际问题成为能够促使移动搜索快速增长的必要条件②，本地化的信息需求成为移动搜索用户主要的信息需求之一。移动搜索服务是基于用户不同的搜索情境开展的。随着 GPS 技术的不断发展和地点感知与识别系统的广泛使用，移动搜索用户的位置变换往往成为反映其现实信息需求等的重要因素。基于位置的移动搜索服务能够为用户提供更加准确的信息，满足用户本地化的信息需求，使移动搜索能够彻底渗入人们生活的方方面面，为用户提供更加高效、精确的本地化信息。同时，将社交化功能融入基于位置的移动搜索服务中，增强用户与搜索系统之间的交互体验，另一方面，移动搜索结果也将根据个人的社交网络信息开展信息服务。

基于位置的、社交化的搜索服务已经广泛应用于移动搜索行业中并逐渐成为未来发展热点，这种基于位置的搜索服务能够为人们提供路线导航、定位与搜索、防盗跟踪、信息收集等多种服务，帮助人们解决包括道路交通、休闲娱乐等多种信息需求。在搜索过程中，不仅能够根据用户的查询式检索信息，还将根据用户的移动搜索情境筛选信息，为用户提供更加精确的搜索结果。将搜索结果与社会网络结合，能够实现信息的精准推荐，提高服务质量。

用户使用移动设备的情境、交互行为的增加，大大推动了移动搜索服务的发展，社会化的模式可以大大提升关系营销以及用户黏性，本地化模式可以满足消费者的即时需求，基于有明确地理位置、社交网络提供可靠的信息将成为移动搜索未来的发展方向之一。

(3)定制化、个性化、垂直化

移动搜索环境下，用户搜索需求的多变性和碎片化的搜索时间，致使用户对于个性化、定制化的信息需求更加迫切，而碎片化的搜索时间和效率也对个性化和定制化的服务提供了更高的要求。

移动搜索提供面向个性化、定制化的信息服务，要利用用户的搜索历

---

① 环球网．人工智能发展激活移动创新 结合搜索成发展方向[EB/OL]．[2019-08-22]．http：//smart. huanqiu. com/roll/2017-12/11449017. html.

② 郭涛．移动搜索的发展趋势[J]．信息网络，2009(12)：58-60.

史、搜索偏好等个性化信息，通过改进搜索结果的排序、信息推荐等方式优化用户的搜索结果，采取建立用户兴趣模型的方法使移动搜索的个性化更加符合用户的要求，提高信息服务的质量和水平。通过不同用户的搜索偏好、使用习惯以及移动搜索情境，为用户提供个性化的信息服务，关注搜索服务的准确性。通过对用户搜索数据的分析和挖掘，为用户提供定制化的信息服务。尤其是对于移动 APP 搜索来说，用户的个性化和定制化尤为重要，APP 能够更好地识别和利用用户的个性化搜索特征、搜索习惯和搜索历史，并根据用户的兴趣提供定制化的搜索结果，从而增加移动搜索用户的忠诚度，从偶然发生的搜索行为到与用户建立长期的服务关系。

相对于传统的互联网搜索服务，移动搜索受到移动终端特性的局限，将为用户提供更加精准化的信息服务。互联网数据的海量增长，导致综合性搜索引擎信息量大、对专业问题的查询不准确、查询深度不够，这恰恰与移动搜索的精准化、快速化的需求相悖，因此，移动搜索引擎的垂直化搜索将成为未来发展方向之一。移动搜索的垂直化就是针对某一特定领域、某一特定人群或某一特定需求提供的有一定价值和深度的信息和服务①。其特点就是“专、精、深”，且具有专业色彩，相比较通用搜索引擎的海量信息无序化，垂直搜索引擎则显得更加专注、具体和深入，是对互联网海量信息中的某类专门的信息进行一次整合。移动垂直搜索为用户提供的并不是上百甚至上千万个相关网页，它的信息和服务范围小，针对性强，能够充分满足用户对搜索效率的需求。垂直搜索的价值在于通过数据结构化，能对专门的信息实现更准确更有针对性的呈现和检索方式，提供更精准优良的信息搜索服务体验。

另一方面，垂直搜索的庞大目标客户群聚集能力有效降低了商家的营销成本，提高了广告转化率，多数与垂直网站合作的商家还能加入开放搜索联盟，分享用户搜索行为数据，降低中间环节流失率，最终达到垂直搜索网站及垂直行业网站的共赢②。

由此可见，移动搜索的垂直化发展趋势不仅能够满足用户快速获取精准化信息的要求，而且也有助于促进移动搜索公司的发展，垂直搜索模式在移动搜索市场将得到更广阔的发展空间。

(4)跨屏搜索和跨设备搜索

移动互联网的迅猛发展，使得移动搜索发展迅速，用户接入互联网的设

① 邹冉冉．手机移动搜索市场发展探析[J]．科技资讯，2010(10)：19.

② 央视网．垂直搜索在电子商务领域纵深发展 旅游成细分标杆[EB/OL]．[2018-02-22]．http：//news. cntv. cn/20120105/104996. shtml.

备具有多样化的特点，用户持有的不仅仅是手机、电脑、平板等智能终端设备，还包括电视、可穿戴手表等设备。在这种多设备环境下，用户的搜索活动会跨越不同类型的设备，并可能在不同类型的设备间发生转移；用户的一些复杂的搜索任务往往需要多个搜索会话，跨越多种类型的终端设备①。在日常生活中，经常有这样的现象：用户在早晨使用手机搜索了自己想购买的一只股票的相关信息；来到办公室后，会使用 PC 机搜索与之相关的财经新闻，并购入股票；晚餐后，会用平板电脑查阅当天股价走势，用户搜索活动跨越不同类型的设备已经成为一种趋势。

移动搜索中的跨屏和跨设备服务变得越来越重要，不同设备间共享用户的搜索、浏览数据，能够帮助用户在不同设备间不间断完成网络搜索活动。近年来，各种跨设备搜索系统也逐渐出现，一些移动搜索工具也开始支持用户的跨设备搜索，移动搜索必须顺应时代的发展，支持用户在不同设备间进行无缝搜索。

(5)搜索数据的云服务

随着云计算技术的发展，越来越多的数据服务商更倾向于将自己的服务发展在云平台上从而减少设备的管理和维护成本。移动搜索包含大量的用户行为数据等信息，并且在跨设备搜索不断发展的背景下，移动搜索数据的云服务更有利于实现多终端的信息同步，将搜索数据进行更为有效的聚合管理，增强用户的移动搜索效率和搜索体验。以云计算为重要支撑的移动搜索的云服务正为用户带来更加简单方便的信息服务模式。

搜索数据的云服务具有便携性、隐私性等特点，移动搜索数据的云服务能够突破移动终端硬件的限制，更快速地获取搜索数据信息，并且移动云服务中对终端用户的隐私性保密要求远高于传统的云服务用户，这就决定了移动互联网数据共享时即保障了认证用户的真实性和有效性，也保证了互联网数据和用户数据的安全性。

(6)视觉搜索

移动视觉搜索是一种“所见即所知”的新一代搜索服务，融合了心理学、计算机科学、生物学、行为学等多种学科领域，具有移动化、网络化、智能

① Shuguang Han, Zhen Yue, Daqing He. Understanding and Supporting Cross-Device Web Search for Exploratory Tasks with Mobile Touch Interactions [J]. ACM Transactions on Information Systems, 2015, 33(4): 16.

化等特点。与简单的匹配不同，视觉搜索是基于算法和数据的①。移动视觉搜索主要是对图像的局部特征进行检索，用户在移动设备终端搜索时对查询图像进行特征值的提取，在特征索引库中快速检索并进行相关排序，为用户返回图像结果列表，也可以包括与查询图像相关、结合用户特征和搜索时场景的关联信息。

移动搜索要满足用户的需求，增强用户体验，必然要不断丰富和完善移动搜索技术和产品，在提高识别移动搜索情境能力的同时，丰富移动搜索功能。移动终端搜索方式和搜索服务的多样性，吸引了越来越多的用户，除了传统的搜索引擎外，移动 APP 的专业化搜索成为用户获取互联网信息的主要渠道之一，改变了人们传统的搜索习惯。互联网信息量的扩大，移动搜索要为用户更快速地提供更加精准的服务，一方面根据个人需求从垂直入口获得集中化的信息，另一方面，搜索引擎优化精准匹配，不断缩短优化搜索路径。

◎ 思考题

1. 移动搜索发展的社会背景是什么？
2. 什么是移动搜索？有哪些情境要素？
3. 与桌面搜索相比，移动搜索有哪些特点和优势？
4. 移动搜索工具有哪些类型？各有什么特点和不足？
5. 如何评价移动搜索？
6. 试述移动搜索未来的发展趋势。

① 罗超．视觉搜索是移动搜索的未来？［EB/OL］．［2018-02-22］．https：//www.huxiu.com/article/12449/1.html.

第十章 网络信息检索与利用中的有关问题

第十章导学视频　　第十章授课 PPT

通过第二至九章介绍的信息检索的基本方法、工具与检索方式获取信息后，就要利用这些信息解决学习、生活与工作中的各种问题，本章阐述网络信息检索与利用中的相关问题，涉及网络信息的选择与评价、网络信息检索与利用中的费用问题与知识产权保护、网络信息检索与利用的重要工具、AIGC 背景下批判性思维的培养、网络信息利用的伦理与法律法规。

第一节　网络信息的选择与评价

用户通过多种工具与途径检索获得的网络信息并非都能直接利用，需要经过筛选，即对信息进行选择与评价。

一、网络信息选择与评价的必要性

随着新一代信息技术的快速发展，人类社会快速步入数智时代，也由此引发一系列数字化和智能化应用的变革。面对信息爆炸、数字不平等、信息不对称等问题，要掌握网络信息的选择与评价的方法，就需要提高自身的信息素养。

1. 海量信息庞杂失序

随着信息生产主体的多元化，从机构生产的内容(Organization Generated Content，OGC)到专家生产的内容(Professional Generated Content，PGC)，再到用户生产的内容(User Generated Content，UGC)以及随着大语言模型出现及其大规模应用而出现的迅猛增长的人工智能生成内容(Artificial Intelligence Generated Content，AIGC)，信息资源数量、种类、形态日益多元化，信息资源质量控制以及用户从浩瀚的信息海洋中获取、选择、评价与甄别信息的复杂性与难度则明显增强，学生信息素养的提升显得越来越重要。

网络海量信息庞杂失序的问题主要表现在四个方面：①网络信息来源更加宽泛，除了来自出版社、数据库商的科技文献外，还有大量来自政府门户、新闻网站、专业论坛、社交媒体以及深层网络等多种渠道的多模态信息；②网络信息类别愈加复杂，包括文字、图片、语音、视频、文档、统计数据、建模素材等，用户在检索和获取特定类型信息时经常无所适从；③信息结构的无序性影响检索效率，互联网上的信息以非线性的方式存在，缺乏统一的结构和分类体系，这使得用户在检索信息时往往需要花费更多的时间和精力；④不同检索工具检索结果的可信度与相关度不同，如通过搜索引擎和大模型等检索工具获取的信息相较于商业数据库更低，用户需要不断地浏览、筛选和比较不同来源的信息，才能找到符合自己需求的内容。

2. 信息质量参差不齐

由于信息发布主体的权威背景、专业水平、道德标准等各不相同，目前网络信息既有来自政府机构、权威媒体、大学与科研院所等官方、学术渠道的高质量信息，也有大量来自商业机构和个人用户的非官方信息，由此带来网络信息同质化、低质化等质量参差不齐的问题。例如，网络信息经多次转发、编辑导致的原始信息失真问题，信息源维护不当导致的死链问题，缺乏信息描述标准导致的格式、分级、目录混乱问题等。信息质量的参差不齐容易造成信息过载、信息孤岛等现象，这增加了用户检索和利用信息资源的难度和成本。

3. 网络安全风险日益增长

随着网络信息的不断增多，网络安全风险也随之增加。首先，恶意软件、病毒、钓鱼网站等网络安全威胁层出不穷，它们往往通过伪装成合法信息来诱骗用户点击或下载，如果用户不具备足够的信息选择与评价能力，就很容易陷入这些网络陷阱之中；其次，自媒体、营销号泛滥加剧了虚假信息的生成和传播，使用户难以分辨信息真伪；再次，隐私泄露现象加剧，针对用户信息的非法获取和利用难以杜绝，用户隐私泄露事件层出不穷。

4. 个性化需求更加多样

在网络信息供给愈加丰富的同时，用户个性化需求更加多样化。由于用户背景、兴趣、目的等多方面因素的差异，他们对信息的需求也呈现出多样性。传统的信息检索方法通常仅能提供普遍性的搜索结果，难以充分满足用户的个性化需求。因此，对网络信息进行精准筛选与评估，并依据用户的个性化特征进行定制化的信息推送，是提升用户信息满意度的关键途径。

二、网络信息选择与评价的主体

面对复杂网络环境，多元主体共同参与是对网络信息进行选择与科学评价的有效途径，根据主体的性质和开展评价的目的，可以将开展网络信息选择与评价的主体分为网络信息资源用户、图书情报机构及人员、领域专家和第三方机构。

1. 网络信息资源用户

在当前的网络环境下，用户既是网络信息资源的生产者，也是其使用者和评价者，更可以成为推动网络信息质量提升的重要力量。来自广大用户的评价不仅能够直接反馈网络信息质量的高低，还能通过自身的选择行为促使信息生产者和传播者更加重视网络内容的生产与维护。从评价渠道来看，用户通常使用网站交流区、个人博客、社交媒体等发表网络信息资源检索和使用的经验，并主动推荐一些使用与体验俱佳的优质资源。从评价指标来看，用户主要从网络功能、内容、设计、体验等方面发表个人经验。从评价效果来看，用户能够反映对网络信息资源真实的体验，但由于个体背景、经验等各不相同，用户评价也具有较强的主观性，因此需要借助点赞、转发、评论等客户指标进行综合参考。

例如，经管之家是一个集学术、商业、管理等多领域信息于一体的综合性论坛，其用户群体广泛，涵盖了从学者、学生到企业界人士等多领域人士。在该网站，用户能够交流学术观点、分享信息检索经验，并参与网络信息资源的选择与评价。用户通过发布资源帖、回复、点赞、收藏等多种方式，对各类网络信息进行筛选、评估与推荐，形成了独具特色的信息资源评价体系。此外，由于论坛用户多为相关领域的专业人士或资深爱好者，他们在评价网络信息时往往能够结合自身的专业知识与实践经验，从多个角度进行深入分析，可为其他用户提供第一手的参考意见。

又如，虫部落是深度搜索和资源聚合的综合性平台。该平台整合了多个专业领域的信息资源站点，用户能够利用集成的搜索工具迅速找到所需信息，并参与网络信息资源的评价。虫部落鼓励用户分享高质量的资源链接，借助社区力量进一步丰富和完善资源库。同时，用户可以通过点赞、收藏、评论等方式对搜索结果中的信息进行个人评价，这些评价信息将实时显示在搜索结果页面，为其他用户提供参考。此外，虫部落还设有专门的用户评价区，方便用户在此发表对某个资源或站点的详细评价，涵盖内容质量、更新速度、用户体验等多个维度。

此外，用户参与网络信息资源评价的重要变化是主动进行评测和推荐的社交媒体账号在增多，例如在知乎、小红书、百度贴吧等网络平台，越来越多的用户积极分享并发布评价内容。但需要注意的是，由于一些商业机构利用搜索引擎优化(Search Engine Optimization，SEO)、赞助推广、社交机器人等方式进行营销，在参考用户评价内容时需分辨哪些是真实用户评价、哪些是商业推广。

2. 图书情报机构及人员

作为专业的信息管理与服务机构，公共图书馆、高校图书馆、科学技术情报研究所等图书情报机构及其工作人员在网络信息选择与评价中扮演着重要角色。他们凭借丰富的信息资源、专业的分析工具和技术手段，对海量信息进行汇聚、筛选、组织和评价，为用户提供权威的信息资源导航和推荐服务，以满足用户日益增长的信息需求。

例如，我国的国家图书馆通过多种形式、多个维度开展资源评价与推荐，包括“国图公开课读书推荐”“专题推介”“热点书刊排行”等栏目，旨在为读者提供权威、专业的阅读指导。公共图书馆的工作人员利用其深厚的专业知识和丰富的经验，对各类图书、期刊、电子资源等进行深入分析和评价，帮助用户在海量信息中快速找到有价值的内容。

高校图书馆则积极发挥其在学术资源评价与推荐方面的作用。例如，各大高校图书馆通过设立“资源导航”“新书推荐”“资源推荐”“借阅排行”等栏目为高校师生提供参考。近年来，随着高校图书馆积极拓展服务内容，许多馆引入了“真人图书馆”“网络资源推荐”“网络工具推荐与介绍”等多样化的服务，为用户提供了高质量的信息资源导航与指南。

科学技术情报所是在专业领域内进行网络信息选择与评价的重要机构。这类机构通常专注于特定的科学技术领域，为科研人员、企业和政策制定者提供高质量的信息资源服务与参考。例如，中国科学技术信息研究所等机构通过其丰富的文献资源和专业分析能力，为科研人员提供最新的科技动态、学术论文和研究报告的评价与推荐。科学技术情报所还通过举办讲座、研讨会等活动，促进信息资源的交流与共享，帮助用户更好地了解和利用网络信息资源。此外，科学技术情报所引入同行评审机制，利用信息计量学等方法开展用户调研，进一步提升了网络信息资源评价工作的精确度和实效性。总体上，图书情报机构及人员凭借其专业的知识背景和严谨的评价流程，受到广大信息资源用户的信赖。

3. 领域专家

由于网络信息资源的种类和数量呈现出爆炸式增长，涵盖了学术研究、金融、医疗、文化等各个领域。在这种背景下，如何准确、高效地评价和筛选有价值的信息资源便成为一个亟待关注的问题。作为各自行业或领域的深耕者，领域专家拥有深厚的专业知识、丰富的实践经验和敏锐的洞察力，逐渐成为评价网络信息资源的关键力量。

例如，在学术研究领域，具备丰富同行评审经验的领域专家对网络信息资源的评价尤为重要，他们能够对学术论文、科研数据、技术报告等网络信息资源进行严格把关，确保信息的真实性、科学性和创新性。同时，学术型网络信息资源的学科门类、专业和研究方向较多，往往只有具备细分领域知识的专家才能对特定领域的网络信息资源做出权威评价。

其次，在金融领域，各类统计数据、行业研究报告、商业新闻等网络信息资源质量参差不齐。领域专家能够利用其对行业动态、市场趋势的敏锐洞察力，对金融网络信息资源的数据来源、分析方法、结论建议等进行全面评价，从专业角度判断数据、报告、新闻等信息真实性和准确性，为机构和个人的商业决策提供可靠依据。

再如，在医学领域，领域专家能够对网络健康信息资源进行客观评价，以确保信息的准确性和权威性。医学信息往往直接关系到公众的健康和诊疗选择，领域专家基于最新的科研成果和临床实践，对信息的真实性、科学性、误导性等进行严格把关，避免错误医学信息对公众健康造成误导和负面影响。

同时，在各类细分领域，专家在网络信息资源评价中扮演着越来越重要的角色，能够推动虚假、低质量信息的过滤，提升专业领域网络信息资源质量。

4. 第三方机构

专门负责网络信息资源评价和管理的第三方机构扮演着不可或缺的角色。第三方机构包括官方机构、商业机构、行业协会等多种类型，这些机构独立于网络信息资源的生产者与使用者之外，通过专业的评估体系、科学的技术手段以及严格的审核流程保障信息资源质量。

官方机构方面，中国互联网络信息中心（China Internet Network Information Center，简称 CNNIC）和中国软件评测中心（China Software Testing

Center，简称 CSTC）等权威机构，在网站、软件、移动应用等信息资源评价与管理方面发挥着重要作用。CNNIC 采用权威的评价标准，定期发布《中国互联网络发展状况统计报告》，为公众提供全面、客观的互联网发展数据。CSTC 则是专注于软件产品、信息系统及网络安全等领域测试与评估的权威机构，对于网络信息资源的安全性、可靠性评价起到了重要的推动作用。

商业机构方面，涌现出一批专门对网络信息资源进行评价和分析的公司，商业评价机构通常使用数据集成、数据挖掘、数据分析等方式对特定类型的网络信息资源进行综合评价，包括质量打分、网络排名、流量分析、真实性分析、价值测算等。例如 Alexa 是一家专门对网站进行评测的商业机构，它采用网页抓取和流量计算的方式对网站访问量、全球排名、地区排名、商业价值等进行综合评价。又如 Gartner、Outsell 等提供专业的信息技术产品、网络信息资源、用户等综合评价服务，这成为商业情报的重要组成部分。自 AIGC 流行后，越来越多的商业机构开始进行评测和推荐，例如 AI 奇点网、AIGC 工具导航、AIGCCN 中文导航等网站。

行业协会方面，此类组织作为行业自律与规范的引领者，在网络信息资源评价与管理领域同样发挥着重要作用。例如，中国互联网协会（Internet Society of China，简称 ISC）、中国互联网金融协会（National Internet Finance Association OF China，简称 NIFA）、中国互联网信息发展协会（China Internet network information development association，简称 CNNIA）、万维网基金会（World Wide Web Foundation，简称 WF）等通过制定行业标准、组织专业培训、开展行业交流等活动，推动网络信息资源评价工作的规范化、专业化发展。比较有代表性的包括中国软件评测中心定期发布的《政府网站绩效评估》、万维网基金会定期发布的《开放数据晴雨表》（Open Data Barometer，简称 ODB）等，其评价标准包括网站的更新时效、数据完整性、可获取性、有效性、API 接口等。

三、网络信息选择和评价的标准

相较于传统的印本资源，网络信息的种类、结构、内容等都较为复杂，虽然传统的信息资源评价标准仍具有一定的适用性，但仍需根据网络信息的特征进行必要的补充和更新。

1. 已制定的标准

长期以来，专业的图书情报机构在已有标准的基础上，不断更新网络信息资源选择与评价标准体系。其中，较为有代表性的评价标准有以下几种：

(1)美国图书馆协会的免费网络信息资源选择标准

美国图书馆协会(American Library Association，简称 ALA)参考与用户服务分会的机器辅助服务分部(Machine－Assisted Reference Section，简称 MARS)制定的免费信息资源的选择标准有：免费或大部分免费(重要部分和重要量的数据免费存取)、内容的质量与深度、网站信息的有用性与独特性、时效性(经常更新、链接有效)、清楚的表达、适当满足既定受众、提供到其他网站的适当的链接、对细节的注意(如不能有语法错误)、网站的稳定性、便于使用(如易于下载、打印等，易于使用的导航)、提供好的搜索引擎、注意用户服务(如提供正确的、可以联系上的电子邮件地址)和吸引人的版面设计等。①

(2)美国南加州大学 Robert Harris 教授的 CARS Checklist 标准

CARS 标准是可信度(Credibility)、准确性(Accuracy)、合理性(Reasonableness)、支撑度(Support)，具体的评价列表内容包括：①有无质量控制的证据，如专家编审或同行评论；②读者对象和目的；③时效性；④合理性；⑤有无令人怀疑的迹象，如不实之词、观点矛盾等；⑥客观性，作者的观点是受到控制还是得到自由表达；⑦世界观；⑧引证或书目。②

(3)美国威斯康星大学的 10C 标准

10C 标准是 10 个英文单词首字母缩写，简便易记，这 10 个单词依次是：内容(Content)、可信度(Credibility)、批判性思考(Critical Thinking)、版权(Copyright)、引文(Citation)、连贯性(Continuity)、审查制度(Censorship)、可连接性(Connectivity)、可比性(Comparability)和上下文(Context)。③

(4)美国乔治大学 Gene L. Wilkinson 教授的标准

Gene L. Wilkinson 教授针对互联网信息资源制定的评价标准包括：①可获取性与可用性；②信息资源的识别和验证；③作者身份鉴别；④作者的权

① Evaluating Information：Home[EB/OL].[2024-08-28]. https：//libguides. ala. org/InformationEvaluatio.

② C. A. R. S. Checklist for Evaluating Internet Sources[EB/OL].[2024－08－28]. http：//andyspinks. com/evaluating-websites/.

③ CCCCCCC. CCC (Ten Cs) for Evaluating Internet Resources[EB. OL].[2024－0808]. https：//eric. ed. gov/? id=EJ570636

威性；⑤信息结构和设计；⑥信息内容相关性和范围；⑦内容的正确性；⑧内容的准确性和公正性；⑨导航系统；⑩链接质量；⑪美观与情感效果。①

(5)印度德里大学 Rajesh Singh 馆员的标准

Rajesh Singh 从图书馆员视角开发了资源评价标准：①权威性；②准确性；③客观性；④完整性；⑤时效性；⑥易用性；⑦目的；⑧设计；⑨导航。②

(6)美国俄勒冈大学图书馆的标准

这个标准的可操作性更强、每个标准下面列出了更详细的描述，包括 5 个一级指标、每个一级指标下面列出多个二级指标，这 5 个一级指标是：①作者的权威性和出版商背景；②作者的客观性；③信息资源质量；④时效性；⑤相关性。③

(7)万维网基金会《开放数据晴雨表》的政府开放数据评价标准

前面 6 个标准都是针对所有主题的网络信息的。近年来，随着政府数据开放在全球受到日益广泛的重视，开放政府数据的数量与种类越来越多，其质量评估标准也不断出现，最有影响的是万维网基金会《开放数据晴雨表》的评价指标，主要评估各个国家(地区)政府数据开放的绩效，其中包括政府数据质量的指标。其满分为 100 分，包括三大方面的指标：①准备度占 35%，分别为政策与数据管理方法、国家及地方层面的政府行为、公民权利与公民角色、企业与企业家精神 4 个指标；②执行力占 35%，分别为开放政府数据的可获取性、开放政府数据质量 2 个指标；③影响力占 30%，分别为政治影响、社会影响、经济影响 3 个指标。④

(8)复旦大学“中国开放数林指数”评价标准

复旦大学“中国开放数林指数”主要评估中国地方政府数据开放的绩效，4 个一级指标中，第二个指标侧重于开放政府数据本身的评价。以 2023 年版本为例，包括：①利用层，分别为利用促进、利用多样性、成果数量、成

① Wilkinson, Gene L., Lisa T. Bennett, and Kevin M. Oliver. "Evaluation Criteria and Indicators of Quality for Internet Resources." [J]. Educational Technology 37, no. 3 (1997): 52-59.

② Information Literacy Program for Social Sciences: A workshop Report [EB/OL]. [2024-08-28]. https://crl.du.ac.in/Publication/ILP-WORKSHOP-06.pdf.

③ Critical Evaluation of Information Sources [EB/OL]. [2024-08-28]. https://researchguides.uoregon.edu/fakenews/evaluating.

④ The Open Data Barometer[EB/OL]. [2024-08-30]. https://opendatabarometer.org.

果质量、成果价值；②数据层，分别为数据数量、开放范围、数据质量、安全保护；③服务层，分别为平台体系、功能运营、权益保障、用户体验；④准备层，分别为法规政策、组织推进。①

2. 网络信息资源的评价标准

在网络信息选择与评价过程中，其标准主要包括对网站或应用层面和网络内容层面评价，它们共同决定了用户检索和利用网络信息资源体验。具体包括：

(1)网站或应用层面的选择与评价标准

网站或应用是用户与信息交互的载体，其质量高低影响着用户能否便利地检索和获取信息资源，也决定着其访问流量和用户数量。对网站和应用层面的评价一般可从以下方面开展：

①描述性指标：包括机构背景、认证情况、域名类型、访问量、独立访客、响应时间、吞吐量、并发用户数、转载量、平均访问时长、独立 IP 数、链接数量等，这些指标能够直观反映网站或应用的质量和受欢迎程度。

②交互性指标：包括前端语言的选择、导航目录的便捷性、人机界面设计、个性化推荐、用户反馈渠道、社区活跃度、跨平台兼容性、无障碍设计等，这些指标能够体现用户在使用过程中的便利性。

③安全性指标：包括安全证书、访问控制、密码策略、多因素认证、漏洞与补丁管理、HTTPS 的使用、Cookies 管理、防火墙与入侵检测、日志和监控等，这些指标是衡量一个网站保护用户数据、抵御外部攻击和内部漏洞能力的重要标准。

(2)网络内容层面的选择与评价标准

网络内容的质量、深度及可靠性直接关乎用户的最终满意度与信任度。对网络内容层面进行选择与评价时应着重考虑以下方面指标：

①真实性与权威性：网络内容的选择首要关注的是信息的真实性。这要求信息必须来源于可靠渠道，如政府官方网站、权威媒体机构、学术研究机构等，并附有明确的出处。同时，信息内容的权威性也是不可忽视的一环，需要深入考察信息发布者的专业背景、历史发布记录以及在特定领域的影响力。通过对比和分析多个信息源，可以进一步验证信息的真实性与准确性，确保用户获取到的是权威、可信的内容。

②时效性：在信息时代的大背景下，信息的时效性显得尤为重要。用户往往更倾向于关注最新、最前沿的信息。因此，在评价网络内容时，必须充

① 开放数林指数[EB/OL].[2024-08-30].http://ifopendata.fudan.edu.cn/.

分考虑信息的发布时间、更新频率以及是否紧跟当前热点话题。对于过时或已失效的信息，应及时进行标注或剔除，以避免对用户造成误导，确保用户能够获取最新、最准确的信息。

③费用与价值性：信息的费用价值性是指信息对用户实际需求的成本与实现程度。在评价网络内容时，一方面要考虑网络信息是否收费、收费情况等；另一方面应关注信息是否具有满足用户特定需求的价值。此外，信息的深度和广度也是衡量其价值性的重要指标。对于同一主题的信息，应优先选择那些能够提供更多细节、深入见解或有效解决方案的内容，以满足用户的多元化需求。

④可访问性与可读性：信息的可访问性包括信息的易于发现、获取和使用。网站或应用应提供清晰的导航结构、合理的分类标签以及便捷的搜索功能，以确保用户能够快速、准确地找到所需信息。同时，信息的可读性也是不可忽视的一环。文字应简洁明了、逻辑清晰，避免使用过于专业或晦涩难懂的词汇。适当的段落划分、图片和图表等多媒体元素的运用也能显著提升信息的可读性，增强用户的阅读体验。

⑤用户交互性：在网络环境下，用户不再只是被动的信息接收者，而是积极参与到信息的生成、传播和反馈过程中。因此，在评价网络内容时，还应高度关注用户参与度与互动性，包括用户评论、点赞、分享等行为的频率和质量，以及网站或应用是否提供了有效的用户反馈机制。高度的用户参与和积极的互动能够进一步丰富信息内容，提升用户体验，形成更加活跃、健康的网络信息生态。

综上所述，对网络信息内容的选择与评价标准需从真实性、权威性、时效性、价值性、可访问性、可读性以及用户参与与互动性等多个维度进行综合考量。

四、网络信息资源的评价方法

面对持续增长的海量信息，用户往往无法迅速获得所需的高质量信息，因此需要系统性掌握网络信息资源评价方法，以提高信息检索和筛选的效率和准确性。

1. 比较多源信息

在面对同一主题或事件时，用户应从多个不同来源获取信息，包括官方媒体、权威机构以及学术网站等。通过多源信息交叉验证，可以尽可能保障信息的全面性和准确性，从而规避虚假信息和误导性信息。同时，对于时效性较强的信息需对其更新情况保持关注，避免因信息滞后或“信息反转”而做出错误决策或判断。

2. 善用辟谣工具

官方辟谣平台方面，可以利用国家互联网信息办公室的官方辟谣平台作为权威渠道，这些平台会及时发布权威辟谣信息，帮助用户有效识别虚假信息，避免被不实信息误导。其次，用好社交媒体与社区的辟谣机制，社交媒体平台已成为联合辟谣平台的组成部分，通常会及时发布最新的谣言及辟谣信息，帮助用户及时识别并避免传播虚假信息。

3. 尊重信息伦理

一是遵守引用规则，在引用或分享信息时，用户应当尊重原作者或信息提供者的权益，注明信息来源，避免侵犯版权。二是避免传播未经证实或来源不明的信息：对于那些未经证实或来源不明的信息，应谨慎相信和主动传播。三是共同维护健康有序信息生态，举报和抵制虚假、有害信息的传播。

4. 提升信息素养

(1)培养批判性思维

面对各种信息，用户应当培养批判性思维，对获取的信息进行独立思考和判断，不轻易相信那些未经证实的言论或观点，从而避免被错误信息误导。

(2)学习信息检索技巧

掌握高效的信息检索方法，能够快速、准确地定位到所需信息，这对于提高用户的学习和工作效率具有重要意义。

(3)持续学习与更新知识

随着信息技术的不断发展和信息环境的不断变化，用户应当不断学习和提升自己的信息素养，以适应大数据、人工智能等新技术带来的挑战。

5. 开展研究

(1)确定研究主题与目标

在开展研究之前，用户应当明确研究的目的与范围，以便有针对性地收集和分析信息，确保研究的方向和目标明确。

(2)制定研究计划与方法

根据研究主题和目标，用户应当制定合理的研究计划和方法，这包括信息来源的选择、数据收集与分析等，确保研究过程的科学性和系统性。

(3)深入分析与评价信息

对收集到的信息进行深入的分析和评价，包括信息的准确性、可靠性、时效性等方面，以确保研究结果的准确性和可信度，从而为决策提供有力支持。

第二节　网络信息检索与利用中的费用问题

经济成本在网络信息检索中，尤其是在获取高质量学术信息和网络增值服务方面扮演着重要的角色。以下内容分析学术信息检索与利用过程中所涉及的费用问题。

根据信息的种类，用户获取的网络学术信息资源可以划分为书目信息、文摘信息以及全文信息等。目前，存在多种途径可以免费检索和获取书目或文摘信息，例如各图书馆的在线公共访问目录(OPAC)、各出版商发布的新书目录等。众多数据库商也免费提供学术期刊的目次和文摘信息，例如全球最大的学术出版商爱思唯尔、中国知网、万方数据知识服务平台以及维普网等，它们允许用户通过网络免费查看学术论文的文摘信息。然而，当需要获取全文信息时，用户通常需要支付一定的费用。值得注意的是，一些出版商(例如爱思唯尔)的网站上也收录了部分开放获取资源，用户可以免费检索并下载这些资源的全文。

随着开放获取运动的深入，越来越多的学术资源(包括大量的全文信息)可供公众免费检索和利用。例如，国外综合性免费期刊平台 Open Science Directory(OSD)、Directory of Open Access Journals(DOAJ)、OPEN J-Gate、SciELO、J-STAGE、High Wire Press 等均提供了部分免费开源期刊的查询和下载。

其他网上各类免费信息的检索与利用已在第八章讨论。本章根据用户类型，从面向个人用户和集体用户两个方面分析网络内容的收费问题。

一、面向个人用户的网络内容收费方式

(一)收费方式

目前，面向个人的网络内容收费方式主要有三种。第一种，按在线阅读或下载的数量计费，按照用户使用的数量支付费用；第二种，按照一定的时间段收费，即支付一定时间段的使用费后，如一个月、半年或一年，用户可在这时间内不受数量限制地进行在线浏览或下载(对于打印等服务，有的网站有一些限制)；第三种方式介于前两种之间，即提供特定费用、时间段和使用权限的套餐。有些网站还设置了不同的用户级别，如普通会员、VIP 会员等，收取不同的信息服务费并提供差异化服务。

同时，许多网站或社区(如超星、百度文库)制定了激励性政策，允许用户赚取一定的虚拟货币并用于购买网站的资源或服务。如，网站对用户注

册或登录网站、贡献内容或共享资源等行为给予若干虚拟货币的奖励，而这些虚拟货币可用于本网站资源的获取和利用。

(二) 支付方式

许多网站可通过虚拟货币进行支付，并提供一定机制赚取或扣除一定的虚拟货币。

个人用户通过购买专用充值卡、通过第三方支付平台(支付宝、微信等)或者直接货币支付(如银行转账、邮局汇款等)等方式充值。通常支持网上支付(通过电脑)以及移动支付(通过手机)等多种支付方式。

以超星为例。用户可通过两种虚拟货币(星币和星点)下载超星图书、购买超星视频、购买视频包月服务。1 星币等于 1 元人民币。100 星点相当于 1 星币。用户可通过购买超星卡、网上银行以及移动/联通/电信充值卡等进行星币充值，亦可通过注册超星网、完善个人资料、每日签到以及完成任务(如分享资源)等方式免费赚取星点。针对不同的资源，超星推出了不同的利用方式和定价方案。对于电子图书资源，用户可用星币下载阅读超星读书网站①的电子图书。例如下载焦玉英、陈远所著的电子图书《信息咨询理论与实践》的费用为 10 元，而星币支付 5 折优惠，用户只需支付 5 个星币。对于超星视频②资源，分为两个基本大类："公开课"和"普通课"。用户无须登录，可免费观看及下载公开课；而每一门普通课均由"免费试看"和"付费课程"两部分组成，所涉及的收费有两种：观看收费和下载收费。观看视频时，包月用户在包月有效期内可以免费观看"付费课程"，而未包月用户观看"付费课程"须支付每集 1 星币(或 100 星点)的费用。视频下载的费用为包月客户每集 3 星币(或 300 星点)及非包月客户每集 4 星币(或 400 星点)③。

又如，中国知网推出类型多样的适合不同用户群的收费套餐，并针对不同的资源制定了详细的价格方案④。用户可使用知网币进行支付，知网币是用户通过知网卡、银行卡、手机短信、固定电话等方式支付给知网的货币。1 知网币价值 1 元人民币。用户在线浏览或下载知网常规数字出版的资源时，按照 0.5 元/页支付费用，对于其独家出版的资源，则需支付 1 元/页的费用。

---

① http://book.chaoxing.com/[EB/OL].[2019-07-29].

② http://video.chaoxing.com/[EB/OL].[2019-07-29].

③ http://old.chaoxing.com/help/index-3.html[EB/OL].[2019-07-29].

④ http://vipcard.cnki.net/ec/czzx/account/account.html[EB/OL].[2019-07-29].

二、面向集体用户的网络内容收费方式

(一)单一机构采购

某一图书馆或信息服务机构为其机构内用户的使用需要而集体购买，目前绝大多数图书馆对本馆用户需要的资源采取这种购买方式。

(二)集团采购

面向集体用户的收费方式的特点是，由某个集体(国家、图书馆、科研院所或公司)支付费用，免费提供给集体内部成员使用。

面对图书馆、科研院所以及公司对信息资源的需求，数据库商推出面向团体用户的经营模式。如中国知网面向规模较小的单位推出团体卡，允许购买单位自行设置若干子用户。

国内许多图书馆通过集团采购订购数据库，提供给本单位的用户使用。作为目前国内影响最大的图书馆联盟，CALIS 积极推行集团采购的数据库购买方式，即以全国中心馆为主、牵头组织全国性的集团联合采购。相对各馆单独购买，集团采购在提高采购单位的议价能力、简化各成员馆的采购手续和节省采购时间上具有明显优势。在此基础上，我国成立了高校图书馆数字资源采购联盟(Digital Resource Acquisition Alliance of Chinese Academic Libraries，DRAA)。据统计，1997 年至 2018 年，CALIS/DRAA 共发布近 880 份集团采购方案。截至 2019 年 5 月，DRAA 共有成员馆 674 家。2018 年新谈判采购方案 53 份，全国共有 9228 个馆次参加了集团采购①。

(三)国家许可

国家许可是一种数据库资源集体购买的方式。国家许可证制度是指出版商与第三方及非营利性组织之间通过签订国家许可证允许其在全国范围内使用信息产品或服务，并由该非营利性组织提供信息获取渠道②。获得国家许可证后，在许可协议的规定下，本国范围内的任何公民都可以接入、检索、浏览、下载、打印或复印被许可使用的信息产品。国家许可证对出版商进行合理的经济补偿，既保障了出版商的经济利益，又促进了公众对信息的获取，兼顾非营利性组织、公众与出版商之间的利益，能够促进信息资源的利

① 2018 年高校引进资源集团采购状况暨 2019 用户满意度调查[EB/OL]. [2019-07-29]. http: /calis17. jlu. edu. cn/uploads/ueditor/file/20190517/1558054903. pdf.

② 陈传夫，姚维保. 我国信息资源公共获取的差距、障碍与政府策略建议[J]. 图书馆论坛，2004(6)：54-57.

用和共享。如国家科技图书文献中心（NSTL）按照“统一采购、规范加工、联合上网、资源共享”的原则①，采集、收藏和开发理、工、农、医各学科领域的科技文献资源，以国家许可的方式购买了施普林格（Springer）出版社、英国牛津大学出版社（OUP）、英国物理学会（IOP）、Nature 出版集团、Turpion 出版社等出版的回溯全文数据资源，并面向全国科研学术机构开展服务。

第三节 网络信息检索与利用中的知识产权保护

网络已经成为人们传播信息和获取知识的重要平台。不同于传统媒体，网络信息资源的非物质性、间接性、共享性、可复制性、时效性和可增值性等特性都对知识产权保护提出了新的课题。用户可通过多种方式参与网络信息传播的全过程，即信息生产、信息发布、信息获取、信息反馈的互动过程，并涉及文本、图像、音频、视频以及计算机程序等多种类型的资源。

网络信息利用中应特别注意知识产权的四个特征，即法定性、专有性、地域性和时间性。其中，法定性主要体现在知识产权的产生是经过法律程序而被国家法律所认可的。专有性（Intellectual Property Monopolization），又称独占性，是指权利人的一种由法律赋予的排他的、独占的权利。权利人对这种权利既可以自己行使，也可以转让他人行使，并从中取得报酬②。知识产权的地域性和时间性为知识产权划定了时空范围。知识产权法总是适用于一定地域内，如一定主权国家的领域内或多个地区的法域内。时间性主要指知识产权的权利的有效期。时间性既保护了知识产权人的利益，又兼顾社会利益，因为技术和知识只有得到广泛的传播，才能促进社会的发展。超过法定的保护期限，作品将进入公共领域，成为公共财产的一部分。

一、网络信息资源利用中涉及的对象及其知识产权问题

《中华人民共和国著作权法》是保护文学、艺术和科学作品作者著作权及相关权益的重要法律，旨在鼓励有益于社会主义精神文明和物质文明建设的作品创作与传播，促进文化和科学事业的发展与繁荣。自 1990 年首次通过以来，《中华人民共和国著作权法》已经历了多次修订，以适应社会发展的新需求和国际版权保护的新趋势。现行版本是 2020 年 11 月全国人民代表

---

① https：//www. nstl. gov. cn/porta/zzjg-jgjj. html[EB/OL]. [2019-07-29].

② 王济昌. 现代科学技术名词选编[M]. 郑州：河南科学技术出版社，2006：19.

大会常务委员会第二十三次会议审议通过的第三次修订版，自 2021 年 6 月 1 日起正式实施。

《中华人民共和国著作权法》规定，法律、法规、国家机关的决议、决定和其他具有立法、行政、司法性质的文件及其官方正式译文、时事新闻和历法、通用数表、通用表格和公式等不适用著作权法。法律对作品的保护期限作出具体规定，如，作者的署名权、修改权、保护作品完整性的保护期限不受限制，而作品的复制权、发行权、信息网络传播权和汇编权等权利的保护期限为作者终生及其死亡后五十年，截止于作者死亡后第五十年的 12 月 31 日，如果合作作品，截止于最后死亡的作者死亡后第五十年的 12 月 31 日，电影作品和以摄制电影的方法创作的作品、摄影作品，复制权等多项权利的保护期限为五十年，截止于作品首次发表后第五十年的 12 月 31 日。

因此，公民享有通过网络向公众提供自己创作的合法作品的权利，使他人可以在一定的时间和地点获得其作品，并按照约定或者规定获得相关报酬。同时，用户在利用类型多样、内容繁杂的网络信息资源时，应有针对性地注意保护作品的知识产权。法律规定的不在保护范围内的法律法规、新闻以及超出保护期限已进入公共领域的信息，以及目前网上大量存在的免费资源，用户无须支付费用即可进行观看、复制和下载，但应尊重原作者的署名权、修改权、保护作品完整性等权利，引用或转载时，应注明原出处。

网络上大量的文档、图片、视频、音频和计算机程序等，尚在著作权保护期限内，其知识产权由原创作者所有。用户进行下载、转载、保存和汇编时，除符合合理使用等著作权限制条件的行为可不支付报酬外，应征得原作者的授权并按照约定或相关规定支付报酬。

扫码看《中华人民共和国著作权法》

二、网络信息资源利用行为所涉及的知识产权问题

用户在网络信息利用中的行为主要有：资源数字化、上传、检索、浏览、下载、转载、保存、打印等，主要涉及复制权和信息网络传播权。

《中华人民共和国著作权法》指出，“复制权，即以印刷、复印、拓印、

录音、录像、翻录、翻拍等方式将作品制作一份或者多份的权利”；数字化就是将传统的格式转化成二进制的编码，因此，数字化是一种复制。对尚在保护期限的作品进行数字化，是一种复制行为，应充分尊重作者拥有的作品复制权，除合理使用的情形外，应在获得授权的前提下进行，并根据约定支付报酬。

网络信息资源的传播涉及信息网络传播权。根据中华人民共和国国务院令第468号《信息网络传播权保护条例》：“信息网络传播权，是指以有线或者无线方式向公众提供作品、表演或者录音录像制品，使公众可以在其个人选定的时间和地点获得作品、表演或者录音录像制品的权利。”因此，对一个拥有知识产权的作品进行上传、转载、下载是应充分尊重作品的信息网络传播权，除法律规定的不需要支付报酬的行为外，应取得原作者的授权并支付相关报酬。

侵犯公民的知识产权，应承担责任，停止侵害、消除影响、公开赔礼道歉、赔偿损失等责任。

三、网络信息检索与利用中的合理使用

合理使用，是指在特定的条件下，法律允许他人自由使用享有著作权的作品，而不必征得权利人的许可不向其支付报酬的合法行为①。

《中华人民共和国著作权法》第二十二条就合理使用作出具体规定，如基于个人学习、研究或者欣赏，使用他人已经发表的网络作品；为学校课堂教学或者科学研究的目的，翻译或少量复制已发表作品；为介绍、评论某一作品或者说明某一问题，为报道时事新闻的需要，在作品中适当引用他人发表的作品；将已发表作品翻译成盲文或少数民族语言等十二种行为，可以不经过著作权人许可，不向其支付报酬，但应当注明作者姓名、作品名称、原作品出处等。

合理使用是平衡著作权权利人与公共利益的制度，旨在防止权利人的垄断，促进知识的传播和共享。随着网络的普及与信息技术的发展，人们在网络信息检索与利用中会产生新的使用方式，这就要求人们一方面应遵循现有法律的相关规定，把握合理使用的标准，充分利用网络带来的便利的同时，做到不损害著作权权利人的合法权益；另一方面应积极寻求法律的积极变革，促使合理使用制度的不断完善。世界知识产权组织2013年6月27日缔结的《关于为盲人、视力障碍者或其他印刷品阅读障碍者获得已出版作品提

① 吴汉东主编．知识产权法[M]．北京：中国政法大学出版社，2012：98.

供便利的马拉喀什条约》①就是数字时代著作权制度创新的一个例证。

第四节　网络信息检索与利用的重要工具

一、文献管理工具

在学术文献检索和利用过程中，文献下载、阅读、批注、引用及管理是一项烦琐但非常重要的工作，因此使用专业的文献管理工具能够大幅度提升工作效率和便利性，同时也可以建立个人参考文献库。

1. 常用的文献管理工具

目前，一些数据库商、科研机构开发了适用于不同场景的文献管理工具，一般分为商业收费版和开源免费版，本书主要介绍常用的开源免费版文献管理工具。

Zotero 是由安德鲁·W. 梅隆基金会、斯隆基金会以及美国博物馆和图书馆服务协会资助开发的开源免费文献管理工具，可以通过浏览器插件、桌面客户端、移动应用等多种形式安装使用。由于 Zotero 的开源社区较为成熟，用户不仅能够使用基本功能，也可以安装自动翻译、自动下载、批注笔记、抓取参考文献、关联检索等插件，实现个性化的检索和使用。

Mendeley 是由德国学者开发，后被爱思唯尔收购的开源免费文献管理工具，除了传统的文献导入、参考文献管理、批注等功能外，还支持文献的自动识别和整理，极大地节省了研究人员整理文献的时间。学术社交平台是 Mendeley 的特色之一，为研究人员提供了一个独特的互动环境，使他们能够分享自己的研究成果、阅读列表和笔记。在平台中学者们可以轻松地发现并关注同行的研究兴趣，从而促进学术交流和合作。此外，Mendeley 还提供了一个强大的插件系统，用户可以根据自己的需求安装不同的插件，极大程度提高了工作效率。

2. 文献管理工具的主要功能

(1)文献导入与整理：支持从各种数据库、网页和文件(如 PDF)中导入文献，自动提取文献信息，并按用户设定的规则进行整理与分类。

(2)引用与参考文献管理：自动生成符合各种学术期刊和会议要求的引

① 英文全称为 The Marrakesh Treaty to Facilitate Access to Published Works for Persons Who Are Blind, Visually Impaired, or Otherwise Print Disabled，条约全文参见 http://www.wipo.int/.

用格式，支持批量导出引用列表，简化论文写作中的引用工作。

(3)笔记与批注：允许用户对文献进行详细的笔记和批注，帮助用户更好地理解和记忆文献内容，提升研究效率。

(4)云端同步与共享：部分文献管理工具提供云端同步功能，确保用户在不同设备间能够同步访问和管理文献。同时，还支持与团队成员共享文献和笔记，促进团队协作。

(5)学术社交与协作：部分工具提供学术社交功能，用户可以关注同行学者，浏览和分享他们的研究成果，拓宽研究视野和合作机会。此外，许多科研团队也使用文献管理工具进行团队协作。

二、知识社区

早期的知识社区属于问题回答类工具，随着网络社区的繁荣，知识社区逐渐发展成为一种集知识交流、知识共享、资源汇聚于一体的综合性平台。知识社区是典型的用户生成内容模式，其中的问题和回答均由用户生成。目前，随着知识社区生态越来越完善，检索和利用别人的提问和答案已经成为获取信息资源的有效手段。使用用户较多的知识社区包括以下四个。

1. 百度知道

百度知道发布于2005年6月，是百度公司开发的基于搜索的知识问答分享平台，百度知道允许用户根据具体需求有针对性地提出问题，并通过积分奖励机制发动其他用户来解答。这种用户驱动的问答模式激发了用户的参与意愿。此外，百度知道的一大特点是与搜索引擎紧密结合，使得用户在使用百度搜索和百度知道时能够快速进行关联查询。

2. 知乎

知乎创立于2011年1月，是中文高质量问答社区和创作者聚集的原创内容平台，目前已发展成为综合性的知识分享社区，在中文互联网具有较大的影响力。知乎的问题不局限于文字，还包括图片、音频、视频等多种媒体，互动方式包括关注、点赞、收藏、评论、分享等多种形式，用户可以通过搜索、关注话题、浏览热榜等方式获取所需信息，提高了信息检索的效率。

3. 果壳网

果壳网是一个关注科学、技术、艺术等领域知识的网站，它以科学传播为核心，提供各种科学文章、讨论和活动。果壳网还拥有一个活跃的社区，用户可以在其中提问、回答和分享自己的见解，形成了良好的知识交流生态。

4. 知识星球

知识星球是诞生于移动互联网时代的知识社区，以创作者和粉丝建立紧密联系为特点，提供了问答、讨论、分享等多种互动模式，其内容更加专业化和精细化。

此外，在许多细分领域也有专门的知识社区，例如医学领域的丁香园、科研领域的小木虫、就业领域的求职指南(QZZN)等。随着 MOOC 和短视频的流行，许多综合性信息技术平台专门开辟了知识社区板块，检索和收看特定类型的教学视频已成为获取高质量知识的新动向。

三、翻译工具

在检索和利用多语种信息资源的过程中，通常要借助翻译工具。早期的翻译工具主要为词典，包括离线版、在线版两种形式，例如早期的金山词霸就提供了离线翻译功能。随着信息技术的进步，在线高质量翻译已成为现实，常用的翻译工具包括：

1. 有道翻译

有道翻译上线于 2007 年 12 月，是网易公司开发的一款功能强大的翻译工具，通过开发神经网络翻译引擎，大幅度提升了复杂内容的翻译效果。目前，有道翻译已全面引入人工智能技术，形成了以翻译为核心的一站式智能学习平台。

2. 百度翻译

百度翻译于 2011 年 6 月上线，经过多年发展已成为国内具有代表性的翻译工具之一，它依托互联网数据资源和自然语言处理技术优势，实现了大规模产业化机器翻译模型、海量翻译知识获取、多语言翻译统一框架以及机器同声传译等关键技术。百度翻译支持全球 200 多种语言互译，除了文本和网页翻译外，百度翻译还推出了文档翻译、图片翻译、拍照翻译、语音翻译等多模态的翻译功能。

3. 讯飞智能翻译平台

讯飞智能翻译是科大讯飞研发的新一代智能翻译工具，它不仅具备卓越的语言识别能力，还支持图片、视频等多模态内容翻译，展现出强大的功能特点。该工具基于深度学习技术和人工智能模型，以其高效、准确、便捷的翻译能力而备受关注，为用户提供了更加便捷和智能的翻译体验。

4. 福昕翻译

福昕翻译是学术领域的翻译工具之一，拥有庞大的专业术语库，涵盖超过 1000 个学科领域和 10 亿+专业术语，确保了翻译结果的专业性和准确性，特别适用于对翻译质量有严格要求的金融、法律、医学等专业文献。此外，福昕翻译在 PDF 文档翻译方面表现出色，具有显著优势，它能够完美保留原文的排版和格式，用户无需担心翻译过程中出现的格式错乱或排版问题，大大提高了工作效率和翻译质量。

常见的翻译工具还有搜狗翻译、DeepL、金山词霸、腾讯翻译君、欧陆词典等，这些翻译工具在翻译质量、功能丰富性、使用便捷性等方面都有所不同，用户可以根据自己的实际需求和偏好进行选择。但总体上，人工智能技术对机器翻译工具产生了重要影响，未来的翻译工具将朝着智能化的方向发展。

四、AIGC 工具

自生成式人工智能流行以后，基于大语言模型（Large Language Model，简称 LLM）的 AI 工具成为人们检索和获取参考资料的新方式。AI 问答工具往往内置了千亿级的语料参数，可以通过上下文理解为用户提供高质量的信息，但是也存在“幻觉”、虚假信息和无法实时获得答案等问题，用户要结合自身需求和不同 AI 工具的特点选择性使用。常用的国内 AI 问答工具有：

1. 通义千问

通义千问是阿里云研发的基于大规模语言模型的 AIGC 工具，它深度融合了深度学习和自然语言处理技术，为用户提供问答交互功能。这款工具内置了千亿级的语料参数，能够深入理解自然语言，无论是简单的问题还是复杂的查询，都能为用户提供高质量回答。同时，通义千问还支持多轮对话，能够理解用户问题的上下文，保持对话的连贯性。除此之外，通义千问的基础大模型 Qwen 系列不仅提供了强大的技术支持，还推行了开源策略，使得用户能够在本地部署和使用。

2. 文心一言

文心一言是百度公司发布的问答式 AIGC 工具。文心大模型利用百度在自然语言处理和大数据方面的技术积累开发而成，除问答功能外，还支持文本生成、摘要、分类等多种语言处理任务，可应用于企业服务、教育、媒体等领域。与百度知道类似，文心一言的特点是与搜索引擎进行了深度融合，用户在使用百度搜索时能够与文心一言进行关联互动，智能检索也是未来信息检索发展的一个重要趋势。

3. 智谱清言

智谱清言是清华大学研发的 AIGC 工具。这款工具基于自主研发的开源大模型 ChatGLM 系列，经过万亿字符的文本与代码预训练，并采用有监督微调技术，使其具备了多轮问答、创意写作、代码生成、虚拟对话等能力。

4. 讯飞星火

讯飞星火是科大讯飞发布的多模态认知大模型，该模型在理解用户提问语义、智能问答、多模态认知等方面具有较好的性能表现，同时也是与硬件设备结合的最为紧密的大模型之一。

第五节　AIGC 背景下批判性思维的培养

批判性思维，是一种评价决策或问题解决过程并提炼出合理结论的思维能力。具备批判性思维能力，对于辨别真伪、抵御不良信息侵蚀具有不可或缺的作用。人工智能生成内容(Artificial Intelligence Generated Content，简称AIGC)的背景下，信息的生成与传播速度之快、规模之大前所未有，其中包含了许多误导性、不实甚至有害的内容，公众必须具备敏锐的识别与理性判断的能力。拥有识别和筛选信息的能力，是现代社会的一项必备生存技能，能帮助人们不被虚假信息所误导，保护自己免受各种信息陷阱的侵害，还能够确保知识准确传播。

一、认识 AIGC 的优势与局限

AIGC 是一种能够创建新内容的人工智能技术，它通过学习大量的数据样本，能够生成文本、图像、音频、视频、代码等内容。AIGC 的优势是能显著提升效率。但 AIGC 也有相应的局限。首先，AIGC 技术极大程度上依托于训练数据集，数据的不足或偏差会直接对生成内容的质量和准确性产生负面影响。其次，AIGC 技术依据训练数据集的概率分布来生成回答，由于缺乏人类严密的逻辑推理过程，因此生成内容的质量不一，有时甚至会生成错误的信息。最后，AIGC 在生成内容时可能会继承或放大训练数据集中的偏见，生成带有偏见、歧视等性质的内容。这些局限要求用户不盲目相信、依赖 AIGC 生成的内容，从内容的质量、准确性等各方面进行全面评估。

二、提升 AIGC 素养

AIGC 背景下要增强批判性思维能力，需要提升 AIGC 素养，即深入掌握 AIGC 的工作机制，熟练掌握 AIGC 工具的使用及技巧，并坚守正确的伦理道德观念及责任意识，确保技术在促进发展的同时，保障信息安全，营造和谐有序的数字生活环境。在评估人工智能生成内容时，这些素养能够更加

精准地进行批判性审视与思考。

首先，要了解 AIGC 的工作机制，了解通用 AIGC 工具和行业 AIGC 工具等，善用提示词工程（Prompt Engineering），掌握提问的技巧，以优化 AIGC 输出结果。了解所使用的 AIGC 工具的特点和提示词要求；确保提示词清晰、具体；提供足够的上下文信息，帮助模型更好地理解生成内容的背景与要达成的目标；如果可能，提供一个或多个示例，让模型了解你期望的输出格式或风格；将复杂的问题进行分解提问；根据模型的输出反馈，不断调整和优化提示词，以提高生成内容的质量。

其次，要批判性审视 AIGC 生成的内容。在深刻理解 AIGC 技术局限性的基础上，对所有由 AIGC 生成的内容，都应进行人工的审查与评价，验证是否可查找到准确的信息源，剔除错误和低质量信息，确保内容的质量和准确性。还可对 AIGC 生成的内容进行交叉验证，例如使用多个 AIGC 系统来分析同一问题，比较它们的输出，以识别差异和潜在的问题。

最后，要注重 AIGC 使用的伦理。严格遵守法律法规和伦理规范，确保工具的合法合规使用；注重保护隐私；对 AIGC 生成的内容要标注使用的工具和方法，等等。

为了促进生成式人工智能健康发展和规范应用，维护国家安全和社会公共利益，保护公民、法人和其他组织的合法权益，国家互联网信息办公室、国家发展和改革委员会、教育部、科学技术部、工业和信息化部、公安部、国家广播电视总局等联合发布了《生成式人工智能服务管理暂行办法》，该暂行办法已于 2023 年 8 月 15 日起施行。

扫码看《生成式人工智能服务管理暂行办法》

第六节　网络信息利用的伦理与法律法规

随着信息技术的飞速发展，网络信息资源的检索与利用已成为现代社会不可或缺的重要组成部分。在掌握信息检索技能与有效利用资源的同时，用户也要重视由此引发的信息伦理与法律法规等问题，遵守信息伦理与法律法规是信息素养的重要组成部分，在用户生产内容迅猛增长和 AIGC 背景下，该问题更应引起重视。

一、网络信息资源利用的基本伦理

1. 公平获取

网络信息资源的公平获取是信息社会的基本要求。它既要求所有人拥有平等访问、获取和使用网络资源的机会，避免信息鸿沟的扩大；同时，公平获取对用户而言是伦理约束，要求不得滥用“爬虫”技术非法获取资源或垄断信息资源。

2. 尊重隐私

在获取和使用网络信息资源时，要遵循个人信息的收集、使用、存储、传输等最小化原则，不要故意获取或通过非法手段获取他人隐私信息。同时，在使用网络的过程中，用户也要管理好个人隐私信息。

3. 保护知识产权

知识产权是网络信息资源的重要组成部分，包括著作权、专利权、商标权等。在网络环境下，知识产权的保护尤为重要。信息使用者应尊重知识产权，未经授权不得擅自复制、传播或利用他人的智力成果；使用他人成果时务必注明资料来源。

4. 遵守社会责任

网络信息资源利用中的社会责任要求信息生产者、传播者和使用者共同维护网络空间的健康和安全。这包括抵制不良信息、打击网络犯罪、促进网络文明等。同时，网络服务提供商应承担起相应的社会责任，加强对网络内容的监管和管理。

二、网络信息资源利用的法律法规

目前，信息检索与利用相关的法律法规建设在我国受到高度重视，主要涉及个人信息保护、网络安全、互联网信息服务管理等主题。

1. 个人信息保护法

《中华人民共和国个人信息保护法》是一部旨在保护个人信息权益、规范个人信息处理活动、促进个人信息合理利用的重要法律。该法于 2019 年被列入十三届全国人大常委会立法规划，经过多次审议和修改，最终于 2021 年 8 月 20 日由十三届全国人大常委会第三十次会议表决通过，并于 2021 年 11 月 1 日起正式施行。

《个人信息保护法》旨在保护个人信息的安全和隐私。该法规定了个人信息的收集、使用、加工、传输、公开等处理活动的原则和要求，明确了信息处理者的责任和义务。违反个人信息保护法的行为将受到法律制裁。

2. 网络安全法

《中华人民共和国网络安全法》是我国第一部全面规范网络空间安全管理的基础性法律，自2017年6月1日起正式施行。该法旨在保障网络安全，维护网络空间主权和国家安全、社会公共利益，保护公民、法人和其他组织的合法权益，促进经济社会信息化健康发展。

《网络安全法》旨在保障国家网络安全，维护网络空间主权和国家安全、社会公共利益。该法规定了网络基础设施、网络信息数据、网络关键设备和网络运行安全等方面的保护要求，并明确了危害网络安全行为的法律责任。

3. 互联网信息服务管理办法

《互联网信息服务管理办法》是我国国务院为规范互联网信息服务活动、促进互联网信息服务健康有序发展而制定的重要法规，于2000年9月25日颁布了《互联网信息服务管理办法》，并根据社会发展的需要进行了修订。

《互联网信息服务管理办法》规范了互联网信息服务活动，促进了互联网信息服务的健康发展。该办法规定了互联网信息服务提供者的义务和责任，以及信息内容的安全和合法性要求。对于违反管理办法的行为，将依法追究其法律责任。

4. 其他相关法律法规

此外，还有《数据安全法》《著作权法》《反不正当竞争法》《计算机信息网络国际联网安全保护管理办法》《生成式人工智能服务管理暂行办法》等一系列法律法规，共同构成了网络信息资源利用的法律框架。这些法律法规从不同角度规范了网络信息资源的利用行为，保障了网络空间的健康有序发展。

◎ 思考题

1. 为什么要对网络信息进行选择与评价？
2. 网络信息选择与评价的主体有哪些？各有什么特点？
3. 美国图书馆协会的免费网络信息资源选择标准有哪些？
4. 网络信息的评价维度有哪些？
5. 面向个人的网络内容收费方式有哪些？
6. 面向集体用户的网络内容收费方式有哪些？
7. 网络信息资源使用行为所涉及的知识产权问题有哪些？

8. 常用的个人文献管理软件有哪些？
9. 代表性中文知识社区有哪些？
10. 有哪些 AIGC 工具？请列出 3 个，并简述其功能。
11. 利用百度知道、文心一言等检索一个问题，并对比结果。
12. 自动翻译工具有哪些功能？
13. 利用网络信息资源应遵循哪些基本伦理？
14. 涉及网络信息资源利用的法律法规有哪些？

第十一章 信息检索的主要应用

第十一章导学视频　　第十一章授课 PPT

信息检索是一门操作性、应用性非常强的课程，信息检索的最终目的就是解决各种各样的问题，这些问题产生于生活、学习、研究、工作或创新等场景。

本章首先总结信息检索解决问题的流程；其次，讨论信息检索在个人学习、研究中的应用；然后详细阐述信息检索在个人或信息服务机构的科技查新、学科前沿分析中的应用。

第一节　信息检索解决问题的流程

一、分析问题的信息需求

信息检索解决问题的首要环节就是要分析检索的问题，明确待检索问题的信息需求。用户有时对自己的需求，特别是潜在的、模糊的需求不是非常明确，因此需要进行分析，才能得到一个完整而明确的表达。在需求分析中，应明确以下问题：查询的目的和要求，如只是一般性了解还是开展深入研究，确定检索问题的关键词及其涉及的学科或主题范围、地域范围、语种范围、时间范围、需要的信息类型、查询方式(浏览、分类检索、关键词检

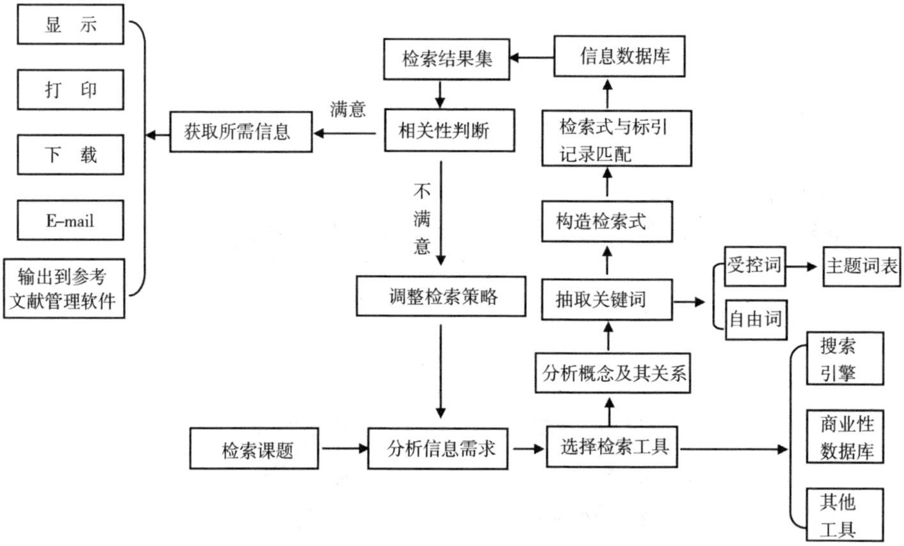

图 11-1　信息检索解决问题的流程

索)、资源的性质(学术信息资源还是大众化的资源)等。

二、选择合适的检索工具

信息需求直接影响需要使用的检索工具，检索工具的选择正确与否对检索效率起着十分重要的作用。选择合适检索工具的前提是对网络资源有一个较全面的、清晰的了解，具体地说要对检索工具的类型、内容特点、时间范围、学科范围、检索功能(如分类、浏览)都要有一个了解，再结合前面的需求分析，综合考虑选择哪一种类型的检索工具，在这个类型的检索工具中，具体该选择哪一种或哪几种检索工具。

从多源、多元检索工具中选择。信息检索工具的来源多样，既有免费的途径，包括搜索引擎与大语言模型、开放存取资源中的开放存取期刊与机构知识库、政府数据门户、科学数据平台、行业信息门户等，如本书第三章所述的“我国免费综合性信息检索系统”和第八章专类信息检索中的免费检索工具；又有大量的国内外综合性与专业性商业数据库；检索工具的类型也多种多样，可以从不同角度进行划分，如从检索对象的媒介看，有文本、图像、音频、视频检索工具。然而，由于搜索引擎的普及和用户对其他信息检索工具的不熟悉，许多用户通常只使用搜索引擎或以搜索引擎为主，而忽视各种专业数据库的作用。从总体而言，检索大众化的主题比较适合的工具是搜索引擎，而各种专门的数据库则适合查找学术信息；近年来 Google 等搜索引擎开始推出学术搜索功能，各种搜索引擎在查询范围、检索功能等方面各有千秋；各种专门的数据库则分别针对不同的学科范围或文献类型，如 ProQuest Digital Dissertation，ISI Conference Proceedings Citation Index 和 Derwent Innovations Index 分别用于查找学位论文、会议论文与专利文献。因此，检索问题与检索工具之间的对应就显得更为复杂。例如，查找期刊论文首选的是中国期刊网和 Web of Science 等中外文期刊数据库；查找背景与概况信息、不清楚或模糊的词、术语，可用百科全书、各种汉语词典、英汉等双语词典、外语词典、各学科词典、搜索引擎等，当然一些常见的、常识性问题可以使用大语言模型；要查找图书的书目信息，可利用各图书馆的馆藏目录(OPAC)、Worldcat 等联合目录、出版社书目、在版书目、网上书店、搜索引擎等。

在网络环境下，用户检索时使用最多的工具是数据库。在确定了检索工具的类型后，对于如何选择某一个数据库，有的学者提出了数据库选择的 4C 原则，即 Content（数据库的内容）、Coverage（数据库收录资源的范围）、Currency(数据库内容的新颖性、更新的频率)和 Cost(数据库的费用，目前搜索引擎的检索是免费的，但各种商业数据库检索的收费标准不同，同一个数据库在不同的检索系统中的收费方式都不尽相同)。还有一个十分重要的因素就是数据库的检索功能，如是否提供初级检索、高级检索和专家检索不同的检索选择，支持哪些检索技术，是否提供帮助功能、容错功能、检索过程中的建议等。

三、抽取检索词

如第二章所述，检索词是用户或检索人员检索时输入的字、词、字符或短语，用于查找含有它(它们)的记录，通常情况下，人们更多的是从学科(主题)的角度搜索所需资源，因而，关键词是使用较多的检索词。学会从复杂的检索问题中提炼出最具代表性和指示性的检索词对提高检索效率至关重要。

找出最能表达检索问题的实际内容、代表检索课题主题内容、具有实质检索意义的词。选择核心关键词有什么依据呢？我们以《汉语主题词表》为依据，它是我国第一部大型综合性叙词型检索语言词表，其 1997 年 12 月修订版的收录的主题词包括 7 个类型的名词术语：表示具体事物名称的名词术语，如汽车、变压器、反应堆、水稻、坐标仪等；表示事物的状态或现象的名词术语，如强度、失真、土壤熟化、日冕、船舶过载等；表示科学分类的名词术语，如数学、物理学、中医学、电子学、建筑工程、水利工程等；表示研究方法、技术方法的名词术语，如分析(化学)、针刺手法、有限元法、结构功能法、力学性能试验等；表示工艺方法、加工技术的名词术语，如铸造、锻造、热处理、焊接、酿造、取心钻进、爆破成型、激光切割等；表示化学元素、化合物、金属材料与合金的名词术语，如钠、氧原子、ⅣA族元素、钠化合物、硅化物、硫酸、钛络合物、丁胺、呋喃、吡啶、醇聚四氟乙烯、丁二酸(P)以及如金属板耐蚀钢、耐蚀合金等；表示国家名称、地名、组织机构名称及人名的专有名词以及文献类型、文献载体的名词术语。

应尽量选专指词、特定概念或专业术语作关键词，避免冷僻词汇和太泛的词，如计算机、互联网、中国、国家、世界等词，太多太泛，若用作关键词，会反馈数以万计的检索结果，失去检索意义，被称为“禁用词”(Stop words)。

3~5个核心关键词为宜。使用截词检索，可检索出词根相同的词或同一词的单复数形式，如econom*；利用OR连接同义词、近义词、相关词或同一术语的不同表达方式，如Internet OR Web OR WWW OR Net；对专有名词，如人名、地名、机构名，使用大写字母指定检索，如United States；对固定短语，用“ ”进行精确检索，如“Artificial Intelligence”“digital literacy”，以提高检索的精度；用括号将各个概念分开，如（Internet OR Web）AND（search * OR retrieval * ）。

四、正确构造检索式

最简单的检索式由一个检索词(字段标识有时被省略)构成，复杂的检索式由多个检索词和字段名通过关系算符(包括逻辑算符与位置算符)连接而成，而采用什么关系算符取决于一个检索问题中涉及的几个概念及其关系。如要利用英文搜索引擎查找网络信息检索方面的资料，检索式可表示为：(Web OR Internet OR WWW) AND (search * OR retrieval * ）。

构造检索式时，要充分利用搜索工具支持的检索运算、允许使用的检索标识、各种限定，这是进行有效检索的基础。

需要特别说明的是，许多用户在信息检索时往往只对检索问题中的每一个概念用一个检索词表示，这样，很容易造成漏检。避免产生此类错误的最有效的做法是：对于检索问题中的每一个概念，尽可能全面地列举表达该概念的同义词、近义词、相关词甚至上位词、下位词，并在它们之间用布尔逻辑运算符OR连接起来，形成一个子检索式。再用适当的布尔逻辑运算符把所有子检索式连接起来，构成一个总检索式，即“积木型”(build-block)检索式(见图 11-2)。

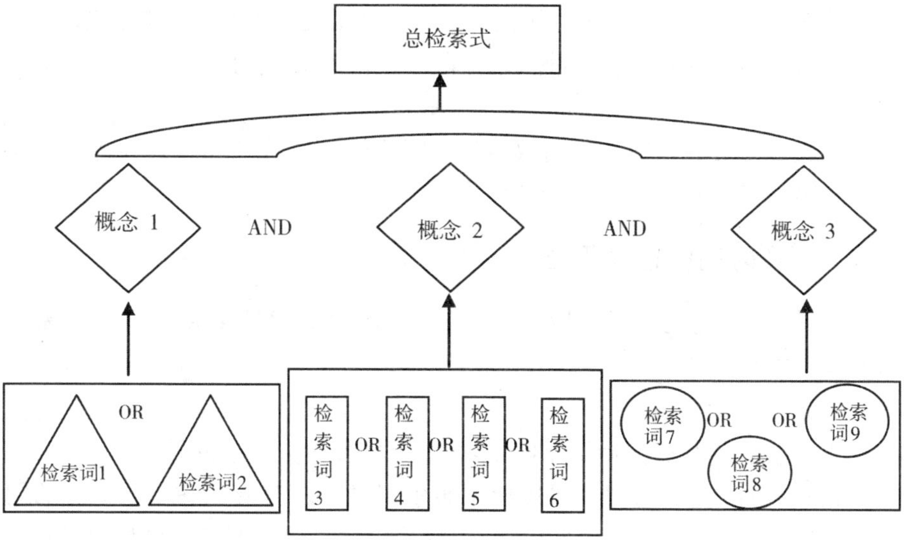

图 11-2　积木型检索式构造

许多搜索引擎都提供简单检索和高级检索，为获得更好的检索效果，建议使用后者，如组合使用布尔逻辑运算符 AND(+)、NOT(-)、双引号、使用日期与语种限定，可使检索结果控制在一定范围内。充分利用进阶检索，即某些工具提供的 Refine，Search within these results 等功能，在前一次检索产生的结果基础上做进一步的检索。如可在“Refine”检索框内继续增补检索词或修改检索式，使检索范围缩小。

下面是对“information”与“ retrieval”两个词，使用不同的检索式来表达不同的检索需求，这一实例旨在说明检索式不同，检索结果会有很大差别。

information AND retrieval，同时含有两个词，但不一定相邻，也不限定两个词的先后顺序。

“information retrieval ”，比上述范围小，符合条件的只有 information retrieval 这一短语。

information (N) retrieval，检索出 information retrieval 或 retrieval information information(N/3) retrieval，检索出 information retrieval 或 retrieval information 或 retrieval of the information 等，information 与 retrieval 两个词之 I

词最多可插入 3 个词。

五、分析检索结果

首先是相关度，包括主题相关、内容层次相关，如大学生和研究人员与小学生对内容深浅的要求不同，对于某个专业问题，专业人员与社会公众的要求不同。

其次是优质的内容，包括权威性、客观性、独特性和时效性等，详见第十章第一节 网络信息的选择与评价。

六、及时调整检索策略

检索是一个多步骤的过程。有时，开始的检索结果并不理想，需要调整。

1. 扩大检索范围

当检索结果为零或检索结果太少时，就需要扩大检索范围。

在检索词的选择方面，可以使用布尔逻辑“或”连接表达某一概念的同义词、近义词或相关词；降低检索词的专指度，如使用较普遍的词代替不常用的词，或改用上位词；减少用布尔逻辑运算符“AND”连接的最不重要的检索词；去掉布尔逻辑运算符“NOT”及其连接的检索词；取消某些限制，如文献类型、出版年、语种等；使用分类号进行族性检索，如利用《中图法(第 5 版)》的分类号 G254. 9 可检索所有与“信息检索”有关的文献；使用截词检索以检索出某词的单复数形式、英美单词拼写差异、同根词或者含有某几个字母组合的所有单词；利用某些检索工具提供的“自动扩检”功能进行相关检索；对于查全率要求高的检索问题，不妨使用多个检索工具；使用元搜索引擎；使用信息资源的整合平台检索来自不同提供方的各种数据库。

2. 缩小检索范围

检索时，如果得到的检索结果太多，或检索结果不相关，则需要缩小检索范围。其方法有：使用逻辑“与”连接更多的关键词；使用布尔逻辑“非”把不需要查找的关键词排除在检索结果之外；使用位置限制的检索；使用字段限制检索；用短语检索进行精确检索；当某一缩略语有多种全称时，同时使用缩写与全称；利用检索工具的进阶检索功能(Refine，Revise，Search again，二次检索)；限制查询范围，如类目的分类范围、地域范围、时间范围、网站类型范围、文件类型(PDF、PPT、WORD 等)，这些范围限制实现的方法不同，有些是通过在关键词前加特殊的符号，有些是通过下拉菜单实现的。

七、检索结果的输出

若检索结果满足需求，可输出检索结果。输出方式有多种，包括显示、复制、打印、下载、E-mail 发送、输入到参考文献管理软件或个人信息管理软件等，输出形式包括目录、题录、文摘、全文或自定义形式等，还可以对检索结果进行有选择性的输出。

第二节　信息检索在大学生学习与科研中的应用

一、信息检索在大学生学习与科研中的必要性

在当今数智技术不断发展的背景下，大学生在学习、科研乃至未来的职业发展中越来越离不开信息检索。具体来说，信息检索的必要性体现在以下几个方面：

首先，信息检索能够帮助大学生及时、准确地获取所学课程的相关教学资源，论文写作与社会实践相关的科研资源，这些信息资源为大学生学习和科研活动提供了坚实的文献信息保障，使他们能够站在巨人的肩膀上，不断推进学术研究的深度和广度。

其次，借助社交媒体、新闻网站以及其他各类信息平台的信息检索功能，大学生可以迅速了解和掌握全球科技发展的最新动态和前沿趋势。这不仅有助于拓宽他们的学术视野，还能激发他们的创新思维，为科研工作注入新的灵感和动力。

第三，提升信息检索能力对于大学生而言，意味着能够更好地了解社会，使他们更准确地把握国家与行业对人才的需求动态，从而制定出更为合理的深造或职业规划。这一能力的提升将使大学生在激烈的就业市场中占据先机，为个人成长与职业发展奠定坚实基础。

最后，增强的信息检索能力还赋予大学生在面对纷繁复杂的网络信息时更强的辨别力，有效抵御虚假信息与网络诈骗的侵袭。通过掌握科学的信息检索方法，大学生能够更加理性地分析、判断网络信息的真实性，成为网络正能量的积极传播者与坚定守护者，共同营造一个健康、有序的网络生态环境。

二、信息检索在大学生学习中的应用

主要应用于自主学习和开放教育资源的获取。随着高等教育数字化转型与开放教育资源的不断丰富，大学生通过计算机和网络学习全球优质的课程已经成为现实。例如，教育部建设的“国家智慧教育公共服务平台”方便大学生“人人皆学、处处能学、时时可学”。在此基础上，大学生只须掌握一定的信息检索策略和技巧，就可以从丰盛的网络教学大餐中找到个人喜欢的课程。例如，可以分别通过课程语种、开课学校、主讲教师、课程名称、课程内容等不同的字段检索和筛选所需课程。

其次，通过社交媒体、搜索引擎进行检索，同样可以找到相应课程，但通过非正式渠道检索而得的课程，就需要利用信息检索的评价方法，对课程的质量进行综合评估，选择权威、可靠、优质的教育资源开展学习活动。

再次，大学生应利用关联检索、拓展检索等方法，找到与所学课程配套的图书、课件、习题、案例等开放资源，以进一步提升学习效果。

三、信息检索在大学生科研中的应用

在信息资源呈指数级增长的时代，科研活动对于信息的精准把握和高效利用显得尤为关键。大学生在科研过程中，信息检索不仅是获取文献资料的手段，更是启发思维、推动研究进程的重要工具。从科研活动的流程和规律来看，信息检索的重要作用主要表现在以下五个方面。

（一）文献综述与研究选题

在科研初始阶段，需要进行广泛的文献调研，以了解研究领域的现状、趋势及存在的问题。高质量的信息检索能够快速定位到相关领域内的核心期刊、高质量论文和综述文章。通过对这些文献的深入阅读和分析，不仅能够帮助大学生确定研究方向和选题，还能避免重复劳动，确保研究的创新性和前沿性。

（二）追踪最新科研成果

科研领域的进步日新月异，新的理论、方法和成果层出不穷。大学生在科研过程中，需要不断追踪最新科研成果，以保持研究的时效性和先进性。通过订阅相关领域的期刊、参与学术会议、利用专业数据库等信息检索渠道，大学生可以及时了解最新的研究成果、研究动态和学术热点，为自己的研究提供灵感和参考。

(三)数据收集与分析

在科研过程中，数据收集与分析是关键环节。通过信息检索，大学生可以获取和利用数据资源，包括实验数据、调查数据、统计数据等。同时，大学生还可以利用信息检索工具和数据分析工具对收集到的数据进行初步处理和分析，为后续的深入研究提供有力支持。

(四)跨学科合作与交流

大学生在科研过程中，经常需要与其他学科人员进行交流或交叉创新。通过信息检索，可以了解其他领域的研究进展和热点问题，精准确定潜在的交流对象与合作伙伴。同时，他们还可以利用在线学术平台、社交媒体等渠道发布自己的研究成果与合作意向，扩大交流范围并促进跨学科合作。

(五)学术成果发表与推广

学术成果的发表、出版、推广等是科研活动的最后一环。通过信息检索，大学生可以快速掌握目标期刊或会议的投稿要求、审稿周期、影响因子等信息，选择合适的投稿和发表平台。同时，还可以利用信息检索与利用的相关工具对研究成果进行推广，如制作摘要、关键词、引用文献等元数据信息，提高研究成果的可见度和影响力。

第三节　信息检索在科技查新中的作用

一、科技查新的概念

(一)科技查新的来历

“查新”一词来源于专利审查，其本来意义是新颖性检索(Novelty Search)，最早见于1978年6月公布的《专利合作条例》。1985年，在全国医药卫生科技会议上，首次提出对科技成果进行“查新”的要求，并开始在部分行业和地区试行查新制度。①

20世纪80年代后期，随着各行各业对科学研究、技术开发工作投入的增加，各级科研管理部门为了提高科研立项和成果鉴定与奖励的严肃性、公正性、准确性和权威性，采取了不少措施，也制定了一系列管理办法和规定。当时，人们对科研立项和科研成果的评审主要采取同行专家评议和实践

① http://210.44.255.140:8080/topic/teachsource/askandser.ppt [EB/OL].[2018-12-24].

检验两种方法，但是不可能要求专家对所评议的课题和成果的方方面面以及国内外发展都有较深入而全面的了解。在这种情况下，就提出了把“情报评价”引入成果管理程序的要求，以便为专家评议提供全面、准确的“鉴证性客观依据”，与专家评议相辅相成。

为使科技查新工作健康发展，加强对查新工作的宏观管理，不断提高查新质量，原国家科委于1990年10月印发了《关于推荐第一批查新咨询科技立项及成果管理的情报检索单位的通知》([90]国科发情字800号)。首批获得授权的有11家。该通知标志着我国查新工作正式开始，也极大地推动了查新工作在全国范围的迅速发展。

1991年国家科委制定《科技查新咨询工作管理办法》(讨论稿)，并通过考核评定，公布了首批11个国家查新咨询单位，查新工作纳入制度化轨道。

1993年中华人民共和国卫生部科教司和卫生部信息工作管理委员会经考核评定，公布首批21家卫生部医药卫生科技项目查新咨询定点单位名单。

1994年，原国家科委国科通[1994]23号文件公布了全国第二批15个一级查新单位名单。1997年，原国家科委授权第三批12个一级查新单位后，全国共有38个科技信息机构获得了一级查新单位资格。

2003年5月教育部发出《教育部办公厅关于认定教育部部级科技查新工作站的通知》。在各校申报、专家通信评审、现场考察和综合评估基础上，2003年12月15日公布了29所直属高校设立的教育部部级科技查新工作站。在29所查新工作站中，综合类查新站11所，理工类查新站17所，农学类查新站1所。综合类查新站可进行理、工、医类学科专业的查新，学科门类齐全，理工类查新站可进行理、工类学科专业查新，一般不含医学学科或其他学科。

(二)科技查新的定义

在不同的历史时期，人们从不同角度和基于不同的认识，给予了查新不同的定义。从20世纪90年代初开始，原国家科委对《科技查新咨询工作管理办法》及《实施细则》进行了多次修改。其中，对科技查新工作的定义也结合实践经验而不断进行修改。

1992年8月，《科技查新咨询工作管理办法》(征求意见稿)第二条的定义为：“科技情报查新工作是指通过检索手段，运用综合分析和对比等方法，为科研立项、成果、专利、发明等评价提供科学依据的一种情报咨询服务形式。”

1993年3月，《科技查新咨询工作管理办法》(试行稿)第二条的定义为：“查新工作是指通过手工检索和计算机检索等手段，运用综合分析和对比方法，为评价科研立项、成果、专利、发明等的新颖性、先进性和实用性提供文献依据的一种信息咨询服务形式。”

1994年6月，上报原国家科委的《科技查新咨询工作管理办法》(讨论稿)第二条的定义为：“本办法所称的查新工作，系指通过手工检索和计算机检索等手段，运用综合分析和对比方法，为评价科研立项、成果等的新颖性和先进性提供事实依据的一种公众性信息咨询服务工作。”

2000年12月8日，科技部下发了“关于印发《科技查新机构管理办法》《科技查新规范》的通知”(国科发计字〔2000〕544号)，其《科技查新规范》①对查新作出了规范的定义：“查新是科技查新的简称，是指查新机构根据查新委托人提供的需要查证其新颖性的科学技术内容，按照本规范操作，并作出结论。”2015年，《科技查新技术规范》以国家标准(GB/T32003—2015)发布，指出科技查新的英文对应术语为 scientific and technical novelty search，其定义为：以反映查新项目主题内容的查新点为依据，以计算机检索为主要手段，以获取密切相关文献为检索目标，运用综合分析和对比方法，对查新项目的新颖性作出对应评价的情报咨询服务。

(三)科技查新的相关术语

以下摘录《科技查新技术规范》关于科技查新相关术语的界定。

查新机构是指具有查新业务资质的信息咨询机构。

查新项目是查新委托人提出的要求查证新颖性的科学技术项目。

查新点是指需要查证的查新项目的科学技术要点，能够体现查新项目新颖性和技术进步的技术特征点。每个查新点应清楚、准确，突出一个技术主题或技术特征。

新颖性是指在查新委托日或指定日以前查新项目的查新点没有在国内或国外公开出版物上发表过。

查新委托人是指提出科技查新申请的自然人、法人或者其他组织。

查新人员是指参与查新工作的人员，包括查新员、审核员及对查新工作负有责任的其他人员。

查新员是指参与查新全过程的具有查新资质的查新人员。

审核员负责审核科技查新报告及查新员所做的查新工作是否规范，并向查新员提出审核意见的具有查新审核资质的查新人员。

---

① http：//202.115.54.22：8080/portal/page/service/chaxin/law/2.pdf [EB/OL].[2019-08-24].

二、科技查新的作用

科技查新主要有以下三个方面的作用：

（一）为科学评价科研成果提供客观依据

通过查新可以了解国内外有关科学技术的发展水平、研究开发方向；对所选课题是否具有新颖性的判断提供客观依据。另外，查新可以为科技成果的鉴定、评估、验收、转化、奖励等提供客观的文献依据，并能保证科技成果鉴定、评估、验收、转化、奖励等的科学性和可靠性。在这些工作中，若无查新部门提供可靠的查新报告作为文献依据，只凭专家小组的专业知识和经验，难免会有不公正之处，可能难以得出确切的结论。这样既不利于调动科技人员的积极性，又妨碍成果的推广应用。专家丰富的专业知识与高质量的科技查新相结合，可在很大程度上防止上述现象的发生，从而为鉴定、评估、验收、转化、奖励等的权威性和科学性提供保障。

（二）提高情报工作地位，促进情报人员自身建设

通过情报工作为科研立项、科技成果鉴定等提供社会化服务。实践表明，通过查新得到的“情报评价”有效地弥补了专家对信息掌握的某些不足，大大提高了专家评议的准确性。通过查新能为科研立项、科技成果鉴定、评估、验收奖励、专利申请等提供客观依据，从而提高情报人员自身素质，及其在社会的影响。

（三）为科技人员进行研究开发提供可靠而丰富的信息

随着科学技术的不断发展，学科分类越来越细，信息源于不同的载体已成为普遍现象，这给获取信息带来了一定的难度。通过专业查新人员查新，可以大量节省科研人员查阅文献的时间。查新机构一般具有丰富的信息资源和完善的计算机检索系统，能提供从一次文献到二次文献的全面服务，内容涉及各种学术会议和期刊的论文、技术报告、专利、标准和规范、报纸、通告等，收藏的数据最早可追溯到 19 世纪，最新可查到刚刚在网上发布的信息，基本能满足科研工作的信息需求。

三、查新咨询的种类

查新咨询分为以下几类：

科研咨询（分为立项查新、成果鉴定查新、申报奖励查新）；产品咨询（分为开发新产品查新、产品评优查新、国内外参展查新、申请免税查新、设备引进、产品市场行情查新）；技术、方法咨询（分为引进技术查新、技术攻关查新、治疗方案查新、制定技术标准查新、技术动态查新)；专利咨询(分为申请专利查新、专利有效性查新、专利纠纷查新)。①

四、科技查新的基本程序

根据《科技查新技术规范》之“6 查新程序”，科技查新包含以下 7 个步骤。②

(一)查新委托与受理

1. 查新委托

查新委托人应当按照以下规定办理查新委托：

(1)根据查新项目的专业特点，自主选择具有查新资质的查新机构。

(2)可以网上委托，也可到查新机构当面委托。

(3)按照要求填写《科技查新委托单》包括以下四点内容：

①查新项目的科学技术要点。具体内容应当包括查新项目所属科学技术领域、要解决的技术问题、解决技术问题所采用的技术方案、达到的技术效果及应用范围等。

②查新点。查新点是从科学技术要点中提取的体现查新项目新颖性的技术特征点，是查新检索的前提，是文献对比分析的依据，贯穿于查新工作的全过程。查新点的表述要客观、科学，文字应简明、透彻，勿使用自造词，条理清晰。查新项目有多个查新点需要查证时，应逐条分别列出。每个查新点只可表达查新项目的一个技术特征，不应将本领域的一般技术特征作为查新点。

③参考检索词。提供与查新项目主题相关的供查新人员参考的中文或中英文对照的检索词，其应是同行业通常使用的词语和术语，包括规范词、关键词、同义词、缩写词、相关词、分类号、化学分子式、化学物质登记号(CAS 登记号)、物种拉丁文名称等。

④代码。项目类别代码、查新目的代码、科技查新学科(专业)分类代码和机构类别代码应分别遵照《科技查新规范》的附录 A、附录 B、附录 C 和附录 D 的规定填写。

(4)向查新机构提交查新所必需的与查新项目相关的真实可靠的支撑资料，查新委托单中如有需要查证的相关数据、指标，还应提交权威机构的检

① http://210.44.255.140:8080/topic/teachsource/askandser.ppt [EB/OL].[2019-08-02].

② 依据《科技查新技术规范》(GB/T 32003—2015)做了部分修改。

测报告，查新委托人提供的资料和有关证明如有虚假内容，所产生的一切后果由其承担法律责任。

(5)尽可能提供国内外同类科学技术和相关科学技术的背景资料，提供与查新项目相关的国内外参考文献，以供查新员检索时参考。

(6)查新委托受理后，查新委托人不得再对查新项目的科学技术要点、查新点进行随意更改。

2. 查新受理

查新机构受理查新委托时应当按照以下规定办理：

(1)根据查新委托人填写的《科技查新委托单》，判断查新项目是否属于本机构承担的查新业务的受理范围。如超出本机构受理的专业范围或本机构缺少必要的数据库或者文献资源，则不得受理。

(2)审查查新项目是否符合单一性原则。如果查新项目含有两个以上并非密不可分的特定技术特征时，查新机构可以要求查新委托人分案查新或分主题查新。

(3)审查《科技查新委托单》是否存在明显缺陷，重点审查查新项目的科学技术要点、查新点是否表达清楚。如果查新委托人未能明确列示查新项目的查新点，查新机构可以拒绝查新委托。

(4)听取查新委托人关于查新项目的情况介绍，判断查新委托人提出的查新要求能否实现。

(5)审查查新委托人提交的资料是否能够支撑查新项目的研究内容和查新点，如查新委托人拒不提交查新必需的技术资料，查新机构可以拒绝查新委托。

(6)若拒绝查新委托，应当说明理由，并退还或按查新委托人要求处理其提交的所有资料。

(7)若接受查新委托，应当与委托人办理相关确认手续或订立查新合同。

(二)检索

1. 检索目的

检索目的是为了获取与查新项目的查新点密切相关的对比文献。

2. 检索流程

(1)提炼主题

查新员应认真阅读查新项目的资料，了解查新项目的科学技术要点，仔细分析查新委托人提出的查新点，在明确委托人的检索要求的基础上，围绕查新项目的主题，依据查新点进行概念分析，从主题和查新点中提炼出最具代表性和指示性的检索概念，充分反映查新项目的主题内容。

(2)确定检索范围

针对查新项目的技术主题、查新范围和查新目的，确定文献检索的专业范围、地域范围、时间范围、语种以及文献类型等，以便于选择适当的检索工具。其中检索文献的时间范围应当以查新项目所属专业的发展情况和查新目的为依据，一般应从查新委托之日起回溯检索 15 年以上。对于新兴学科、高新技术项目，回溯年限可酌情缩短；对于较成熟的技术和专利进行查新时，回溯年限应酌情延长。

(3)选择检索工具

选择检索工具应遵循以下原则：

收录的专业范围能够满足检索需要；收录的信息量、文献类型、时间范围、覆盖的地理范围、更新周期符合检索需求；基本索引及辅助索引提供的检索途径及检索功能符合检索需求；描述信息的质量，包括对原文献的描述程度、标引深度、专指度符合检索需求；必查数据库应涵盖期刊、会议论文、学位论文、科技成果、科技报告、专利等综合性数据库；根据查新项目专业特点选择必要的专业数据库；利用搜索引擎检索网络资源。

(4)确定检索词

参考查新委托人提供的检索词，结合数据库的特点，充分利用已有的工具书(如词表、辞海、术语标准、词典、百科全书、手册、分类法等)，将检索概念转化为数据库可以识别的具体检索词，检索词选择应注意以下事项：

①尽量选择行业内惯用的专业术语、专指词或特定概念词；尽量选择数据库中的规范词；应广泛列举同义词、近义词、替代词、缩写词、相关词、上位词、下位词，并注意英美单词的不同拼写方式等。

②中文检索词应注意切词；外文检索词应注意截词；2 个以上单词组成的词组应注意使用位置算符；对于专有名词，注意采用固定短语和精确检索等方式。

③应考虑检索词在数据库中所对应的字段以及在文献中的位置与深度。

④对标引分类号的文献，可根据数据库所采用的分类法选择相应的分类号，检索国内非专利文献一般采用中图法分类号，检索专利文献可以选择相应的国际专利分类号和其他专利分类号。

(5)制定检索式

根据查新项目的技术主题和数据库要求，组配检索词，确定各个检索词之间合理的逻辑关系，构成正确的检索表达式，应根据每个查新点的内容从不同角度构造多个检索式，通常由严格到宽松，经反复试检、字词拆分更替、组配、字段调整确定最终检索式。编制检索式应当满足以下要求：

准确反映查新项目技术主题和与之相关的查新点；适应所查数据库的索引体系和检索用词规则；符合检索系统的功能及限制条件的规定。

(6)评价检索结果

检索式确认后可以进入具体数据库实施检索。

检索初步实施后，应当对检索结果的有效性进行初步评价：发现密切相关文献可确定本次检索有效；仅发现一般相关文献可确定本次检索部分有效，需进一步优化检索策略确认是否真的不存在密切相关文献；未发现相关文献一般需重新梳理检索过程。对于后两种情况，可以分别从关键词途径和分类号途径检索，然后对检索结果互相验证。

(7)调整检索策略

当检索结果太多且相关度不高时，需缩小检索范围：增加限制的检索概念，使用逻辑“与”连接更多的检索词；使用位置或字段限制，使用短语检索，限制检索范围(如分类、时间、地域等)；选用下位词等。

当检索结果太少时，需扩大检索范围：去掉不重要的检索概念；补充同义词、近义词，选用上位词或其他相关词；去除已有的字段限制(如文献类型、出版年、语种等)或位置限制；改变或增加检索途径，如使用分类检索；采用截词技术；新增检索的相关数据库；使用元搜索引擎；使用整合多种资源的资源发现系统等。

当检索结果为零时，应重新审查检索策略和检索词，搞清同类研究范围，调整检索词和检索式，尝试改变检索途径；延长检索年限和回溯期；利用搜索引擎及其他网络资源等进行补充检索；手工搜集刊物、专辑、汇编、简报等；检索扩大到上位概念领域或相关领域。

(8)停止检索

检索过程中出现下列情形之一时，可以按照下述顺序决定是否停止检索：

找到一篇否定符合单一性原则的查新项目的全部查新点的对比文献；找到两篇或者多篇与查新项目查新点相关的对比文献，所属领域的技术人员能够容易地把它们结合起来，认为它们清楚地公开了符合单一性原则的查新项目的全部查新点；从委托人或公众提供的公开文献中发现了否定查新项目查新点的对比文献；查新机构认为不可能找到密切相关的对比文献。

(9)获取检索结果

剔除无关文献及重复文献，保留相关文献。保存所有相关文献的题录或摘要信息，数据输出格式应全面、规范。一般文献输出字段原则上应包括：题名、作者、机构、出处(年卷期页)、关键词、摘要；专利文献输出字段应包括：专利名称、专利申请号、公开号或公告号、专利权人、发明人、专利申请日、公开日或公告日、国际专利分类号、专利摘要；网络新闻或技术报道输出字段应包括：网页题目、公司或作者、报道日期、网址或其他出处、内容摘要等。

从相关文献中选择对比文献，对比文献所属领域、解决的问题、解决方案、研究方法、主要技术特征和效果(包括技术指标、功能、功效、适用范围、推广程度等)与查新项目的查新点相同或相近，其内容是可比的，应从以下几个角度在相关文献中确定最合适的对比文献：

单篇能否定查新项目新颖性的文献；单篇不能否定新颖性，但是相同主题特征数目最多的文献；容易与其他文献结合覆盖查新点的文献。

选用的对比文献可以是一篇，也可以是数篇；所引用的内容可以是每篇对比文献的全部内容，也可以是其中的部分内容，对于密切相关文献原则上都应选用，但一般相关文献数量比较多时，应针对每个查新点，从不同的侧面各选数篇具有代表性的文献，一般情况可选 1~3 篇。

(三)撰写查新报告

1. 查新报告总体格式

查新报告应遵照本书附录 2 规定的统一格式，报告内容必须符合查新委托单或查新合同的要求，查新报告的以下各项基本内容均应逐项撰写。

查新报告首页(封面)填写内容包括：报告编号、项目名称、委托人、委托日期、查新机构、完成日期。

查新报告正文填写内容包括：查新项目名称、查新机构的详细信息、查新目的、查新项目的科学技术要点、查新点、查新范围要求、文献检索范围及检索策略、检索结果、查新结论、查新员与审核员声明、附件清单、备注。

2. 查新报告编号

报告编号为 17 位，左起 1~4 位为年代，第 5~6 位为省、自治区、直辖市行政编码，第 7~9 位为查新机构编号，第 10~14 位为报告序号，第 15~17 位为扩展编号，报告序号和扩展编号由各查新机构自行编排，以上编号不足位的补零，各省、自治区、直辖市的行政编码按 GB/T2260 中华人民共和国行政区划代码规定填写。

3. 项目名称

查新报告首页(封页)的项目名称一般只填写中文名称。报告正文中的查新项目名称，国内查新只填写中文名称，英文名称一栏可填写“略”；国内外查新须同时填写中英文名称。

4. 委托人

填写查新委托人的名称，如以单位名义委托的查新项目，其“委托人”应填写单位名称。

5. 委托日期和完成日期

按实际委托日期和实际完成日期填写，格式为“××××年××月××日”（如：2024年6月18日）。

6. 查新机构

查新机构的基本信息包括：

（1）名称：在报告封面及报告正文中的查新机构名称处填写具体完成科技查新任务的科技查新机构名称，并在封面加盖查新机构科技查新专用章；

（2）通信地址及邮政编码：填写查新机构的联系地址；

（3）查新负责人及联系电话：填写查新机构查新负责人姓名及其联系方式；

（4）联系人及联系电话、电子邮箱：填写查新机构联系人姓名及其联系方式；

（5）网址：填写查新机构涉及科技查新业务的网站地址。

7. 查新目的

查新目的可按委托人的具体意愿，从本标准附录B“查新目的代码”中选择相应的查新目的具体名称，如申报计划、成果鉴定、申报奖励等，以注明查新报告的用途；并遵照附录A“项目类别代码”中所规定的项目类别名称注明项目的具体级别和类别，如：申报计划（申请国家科技支撑计划）、成果鉴定（省部级）、申报奖励（申报某省科学技术进步奖）等。

8. 查新项目的科学技术要点

引用查新委托单中科学技术要点栏目内容撰写。

9. 查新点

引用查新委托单中查新点栏目内容撰写。

10. 查新范围要求

引用查新委托单中查新范围栏目内容撰写，通常分国内查新和国内外查新。

11. 文献检索范围及检索策略

（1）文献检索范围

文献检索范围应根据查新范围，填写实际检索的计算机检索系统或网络资源平台、数据库及其时间年限。

数据库分为中文数据库与外文数据库。凡检索中涉及的与查新项目相关的国内外数据库均应列入文献检索范围，未检索的数据库不得在报告中列入。

列入文献检索范围的数据库可按先中文数据库、后外文数据库统一编号顺序排列，著录格式为数据库序号、数据库名称、数据库检索的起止时间。同时，还应注明数据库所属检索系统或平台，或列出其网址。

(2)检索策略

检索策略应填写实际检索采用的检索词和检索式。检索词按先中文检索词后外文检索词的顺序分开对应填写。

分类号按查新项目所属技术领域的相应类号以及相关程度顺序填写。

检索式应针对每个查新点分别列出，也可根据情况针对几个查新点或全部查新点一并列出。列入查新报告的检索式一般无须展示试检摸索过程，只列出最终优选的检出效果较好的一个检索式或几个分步检索式即可，国内外查新应将中文检索式和外文检索式分别列出，以计算机可识别的实际检索式为准。查新报告中的检索式不得拼接编造，应可重复检索验证。

12. 检索结果

检索结果可以分成检索结果归纳和相关文献列示两部分撰写。

(1)检索结果归纳：通常可概述检出的国内、国外文献总数以及从中筛选出的与查新项目查新点具有可比性的相关文献数量；对相关文献按其与项目查新点的相关程度分为密切相关文献与一般相关文献，说明其文献数量，例如：依据上述文献检索范围和检索式，共检索出相关文献××篇，其中密切相关文献××篇。

(2)相关文献列示可采取以下方式：

①排列方式：按与查新点相关程度排列文献，也可以按国内、国外依次列出；当有多个查新点时，也可逐点分别排列；当密切相关文献较多时，可不列一般相关文献；当无密切相关文献而一般相关文献较多时，应针对查新点从不同角度分别筛选数篇具有代表性的一般相关文献，一般情况可选1~3篇。描述内容直接列于每篇题录之后。

②描述方式：所列的每篇相关文献均应有适当的内容描述，为了弥补某些相关文献缺少文摘或文摘过简的缺陷，对检索结果的描述经常需要调阅原文，从中提取关键数据及涉及项目查新点的若干细节内容(如具体成分、工艺、配方、指标等)。密切相关文献在引用文摘的同时，应将原文中与查新点具可比性的核心内容、指标数据等摘引其中；对一般相关文献可直接从文

摘或原文中简要引用其后需要进行文献对比的主要内容。对检出的外文相关文献应有足够深度的中文表述。描述文献时应突出重点，尽量避免将文摘中过多无关的内容不加取舍全部引用，并应当纠正显而易见的错误。

③查新项目成员发表的文献处理方式：对检出的查新委托人发表的与查新项目相关的文献，依据相关程度顺序列在检索结果的最前面，并加以简要说明。

④著录方式：采用题录+摘要格式。一般文献的著录项目应包括：题名、作者、机构、出处(年卷期页)、摘要；专利文献的著录项目应包括：专利名称、专利权人、发明人、专利申请号/专利号、申请日期、公告日期或公开日期、摘要；网络新闻或技术报道的著录项目应包括：网页题目、公司或作者、报道日期、网址或其他出处、内容摘要等。

⑤著录格式：可参照 GB/T7714 的规定。

13. 查新结论

查新结论是查新报告的核心部分，往往被单独引证，因此体例上可写成相对独立的短文，应注意撰写的完整性、逻辑性和客观性，所用文字、符号、计量单位应符合 GB3100、GB3101 和 GB3102 的规定和要求。结论中的每个论点都应有充分可靠的文献依据(用括号或角标注明检索结果中相关文献的序号)。查新项目各查新点应逐条与文献对比，不宜将诸多查新点不加拆分地模糊比对。

查新结论可以包括下列 3 个部分：

(1)项目查新点归纳

根据查新委托人递交的查新委托单上所写的查新点，必要时从科学技术要点中补充，提取整理形成查新点集合，作为查新项目对比内容。

(2)文献对比分析

依据新颖性判断原则，将查新项目的各查新点分别与查到的相关文献比较，揭示出两者的相同点与不同点，判断查新项目是否具有新颖性。

①分析两者是否属于相同的主题内容：如果查新项目在科学技术领域、研究目的、技术方案和技术效果等方面均与已公开报道的某一对比文献实质上相同，那么该查新项目缺乏新颖性。

②分析查新项目查新点是否全部被覆盖：如果查新项目符合单一性主题的所有查新点被一篇文献内容所覆盖，则查新项目不具有新颖性。

③分析两者是否属上下位关系：如果查新项目与对比文献的区别仅在于前者的技术特征属上位概念，后者的技术特征属下位概念，则“下位否定上位”，查新项目不具有新颖性，反之则具有新颖性。例如，某查新项目是

“用金属制成的”上位概念的产品，对比文献公开的是“用铜制成的”下位概念的同一产品，则查新项目丧失新颖性。

④分析查新项目是否属于惯用手段的直接置换：如果查新项目与对比文献的区别仅仅是所属技术领域惯用手段的直接置换，例如，对比文献采用螺钉固定的装置，而查新项目仅将该装置的螺钉固定方式改换为螺栓固定方式，则该项目不具备新颖性。

⑤分析查新项目是否突破传统：例如现有技术公开的某个数值范围是为了告诫所属技术领域的技术人员不应当选用该数值范围，而查新项目却正是为突破这种传统而确立该数值范围，那么查新项目具有新颖性。

(3)结论

对确认有新颖性的查新项目，可以采用该查新项目“未见报道”或“具有新颖性”的语句；通过检索确定新颖性不成立，可采用该查新项目“已有报道”或“不具有新颖性”的语句。

查新项目一般具有多个查新点。对于已经被对比文献公开的查新点，可以采用“该查新点已见报道”的语句；对于没有被对比文献公开的查新点，可以采用“该查新点未见报道”的语句。

区域结论：有的查新项目针对区域进行，如国外找到否定新颖性的文献而国内没有找到，则可用“国外已见文献报道而国内未见文献报道”或者该查新项目“在国内具有新颖性”的语句。

日期结论：对时间先后的查证，可用“该查新项目于某年某月某日公开(或鉴定、生产等)，早于公开文献的日期”的语句。

委托项目参与人发表的文献一般可写成：除委托项目参与人自己发表的文献外，未见其他影响查新项目新颖性的文献报道(专利检索除外)。

14. 查新员与审核员签名事项说明

查新员和审核员须在查新报告的“查新结论”末尾签名处亲笔签名，签字应使用黑色钢笔或碳素笔。如有多名查新员或审核员须逐一列出，以第一个名字为主查新员或主审核员。

15. 查新员、审核员声明

查新员与审核员声明体现查新人员恪守职业道德，维护和承担查新报告客观性、公正性、真实性的社会责任，声明的内容可参考如下：

我们按照 GB/T 32003—2015《科技查新技术规范》进行查新和审核，并作出上述查新结论。

16. 附件清单

填写随查新报告一同提交给查新委托人的附件目录。如果附件是以电子文档格式提交给委托人，需要在此注明。

17. 备注

需要注解、说明的内容，可参考下面的内容进行撰写：本查新报告无查新员和审核员签名无效；本查新报告无查新机构的“科技查新专用章”无效；本查新报告涂改无效；其他需要备注的内容。

（四）查新审核

查新审核主要应着眼于查新报告程序总体上的完整性、查新文献源的适用性、检索策略的合理性和准确性、相关文献的可比性和充实程度，以保证查新结论的客观性、公正性和准确性，同时，对查新报告细节的审核也不能忽视，查新报告细节上的缺陷往往会影响到查新报告的总体质量和查新报告的严肃性。

查新报告审核时应注意如下 8 个问题：

第一，查新报告的各部分撰写是否内容完整、著录项目齐全、版式协调得体。

第二，杜绝可能存在的政治性或政策性失误。

第三，纠正常识性和技术性错误。

第四，适当的文字、词语修订。

第五，统一计量单位及非法定计量单位的数据换算。

第六，处理查新报告初稿中的存疑与待定问题。

第七，在以下情况下，应提出补充检索的建议：检索结果中的相关文献偏离查新项目的核心内容；所用检索词不足以涵盖查新项目主题与查新点；检出的相关文献偏少，缺少实质性内容，且与查新点无可比性；文献分析对比过于牵强，查新结论论据不足。

第八，如果送审的报告改动较大，或需要补查，查新员对报告进行修改或补充后应再次送审。

（五）出具查新报告

查新报告定稿后，按规定打印，由查新员、审核员分别签字，并加盖查新机构“科技查新专用章”，按约定的日期将查新报告连同附件一并交付查新委托人。附件也需加盖查新机构“科技查新专用章”。

如果查新委托人对查新后失去新颖性或部分失去新颖性的查新报告，提出修改查新点或增加查新点的要求，则应重新委托查新。

（六）复审

复审是对查新结论有异议而启动的救济程序，同时也是查新审核程序的延续。复审程序应当基于当事人的请求启动。当事人如对查新结论有不同意见，可在接到查新报告后一周内，将有关意见及旁证材料提交查新机构，由查新机构组织复审小组复审，一般在 3 个工作日内给予答复，如复审后证明当事人意见正确，则更改查新结论，并收回原报告。

(七)查新文件归档

1. 文件归档

(1)查新机构应按照档案管理部门的要求，及时将《科技查新委托单》或《科技查新合同》、查新报告以及查新过程中产生的文件(包括附件)等进行归档保存，做好归档记录。

(2)保存在专用计算机中的电子文档，需定期备份，以防损坏；纸质文档应存放在专用文件柜中，由专人管理。

(3)查新机构应按要求及时将查新报告上传到国家科技查新数据库，国家相关规定不宜公开的除外。

2. 查新档案管理

(1)档案的基本内容

查新档案大体上分为文书档案和项目档案两大类：

①文书档案包括上级下发给查新机构的各种有关查新的办法、规定、规范、细则等，查新机构制定的各种有关查新的规章制度，查新机构的年检材料和查新工作总结，查新项目登记簿，查新机构及查新人员的有关技术证明资料等；

②项目档案包括科技查新委托单(或科技查新合同)、查新报告、附件、查新人员的工作记录等。

(2)档案管理的基本要求

查新机构应按以下基本要求做好查新档案的管理工作：

①查新项目完成后，应当将所有关于该项目的材料建立档案，按年度归档。

②档案保管年限，文书档案应当长期保管，纸质项目档案一般保管五年，逾期档案可予销毁。

③应当使用计算机进行档案管理，信息内容应遵照附录 G 科技查新基本元数据集的规定，其中，项目类别代码、查新目的代码、科技查新学科(专业)分类代码和机构类别代码的著录应遵照附录 A、附录 B、附录 C 和附录 D 的规定。

(3)查新机构变更时档案处理

查新机构变更时，应当按照以下情况对档案进行处理：查新机构分立、合并时，应当对查新档案加以保护，防止技术秘密的泄露；查新机构终止时，应当将查新档案移交主管机构处理。

(八)查新质量控制

1. 总体要求

查新机构应当亲自开展查新工作，涉及查新有关各方的行为活动应当遵循本标准。

2. 信息公开与查新标识

查新机构应当公开本机构的基本信息和识别标志如下：

(1)查新机构对符合下列基本要求之一的应当主动公开信息：

需要委托人知晓或者参与的；

反映本查新机构的查新部门设置、职能、程序等情况；

其他依照法律、法规和国家有关规定应当主动公开的。

(2)查新机构应根据本标准设置清晰的识别标志：

本机构及其人员的查新资质；

委托人的权利与义务；

查新工作流程；

本机构的规章制度。

3. 自查与抽查

(1)自查

查新机构应当按照本标准每年至少组织一次科技查新自查活动和一次抽样用户回访或书面征求意见活动。

(2)抽查

由权威机构组织或授权组织开展科技查新抽查活动。

(3)自查与抽查内容

自查与抽查的主要内容包括：查新人员是否具备执业技能；文献资源是否满足查新需求；科技查新的流程是否符合要求；查新报告是否准确规范；查新档案是否完整规范；审核制度是否健全；实际操作过程中是否存在明显的技术缺陷。

五、查新质量评价

《科技查新规范》对查新工作质量提出了明确的要求。查新工作质量可以通过以下“查新质量评价的指标体系”(见图 11-3)进行评价。该指标体系是根据查新程序和工作内容而建立的，对查新人员自我评价查新质量和主管部门监督检查有一定的指导和参考作用。

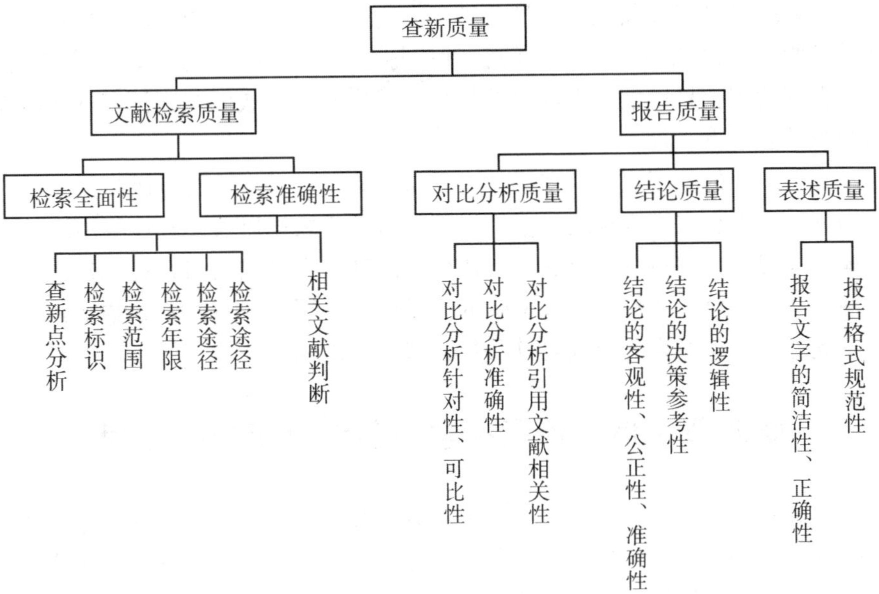

图 11-3　查新质量评价的指标体系

查新质量主要表现在文献检索质量和查新报告质量两个方面。

(一) 文献检索质量

文献检索质量是整个查新质量的基础，检索质量的好坏直接影响到查新报告结论的准确。检索质量要提高，就要提高检索的全面性和准确性。检索的全面性包括检索工具的全面性、检索时间范围与地域范围的全面性等方面；检索准确性是指针对查新项目的检索结果与实际情况的“偏差”的属性。为了提高检索准确率，需要针对查新检索所得的文献进行逐一相关性判断，并根据查新项目的查新点与文献的符合程度对相关文献进行分析。要求查准率要高，分析要准确、客观。

(二) 查新报告质量

查新报告的质量情况主要由对比分析质量、结论质量和表述质量反映。对比分析要有针对性、可比性。查新的最终结果是要回答查新项目是否具有新颖性，但不是针对项目的全部内容，而是针对其中的新颖性部分，即项目的核心内容、技术要点。对比分析是指针对查新点进行纵向或横向的定性、定量分析，必要时对核心内容进行列表对比，使人阅读后一目了然；可比性则是指对比资料的同质性。对比分析所用资料来源要引用准确，引用资料的数据要准确。

查新结论是对查新点新颖性及其程度的精确表述，应当客观、公正、准确、简明。新颖性判断是查新的关键指标。《科技查新规范》将其定义为：是指在查新委托日以前查新项目的科学技术内容部分或者全部没有在国内外出版物上公开发表过①。

查新结论的文字表述应严谨。查新结论中的所有表述均应以相关文献内容为据，不得有主观性描述、水平性评价和赞誉之词以及广告性等用语，重在体现客观性。在对查新点逐条对比分析的基础上可以给出客观、公正、总结性的结语。对未能检出相关文献的查新点可使用"未见报道"加以表述。

此外，查新报告的形式对其质量也有一定影响。

第四节　信息检索在学科前沿分析中的应用

学科前沿是指某一学科中最能代表该学科发展趋势、制约该学科当前发展的关键性科学问题、难题及相应的学说。在科学研究的过程中，科研决策者如果能够把握和紧跟学科前沿，就可以进行前瞻性战略预测、人员合理规划和资源的有效部署。然而，随着信息资源的爆炸式增长，新兴学科不断涌现，科研人员在辨识学科前沿时面临着越来越多的挑战。信息分析专家可以配合科研人员快速、准确地从海量科研文献中提取和识别学科领域研究的前沿热点，为科研工作者和政府决策部门提供参考依据。

一、前沿研究态势检索与分析

(一)概述

作为科研工作的主力军，研究人员在整个科学研究过程中必须持续密切关注前沿研究态势的发展变化。信息分析人员的目标是为用户提供目标领域的技术发展关注点和今后潜在的研究热点，是对领域研究主题的深度探测，以支撑科研管理决策。

(二)流程与技巧

前沿研究态势的检索分析流程如图 11-4 所示，在接受用户委托之后，

① 教育部科技发展中心．科技查新规范[EB/OL]．[2019-08-02]．http：//202.119.47.30/novelty/document/guifan.pdf.

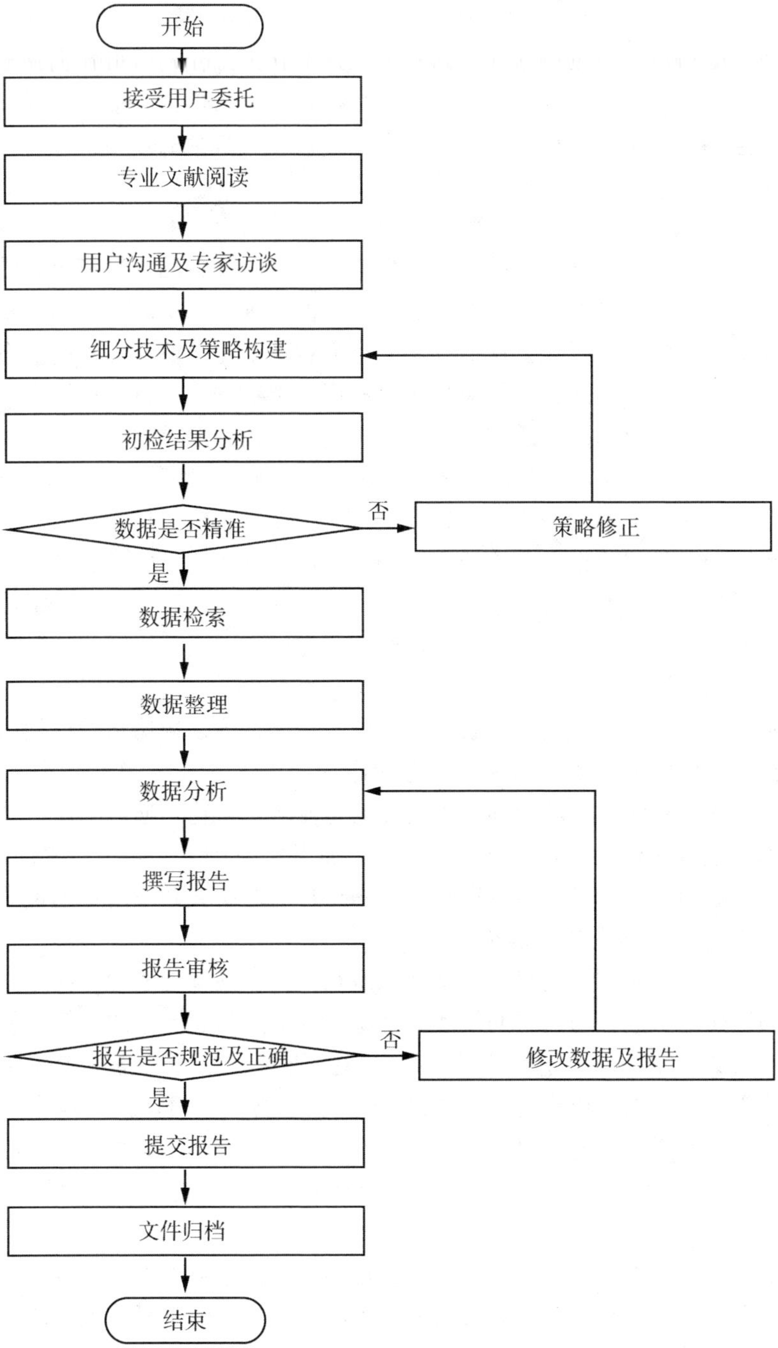

图 11-4　前沿研究态势检索与分析的流程

通过专业文献阅读—用户沟通及专家访谈—细分技术及策略构建—初检结果分析—策略修正—数据检索等步骤完成数据的检索工作，所得数据整理后进行数据分析，再根据数据分析的结果进行报告撰写与修正，最终形成提交用户的完整结果。本节重点探讨信息检索与分析相关步骤的技巧，报告撰写部分暂不展开。

1. 专业文献阅读

对于并不熟悉专业领域的检索人员来说，专业文献阅读是了解研究领域的第一步；专业文献阅读的目的不是为了掌握某种新技术新方法，而是快速了解领域发展状况和行业公认的技术分类或者上下游产业链，为前沿态势分析做好检索准备。为此，馆员应当充分利用各类数据源，首先从较受关注的综述文献入手进行阅读，通过这些阅读在脑海里快速形成领域概况和加深对专业技术检索词的了解，为能和领域专家沟通打好基础。

2. 用户沟通及专家访谈

用户沟通是明确报告定位的重要环节，信息分析人员应具备有效沟通的能力。通过用户沟通，明确报告的受众、意义和用途，确定报告的定位；了解该领域概况，就前期的文献阅读发现的问题进行讨论，为细分技术的设定做准备；探讨该领域领军人物，确定访谈专家名单。

对于初次涉足该领域的检索人员来说，专家访谈是快速掌握该领域概况的便捷途径。馆员需要认真挑选进行沟通的专家，寻找 2~3 位在行业中处于领先地位并且对于领域全局较为关注的行业领军人物，通过面谈、电话沟通等方式进行互动式交流，一方面从专家那里印证在文献当中得来的印象，另一方面提出自己的疑问请专家解答，修正自己对研究领域的不当理解。

3. 细分技术划分及策略构建

领域细分技术划分是建立在文献调研和专家访谈基础上的，应尽可能选取被领域研究人员普遍认可的权威信息源，并通过信息专家的理解和领域专家的建议进行完善。细分技术划分大多依据技术原理(方法)或者应用领域进行分类，可根据分析目的进行选择。比如 3D 打印，可以按照技术方法划分为熔融沉积成型、光固化成型、选择性激光烧结等技术类别；也可以按照应用领域分为 3D 打印在航空航天、汽车制造、家电制造、医疗等领域的应用。

明确检索范围，主要包括：明确数据类型、检索数据库、检索的时间范围等。在确定数据类型时，需要充分考虑所分析领域的学科特点：侧重于基础研究的领域，比较重视研究论文数据，检索的数据类型以期刊论文、会议论文和学位论文为主；侧重于技术创新及应用的领域，更看重专利数据；大多数情况下会同时分析论文和专利情况，以全面了解领域前沿。当然，论文和专利成果均存在一定的滞后性，如果希望考察最新前沿，还应该重视科研项目、各国科技政策等前瞻性资源。在选择检索数据库时，首先考虑数据库与目标领域的学科匹配度，再考察数据库的文献来源权威性、容量大小、检索途径及分析是否便捷以及更新周期等因素，优选大型的行业通用知名数据库。检索的时间范围，需要根据需求而定：考察领域发展历程和前沿变化全景，需要检索20~30年的数据；如果只关注当前研究前沿，检索3~5年的数据即可。

策略构建就是分析与表达检索主题的过程，需要列出每一个细分领域的技术主题词及其下位类主题词，并将其转化成能够在数据库里面执行的检索词，并通过数据库能够辨识的算符和通配符进行连接，形成检索表达式。在将技术主题词转变成检索词时，需要全面考虑受控词和自然语言的同义词，这方面可以借助某些数据库的受控词功能，比如INSPEC等；对于多学科通用的宽泛词要连接其他检索词进行限定，以避免数据噪声。检索式构建的详细技巧，见本书第二章。对于专利文献，除了设定检索词，还应该考察相应的专利分类号，并在检索式当中进行限定。

4. 初检结果分析

检验检索结果的理论指标是查全率和查准率。查全率和查准率之间存在互逆关系，检索过程中要根据分析目的综合考虑。

在目标数据库中进行初检，查看检索结果的学科分布是否合理，并导出部分代表性文献进行分析，查看其相关性和有效性，必要时邀请相关领域专家进行协助。当初检结果偏多且相关性不强时，需要对检索词进行排查，对可能造成检索结果较多的宽泛词，通过增加检索词进行限定，以缩小检索范围；对于多学科通用的宽泛词，如果无法有效限定，在和用户、专家沟通后，从检索式当中去除。当检索结果偏少时，需要审视检索策略是否过于严苛，放宽检索限制进行尝试，补充同义词和近义词，以确保全面检索到所需数据。

5. 策略修正

对检索结果进行词频和中心性等方面的分析，以发现新的检索词为目标，发现策略当中缺失的重要检索词，在进行专家确认后补充到检索策略当中。此外，也可以采用领域专家成果校验法，对5~10位公认的领域专家的论文进行分别检索，对检索结果进行词频分析，并与初检结果进行对照，以验证检索策略的有效性，修正策略当中不完善的内容。

6. 数据检索

根据初检修正后的策略进行数据的正式检索，并导出检索结果，数据输出格式应全面、规范。当检索结果数据量较大时，可将数据按照一定顺序排列后，分批次导出以避免混乱。为保证数据的一致性，所有细分技术的检索时间应控制在1~3天以内。信息分析人员应根据报告框架，推断后续的分析需要应用哪些分析工具，进而根据分析工具对数据的要求，保存所需的各种数据格式。比如Web of Science核心合集的数据，如果需要导入德温特数据分析软件(Derwent Data Analyzer，DDA)或者CiteSpace进行分析，需要导出纯文本格式的数据；如果需要导入Excel进行分析，则需要导出制表符分隔的数据，根据不同的计算机系统和编码，从制表符分隔(Win)、制表符分隔(Mac)、制表符分隔(Win，UTF-8)和制表符分隔(Mac，UTF-8)四种格式当中选择合适的格式。

7. 数据整理

数据整理包括两个部分的工作。一是对检索到的文献进行整理，剔除与主题不相关文献和重复文献，或者根据分析需求筛选核心文献，由信息专家和领域专家合作进行浏览筛选；二是针对需要分析的主题词字段进行规范标引，这项工作较为重要，直接决定了数据分析的准确性，以下分述之。

需要进行规范标引的主题词来源字段主要包括：标题、摘要、作者关键词、其他关键词等文本字段。数据整理时首先需要将句子类型的文本进行切词处理。为方便分析，不同字段处理后得到的词组可以合并为一个字段。

规范标引方法一般包含两类：人工清理法和自动匹配法。人工清理法是指人工对原始字段进行规范并保留其对应关系，便于今后长期应用；自动匹配法是采用一定的算法，通过机器自动运算实现自动清理。实际操作过程中，经常将两者结合起来使用。比如，在DDA当中进行主题词规范标引，可以应用软件内置的BritishAmericanSpellingStem.fuz文件进行第一次清理，将英美不同形式的拼写形式、单复数差异、简单符号(单括号、空格和横杠等)引起的拼写差异归并起来；之后再通过人工比对，进行第二次清理。

第二次清理通常需要信息专家和领域专家通力合作：信息专家通过浏览主题词字段提出哪些主题词有可能存在多种写法，初步列出哪些通用词需要去除；领域专家对信息专家的观点进行辨识，给出建议；信息专家在领域专家的基础上进行规范标引，归并具有不同拼写方式的同义词，去除技术性不强的通用词。

8. 数据分析

研究前沿的分析方法，根据其原理可以分为三种：文本内容法、引文分析法和技术功效法。从应用的角度来看，主要可以分为两类：一是研究热点(焦点)分析，以分析领域最受关注的研究主题为目标；二是新兴研究主题分析，以分析领域最有潜力的研究主题为目标。

常用数据分析工具有 DDA、CiteSpace、Excel、Bibexcel 等。

(1)研究热点(焦点)分析

研究热点(焦点)分析，寻找的是领域最受关注的研究主题，主要方法有词频统计法和聚类分析法。

词频统计法通过统计高频主题词来展示研究热点，实现起来相对比较简单，分析结果直接且易于理解；适用工具也比较多，DDA、Excel 等均可采用。分析之初需要选定所分析的文献范围，可以是多个数据库的文献合并去重后的集合，或是某个数据库收录的所有文献，也可以设定被引次数高于某一阈值的文献。高频词分析能有效探测研究热点，但由于词频具有波动性及词频阈值的人工干预，具有一定的主观性。

聚类分析是指通过关键词共现、文献共被引或者引文耦合等一种或多种算法，将所选文献集合的主题词划分为多个具有相对同质的群组，并以直观的图形和表格展示出来的方法。常用的分析工具如 CiteSpace，可以支持共现、共被引和文献耦合分析；再如 DDA，可以先对待分析文献的标题和关键词进行自然语言处理(NLP)，再对出现频次超过阈值的主题词进行主成分分析，得到若干主题聚类，各聚类涉及的文献数量、主题词聚类的年度趋势、各聚类间的共现矩阵等都可作为结果展示。

(2)新兴研究主题分析

相对于热点主题而言，具有潜力的新兴研究主题更是各领域研究人员和决策者想要尽早获取的信息。如果能够提前获知领域今后的核心研究方向，不断跟进并深入探索，势必可以在未来的学科发展研究中占得先机，未来也极有可能取得更大的进展。新兴主题分析的主要方法有：词频突变分析、核心作者研究主题分析、技术功效矩阵分析。

①词频突变(爆发)分析。

有学者认为，新兴的处于上升阶段的突变术语更能揭示领域内新趋势和新动态。在 CiteSpace 软件当中有一项词频探测技术，通过考察词频的时间分布，将其中频次变化率高的词(burst term)从大量的主题词中探测出来，依靠词频的变动趋势，而不仅仅是频次的高低，来确定前沿领域和发展趋势。

②核心作者研究主题分析。

通过论文数量、论文被引频次以及近 3 年是否持续有研究论文发表等指标来筛选核心作者，并分析核心作者群体的研究主题变化。核心作者是领域研究的核心人物，他们的研究动态代表了领域研究主题的变化趋势；将获取到的核心作者最新研究论文通过词频分析、聚类分析等手段进行展示，是将作者分析和主题分析相结合的一种分析方法。

③技术功效矩阵。

技术功效矩阵作为一种专利数据分析的方法，既可以发现技术密集区以避免专利侵权，又能够筛选技术空白点为后续技术研发提供参考，目前已较为普遍地被企业以及研究人员认可。然而该方法主要依靠人工进行识别与整理，不适合大批量文献集合，实际应用中应筛选核心文献进行标引。如果确需进行大规模文献的技术功效标引，可以先采用机器识别的方法进行初步标引，再通过信息专家和领域专家合作进行人工判定。需要注意的是，并非所有的技术空白点都适合进行技术开发，需要技术人员仔细甄别技术可行性及存在的风险。

(三)原则

1. 科学性

技术分类的选取必须客观、科学，最好有领域权威专家的认可，或者能得到领域人员的一致认可。

2. 过程可控性

检索分析工作是按照既定流程进行的，在不同阶段进行审核，并通过制定质量把控标准来进行质量控制是确保整体服务质量的重要手段。

3. 多元互补性

研究热点与新兴主题分析难度较大。尽管已经有多种分析方法，但每种方法都存在各自的不足，且针对不同方法的应用效果缺乏统一的评测标准。因此，目前的研究必须采用多维分析方法，并且将不同方法得到的结果进行相互验证和补充。

二、科研队伍建设中的人才检索与分析

(一)概述

以人为本，是科学发展观的核心。科学研究的主体是科研人员，随着“千人计划”“百人计划”国家杰出青年科学基金、长江学者、中组部青年拔尖人才等各类人才计划的实施，高素质人才对科技发展的引领作用日益凸显。对于高等院校和科研院所而言，培养或引进一批高素质人才，是引领交叉和新兴学科发展、突破关键技术、培养一流学生和扩大学术影响力的重要手段。人才检索与分析，既可以为人才引进提供客观依据，也可以为科研队伍建设与人员长期发展情况评估提供数据支撑。本节主要从领域核心作者和

特定群体的人才检索与分析的角度进行介绍，为情报分析人员提供参考。

(二)流程与技巧

1. 领域核心作者的检索与分析

领域核心作者，是指对本领域科研发展产生重要影响、起到重要推动作用的人员群体。欲进行领域核心作者的检索，必须先将领域做个明确的界定，因此这部分的流程与前沿研究态势检索与分析流程(见图 11-2)相同，在接受用户委托之后，首先通过专业文献阅读—用户沟通及专家访谈—细分技术及策略构建等步骤完成技术领域的界定，再经过初检结果分析—策略修正—数据检索等步骤完成数据的检索工作，所得数据整理后进行数据分析，再根据数据分析的结果进行报告撰写与修正，最终形成提交用户的完整结果。技术领域界定和数据检索部分与前面章节相似，因此这里不再赘述；数据整理和数据分析部分的方法差异较大，下文分别进行介绍。

(1)数据整理

数据整理主要包括文献整理和核心作者规范标引。文献整理是指剔除研究方向与目标领域不一致的论文和重复论文，或者筛选核心论文，与前沿研究态势中的处理方法类似。下文详细介绍核心作者规范标引的方法。

核心作者规范标引的主要步骤如下。

①自动标引：应用既有算法(如 DDA 中的 Person Names. fuz)对作者全称字段进行人名拼写规范处理，并通过论文发文数量或者被引次数等指标降序排列，初步遴选出领域高产或高影响力作者集合；通常初筛得到的集合应该是最终设定数据集合人数的 2~4 倍。

②人工校验作者归属：根据作者全称、电子邮箱、作者归属机构和合作者等字段，逐一判定文献是否为某一学者的科研产出；姓名字符数为 2 的中国作者，经常会有同音不同人的情况出现，应该根据发文机构进行作者简历检索，与文献信息相对照，避免将不同作者的论文归并于同一作者，确保核心作者判定的准确性。

③作者贡献度判定：根据原始数据中的作者排序判定是否为第一作者，再根据通信作者字段判定是否为通信作者，有时还需要判定是唯一通信作者还是共同通信作者；可应用 Excel 等分析工具完成文献的判定和标引。

④核心作者校验：对人工校验后的作者集合进行二次筛选，得到核心作者集合；根据文献中作者全称及归属机构信息，检索学者个人信息及研究生涯简历，完整了解学者在不同阶段的任职机构和发文领域，查看其发文趋势并关注近年是否仍有产出，邀请该领域专家共同核查完整信息，最终确定该领域的核心作者集合。

(2)数据分析

数据分析主要包括以下几个维度。

①高产(高影响力)作者分析：根据论文数量或者被引情况筛选核心作者，高产作者在相关领域研究成果较多，高影响力作者则在相关领域的研究备受关注，实际工作中经常将两类指标的多个元素结合起来加以考量，也可以对各指标进行加权处理。针对不同的需求目标，区分作者类别的筛选也是常用的方法。比如，一个相对成熟的研究领域，筛选其领军人才会考虑论文产出活跃度和总影响力；如果想要筛选青年才俊，则需要从第一作者论文的活跃度和影响力入手。此外，高产作者不同年份发文情况的分析也是常用的分析维度。

②合作与引用关系分析：通常来说，同一团队之间的合作与引用次数必然是最多的，因此考察科研人员的合作与引用关系，意在直观展示研究团队及其相互关系。由于图形展示的空间有限，需要控制数据量以确保展示效果，实际应用比较多的是高产(高影响力)作者间的合作引用关系，以及高产(高影响力)作者与所有作者间的合作引用关系。可以应用的软件有 DDA、CiteSpace 和 Ucinet。

③研究主题变化：这部分在前沿研究态势检索与分析当中有所涉及，此处不再赘述。

2. 特定群体的人才检索与分析

特定群体包括几种类型：一是指各类人才计划当中的优秀人才集合，比如国家杰出青年基金获得者、国家青年千人入围者，分析其成果情况可以为拟申报人员提供参考；二是机构拟引进或已引进人才，需要进行成果评估。

自接受用户委托起，信息分析人员应遵循评估指标设定—个人简历检索—学术成果及相关指标检索—学术专著检索—专利检索—获奖信息检索—项目检索—数据整理—数据审核—数据分析的流程进行工作，如图 11-5 所示。

(1)评估指标设定

评估指标设定是人才评估的基础。为了能够客观对比研究人员的科研能力，科研产出指标主要可以分为两类：活跃度和影响力。论文活跃度主要包括期刊论文数量、会议论文数量、高被引论文数量、顶级期刊发文数量等指标，论文影响力主要包括论文被引总频次、篇均被引频次、学者 h 指数、学科规范化的引文影响力、发文期刊学科排名区位、发文期刊学科归一化影响因子等指标；专利活跃度主要包括专利申请数量、已授权专利数量、发明专利申请数量、发明专利授权数量、同族专利指数等指标，专利影响力主要包

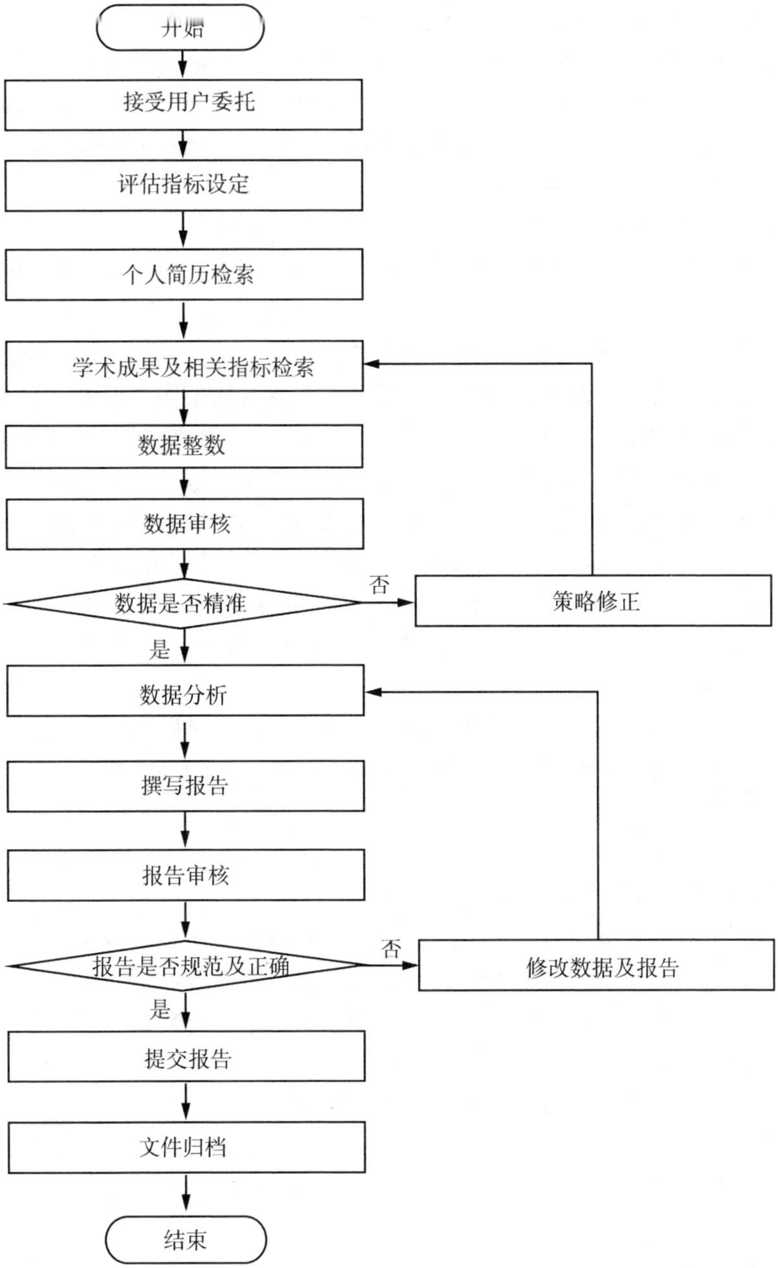

图 11-5　特定群体的人才检索与分析流程

括专利被引次数、转让数量、许可数量、诉讼数量及影响、专利价值度等。

(2)个人简历检索

个人简历检索是全面了解学者研究生涯及其偏好的重要手段，可以通过所在机构的主页进行查找，也可以通过各类搜索引擎搜寻其个人主页，以全面获取研究者学习与工作经历、聚焦的研究领域、主要科研产出及项目信息、获奖情况及学术兼职等情况。

(3)学术成果及相关指标检索

学术成果主要包括学术论文、学术专著、专利、获奖信息和项目信息等。

学术论文和专著信息源在本书前面章节已经介绍过，检索时一般首选与学科匹配度较高的文摘数据库和数据量较大的专著数据库。近年来，依托研究论文所产生的衍生指标较多，应用较为广泛的是科睿唯安的 InCites 和爱思唯尔的 SciVal，两者皆提供规范化的引文影响力指标，旨在消除学科和年份引起的差异，使不同年份、不同学科论文的学术影响力具有可比性。

专利信息源方面，国内外比较权威的自带分析功能的数据库包括 Derwent Innovation(DI)、incoPat、Orbit、Innography、Relecura 等，每种工具都有自己的优势，信息分析人员需要综合考量现有条件和需求目标选定数据源。

获奖信息包括行业公认的国际国内奖项和通用型科研相关奖项，一般都有公开的网站可以进行查询。项目信息有些是开放式的易于获取，比如国家社科基金项目、国家自然科学基金项目和美国国家自然基金项目均可以从其网站获取到相关信息。

(4)数据整理

对检索到的数据进行作者归属判定，在领域核心作者检索与分析部分已经述及，这里不再赘述。所有作者的数据清理完毕之后汇总到一起，通过现有软件或者编写程序自动抽取各项评估指标的数据，为数据分析做好准备。

(5)数据分析

根据设定的指标进行数据分析。如果研究对象是某类人才计划的优秀人才集合，可以运用分析工具分析各类指标的正态分布情况，计算各类指标的最大最小值、平均值、中值等数据，可以应用 SPSS 或其他统计分析软件进行分析。

(6)原则

学科适用性评估指标要根据学科特点进行设计，必须征求领域专家的意见；评估指标应多元化，全面涵盖各类指标，避免单一指标评估引起的片面结论。

数据一致性。所有评估人员的数据来源、采集时间范围和整理规则均应该保持一致，在数据检索过程中、数据整理之后应统一进行数据校验，确保数据质量。

三、研究合作与竞争对标中的机构检索与分析

(一)概述

科学研究是一项复杂、艰巨的群体活动，不同科研团体之间开展科学交流，有助于拓展学科研究领域，促进高水平科研成果的产生。科学交流的过程不仅包含科研合作，还包括学术竞争。科学交流可以分为三个层面：国家区域之间的交流(宏观层面)；研究机构之间的交流(中观层面)；学者团队之间的交流(微观层面)。机构之间开展科研合作可以共享科技资源、提高科研效率，而学术竞争则可以督促机构不断提升科研水平，推动科研活动的开展。

本节讨论信息检索在机构科研合作与竞争对标中的应用，介绍开展科研竞争力评估和科研合作状况分析的工作流程以及检索技巧，为有相关检索和分析需求的情报分析人员提供参考。

(二)流程与技巧

1. 科研竞争力评估中的机构检索与分析

科研竞争力评估可以帮助科研机构发现自身的优势以及与世界领先水平之间的差距，促进科研水平提升，提高机构科研竞争力，早日跻身世界领先前列。

科研竞争力评估中的机构检索分析流程如图 11-6 所示，在接受用户委托后，首先需要遴选与之对标的机构，设计评估指标，选择相应的检索工具，确定检索范围，制定检索策略，对检索到的数据进行清洗审核。如数据不准，则需对前期制定的检索策略进行修正，重新进行检索。检索过程完成后，将所得到的数据进行分析，并根据分析结果撰写报告并审核修正，最终完成报告提交给委托用户。

(1)遴选对标机构

评估机构竞争力的第一步，是依据待评估机构的科研实力和发展定位，确定与之对比的标杆机构。对标机构的选择可以通过以下途径：①依据权威性强、认可度高的学术机构排名榜单来选择对标机构。例如世界大学学术排名①(Academic Ranking of World Universities，简称 ARWU)、泰晤士高等教育

① http://www.shanghairanking.com/[EB/OL].[2024-08-03].

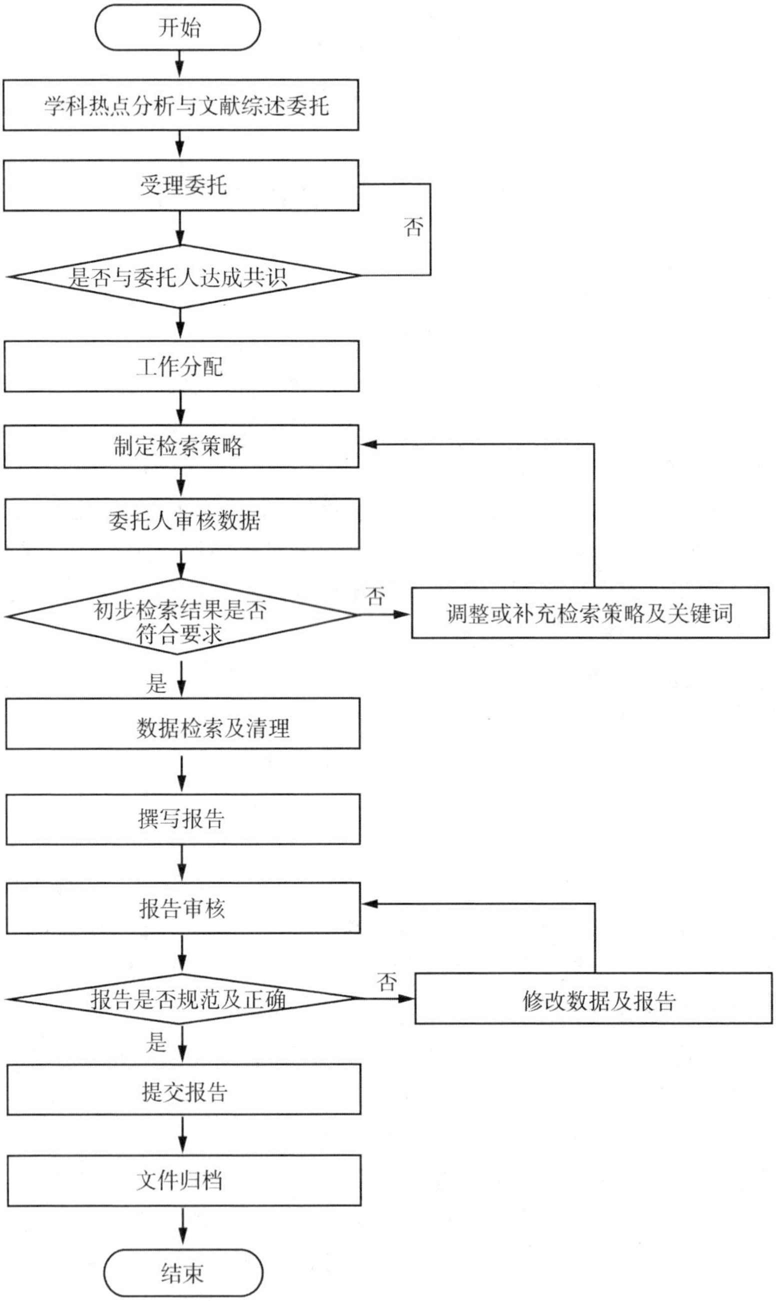

图 11-6　机构科研竞争力检索与分析的流程

世界大学排名①(Times Higher Education World University Ranking)、US News 世界大学排名②(US News Best Global Universities)、QS 世界大学排名③(QS World University Rankings)、基本科学指标数据库(Essential Science Indicators，简称 ESI)进入全球前 1%的机构排名、自然指数排行榜④(Nature Index)、国内的教育部学科评估⑤、世界一流大学和一流学科建设高校及建设学科名单⑥等。②选择学术联盟内的机构作为对标对象。例如国内的 C9 高校联盟、国外的常春藤联盟(Ivy League)等。③利用数据库，检索与待评估机构科研产出接近的机构作为对标机构。例如在 InCites 数据库中限定 Web of Science 的论文数量阈值来寻找发文数量相似的机构。

(2)设计评估指标

设计评估指标是开展机构科研竞争力评估的核心步骤，为了能够定量统计分析机构的科研影响力，将机构的科研产出质量和表现作为反映机构科研竞争力的主要评价指标。科研产出主要分为两类：论文和专利。在设计论文评价指标时，可选择体现学术产出活跃度的指标，如期刊论文数量、会议论文数量、基金支持论文数量、发文年度分布等；体现学术产出影响力的指标，如论文被引频次、篇均被引、发文期刊影响力、h 指数等，体现学术产出质量的指标，如顶级期刊发文数量、高被引论文数量等。在设计专利评价指标时，可采用专利申请数量、已授权专利数量、不同类型专利数量、专利技术布局等指标。

(3)选择检索工具

在选择检索工具时，需要依据检索需求和工具特性进行选择。在机构科研竞争力评估过程中，常用的检索工具可以分为以下四类：

①论文数据库。各类期刊、会议、学位论文的文摘和全文库，例如中国知网—学术文献总库(CNKI)、万方数据资源系统、中文科技期刊数据库、中国科学引文数据库(CSCD)、Web of Science 文摘索引库、Scopus 文摘

① https：//www.timeshighereducation.com/world-university-rankings? site = cn [EB/OL].[2024-08-03].

② https：//www.usnews.com/education/best-global-universities [EB/OL].[2024-08-03].

③ https：//www.topuniversities.com/[EB/OL].[2024-08-03].

④ https：//www.natureindex.com/[EB/OL].[2024-08-03].

⑤ http：//www.cdgdc.edu.cn/xwyyjsjyxx/xkpgjg/[EB/OL].[2024-08-03].

⑥ http：//www.moe.gov.cn/srcsite/A22/moe_843/201709/t20170921_314942.html [EB/OL].[2024-08-03].

库等。

②科研评价数据库。InCites 数据库、基本科学指标数据库(ESI)、Scopus 文摘库中的 SciVal 分析平台等。

③网络资源。百度、谷歌等搜索引擎、机构官方网站等。

④专利数据库。德温特专利索引数据库(Derwent Innovations Index)、德温特专利分析与评估数据库(Thomson Innovation，TI)、incoPat 专利数据库、Innography 专利检索分析平台等。

(4)制定检索策略

在制定检索策略时，首先需要依据检索工具的特性，选择能反映机构信息的字段，例如“作者单位”“地址”“机构”“归属机构名称”“机构扩展”等字段。不同的数据库检索字段设置和使用方法有所不同，但一般都会提供详细使用说明和检索教程，初次使用的检索人员需事先了解学习。

检索字段确定后，需选择检索词。在进行机构检索时，检索词主要为机构名称。为了确保机构信息的完整性和准确度，需要遵循以下步骤：①查找机构的官方网站，从中获取机构的中英文全称及简称、地址和邮编信息。②了解机构的历史沿革，考虑机构间的合并、重组、更名等情况。③了解机构的附属机构，例如附属医院、研究中心等。不同字段检索方式有所不同，在 WOS 数据库中，“地址”字段反映的是文献作者单位，包括组织名称、所在城市、州或省，邮政编码，国家或地区等信息，在利用“地址”字段进行检索时，需要充分考虑机构名称的各种变体。“机构扩展”字段是 WOS 数据库中的特色检索字段，将同一机构的机构名称变体，如曾用名、附属二级组织以及拼写变体等信息规范化处理后整合形成机构名称索引表。例如检索北京大学时，直接在“机构扩展”字段输入“peking univ”即可检索。但由于作者拼写错误及数据库收录错误等原因不排除漏检情况的发生，为保证查全率，在检索后仍需进行人工判断并补充检索。

确定检索词后，构建检索式。如机构信息较为简单，可通过数据库提供的基本检索功能直接检索。若机构名称复杂多变，可利用高级检索功能，利用字段标识、逻辑运算符组配各检索词进行检索。需要注意的是，有些数据库平台(例如 WOS 数据库)在收录论文信息时会对机构名称略做加工，例如将 university 变成 univ，institute 变成 inst 等，在构建检索式时需利用“ * ”“?”等通配符来避免漏检。

一些科研评价数据库提供机构检索及分析功能，可以直接检索和分析机构的论文产出情况。InCites 数据库集合了 1980 年至今 Web of Science 核心合集七大索引数据库的数据，拥有多元化的指标和丰富的可视化效果。数据库涵盖了全球5000多所名称规范化的机构信息，在“机构名称”字段输入目标机构名称，系统会自动提示近似名称供选择，帮助了解机构的Web of Science论文数、被引频次、学科规范化影响力等科研表现。InCites还包含了世界上主要的研究机构联盟，包括中国的C9高校联盟、“985”高校、“211”高校等，可以选择“机构联盟”字段以综合了解联盟内各成员的科研表现。ESI数据库是一个基于Web of Science核心合集数据库的深度分析型研究工具，可以确定在某个研究领域有影响力的国家、机构、论文和出版物，以及研究前沿。在ESI数据库中利用“institutions”字段检索，输入目标机构名称字符串，系统会自动提示机构英文全称，从而了解机构在22个学科中的科研影响力，包括高影响力论文数(Top Paper)、高被引论文数(Highly Cited Paper)、热点论文数(Hot Paper)等。Scopus的SciVal分析平台涵盖了全球220个国家4600余家大学及科研机构的科研产出数据，包含了17种评估指标，可以分析机构的学术产出、产出的学科分布、引文情况等，比较两个或多个相同或类似机构之间的科研水平。

专利数据库中的机构检索主要通过专利权人和专利权人代码字段进行检索，专利权人代码的详细信息可以通过TI数据库查询。此外，还可以通过专利转让人、受让人字段检索机构的专利转移转让信息。

(5)修正检索策略

将检索式放入目标数据库中进行初检并导出结果，查看检索结果中的机构写法，将作者提交信息、数据库录入数据时产生拼写错误导致的机构归属错误情况筛除。同时，在利用“地址”字段进行检索时，可以利用机构的邮编进行补充检索，发现可能缺失的机构写法，补充至检索策略中。

(6)数据检索

将修正过的检索式放入目标数据库中进行检索，并导出检索结果。当检索结果数据量较大时，可将数据按照出版日期降序排列后，分批次导出以避免混乱。数据的检索和导出时间应尽量控制在1~3天内，避免因数据库更新造成数据范围的变动。在保存检索时应尽量保存全字段信息以及多种数据格式，以便于后期运用多种分析工具进行分析。

(7)数据整理

检索完成后，需要对从各目标数据库获取的原始数据进行清洗和整理。在对论文数据进行整理时，首先，对包含机构信息的字段进行人工判断，筛除非目标机构发文的错检记录。其次，整合从各数据库中下载的原始数据，得到原始数据汇总表。再依据评价指标，提取分析所需的字段，例如题名、作者、单位、文献类型、出版年、期刊、被引频次等形成新的数据汇总表用于数据分析。在进行数据清洗和整理时，可采用的工具有Excel、DDA等。Excel的筛选、查找等功能可以用来对机构信息进行清理，DDA软件内部设有多个叙词表，可以用来合并表达方式、写法不同但意义相同的机构。

在对专利数据进行整理时，采用DDA预置的专利权人清理模块进行初步清理，再通过人工判断的方法进行机构清理，清除错检记录并保存叙词表。

(8)数据分析

数据整理完成后，利用数据分析软件或数据库自带的分析功能对数据进行分析。在进行机构科研竞争力分析时，主要采用数值比较法，依据设计的评价指标，对待评估机构以及对标机构的科研产出数据进行处理分析。在对论文数据进行分析时，常用的分析工具有Excel、DDA等软件工具以及InCites、ESI、SciVal等分析数据库。Excel拥有运算公式、数据透视表和多种图表等功能，可以对从数据库导出的数据进行统计分析。DDA可以将从WOS导出的数据进行自动清理，可以将“地址”字段中的机构信息提取出来用以统计分析。InCites、ESI数据库以及SciVal分析平台拥有多种分析指标，检索人员可以依据自身需求选取相应指标直接导出结果。在对专利数据进行分析时，常用的分析工具有DDA、Innography等。DDA可以生成专利权人及技术类别的二维矩阵，根据技术相似性和技术的互补性辨识目标机构的竞争和合作对象，分析机构之间的相对比较优势、技术重心及合作领域等。Innography可以根据需求进行专利地图的制作，例如筛选检索到专利中的申请专利、有效专利、无效专利等进行分析，能够快速制作出专利权人气泡图、IPC热力图、世界地图、文本聚类环形图等。其中，专利权人气泡图可以直观体现专利权人之间的技术差距。检索人员可以依据自身需求选取合适的分析工具开展工作。

2. 科研合作中的机构检索与分析

机构之间开展科研合作有多种形式，如联合承担项目、合作发表论文、联合推广成果等。其中论文合著最能直观展现机构间的科研合作情况，故一般选取学术论文数据作为研究对象。在对机构科研合作状况进行分析时，分为两种情况：分析特定学科、研究领域内各机构之间的科研合作状况；已知某一具体机构，分析与该机构进行科研合作的机构状况。第一种情况的检索流程与前沿研究态势的检索流程相似，第二种情况的检索流程与科研竞争力评估中机构检索流程相似，故在此不做详细介绍，可参考前文内容。以下详细介绍数据整理和数据分析两个环节。

(1)数据整理

数据整理分为两个部分，一是对各目标数据库中检索到的文献进行整理，筛除不相关的文献；二是对需要分析的机构字段进行规范化处理，可以采用人工判断和机构叙词表自动匹配相结合的方法来进行。将规范化后得到的机构信息利用 Excel、DDA 等软件构建机构合作矩阵用于数据分析。

(2)数据分析

在分析方法上，一般采用社会网络分析法来测度机构之间的科研合作情况。社会网络分析法是研究一组行动者之间关系的研究方法，主要目标是发现合作网络中的核心节点。关键指标包括点度中心度、中间中心度和接近中心度。点度中心度揭示与节点有合著关系的节点个数，数值越大说明学者越乐于与其他学者合作，因而拥有较多的合著者。中间中心度测量节点在多大程度上控制他人之间的交往，数值越大说明节点对其他节点的控制能力越强。接近中心度的计算可选用只计算测地线(最短路径)的距离，得到的值为该点与所有其他点的最短距离之和，接近中心度的值越大，离中心点距离越远，表明行动者在信息资源、权力、声望以及影响方面越弱，越不是网络的核心点。

常用的分析工具有 Bibexcel、Ucinet、Pajek 等。Bibexcel 可用于引文、共现和社会网络分析，社会网络分析工具 Ucinet 可以通过计算网络节点的中心性判定机构在合作网络中的影响力，Pajek 用于大型网络的分析和可视化操作，有时也被嵌入其他分析工具以优化展示效果。检索人员可根据实际情况选择合适的分析工具绘制合作网络图谱进行分析。

(三)原则

(1)确保查准率，提高查全率。查准率和查全率是检验信息检索效果的两大指标。在进行机构检索时，需要充分考虑机构名称的各种写法，尽可能确保机构名称全面。在数据检索结果导出后，需要再次对机构信息字段进行筛查，删除不相关文献，确保查准。

(2)缩短检索时间。数据库更新会带来数据范围的变动，在进行检索时应尽量缩短检索时间，快速导出检索结果。

主要参考文献

中文文献

[1] 陈有富，袁新芳. 网络信息源的评价与选择［M］. 西安：西安地图出版社，2005

[2] 黄振华，吴诚一. 模式识别原理［M］. 杭州：浙江大学出版社，1991

[3] 黄如花主编. 信息检索［M］. 武汉：武汉大学出版社，2010

[4] 焦玉英. 信息检索进展［M］. 北京：科学出版社，2003

[5] 焦玉英，符绍宏，何绍华. 信息检索［M］. 武汉：武汉大学出版社，2001

[6] 李晓明，闫宏飞，王继民著. 搜索引擎——原理、技术与系统［M］. 北京：科学出版社，2005

[7] 刘丽君，于丽英. 漫游虚拟法律图书馆［M］. 北京：法律出版社，2004

[8] 叶鹰. 信息检索：理论与方法［M］. 北京：高等教育出版社，2004

[9] 赵丹群. 现代信息检索：原理、方法与技术［M］. 北京：北京大学出版社，2008

[10] 赵静. 现代信息查询［M］. 北京：科学出版社，2008

[11] 陈传夫，姚维保. 我国信息资源公共获取的差距、障碍与政府策略建议［J］. 图书馆论坛，2004（6）

[12] 陈文静，陈耀盛. 网络信息资源评价研究述评［J］. 四川图书馆学报，2004（1）

[13] 丁蔚，倪波，成颖. 情报检索的发展：情报学世纪回眸之一［J］. 情报科学，2001（1）

[14] 关家麟，张超. 我国科技信息事业发展的回顾与展望［J］. 情报科学，

2007 (1)

［15］龚蛟腾．网络信息检索技术现状、瓶颈及趋势分析［J］．情报杂志，2004 (5)

［16］李春旺．信息检索可视化技术［J］．现代图书情报技术，2003 (6)

［17］卢晓亮，余诗武．对网络环境下多媒体信息检索的研究［J］．情报检索，2005 (9)

［18］孙坦，周静怡．近几年来国外信息检索模型研究进展［J］．图书馆建设，2008 (3)

［19］王军．搜索引擎的过去时、现在时和将来时［J］．兰台世界，2008 (6)

［20］王修力，马利平．文本信息检索的代数模型综述［J］．吉林大学学报（信息科学版），2007 (5)

［21］武海东．EMBASE. com 的检索功能与方法［J］．实用医学杂志，2006 (12)

［22］徐英．网站排行榜评价模式及其评价方法研究［J］．情报学报，2002 (4)

［23］曹佳．中国视频搜索服务概况研究［D］．北京：北京邮电大学，2007

［24］景华．语义万维网在智能信息检索中的应用研究［D］．重庆：重庆大学，2005

［25］Ricardo Barza Yates，Berthier Ribeiro Neto 等著；王知津等译．现代信息检索［M］．北京：机械工业出版社，2005

外文文献

［1］Christopher D. Manning，Prabhakar Raghavan，Hinrich Schütze. An Introduction to Information Retrieval［M］. Cambridge：Cambridge University Press，2009

［2］F. Wilfred Lancaster. Information Retrieval Systems Characteristics，Testing and Evaluation［M］. New York：John Wiley & Sons，Inc.，1968

［3］Ricardo Barza Yates，Berthier Ribeiro Neto，et al. Modern Information Retrieval［M］. Boston：Addison Wesley Longman Publishing Co. Inc.，1999

［4］Salton G，Mcgil M J. Introduction to Modern Information Retrieval［M］.

New York: McGraw Hill, 1983

[5] F. Wilfred Lancaster. Information Retrieval Systems Characteristics, Testing and Evaluation [M]. New York: John Wiley & Sons, Inc. , 1968

[6] Charles P Bourne. On-line Systems: History, Technology and Economics [J]. Journal of the American Society for Information Science, 2007, Vol. 31, No. 3

[7] Gerard Salton. Automatic Processing of Foreign Language Documents [J]. Journal of the American Society for Information Science, 1970, 21 (21)

[8] Yue-Shan Chang, Min-Huang Ho, Shyan-Ming Yuan. A Unified Interface for Integrating Information Retrieval [J]. Computer Standards & Interfaces, 2001, 23 (4)

[9] Steven K. Wyman, etc. User and System-Based Quality Criteria for Evaluating Information Resources and Services Available from Federal Websites: Final Report [R]. OCLC, 1997

[10] Patricia T. Viele. The Fourth International Conference on Grey Literature. Washington DC (1999) [EB/OL]. [2019-08-09]. http://www.istl.org/99-fall/conf2.html

[11] 11th ACM SIGMM International Conference on Multimedia Information Retrieval [EB/OL]. [2019-08-09]. http://riemann.ist.psu.edu/mir2010/

[12] Dialog. Command Language Pocket Guide [EB/OL]. [2019-08-09]. http://support.dialog.com/searchaids/dialog/pocketguide/pktgde.pdf

[13] National Information Literacy Awareness Month, 2009 [EB/OL]. [2019-08-09]. http://edocket.access.gpo.gov/2009/pdf/E9-24290.pdf

[14] Overview of the U. S. Patent Classification System (USPC) [EB/OL].[2019-08-09].http://www.uspto.gov/web/offices/opc/documents/overview.pdf

[15] Devesh Nagpal, Saurabh Gupta. An Image Quest [EB/OL]. [2019-08-09]. http://profile.iiita.ac.in/sgupta1_b03/QuAge/presentation/cbir_endsem.ppt.

[16] Charlie Neo. Content-based Image Retrieval [EB/OL]. [2019-08-09]. http://students.cs.byu.edu/~tn016/Content-based%20Image%20Retrieval.ppt.

[17] Edmund Liang. Content-Based Video Retrieval System [EB/OL]. [2019-

08-09]. http: //lyle. smu. edu/~mhd/8337sp07/pres/edmund. ppt.

[18] Erling Wold, Thom Blum, Douglas Keislar, etc. Content Based Classification, Search & Retrieval of Audio [EB/OL]. [2019-08-09]. http: //www. cs. sfu. ca/CC/820/mark/material/postscript/Presentations/knight_Retrieval_of_Audio. ppt

[19] Award of Merit [EB/OL]. [2019-08-09]. http: //www. asist. org/awards/award_of_merit. html

[20] Index to the United States Patent Classification (USPC) System [EB/OL]. [2019-08-09]. http: //www. uspto. gov/web/patents/classification/uspcindex/indextouspc. htm

[21] Robert Harris. Evaluating Internet Research Sources [EB/OL]. [2019-08-09]. http: //www. virtualsalt. com/evalu8it. htm

[22] Core Competencies for Business Reference [EB/OL]. [2019-08-09]. http: //www. ala. org/ala/mgrps/divs/rusa/sections/brass/brassprotools/corecompetencies/corecompetenciesbusiness. cfm

[23] Recommended Reading Booklists from The New York Public Library [EB/OL]. [2019-08-09]. http: //www. nypl. org/branch/books/booklists. cfm

[24] Best Free Reference Web Sites 2009 [EB/OL]. [2019-08-09]. http: //www. ala. org/ala/mgrps/divs/rusa/sections/mars/marspubs/marsbestfreewebsites/marsbestfree2009. cfm

[25] Best Free Reference Web Sites Combined Index, 1999-2008 [EB/OL]. [2019-08-09]. http: //www. ala. org/ala/mgrps/divs/rusa/sections/mars/mars-pubs/marsbestindex. cfm

附录1 查新合同的格式

（来源于国家标准《科技查新技术规范》附录E，标准号GBT 32003-2015）

科技查新委托单

编号： 填表日期： 年 月 日

<table>
<tr><td colspan="2" rowspan="2">查新项目名称</td><td colspan="6">中文</td></tr>
<tr><td colspan="6">英文</td></tr>
<tr><td rowspan="5">委托人</td><td>单位名称</td><td colspan="4"></td><td>机构类别代码</td><td></td></tr>
<tr><td>通信地址</td><td colspan="3"></td><td>邮政编码</td><td colspan="2" rowspan="2"></td></tr>
<tr><td>负责人</td><td></td><td>电话</td><td></td><td>手机</td></tr>
<tr><td rowspan="2">联系人</td><td rowspan="2"></td><td>电话</td><td></td><td>手机</td><td colspan="2"></td></tr>
<tr><td>传真</td><td></td><td>电子邮箱</td><td colspan="2"></td></tr>
<tr><td rowspan="4">查新机构</td><td>机构名称</td><td colspan="3"></td><td>网址</td><td colspan="2"></td></tr>
<tr><td>通信地址</td><td colspan="3"></td><td>邮政编码</td><td colspan="2"></td></tr>
<tr><td rowspan="2">联系人</td><td rowspan="2"></td><td>电话</td><td></td><td>手机</td><td colspan="2"></td></tr>
<tr><td>传真</td><td></td><td>电子邮箱</td><td colspan="2"></td></tr>
<tr><td colspan="8">一、委托须知
1. 委托人必须按要求认真填写并对所提供资料的真实性及可靠性负责，查新委托内容经确认并被受理后，则不能随意更改。若委托人要求更改查新内容或增加查新点，则需重新办理查新委托，并按新项目收费，或双方协商酌情增加收费。
2. 项目查新实行先付费制度，受托人与查新机构确认查新内容并按收费标准办理缴款手续后，查新委托方被受理。
3. 查新受理日以缴款或汇款凭证传真至本查新机构的日期为准。
4. 若有其他情况，请致电 查询。</td></tr>
</table>

续表

二、查新目的及范围 1. 查新目的及项目类别代码： ○立项查新：开题　申报计划　检查　评估　其他(请注明) ○成果查新：鉴定　验收　评估　申报奖励　其他(请注明) ○产品查新　○专利查新　○标准查新　○其他(请注明)： 项目类别： 2. 查新项目学科(专业)分类及代码： 3. 查新范围：○国内外查新　○国内查新　○其他(请注明)：
三、查新项目的科学技术要点简述 1. 简述项目所属科学技术领域及要解决的技术问题。 2. 重点描述项目为解决技术问题所采用的技术方案，如材料、工艺、方法、设备等方面的创新。 3. 有益效果，可以由产率、质量、精度和效率的提高、能耗、原材料、工序的节省、加工、操作、控制、使用的简便，环境污染的治理或者根治，以及有用性能的出现等方面反映出来。
四、查新点 注：从上述技术要点中提取需要查证的技术关键点，主要反映项目的技术方案和技术效果。应以通用、规范的技术术语进行表述，不得使用带有修饰性的表述语，如打破、首创、独特等。凡需要查证的数据、指标等还应提供权威机构的检测报告。如有多个查新点，应逐条列出，每个查新点突出一个技术主题或技术特征，一般不超过3点。

续表

五、参考检索词及其解释 注：针对项目查新点，结合科学技术要点，提供同行公认的技术术语，包括规范词、关键词、同义词、近义词、相关词及其相关词汇的全称及缩写；必要的化学物质名称、CAS登记号、分子式及结构式；物种拉丁文名称；专利分类号等。国外查新还需提供英文检索词和查新项目的英文名称。
六、知识产权及已发表论文情况 注1：委托方申请、拥有或使用的与本委托项目密切相关的专利文献发表情况(列出专利名称、专利号、申请人或发明人、申请日期等信息)； 注2：项目知识产权若属引进、购买或共有，列出清单说明； 注3：与本项目密切相关的已申报的立项情况(列出项目名称、上报单位、获批情况)； 注4：委托方发表的与本委托项目密切相关文献情况(列出论文作者、题目、刊名、年、卷、期、页等信息)。
七、参考文献 注：列出与委托项目相关的文献(论文包括作者、题目、刊名、年、卷、期、页等信息，专利包括专利名称、专利号、申请人或发明人、申请日期等信息)。
八、报告提交时间及方式 需要红章报告份数：　　份，希望提交时间：　　　年　月　日 提交方式：○自取　○快递预付　○快递到付 注1：委托人可在此向查新机构提出希望提交报告的时间，但最终时间将以双方协商确认后为准。 注2：报告提交方式如选择快递预付，需另交　元，快递费用可与查新费合并开具一张发票。

续表

九、收费标准及账号

1. 收费标准

2. 汇款账号

收款单位：　　　　　　　　开户银行：

账　　号：　　　　　　　　用　　途：

十、备注

以下内容由查新机构填写

报号编号		委托日期		完成日期	
查 新 员		审 核 员		提交日期	
付款方式	○现金　○支票　○汇款　○转账　○在线支付　○其他：				
发票号码				开票日期	

查新费用明细：

附录2 查新报告的格式

（来源于国家标准《科技查新技术规范》附录 F，标准号 GBT 32003-2015）

科技查新报告

报告编号：

科技查新报告

项目名称：

委 托 人：

委托日期：　　年　月　日

查新机构：
(科技查新专用章)

完成日期：　　年　月　日

<table>
<tr><td rowspan="2">查新项目名　称</td><td colspan="5">中文：</td></tr>
<tr><td colspan="5">英文：</td></tr>
<tr><td rowspan="5">查新机构</td><td>名　称</td><td colspan="4"></td></tr>
<tr><td>通信地址</td><td colspan="2"></td><td>邮政编码</td><td></td></tr>
<tr><td>查新负责人</td><td></td><td>电　话</td><td colspan="2"></td></tr>
<tr><td>联 系 人</td><td></td><td>电　话</td><td colspan="2"></td></tr>
<tr><td>电子邮箱</td><td></td><td>网　址</td><td colspan="2"></td></tr>
<tr><td colspan="6">一、查新目的</td></tr>
<tr><td colspan="6">二、查新项目的科学技术要点</td></tr>
<tr><td colspan="6">三、查新点</td></tr>
</table>

续表

四、查新范围要求
五、文献检索范围及检索策略
六、检索结果
七、查新结论 查新员(签字)：　　　　　职称： 审核员(签字)：　　　　　职称： (科技查新专用章) 年　月　日

续表

八、查新员、审核员声明
九、附件清单
十、备注

填写说明

查新报告是查新机构用书面形式向查新委托人就查新项目及其结论所提供的具有公证性的技术文件。报告内容应当打印，签字应使用黑色钢笔或碳素笔。

一、“报告编号”的填写方式

报告编号为17位，左起1~4位为年代，第5~6位为省、自治区、直辖市行政编码，第7~9位为查新机构编号，第10~14位为报告序号，第15~17位为扩展编号，报告序号和扩展编号由查新机构自行编排，以上编号不足位的补零。各省、自治区、直辖市的行政编码按GB/T 2260中华人民共和国行政区划代码规定填写。

二、查新目的

可分为立项查新、成果查新等。立项查新包括申报计划、科技课题开题等；成果查新包括项目鉴定、申报奖励等。查新目的具体名称见《科技查新技术规范》附录B“查新目的代码”，项目具体级别和类别详见附A“项目类别代码”。

三、查新项目的科学技术要点

科学技术要点应以查新项目委托单中的科学技术要点为基础，参照查新委托人提供的科学技术资料做扼要阐述。

四、查新点

查新点由委托人在查新项目委托单中提供。查新点是指需要查证的科学技术要点，能够体现查新项目新颖性和技术进步的技术特征点。如果查新项目有多个查新点，应逐条列出，每个查新点应突出一个技术主题或技术特征。

五、查新范围要求

查新检索的专业范围、地域范围和时间范围。专业范围指查新项目主题涉及的专业技术领域，如化工、医学等。地域范围指查新项目文献检索的区域，一般分国内查新和国外查新。时间范围指查新项目文献检索的时间区间，通常从委托日或指定日前推15年以上。在某些情况下，查新范围亦可仅限于查新委托人提出的特定地域和年限。

六、文献检索范围及检索策略

列出查新过程所利用的计算机检索系统或网络资源平台及数据库名称、时间、检索词、分类号、检索式，或进行手工辅助检索利用的工具书等。

七、检索结果

依据项目查新点对检出文献进行筛选，并对筛选出的中外文密切相关文献和一般相关文献按其与查新点的相关程度及先国内、后国外的顺序分别列出题录，并依据相关文献摘要（必要时摘引原文）逐篇进行简要描述。如果查新项目有多个查新点，可逐点分别列出。

八、查新结论

查新结论必须客观、公正、准确、清晰地反映查新项目的真实情况，应包含以下基本内容：项目查新点归纳、项目查新点与相关文献的逐点对比、对查新项目有无新颖性的判断结论。

九、查新员、审核员声明

参见《科技查新技术规范》6.3.15 查新员、审核员声明。

十、附件清单

列出包括查新检索过程中检出的一般相关文献文摘、密切相关文献原文等打印或复印资料的附件目录。如果这些资料均系来自数据库的电子文本，亦可在此"附件"中注明：本报告所有检出资料，均以电子文本提交给查新委托人。

十一、备注

参见《科技查新技术规范》6.3.17 备注。

附录 3 2017 年以来获评国家级奖励的在线信息素养类课程

因信息检索技术发展迅速，本表只收录 2017 年以来入选国家精品在线开放课程和国家一流课程、且可以通过开放的网络免费公开访问(不含内部访问)的课程。此前的国家精品课程、国家精品资源共享课程不在此列。

信息来源于《教育部办公厅关于公布 2017 年国家精品在线开放课程认定结果的通知》(教高厅函〔2017〕80 号)、《教育部关于公布 2018 年国家精品在线开放课程认定结果的通知》(教高函〔2019〕1 号)、《教育部关于公布首批国家级一流本科课程认定结果的通知》(教高函〔2020〕8 号)、《教育部关于公布第二批国家级一流本科课程认定结果的通知(教高函〔2023〕7 号)》这四个文件，所有信息均以上述文件为准。

依首次获奖时间、获奖次数以及上述教育部名单的次序进行综合排序。

课程名称	主讲人	开课单位	开课平台/网址	获奖年份与类别
信息检索	黄如花	武汉大学	国家智慧教育平台：https://higher.smartedu.cn/course/62354d139906eace048ecee9 学习强国：https://www.xuexi.cn/014cccedea5f5f3649173a174153f334/9b0f04ec6509904be734f5f609a3604a.html 中国大学 MOOC：https://www.icourse163.org/course/WHU-29001	2017，国家精品在线开放课程； 2020，国家级线上一流课程； 2023，国家级线上线下混合式一流课程

续表

课程名称	主讲人	开课单位	开课平台/网址	获奖年份与类别
文献管理与信息分析	罗昭锋	中国科学技术大学	国家智慧教育平台：https://higher.smartedu.cn/course/66999e54711dc30c348d9b4e 中国大学MOOC：https://www.icourse163.org/course/USTC-9002 学堂在线：https://www.xuetangx.com/course/USTC12051000588/21555062	2017，国家精品在线开放课程；2020，国家级线上一流课程
信息素养——学术研究的必修课	林佳	清华大学	学习强国：https://www.xuexi.cn/d62ab6ead1a8f34b46f0a2ae450881ba/9b0f04ec6509904be734f5f609a3604a.html 学堂在线：http://www.xuetangx.com/courses/course-v1：TsinghuaX+THU201605X+sp/about	2018，国家精品在线开放课程；2020，国家级线上一流课程
信息素养通识教程：数字化生存的必修课	潘燕桃	中山大学	国家智慧教育平台：https://higher.smartedu.cn/course/66a42ac8711dc30c34bd7608 学习强国：https://article.xuexi.cn/articles/video/index.html?art_id=17177776157378839450 中国大学MOOC：http://www.icourse163.org/course/SYSU-1001936003 学堂在线：https://www.xuetangx.com/course/452127KC002730/12392497&wd=&eqid=d3481cb00003ef020000000364735bc0	2018，国家精品在线开放课程；2020，国家级线上一流课程
信息素养：效率提升与终身学习的新引擎	周建芳	四川师范大学	国家智慧教育平台：https://higher.smartedu.cn/course/62354c939906eace048cbb92 学习强国：https://article.xuexi.cn/articles/video/index.html?art_id=6082565254325650391 中国大学MOOC：http://www.icourse163.org/course/SICNU-1002031014	2018，国家精品在线开放课程；2020，国家级线上一流课程

续表

课程名称	主讲人	开课单位	开课平台/网址	获奖年份与类别
信息素养与实践——给你一双学术慧眼	龚芙蓉	武汉大学	中国大学 MOOC:https://www.icourse163. org/course/WHU-1003640003?from=searchPage	2020,国家级线上一流课程
网络大数据搜索引擎虚拟仿真实验	陆伟	武汉大学	国家虚拟仿真实验教学课程共享平台:https://www. ilab-x. com/details/page? id = 4319&isView = true&pageId = 357416&wfwfid = 26091&websiteId=198964	2020,国家级虚拟仿真实验教学一流课程
信息检索	孙涛	齐鲁工业大学	国家智慧教育平台:https://higher.smartedu.cn/course/6621a2cebb5c5a80256b327b 智慧树:https://coursehome.zhihuishu. com/courseHome/1000006906#teachTeam	2020,国家级线上线下混合式一流课程
信息素养与终身学习	周建芳	四川师范大学	国家智慧教育平台:https://higher.smartedu.cn/course/66a031e0711dc30c34ab788f 学堂在线:https://www. xuetangx.com/course/SICNU08071001082/10322684	2020,国家级线上线下混合式一流课程
文献检索	吉久明	华东理工大学	国家智慧教育平台:https://higher.smartedu.cn/course/66a42afd711dc30c34bd7616 中国大学 MOOC:https://www.icourse163.org/course/ECUST-1002575003	2023,国家级线上一流课程
知识产权信息检索与利用	肖冬梅	湘潭大学	国家智慧教育平台:https://higher.smartedu.cn/course/6260b114f29a9e60d0f258e4 智慧树:https://coursehome.zhihuishu. com/courseHome/1000008814#teachTeam	2023,国家级线上一流课程

续表

课程名称	主讲人	开课单位	开课平台/网址	获奖年份与类别
学术论文文献阅读与机助汉英翻译	何欣忆	重庆大学	国家智慧教育平台：https://higher.smartedu.cn/course/62354cb59906eace048d37aa 中国大学MOOC：https://www.icourse163.org/course/CQU-1205885808 学堂在线：https://www.xuetangx.com/course/CQU08021001523/21556496	2023，国家级线上一流课程
科技信息检索与论文写作	王荣民	西北师范大学	智慧树：https://coursehome.zhihuishu.com/courseHome/1000009207#teachTeam	2023，国家级线上一流课程
信息技术及教育应用	徐春华	郑州大学	国家智慧教育平台：https://higher.smartedu.cn/course/62354cf79906eace048e4ee3 中国大学MOOC：https://www.icourse163.org/course/detail.htm?cid=1002123024 学堂在线：https://www.xuetangx.com/course/ZZU04011000795/21554775	2023，国家级线上线下混合式一流课程

附录4 国家级四大平台与人工智能相关的慕课

本部分从国家高等教育智慧教育平台、学习强国、全民数字素养与技能提升平台、全民终身学习公共服务平台四大国家级平台遴选了与人工智能相关的慕课，依开课单位音序排列。

开课单位	课程名称	负责人	入选平台	课程链接
北京大学	人工智能实践：Tensorflow 笔记	曹健	国家高等教育智慧教育平台；全民数字素养与技能提升平台	https://higher.smartedu.cn/course/62354d7a9906eace0490b4d6
北京大学	人工智能与信息社会	陈斌	国家高等教育智慧教育平台；学习强国；全民数字素养与技能提升平台	https://higher.smartedu.cn/course/65bacd78bb5c5a8025a9ba9d
北京大学	人工智能原理	王文敏	国家高等教育智慧教育平台；学习强国	https://higher.smartedu.cn/course/65fa1386bb5c5a8025bd34c5

续表

开课单位	课程名称	负责人	入选平台	课程链接
北京大学	人工智能与未来教育	贾积有	全民终身学习公共服务平台	https://www.ttcdw.cn/p/course/o/o_394321240678211584
北京航空航天大学	人工智能产学研合作，助推产业提档升级	牛建伟	全民终身学习公共服务平台	https://www.ttcdw.cn/p/course/o/o_201112773392642048
北京教育学院	人工智能时代教与学创新的方向与路径	陈捷	全民终身学习公共服务平台	https://www.ttcdw.cn/p/course/o/o_394321823088365568
北京科技大学	人工智能与创新设计	覃京燕	国家高等教育智慧教育平台；学习强国	https://higher.smartedu.cn/course/655be33d5ba7ff9452fb32c6
北京理工大学	人工智能之模式识别	高琪	国家高等教育智慧教育平台	https://higher.smartedu.cn/course/65e651c1bb5c5a8025671500
北京联合大学	人工智能英语（进阶级）	何芳	国家高等教育智慧教育平台	https://higher.smartedu.cn/course/62d8acffce6ac77184c60d48
北京联合大学	人工智能英语（基础级）	张殿恩	国家高等教育智慧教育平台	https://higher.smartedu.cn/course/641b84a4af1f1b5d3ecff17d
北京联合大学	人工智能概论	彭涛	国家高等教育智慧教育平台	https://higher.smartedu.cn/course/65b0436ebb5c5a80257bf8a7
北京林业大学	人工智能与创业智慧	李华晶	国家高等教育智慧教育平台	https://higher.smartedu.cn/course/65aeee63bb5c5a802576341b
北京语言大学	人工智能导论——面向人文社科专业	于东	国家高等教育智慧教育平台	https://higher.smartedu.cn/course/62354d799906eace0490aaee
成都信息工程大学	人工智能导论	马健兵	国家高等教育智慧教育平台	https://higher.smartedu.cn/course/65b584cabb5c5a802592d1ec
重庆电子科技职业大学	信息技术与人工智能基础	李腾	国家高等教育智慧教育平台	https://higher.smartedu.cn/course/65e25e74bb5c5a802555e0a0
重庆文理学院	信息技术与人工智能	罗代忠	国家高等教育智慧教育平台	https://higher.smartedu.cn/course/65de6618bb5c5a802544a20c

续表

开课单位	课程名称	负责人	入选平台	课程链接
重庆邮电大学	迎接人工智能的未来	郐贺铨	全民终身学习公共服务平台	https://www.ttcdw.cn/p/course/o/o_795520595820601344
大连理工大学	人工智能基础	徐秀娟	国家高等教育智慧教育平台	https://higher.smartedu.cn/course/668dbf05711dc30c34579088
电子科技大学	人工智能之深度学习	邓建华	国家高等教育智慧教育平台	https://higher.smartedu.cn/course/62354d7a9906eace0490b235
东华大学	纺织服装专业人工智能技术导论	钟跃崎	国家高等教育智慧教育平台	https://higher.smartedu.cn/course/65d9213dbb5c5a80252da43d
福建师范大学	人工智能导论	王开军	国家高等教育智慧教育平台	https://higher.smartedu.cn/course/65bc1fd6bb5c5a8025af73bb
复旦大学	人工智能导论	魏忠钰	学习强国	https://article.xuexi.cn/articles/video/index.html?art_id=18084563466063918126
复旦大学	人工智能，语言与伦理	徐英瑾	国家高等教育智慧教育平台；全民数字素养与技能提升平台	https://higher.smartedu.cn/course/6557ee885ba7ff9452fb2f5d
广东科学技术职业学院	信息技术与人工智能	段班祥	全民数字素养与技能提升平台	https://chinadata.cn/resource/2006/detail/2104?resourceId=714b3ffa839 b4fc5bb8548a7cf2a9cd1
国防科技大学	人工智能基础	谢海斌	学习强国	https://article.xuexi.cn/articles/video/index.html?art_id=2379179253010090864
哈尔滨工程大学	人工智能导论	莫宏伟	国家高等教育智慧教育平台	https://higher.smartedu.cn/course/63c1dc20af1f1b5d3ecf7396
哈尔滨工程大学	开好人工智能第一课	莫宏伟	学习强国	https://article.xuexi.cn/articles/video/index.html?art_id=8162881858914039165
哈尔滨商业大学	大数据与人工智能	任宗伟	国家高等教育智慧教育平台	https://higher.smartedu.cn/course/6536f80f95ac7bc6588c664b

续表

开课单位	课程名称	负责人	入选平台	课程链接
哈工海渡教育集团	人工智能与机器人技术应用初级教程(e. Do 教育机器人)	张明文	学习强国	https://article. xuexi. cn/articles/video/index. html? art_id=2810877118792157982
哈工海渡教育集团	人工智能技术应用初级教程	张明文	学习强国	https://article. xuexi. cn/articles/video/index. html? art_id=5587499738019554850
海南软件职业技术学院	初识人工智能	严丽丽	国家高等教育智慧教育平台	https://higher. smartedu. cn/course/6538475795ac7bc6588c8d8e
湖北师范大学	5G 与人工智能	胡白燕	国家高等教育智慧教育平台	https://higher. smartedu. cn/course/65aeee80bb5c5a8025763488
华东师范大学	Python 机器学习——解“码”人工智能	刘艳	国家高等教育智慧教育平台	https://higher. smartedu. cn/course/65dd1851bb5c5a80253ee3ce
华南理工大学	小白学人工智能	李粤	国家高等教育智慧教育平台	https://higher. smartedu. cn/course/62354c7e9906eace048c571c
华南师范大学	人工智能教育应用	胡小勇	国家高等教育智慧教育平台	https://higher. smartedu. cn/course/65d7cf2dbb5c5a802527e207
华侨大学	人工智能创新项目设计	王华珍	国家高等教育智慧教育平台；学习强国	https://higher. smartedu. cn/course/62354cf59906eace048e4351
科大讯飞集团	用人工智能建设美好世界	李世鹏	全民终身学习公共服务平台	https://www. ttcdw. cn/p/course/o/o_201112774076313600
丽水学院	人工智能与未来教育	潘巧明	国家高等教育智慧教育平台	https://higher. smartedu. cn/course/6536f7b395ac7bc6588c61b1
南京航空航天大学	网络与人工智能法	王建文	国家高等教育智慧教育平台	https://higher. smartedu. cn/course/65f37ad9bb5c5a8025a0743f
南京邮电大学	用 Python 学人工智能	薛景	国家高等教育智慧教育平台	https://higher. smartedu. cn/course/65d67e09bb5c5a802522211f

续表

开课单位	课程名称	负责人	入选平台	课程链接
南宁师范大学	青少年人工智能教育	欧启忠	国家高等教育智慧教育平台	https://higher.smartedu.cn/course/65f8c3a8bb5c5a8025b77446
南通大学	自动检测技术与人工智能	张齐	国家高等教育智慧教育平台	https://higher.smartedu.cn/course/660b3cc8bb5c5a80250841ce
宁夏大学	计算思维与人工智能基础	毕利	国家高等教育智慧教育平台	https://higher.smartedu.cn/course/65aef046bb5c5a8025763f19
奇绩创坛	听陆奇讲人工智能	陆奇	全民数字素养与技能提升平台	https://chinadata.cn/resource/2005/detail/2100? resourceId = 308e9bd 6705447668edf285a1e4e908c
青岛大学	人工智能基础	杨熙鑫	国家高等教育智慧教育平台	https://higher.smartedu.cn/course/64066bf3af1f1b5d3ecfd9f7
青岛黄海学院	人工智能概论	冷秀娟	国家高等教育智慧教育平台	https://higher.smartedu.cn/course/6536f89595ac7bc6588c6e2f
青岛职业技术学院	走进人工智能	刘阳	国家高等教育智慧教育平台	https://higher.smartedu.cn/course/6538475895ac7bc6588c8d93
清华大学	清华大学计算机科学与技术系六十周年系庆学术报告(三)人工智能	谢涛	国家高等教育智慧教育平台	https://higher.smartedu.cn/course/62354cd19906eace048da833
清华大学	全球人工智能产业发展现状和趋势	邓志东	全民终身学习公共服务平台	https://www.ttcdw.cn/p/course/o/o_395366899300704256
山东大学	信息社会与人工智能	郝兴伟	国家高等教育智慧教育平台	https://higher.smartedu.cn/course/65d7cf87bb5c5a802527e24d
山东交通学院	人工智能基础	张广渊	国家高等教育智慧教育平台	https://higher.smartedu.cn/course/6538474f95ac7bc6588c8d67
山东农业工程学院	面向人工智能的嵌入式设计与开发(山东联盟)	赵志桓	国家高等教育智慧教育平台	https://higher.smartedu.cn/course/653845b595ac7bc6588c7471
深圳供电局有限公司	人工智能技术研究及应用	深圳供电局有限公司	学习强国	https://article.xuexi.cn/articles/video/index.html? art _ id = 17939808161666364574

续表

开课单位	课程名称	负责人	入选平台	课程链接
首都经济贸易大学	零基础学 Python 人工智能	刘经纬	国家高等教育智慧教育平台	https://higher.smartedu.cn/course/62354d5b9906eace04901373
天津财经大学	人工智能	陈钒	国家高等教育智慧教育平台	https://higher.smartedu.cn/course/65aeefbcbb5c5a8025763b05
同济大学	人工智能原理与技术	苗夺谦	国家高等教育智慧教育平台	https://higher.smartedu.cn/course/6536f78095ac7bc6588c5f4a
童程童美	Python 人工智能编程	童程童美	学习强国	https://article.xuexi.cn/articles/video/index.html?art_id=157545068488 01931502
五邑大学	新一代信息技术与人工智能(2024春)	江励	国家高等教育智慧教育平台	https://higher.smartedu.cn/course/65e4fc36bb5c5a80256156eb
武汉大学	人工智能	谢榕	国家高等教育智慧教育平台	https://higher.smartedu.cn/course/661b09e2bb5c5a80254de0ee
武汉学院	人工智能基础	朱福喜	国家高等教育智慧教育平台	https://higher.smartedu.cn/course/6538461195ac7bc6588c7b2d
武汉职业技术学院	人工智能应用基础	高源	国家高等教育智慧教育平台	https://higher.smartedu.cn/course/653848dd95ac7bc6588c9684
西安电子科技大学	人工智能导论	刘若辰	国家高等教育智慧教育平台	https://higher.smartedu.cn/course/64e7da16374ed23bd755bf6f
西北师范大学	人工智能	杨鸿武	国家高等教育智慧教育平台	https://higher.smartedu.cn/course/65aef058bb5c5a8025763fa9
湘潭大学	人工智能与科学之美	周彦	国家高等教育智慧教育平台;学习强国	https://higher.smartedu.cn/course/65b97a6abb5c5a8025a3fe55
硬壳编程	小智客人工智能图像化编程系列(IBM 人工智能)	硬壳编程	学习强国	https://article.xuexi.cn/articles/video/index.html?art_id=5909272810151 886672
浙江大学	机器学习与人工智能	张朋	国家高等教育智慧教育平台	https://higher.smartedu.cn/course/62354d779906eace0490a1bb

续表

开课单位	课程名称	负责人	入选平台	课程链接
浙江大学	人工智能:模型与算法	吴飞	国家高等教育智慧教育平台; 学习强国; 全民数字素养与技能提升平台	https://higher. smartedu. cn/course/65a8579cbb5c5a802559cf76
浙江大学	新形势人工智能教育与人才培养思考	吴飞	全民终身学习公共服务平台	https://www. ttcdw. cn/p/course/o/o_437734374508220416
浙江大学	AI 人工智能及机器人的新方向	潘云鹤	全民终身学习公共服务平台	https://www. ttcdw. cn/p/course/o/o_795520554592825344
浙江工业大学	人工智能导论	王万良	国家高等教育智慧教育平台	https://higher. smartedu. cn/course/65 d7d086bb5c5a802527e34f
中国电子学会	人工智能科普	中国电子学会	全民数字素养与技能提升平台	https://www.chinadata.cn/resource/2006/detail/2104? resourceId=8862d59eea814355bf948e4d17c097d4
中国科学院	人工神经网络:通向智能之路	陈云霁	学习强国	https://article. xuexi. cn/articles/video/index. html? art_id=1371658620077428205
中国矿业大学	计算思维与人工智能基础	周勇	国家高等教育智慧教育平台	https://higher. smartedu. cn/course/64 f269c7374ed23bd755dae9
中国人民大学	人工智能、大数据与未来教育	文继荣	全民终身学习公共服务平台	https://www. ttcdw. cn/p/course/o/o_666438460442558464
中南大学	人工智能 PK 人类智能	蔡自兴	全民数字素养与技能提升平台	https://chinadata. cn/resource/2006/detail/2104? resourceId = 7c24397b0b4d46c4acba5aa827354ef5
中山大学	人工智能原理与实践	吴贺俊	国家高等教育智慧教育平台	https://higher. smartedu. cn/course/65e10d04bb5c5a802550217e
中央广播电视总台	人工智能:时代的机遇和挑战	中央广播电视总台	学习强国	https://article. xuexi. cn/articles/video/index. html? art_id=14423260284054025358

图书在版编目(CIP)数据

信息检索/黄如花主编．—3版.—武汉:武汉大学出版社,2019.9(2025.8重印)
"十二五"普通高等教育本科国家级规划教材
高等学校图书馆学专业系列教材
ISBN 978-7-307-20589-5

Ⅰ.信…　Ⅱ.黄…　Ⅲ.信息检索—高等学校—教材　Ⅳ.G254.9

中国版本图书馆CIP数据核字(2018)第226127号

责任编辑:詹　蜜　　责任校对:汪欣怡　　版式设计:马　佳

出版发行:**武汉大学出版社**　(430072　武昌　珞珈山)
(电子邮箱:cbs22@whu.edu.cn 网址:www.wdp.com.cn)
印刷:武汉中科兴业印务有限公司
开本:720×1000　1/16　印张:23.75　字数:422千字　插页:2
版次:2002年4月第1版　2010年5月第2版
2019年9月第3版　2025年8月第3版第9次印刷
ISBN 978-7-307-20589-5　定价:59.00元

"十二五"普通高等教育本科国家级规划教材

高等学校图书馆学专业系列教材

信息检索

第三版

主　编　黄如花
副主编　胡永生　李白杨
编著者　黄如花　胡永生　李白杨　韩　丽　徐　轩
　　　　吴　丹　吴文辉　陈振英　杨　眉　耿　哲

WUHAN UNIVERSITY PRESS
武汉大学出版社

主编简介

黄如花，国家高层次人才计划入选者、楚天名师，武汉大学信息管理学院教授、博士生导师，图书馆副馆长。兼任国家级全民数字素养与技能培训基地主任、文化和旅游部研究基地首席专家、中国图书馆学会学术委员会副主任兼信息素养教育专业组主任。主持2项国家社科基金重大项目、1项国家社科重点和2项国家社科一般项目，主持1项教育部重点研究基地重大项目、3项国家出版基金。以第一作者获教育部人文社科优秀成果二、三等奖，国家“十三五”重点图书等科研奖励。全程独立主讲的“信息检索”慕课获评国家精品在线开放课程、国家一流本科线上课程、国家一流本科线上线下融合课程；入选学习强国首批慕课、国家智慧教育平台首批慕课；吸引各行业30余万学员注册学习。

副主编简介

胡永生，研究馆员，武汉大学图书馆数字素养教育中心主任，中国图书馆学会学术研究委员会信息素养教育专业组委员。长期从事信息素养教育的工作与研究，主编或参编了多部信息素养类教材，主持并完成了教育部人文社科规划基金等项目。

李白杨，管理学博士，南京大学前沿科学学院数据管理创新研究中心助理教授、研究员、博士生导师。主要研究方向为数据智能、开源情报、数字素养等，主持国家社科基金、自科基金等项目4项，在中外文核心期刊发表学术论文50余篇。